PRÉCIS DE L'HISTOIRE

DES

DOCTRINES ÉCONOMIQUES

DANS LEURS RAPPORTS AVEC LES FAITS ET AVEC LES INSTITUTIONS

Réimpression de l'édition de Paris, 1903

AUGUSTE DUBOIS

PRÉCIS DE L'HISTOIRE DES DOCTRINES ÉCONOMIQUES

DANS LEURS RAPPORTS AVEC LES FAITS ET AVEC LES INSTITUTIONS

L'ÉPOQUE ANTÉRIEURE AUX PHYSIOCRATES

SLATKINE REPRINTS
GENÈVE
1970

PRÉFACE

Sept années consacrées en grande partie à l'enseignement de l'Histoire des Doctrines économiques dans les Facultés de Droit des Universités de Lille et de Poitiers nous ont profondément convaincu de l'utilité et de l'intérêt que cette discipline présente pour le professeur et pour les étudiants.

C'est à ces derniers que le présent livre est destiné. C'est dire qu'il ne prétend pas être un livre d'érudition. Dans la brousse de la littérature économique nous avons tenté de découvrir les sources d'où jaillirent les grands courants d'opinion ; dans la bibliothèque dont il nous a fallu dresser l'inventaire nous avons essayé de trouver les auteurs qui imprimèrent aux idées une direction nouvelle ; ce sont ceux-là seulement que nous avons retenus pour l'analyse ; nous avons simplement mentionné les autres en les rattachant aux précédents et en négligeant presque toujours les nuances qui les séparent de ces chefs d'école.

Un livre de vulgarisation n'a cependant pas le droit d'être dépourvu d'esprit scientifique. Il doit être suffisamment précis pour ne pas laisser place aux idées vagues qui sont le plus souvent des idées fausses ; il doit être un exemple de rigoureuse méthode ; il doit être également un instrument de travail pour ceux, et surtout pour les étudiants, qui veulent entreprendre des recherches sur un point particulier. Enfin, il ne faut pas oublier que le luxe de l'érudition est essentiellement, comme toute espèce de luxe, chose relative et variable. Il nous souvient d'avoir été interrogé naguère, à un examen de Doctorat, sur le mariage dans le droit burgonde et sur les théories politiques de Saint Thomas ; l'on saurait certainement mauvais gré à l'étudiant en sciences juridiques qui ignorerait les noms de Beaumanoir, de Loysel ou de Guy Coquille ; le temps vient — s'il n'est déjà venu — où il ne sera plus permis à l'étudiant en sciences économiques d'ignorer Mun, Cantillon ou Mélon.

L'Histoire des Doctrines économiques se fera. Que ce soit en France ou à l'étranger, dans les Universités françaises ou en dehors d'elles, dans les Facultés de Droit ou dans les Facultés des Lettres, ce qui s'est produit pour l'histoire littéraire, pour l'histoire de la philosophie, pour l'histoire du droit, etc., se reproduira, sous l'impulsion des mêmes besoins, pour l'Histoire des Doctrines économiques. Les Facultés de Droit françaises sont appelées à prendre une part active à ce mouvement scientifique ; notre seule ambition est de frayer la route à ceux de leurs étudiants qu'attirent ces études. Ce travail nous a été une trop douce consolation aux heures d'inquiétude et de deuil pour que nous l'abandonnions jamais : quoi que l'avenir nous réserve, ici ou là, nous le continuerons.

A. Dubois.

INTRODUCTION

OBJET. — MÉTHODE. — INTÉRÊT. — UTILITÉ DE L'HISTOIRE DES DOCTRINES ÉCONOMIQUES. — DIVISIONS DE CE TRAVAIL. BIBLIOGRAPHIE.

L'Économie politique envisagée comme un corps de doctrines *indépendantes* et *systématiquement coordonnées*, est de formation assez récente. Jusqu'au XVIe siècle, l'on ne trouve, en dehors des doctrines monétaires, qu'un petit nombre de théories économiques exposées par des moralistes et par des juristes, à *titre de doctrines auxiliaires* ; jusqu'aux Physiocrates, ces théories, même après s'être émancipées et séparées de la morale et de la science politique (1), demeurent *fragmentaires*, elles n'essaient pas d'embrasser, dans une synthèse logiquement construite, l'ensemble des phénomènes économiques.

Bien des fois l'on s'est posé la question — assez oiseuse, à notre sens, et difficile à résoudre avec certitude — de savoir pourquoi la *science* économique est si tard venue. L'on donne de ce fait les explications suivantes. Pendant de longs siècles, dit-on, l'accroissement de la richesse a été regardé comme un mal social, or la recherche des causes dont dépend la richesse des nations

(1) Nous verrons que les Physiocrates ont traité *parallèlement*, et sous des rubriques communes, de la science économique et de la science politique. Celle-là n'en est pas moins, chez eux, indépendante de celle-ci ; la science économique demeure autonome et peut être, par suite, détachée de la science politique aussi facilement qu'une dissertation peut l'être d'une autre dans un Recueil de morceaux divers. Cela ne veut pas dire, bien entendu, qu'il n'y ait pas de points de contact entre l'une et l'autre.

ne pouvait naître que du désir d'augmenter la production de cette richesse, de même que la géométrie a dû naître du besoin de mesurer les surfaces et les volumes. Cette explication est insuffisante. Les philosophes de l'antiquité grecque se sont sans doute montrés hostiles au progrès économique, mais,sur ce point, ils essayèrent de réagir contre le sentiment commun ; l'opinion contraire était celle non seulement du vulgaire, mais encore de penseurs tels que Thucydide et Xénophon et d'hommes d'action tels que Périclès. En outre, la doctrine de l'ascétisme social ne fut plus à Rome qu'un thème à exercices de rhétorique ; au moyen âge elle ne reprit qu'une importance doctrinale qu'elle perdit même dans les siècles suivants (1).

On dit encore que le retard de l'avènement de la science économique eut pour cause l'état peu avancé des sciences naturelles ; cette explication satisfait pleinement ceux qui placent l'économie politique dans la dépendance immédiate de la biologie ou même la considèrent comme une branche de celle-ci. En fait, le véritable fondateur de cette science fut un médecin, Quesnay, et il est sûr que sa théorie de la circulation des richesses, condensée dans son célèbre *Tableau Economique* comme en une sorte de schéma anatomique, lui fut suggérée par le phénomène de la circulation du sang dans le corps de l'homme et des animaux. Mais la science médicale de Quesnay nuisit peut-être plus qu'elle ne profita à sa science économique et le chef de l'Ecole Physiocratique édifia sa synthèse non à l'aide de notions empruntées aux sciences biologiques, mais à l'aide d'idées puisées dans la philosophie du XVIIIe siècle. C'est de la même source que procède le système d'Adam Smith. D'autre part, déclarer qu'au temps de Descartes, par exemple, les sciences naturelles n'étaient pas encore assez avancées pour que l'économie politique fût possible, n'est-ce pas

(1) Nous ferons remarquer que l'on peut considérer les travaux manuels et le petit commerce comme indignes d'un homme libre, comme devant être réservés aux esclaves et cependant être partisan du développement de la richesse nationale. Les deux questions nous paraissent être entièrement distinctes l'une de l'autre.

se contenter d'une simple hypothèse ? Peut-on même l'affirmer pour l'époque d'Aristote ?

Ce que, *peut-être*, il est plus exact de dire, c'est que l'esprit humain ne pouvait aborder tous les ordres de sciences à la fois et que naturellement il est allé au plus pressé. Sans doute, des problèmes économiques ont, de bonne heure, surgi devant lui, mais *peut-être* n'étaient-ils pas les plus urgents. *Peut-être* les questions d'organisation politique et sociale furent-elles celles qui réclamèrent le plus impérieusement une solution immédiate ; *peut-être* est-ce seulement vers le XVIe siècle de notre ère, que les questions économiques devinrent des questions d'actualité, à raison de leur importance absolue et relative ; absolue parce l'appareil économique se développa et se compliqua énormément ; relative parce que la Science politique et la Science juridique étaient alors constituées et en possession d'un domaine considérable. Et si, lorsque l'on commença à étudier les phénomènes économiques pour eux-mêmes, l'on n'arriva pas du premier coup à les saisir dans leur ensemble, il ne faut pas s'en étonner ; dans tous les ordres de connaissances, c'est seulement par degrés et à la suite de longs tâtonnements que l'esprit humain s'élève aux idées générales, même à celles qui, par la suite, paraissent être d'une simplicité élémentaire.

Nous nous abstiendrons complètement de rechercher pourquoi telle ou telle notion particulière est restée inconnue de telle ou telle époque. L'on peut énoncer avec quelque certitude les raisons pour lesquelles l'attention des publicistes ayant été attirée, à un moment donné, sur certains phénomènes, telle ou telle doctrine est apparue ; mais à la question de savoir à quoi est due l'ignorance, à une certaine date, de telle théorie spéciale, la réponse ne peut être, le plus souvent, que tout à fait conjecturale. Nous n'avons même pas toutes les données du problème. Nous ne sommes pas sûrs de posséder toute la littérature économique du passé, notamment de l'antiquité grecque : Aristote, par exemple, avait écrit *Sur la Richesse* un ouvrage qui est entièrement perdu : nous ne savons pas ce qu'il contenait.

Avant la constitution de la science et même après, dans les

ouvrages qui n'ont pas pour objet un exposé dogmatique de tout ou partie de cette science, les doctrines n'ont pas toujours une individualité très caractérisée. Quel est donc le critérium qui nous permettra de les reconnaître ? Suivant nous, une doctrine est un raisonnement ou un ensemble de raisonnements logiquement enchaînés tendant à donner l'*explication d'un fait.* La simple constatation de ce fait ne constitue pas une doctrine. Lorsque le jurisconsulte romain Paul nous dit que les olives ne se vendent pas le même prix à Rome et en Espagne, dans les années de disette et dans les années d'abondance, il n'énonce pas et il ne songe pas à énoncer une doctrine sur la valeur. Il suit de là qu'une doctrine est essentiellement un ensemble d'idées *conscientes.* Assurément l'on a appliqué certains principes économiques bien avant qu'il y eût des théories d'économie politique. Les jurisconsultes et le préteur romains ont pu fixer les règles juridiques du cautionnement, du gage et de l'hypothèque sans posséder une théorie économique du crédit ; mais une institution empiriquement constituée n'est pas la preuve de l'existence d'une doctrine. L'on a de même parlé bien avant qu'il y eût une grammaire et beaucoup parlent encore sans connaître les règles du langage ; qui donc s'aviserait d'aller chercher des doctrines grammaticales dans la prose que M. Jourdain faisait, *sans le savoir ?*

Il existe encore, à l'heure actuelle, certains doutes sur les limites qu'il convient d'assigner au domaine de l'économie politique, et par suite, l'on peut, dans certains cas, se demander si telle doctrine doit être considérée comme économique ou si elle n'appartient pas plutôt à telle science voisine. Nous ne pouvons discuter ici cette question ; nous ne pouvons que renvoyer, sur ce point, aux traités généraux d'Economie politique. Nous donnerons seulement notre opinion. Nous regardons comme économiques : 1° les doctrines qui ont la prétention d'expliquer les phénomènes relatifs à la production, la circulation et la répartition des richesses, dans une société particulière ou dans les sociétés en général ; 2° les doctrines de politique économique ou d'art social, mais seulement en tant quelles se fondent sur des principes, vrais ou faux, empruntés à la première catégorie de doctrines que nous venons de citer. Aussi nous ne parlerons du socialisme qu'au moment où nous aborderons l'époque moderne, parce que c'est seulement dans cette période que le socialisme a émis la prétention de se constituer sur des principes scientifiques. Si nous rappelons les systèmes socialistes antérieurs, ce sera seulement pour *illustrer* le socialisme moderne et indiquer sa généalogie.

Les doctrines économiques présentent une physionomie très différente suivant les époques et les auteurs. Elles ont varié, sous la triple influence du milieu économique et social, du milieu intellectuel général et de certaines individualités puissantes.

1° *Action du milieu économique et social.* — Le milieu économique influe sur les doctrines de plusieurs manières. *a*) Il fait surgir certaines questions ; il se produit des crises ou simplement des transformations qui contraignent l'attention des penseurs ; il en résulte que certaines théories sont plus étudiées à telle époque qu'à telle autre. *b*) Le milieu économique et social ne fournit pas seulement la matière première des doctrines économiques ; il contribue ou peut contribuer à leur imprimer une certaine forme, une certaine physionomie générale, et certaines tendances. L'on ne peut comprendre, par exemple, la signification de la Doctrine mercantiliste si l'on ne sait que son apparition a coïncidé avec un extraordinaire développement de l'industrie et du commerce, avec le triomphe politique de la bourgeoisie industrielle, marchande et financière, avec le réveil du sentiment national incarné par la Royauté. Les modifications du milieu économique et social provoquent la découverte de certaines vérités en mettant en évidence des rapports de causalité jusqu'alors plongés dans l'ombre ; parfois aussi elles engendrent des erreurs parce que l'on est tenté de regarder comme le dernier terme du progrès certaines institutions, certains modes d'organisation économique, qui ne sont que des « catégories historiques » passagères. *c*) Mais si la pensée subit l'empreinte du milieu dans lequel elle puise les éléments de ses opérations et au sein duquel elle élabore ses conceptions, elle n'est pas nécessairement asservie par lui. Le milieu peut provoquer une adaptation ou bien, au contraire, une révolte de la pensée. C'est du triomphe du Mercantilisme, par exemple. qu'est née la réaction libérale du XVIIIe siècle.

2° *Action du milieu intellectuel général.* — Suivant l'idée que l'on se fait de la nature et de la fin de l'homme l'on est porté à envisager les phénomènes économiques sous un certain angle ; c'est ce que nous constaterons, par exemple, dans l'antiquité grecque. De même, suivant l'idée que l'on se fait du monde en général, la conception que l'on a de l'Economie politique se modifie ; nous verrons quelles transformations cette science a subi, chez certaines écoles au XIXe siècle, par suite de la substitution de la notion *d'évolution* à celle d'un *ordre Providentiel, fixe et préétabli.* — De même encore, suivant l'idée que l'on se fait du rôle de l'Etat, la politique économique que l'on préconise peut être très différente. Bien des mesures que nous considérerions aujourd'hui comme extraordinaires et qui nous feraient crier au socialisme d'Etat ont paru pendant longtemps très naturelles parce que, suivant l'opinion commune, le législateur en les édictant n'était pas sorti des limites de ses attributions essentielles. Etc.

3° *Influence des individualités.* — La pensée étant maîtresse d'elle-même, il s'ensuit qu'une doctrine, une fois surgie du milieu des faits et suscitée par eux, est susceptible d'un *développement ultérieur interne, purement logique, entièrement indépendant du milieu.* La pensée dépasse alors les faits, elle les domine, bien mieux elle les détermine. Le milieu, croyons-nous, peut être modifié par une volonté pleinement consciente du but qu'elle poursuit ; à mesure que la science progresse, la pensée cesse de plus en plus d'être conditionnée par le milieu *actuel et ambiant*, de plus en plus, elle devient de serve dominatrice. Par suite, les doctrines peuvent se modifier et progresser, indépendamment du milieu, sous l'action de la pensée exceptionnellement puissante de certains individus, d'un Quesnay, d'un Adam Smith, etc.

Comment les doctrines économiques se sont dégagées des éléments hétérogènes, dans lesquels, à l'origine, elles se trouvaient enveloppées comme en une gangue ; comment, d'abord éparses et fragmentaires, elles ont fini par se systématiser en une science ; par quelles variations elles ont passé, tel est l'objet de l'Histoire des Doctrines économiques.

Les considérations qui nous ont amené à cette définition indiquent assez la méthode que nous croyons devoir suivre. L'Histoire des Doctrines économiques est distincte de l'histoire de la philosophie, de l'histoire du droit, de l'histoire de la science politique, etc. Elle est aussi distincte de l'histoire des faits et des institutions économiques. Mais l'histoire de la philosophie, du droit, de la science politique, etc. et l'histoire économique nous fourniront certaines données, car nous devrons replacer les doctrines économiques dans le milieu économique, social, intellectuel qui les a vues naître. A cette condition seulement nous pourrons les comprendre pleinement et les juger avec équité. L'Histoire des Doctrines économiques est également distincte de l'histoire des économistes ; elle n'est pas une galerie de portraits ; une série de biographies et de monographies d'ouvrages. Les doctrines doivent occuper le premier plan et les individus rester au second. Ce que nous devons décrire, c'est la marche de la pensée économique ; or, la courbe accidentée mais continue de son évolution disparaîtrait si les théories étaient vues simplement comme à travers un kaléidoscope d'auteurs successivement ressuscités. Mais, d'autre part, nous devrons, le cas échéant, rechercher et noter les particularités du tempérament, les qualités maîtresses du talent ou du génie de certains auteurs et montrer l'action par eux exercée sur la transformation des idées. Nous devrons naturellement accorder à leur personnalité une place d'autant plus large que leur originalité aura été plus forte et leur influence plus profonde (1).

L'Histoire des Doctrines ne doit pas être, à notre avis, purement objective. Nous devrons apprécier les théories que nous analyserons. Nous aurons à les juger tout d'abord relativement

(1) Les limites que nous nous sommes imposées dans ce *Précis* ne nous permettent pas, et nous le regrettons, de donner à la biographie la place que nous aurions voulu lui accorder.

à l'époque où elles ont été produites ; c'est là une obligation stricte pour tout historien. Mais, dans certains cas, et surtout lorsque nous nous trouverons en présence de théories abstraites, nous devrons également porter un jugement sur leur valeur absolue. Seulement, la critique dogmatique ne pourra être que sommaire ; elle ne pourra consister que dans un rappel de principes. Sous peine d'interrompre notre course à travers l'histoire par d'interminables arrêts, sous peine de refaire dix fois la dogmatique économique tout entière, nous devrons nous contenter de renvoyer le lecteur aux Traités généraux d'Economie politique.

Cette étude, ainsi comprise et poursuivie suivant la méthode qui vient d'être esquissée, offre-t-elle quelque intérêt et quelque utilité ? A cette question Jean-Baptiste Say a excellemment répondu en ces termes : « Toute espèce d'histoire est en droit de flatter la curiosité ; elle apprend à connaître les procédés de l'esprit humain ; une erreur dévoilée empêche qu'on n'y tombe à nouveau ; sa discussion dégage et consolide les fondements d'une vérité ; et enfin, quand les principes d'une science sont encore à quelques égards débattus, son histoire admet des controverses qui répandent du jour sur les points contestés et même sur l'ensemble de la science. Celle-ci n'est parvenue que récemment à un degré de certitude propre à satisfaire les bons esprits ; ce n'est que depuis le commencement de ce siècle qu'on a pu mesurer l'espace qu'elle a parcouru, et sa marche ne saurait être indifférente au monde instruit qui entrevoit déjà la haute influence qu'elle est appelée à exercer sur le sort de l'humanité » (1). Nous ne pouvons que nous borner à un commentaire de ces paroles.

Assurément, il est permis de ne pas aimer l'histoire en général ou seulement de ne pas aimer l'histoire des doctrines économiques. Peut-être ne vous sentez-vous aucune dette de reconnaissance à l'égard du passé ; peut-être n'éprouvez-vous aucune émotion à contempler la série des œuvres enfantées par le génie

(1) J.-B. Say, *Cours complet d'Econ. polit.*, IXe partie ; *Hist. abrégée de l'Econ. polit.* (Edit., Bruxelles, 1840, p. 561-562).

humain depuis l'humble et préhistorique époque de la hache de silex taillée ou polie jusqu'aux temps grandioses des machines qui vous émerveillent soit par leur puissance, soit par leur délicatesse et leur précision ; ou bien, peut-être, l'histoire des œuvres matérielles et des actes extérieurs de l'homme vous captive-t-elle seule ; peut-être, n'attachez-vous aucun prix à l'histoire de sa pensée ; peut-être, le spectacle de l'esprit humain cherchant à tâtons, au prix de pénibles efforts et de chutes incessantes, la vérité — la vérité du moment parfois — qu'il vous a léguée, ne présente-t-il aucun intérêt pour vous ; peut-être encore, tandis que l'histoire littéraire, l'histoire de l'art, l'histoire de la pensée philosophique, l'histoire de la pensée juridique, etc., ont le don de retenir votre attention, seule — par une exception tout au moins singulière au premier abord — l'histoire de la pensée économique n'offre-t-elle aucun attrait à votre curiosité ; tout cela se conçoit. Mais les tempéraments sont divers et l'on doit tolérer que ce genre d'études intéresse et passionne d'autres esprits différemment conformés. Voyons si l'on peut en attendre quelque profit.

Admet-on la légitimité de l'histoire des faits et des institutions économiques ? Alors, s'il est vrai que la pensée humaine subit la pression du milieu et réagit sur lui tour à tour, la connaissance des doctrines sera nécessaire à l'intelligence des faits, l'on ne pourra se flatter de comprendre ceux-ci si l'on ignore celles-là. Les personnages de l'histoire nous apparaîtront comme des automates si on ne nous les montre pas pensant et raisonnant leurs actes.

De même encore, admet-on la légitimité de l'histoire de la pensée humaine sous ses diverses formes : philosophique, juridique, etc. ? Alors, nous dirons : la pensée est une et l'on ne peut la mutiler. C'est à tort que l'on croit connaître la vie intellectuelle d'une époque si l'on néglige de parti-pris certaines de ses manifestations. Celui-là se trompe qui croit avoir pénétré toute la pensée des XVIe et XVIIe siècles, s'il ignore la doctrine mercantiliste.

Enfin, l'histoire des doctrines économiques est utile et nécessaire s'il est vrai que la science et la politique économiques aient droit à une place parmi les divers sujets de recherches qui s'offrent à nos efforts. L'on peut tout d'abord donner de cette assertion une preuve en quelque sorte empirique. C'est que, parmi les économistes, même parmi les purs théoriciens, il n'en est guère à qui il ne soit arrivé, de temps à autre, de faire de l'histoire des doctrines. Mais ils ne l'ont pas toujours fait en parfaite connaissance de cause, il s'est créé des légendes ; et peut-être l'histoire des doctrines économiques rencontrera-t-elle quelques résistances précisément parce qu'elle détruira certaines affirmations erronées qui sont comme de vieilles amies dont on ne peut se séparer sans que le cœur se serre.

Mais nous ne saurions nous contenter de cette démonstration indirecte. Nous ignorons s'il est exact que, comme le prétend un grand physiologiste, tout organisme, dans son processus embryogénique, repasse rapidement, en quelques jours ou en quelques semaines, par toutes les transformations subies pendant des centaines de siècles par ses ancêtres, avant l'apparition du type auquel il appartient. Mais ce que nous savons, c'est que pour la formation de l'esprit, pour l'enfantement de l'idée, il ne peut y avoir que profit à suivre cette voie. La découverte d'une vérité par intuition est assez rare (et même alors, l'emploi de la critique historique est nécessaire, comme nous allons le voir, à titre d'instrument de contrôle) ; le plus souvent, une théorie, même suggérée par les faits, s'édifie sur les ruines et, en partie tout au moins, avec les ruines des théories antérieures. Nous avons besoin de connaître les erreurs du passé comme les vérités ou les soi-disant vérités du présent, pour agrandir le champ de nos connaissances.

Il nous est aussi nécessaire, pour avoir une pleine compréhension des vérités ou soi-disant vérités dont nous disposons, de savoir comment elles ont un jour surgi, de reconstituer, en raccourci, l'élaboration dont elles sont issues. Une couleur n'acquiert tout son éclat que superposée à d'autres couleurs. De même, une doctrine ne prend toute sa valeur que mise en opposition avec d'autres doctrines et, avant tout, avec celles dont la désagrégation lui a donné naissance.

Enfin, la critique historique est nécessaire à la vérification de nos théories. Celles-ci doivent, sans doute, être contrôlées par l'observation ; mais, alors même qu'elles ne nous paraissent pas contredites par les faits, alors même qu'elles nous semblent commandées par eux, notre esprit n'aura de quiétude que si nous croyons être sûrs qu'aucune autre doctrine ne donne des mêmes faits une explication plus satisfaisante. L'histoire des doctrines nous habituera aussi à la prudence et à la modestie qui sont les commencements de la sagesse scientifique.

Aussi bien, ce n'est peut-être pas la légitimité de l'histoire des doctrines en elle-même qui sera contestée. Peut-être discutera-t-on seulement sur la date plus ou moins reculée à laquelle il convient de la commencer. A quoi bon, dira-t-on, remonter jusqu'à l'époque des bégaiements et des puérilités ? Mais que l'on prenne garde de s'engager dans un engrenage où, le doigt pris, le corps passera tout entier ! L'on nous accordera sans doute d'analyser l'ouvrage d'Adam Smith ? Dans la *Richesse des Nations*, huit longs chapitres (formant plus de 300 pages dans la traduction de la grande collection Guillaumin) sont consacrés à l'exposé et à la critique du *Système mercantile* ; il y est question de Locke et d'un certain Mun, auteur d'un livre dont le titre « devint une maxime fondamentale d'économie politique non seulement pour l'Angleterre, mais pour tous les autres pays commerçants ». Si l'on allait contrôler les dires d'Adam Smith ! L'auteur consacre également un chapitre au système des Physiocrates. « Avec toutes ses imperfections, dit-il, ce système est peut-être de tout ce qu'on a encore publié sur l'économie politique ce qui se rapproche le plus de la vérité et, sous ce rapport, *il mérite bien l'attention de tout homme qui désire faire un examen sérieux des principes d'une science aussi importante.* » Ne sera-t-on pas tenté de suivre un conseil venu de si haut ? Et puis, si l'on ignore les Physiocrates, est-on sûr de bien comprendre la doctrine d'Adam Smith ou même seulement de saisir toute la portée de la première phrase, bien banale semble-t-il, de son livre : « Le *travail* annuel d'une nation est le fonds primitif qui fournit à sa consommation annuelle toutes les choses nécessaires et commodes à la vie ; et ces choses sont toujours ou le produit immédiat de ce travail ou achetées des autres nations avec ce produit. »

L'on nous passera donc les Physiocrates sans trop de peine vraisemblablement. Mais leurs livres sont remplis de discussions sur le Mercantilisme ! Et puis, Adam Smith qui nous a invité à les lire nous donne également cet avertissement : « Si la branche est trop courbée dans un sens, dit le proverbe, il faut, pour la redresser, la courber tout autant dans le sens contraire. *Il semble que c'est sur cette maxime triviale que se sont dirigés les philosophes français*, auteurs du système qui représente l'agriculture comme l'unique source du revenu et de la richesse d'un pays ; *et si, dans le plan de M. de Colbert, l'industrie des villes avait certainement été évaluée trop haut en comparaison de celle des campagnes, aussi, dans leur système, ils paraissent non moins certainement avoir compté celle-ci pour trop peu.* ». Serait-il donc vrai que l'on entendra mal la Physiocratie si on ne la met en présence du Colbertisme ? Nous rendrons-nous un compte exact des oscillations du pendule si nous ne connaissons pas son point de départ ? Ignorant la doctrine mercantiliste, saisirons-nous la portée de la maxime fondamentale de Quesnay : « La terre est l'unique source des richesses et c'est l'*agriculture* qui les multiplie. » Pourtant, si l'on nous concède encore le Mercantilisme, si on laisse entre nos mains Bodin, Locke, Mun, Montchrétien, c'en est peut-être bien fini ! Il est très à redouter qu'un lecteur trop critique et trop érudit ne glose le texte de ces auteurs à l'aide de passages pris dans saint Thomas ou dans Aristote !

Et puis, où sont les « erreurs » et les « puérilités » dignes seulement de notre orgueilleux dédain ? Est-ce la Physiocratie dont Adam Smith fut le continuateur et dont il a parlé comme nous savons ? Est-ce le Mercantilisme ? Est-ce la Chrématistique d'Aristote ? Suivant la juste remarque de notre éminent maître M. Deschamps, le Mercantilisme occupe dans l'histoire l'espace de trois siècles au moins, et voilà que les adeptes de l'Ecole de l'Economie politique nationale, dont nous devons sans doute dire quelques mots, revendiquent les Mercantilistes comme leurs ancêtres directs ! Voilà, de plus, que la Chrématistique d'Aristote se retrouve au fond du Marxisme lequel fait aussi un certain bruit dans le monde ! Il y a donc vraiment des morts qu'il faut tuer... si on le peut ! Nous croyons, quant à nous, que la pensée ne se perd pas plus que la matière ; aucun effort, si maigre qu'en soit le résultat, si maladroitement qu'aient été gaspillées les forces dépensées pour le produire, n'est jamais tout à fait stérile et c'est là la consolation du travailleur qui peine obscurément dans sa modeste sphère. La vérité est seulement qu'il ne faut accorder à chaque doctrine qu'une place proportionnée à son importance historique ou à sa valeur intrinsèque (1).

Nous devons maintenant dire quelques mots sur les divisions que nous comptons adopter. Deux procédés s'offrent à nous. Le premier consiste à prendre chaque doctrine à part et à la suivre depuis la date de sa naissance jusqu'à l'époque moderne. Des historiques de cette sorte peuvent fournir de très suggestifs préliminaires à des monographies dogmatiques de questions données ; mais, dans une Histoire générale des Doctrines, cette méthode présenterait deux vices absolument rédhibitoires ; elle nous empêcherait de saisir la physionomie générale de chaque époque ; elle nous empêcherait, en outre, de replacer les doctrines dans leur milieu, à moins de recommencer vingt fois les mêmes descriptions.

La seconde méthode est la méthode chronologique. Elle consiste à partager l'histoire en périodes suffisamment étendues dont les points de départ et d'arrivée, forcément arbitraires, doivent cependant être convenablement choisis. C'est elle que nous suivrons en principe. Mais : 1° dans chaque période, nous étudierons non pas *toutes* les doctrines qui se sont alors produites,

(1) V. sur toutes ces questions : Worms, *Rev. intern. de l'enseignement*, t. XXXVI (1898), p. 499 et suiv. ; Deschamps, *L'enseignement de l'hist. des doctr. économ.*, etc. dans *Rev. intern. de l'enseignement*, 15 mars 1900 ; *Du profit que retire un jeune homme de l'hist. des doctr. économ.* dans *La Réforme Sociale*, 1er octobre 1902 ; Truchy, *L'hist. des doctr. économ. dans les facultés de droit*, dans *Rev. intern. de l'enseignement*, t. XL (1900), p. 65 et suiv.

mais seulement celles qui sont les caractéristiques de l'époque et celles qui ont pris, à ce moment, un développememt doctrinal d'une réelle importance ; 2° nous n'entendons pas nous emprisonner dans des compartiments hermétiquement clos ; nous ne nous interdisons pas de franchir parfois les limites de la période dans laquelle nous aurons rencontré une doctrine, afin de montrer les ramifications immédiates de cette doctrine et d'aller poser, dans la période suivante, des jalons aux points où nous la retrouverons par la suite. Si même nous ne devons plus la rencontrer sur notre chemin, nous pousserons rapidement notre excursion jusqu'à l'époque actuelle. 3° Inversement, abordant une doctrine dans une période donnée, nous remonterons parfois en arrière afin de rechercher dans la période antérieure ses antécédents jusqu'alors passés sous silence en raison de leur état embryonnaire. Sous le bénéfice de ces observations, voici quelles seront les grandes divisions de ce travail :

Livre I. — Les Doctrines économiques dans la Grèce antique.

Livre II. — Les Doctrines économiques au moyen âge (XIIIe-XVIe siècles).

Livre III. — Les Doctrines économiques dans la période du XVIe siècle aux Physiocrates (1500-1760 environ).

Livre IV. — Les Doctrines économiques des Physiocrates et d'Adam Smith.

Livre V. — Les Doctrines économiques dans la première moitié du XIXe siècle.

Livre VI. — Les Doctrines économiques dans la seconde moitié du XIXe siècle étudiées seulement : 1° au point de vue de la méthode ; 2° au point de vue des tendances.

Le livre VII sera réservé à l'étude du Socialisme.

BIBLIOGRAPHIE DE L'HISTOIRE DES DOCTRINES ÉCONOMIQUES

(Les ouvrages les plus importants sont marqués d'un astérisque)

HISTOIRES GÉNÉRALES

BLANQUI, *Histoire de l'Economie politique*, 1838, 4e édit., 1860. (Les faits tiennent la plus large place dans cet ouvrage.) — DE VILLENEUVE-BARGEMONT, *Histoire de l'Economie politique*, 1839, 2e édit., 1841 (même observation). — HILDEBRAND, *Rückblick auf die geschichtliche Entwickelung der Sozialen Wirtschaftslehren*, 1848. — ROSSBACH, *Vier bücher gesch. der politischen Œkonomie*, 1856. — * KAUTZ, *Die geschichtliche Entwickelung der Nationalœkon. und ihrer Litteratur*, 2e édit., 1860. — * DUHRING, *Kritische Gesch. d. Nationalœkon. und des Socialismus*, 1871, 3e édit., 1879. — EISENHART, *Geschichte d. Nationalœkon.*, 1881, 2e édit., 1891. — * INGRAM, *A history of Political Economy*, 1888, trad. fr., 1893. — WALCKER, *Geschichte der Nationalœkon. und des Sozialismus*, 3e édit., 1895. — * MACLEOD, *The history of Economics*, 1896. — * ONCKEN (August), *Gesch. der Nationalœkon.* (première partie seule parue jusqu'ici : L'époque antérieure à Adam Smith), 1902. — ESPINAS, *Histoire des Doctrines économiques*, s. d. — DENIS, *Histoire des systèmes économiques et socialistes*, s. d.

HISTOIRES FRAGMENTAIRES

LYSEN, *Etudes sur l'histoire de l'Economie politique depuis les temps les plus reculés jusqu'au XVIe siècle*, 1883. — NYS, *Recherches sur l'histoire de l'Economie politique*, 1898. — DE GIRARD, *Histoire de l'Economie sociale jusqu'à la fin du XVIe siècle*, 1900. — * TWISS, *A View of the Progress of Political Economy in Europe since the sixteenth century*, 1847. — * BLOCK, *Le progrès de la science économique depuis Adam Smith*, 2e édit., 1896.

HISTOIRES SPÉCIALES A CERTAINS PAYS ET N'EMBRASSANT PARFOIS QUE CERTAINES PÉRIODES.

A. — Italie

Muller, *Chronologische Darstellung der italienischen Klassiker über Nationalœkon.*, 1820. — Pecchio, *Storia della Economia politica in Italia*, 1829, Trad. fr., 1838. — Verndasky, *Recherches historico-critiques sur les économistes italiens*, 1849. — *Fornari, *Delle teorie economiche nelle provincie napolitane dal secolo XIII al 1830*, 1882-1888. —* Gobbi, *La concorrenza estera e gli economisti italiani*, 1884. — *L'Economia politica negli scrittori italiani nel secolo XVI-XVII*, 1889. — Albergo, *Storia dell'Economia politica in Sicilia*, 1855. — Graziani, *Le idee economiche degli scrittori emiliani e romagnoli*, 1893. — Pierson a écrit en hollandais un *Essai sur l'hist. des doct. écon. en Italie* (1866), qui a été traduit en allemand, 1872.

B. — Espagne

* Colmeiro, *Storia della Economia politica en España*, 1863. — Rahola, *Economistas españoles de los siglos XVI y XVII*. 1887.

C. — Angleterre

* Roscher, *Zur geschichte der Englischen Volkswirthschaftslehre*, 1851-1852. — Hahl, *Zur geschichte der Volkswirthschaftlichen Ideen in England*, etc., 1893. — Price, *A short historg of political Economy in England from Adam Smith to Arnold Toynbee*, 1891.

D. — Allemagne

* Roscher, *Geschichte der Nationalœkonomik in Deutschland*, 1874. — Schmoller, *Zur geschichte der nationalœkon. Ansichten in Deutschland wæhrend der Reformationsperiode*, dans *Zeitsch. f. d. ges. Staatswiss*, 1860. — Wiskemann, *Darstellung der in Deutschland zur Zeit der Reformation herrschenden nationalœkonomischen Ansichten*, 1861.

E. — Hongrie

Kautz, *Entwickelung-Geschichte der Volkswirthschaftlichen Ideen in Ungarn*, 1876.

F. — Hollande

Laspeyres, *Geschichte der volkswirtschaftlichen Ideen der Niederlander und ihrer Litteratur zur Zeit der Republick*, 1863. — Des histoires des doctrines ont été en outre publiées en langue hollandaise par Molster (1851) ; de Rooy (1851) ;* Van Rees (1865-1868).

G. — Russie

Berendts, *Volks-und Staatswissenschaftliche Anschauungen in Russland*, 1888.

Des Histoires des doctrines ont été publiées en suédois par Balchen (1869) et Arnberg (1868). — V. *infrà*, les ouvrages relatifs à la Grèce antique (Liv. I, ch. iii, p. 35, note 1).

HISTOIRES DE DOCTRINES SPÉCIALES.

*Cannan, *A history of the theories of Production and distribution in english political Economy, from 1876 to 1848*, 1893. — Drouot, *Des trois systèmes historiques sur la production de la richesse nationale*, Thèse, Fac. droit, Rennes, 1884-1885. — *Ricca Salerno, *Le dottrine finanziarie in Inghilterra*, 1888. — *Storia delle dottrine finanziarie in Italia*, 1881, 2e édit., 1896. — Von Bohm-Bawerk, *Geschichte und kritik der kapitalzins Theorien*, 1884, 2e édit., 1900. Trad. fr., 1902-1903. — Petit, *Etude critique des différentes théories de la valeur* (dans l'*Echange intérieur*), Thèse, Fac. droit Paris, 1897-1898. — Loria, *La teoria del valore negli economisti italiani*. Dans *Archivio giuridico*, 1882. — Montanari, *Contributo alla storia del Valore negli economisti italiani*, 1889. — Graziani, *Storia critica della teoria del Valore in Italia*, 1889. — Sewall, *The Theory of value before Adam Smith*, dans les publications de *The american economic Association*, 1901.— Sinigaglia, *La teoria economica della popolazione in Italia*, 1881 (Extrait de l'*Archivio* *giuridico*). — Cusumano, *La teoria del commercio dei grani in Italia*, 1877. — Conigliani, *Le Dottrine monetarie in Francia durante il medio evo*, 1890. — Musco, *La Dottrina del Salario*, 1898. — Ricca Salerno, *La teoria del Valore*, etc., 1895, etc. V. en outre les articles (généralement sous les noms des économistes) des *Dictionnaires d'Economie politique* de Coquelin-Guillaumin et Léon Say-Chailley, du *Handworterbuch* de Conrad, du *Dictionary of Political Economy* de Plagrave, de l'*Encyclopœdia Britannica* ; les notices contenues dans les collections ou rééditions d'auteurs ; les abrégés historiques servant d'appendices ou d'introductions aux Traités généraux d'Economie politique. Nous les mentionnons ici une fois pour toutes.

BIBLIOGRAPHIES DES SOURCES DE L'HISTOIRE DES DOCTRINES ÉCONOMIQUES.

Une bibliographie des sources, très incomplète même pour son époque, a été publiée par Morellet à la suite de son *Prospectus d'un nouveau Dictionnaire du commerce* (1769). — V. en outre Blanqui, *Histoire de l'Econ. polit.* (4e édit., 1860), t. II, p. 309 et suiv. — *Mac-Culloch, *The litterature of Political Economy*, 1845. — *Von Mohl, *Geschichte und Litteratur des Staatswissenschaften*, 1858. — Colmeiro, *Biblioteca de los economistas espanoles de los siglos* 16, 17 *y* 18. Bibliographie avec des analyses, 1861. Réimprimée en 1880. — *Cossa, *Guida allo studio dall' Economia politica*, 1876, 2e édit., 1878. Trad. fr. sous le titre d'*Hist. des doctrines économiques*, 1899. Bibliographie *critique*, enrichie de nombreuses analyses sommaires ; ouvrage d'une très riche érudition ; instrument de travail indispensable à quiconque s'occupe de l'histoire des doctrines économiques. — Cauwès, *Cours d'Econ. polit.* (3e édit., 1893), t. IV, p. 606 et suiv., *Bibliographie sommaire de l'Economie politique*, utile surtout pour la période du xixe siècle.

COLLECTIONS D'AUTEURS

France.

Collection des principaux Economistes, publiée par Guillaumin.

Cette collection sera souvent désignée dans cet ouvrage par la lettre G. Elle se compose de quinze volumes. — I) *Economistes français du XVIIIe siècle*, VAUBAN, BOISGUILBERT, LAW, MELON et DUTOT, 1843 ; 2e édit., 1851. — II) *Physiocrates*, QUESNAY, DUPONT DE NEMOURS, MERCIER DE LA RIVIÈRE, BAUDEAU, LE TROSNE, 1846. — III et IV) TURGOT, 1844. — V et VI) ADAM SMITH, 1843. — VII et VIII) MALTHUS, 1845-1846 : 2e édit., 1852.— IX, X, XI, XII) JEAN-BAPTISTE SAY, 1841, 1840 et 1851, 1848. — XIII) RICARDO, 1847. — XIV) *Mélanges*, DAVID HUME, FORBONNAIS, CONDILLAC, CONDORCET, LAVOISIER, FRANKLIN, 1848. — XV) *Mélanges*, NECKER, GALIANI, DE MONTHYON, BENTHAM, 1848.

NOTA. — La collection ne comprend pas toujours les *Œuvres complètes* des auteurs ci-dessus cités.

La librairie Guillaumin a en outre édité une *Petite bibliothèque économique française et étrangère* (s. d.) renfermant des *Extraits* des œuvres des principaux économistes, ou même de réformateurs sociaux : Vauban, Sully, Quesnay, Turgot, Lavoisier, Hume, Adam Smith, Bentham, Ricardo, Malthus, Jean-Baptiste Say, Stuart Mill, Cobden, Bastiat, Fourier, Karl Marx, Le Play. Léon Say.

(Nous désignerons cette *Petite bibliothèque* par l'appellation *Petite coll. Guillaumin.*)

Italie.

Scrittori classici italiani di Economia politica (ou Collection Custodi), Milan, 1803-1816. — 30 volumes.

1. SERRA. TURBULO. — 2. SCARUFFI. DAVANZATI. — 3. MONTANARI. — 4, 5. BROGGIA. — 6, 7. NERI. — 8. ALGAROTTI. BANDINI. — 9. BELLONI. — 10, 11, 12, 13. GALIANI. — 14, 15, 16, 17. GENOVESI. — 18, 19. BECCARIA. — 20, 21. CARLI. — 22, 23, 24. VERRI. — 25, 26. ZANON. — 27. PAOLETTI. — 28, 29, 30, 31, 32, 33, 34. ORTES. — 35, 36. BRIGANTI. — 37, 38. D'ARCO. — 39. FILANGIERI. — 40, 41, 42. VASCO. — 43. MENGOTTI. — 44, 45. PALMIERI. — 46. SOLERA. — 47. SCROFANI. — 48. RICCI. — 49. PALMIERI (*Osservazioni sul lusso*). — 50. Tables.

Angleterre.

MAC-CULLOCH, *A Select Collection of valuable Tracts on money* (Vaughan, Cotton, Petty, Lowndes, Newton, etc.), 1856. — *Early english Tracts on commerce* (Mun, Roberts, North, etc.), 1856. — *Tracts on the national Debt and the sinking Fund* (Harley, Gould, Pulteney, Walpole, Hume, Price, etc.), 1857. — *Tracts on Paper currency and Banking* (Hume, Wallace, Thornton, Ricardo, Blake, Huskisson, etc.), 1857. — *Pamphlets on commerce* (Evelyn, Defoe, Richardson, Tucker, Temple, etc.), 1859. — *Economical Tracts* (Defoe, Elking, Franklin, Turgot, Anderson, Schomberg, Townsend, Burke, Bill, etc.), 1859. — ASHLEY, *A series of classic Economics* (contient une réédition de Mun et des extraits d'Adam Smith, Ricardo, Malthos).

Espagne.

SEMPERE Y GUARINOS, *Biblioteca espanola economico politica*, 1801-1821 (4 vol.). Contient des Extraits d'auteurs divers.

Il a été publié, en outre, d'autres collections moins importantes.

LIVRE PREMIER

LES DOCTRINES ÉCONOMIQUES DANS L'ANTIQUITÉ GRECQUE

CHAPITRE PREMIER

LE MILIEU ÉCONOMIQUE ET SOCIAL (1).

A l'époque homérique, les peuples grecs vivaient de l'agriculture, principalement de l'élevage, et pratiquaient un régime d'*économie domestique* : la famille, groupe d'ailleurs nombreux, produisait à peu près tout ce qu'elle consommait. Même dans les maisons royales, le chef de famille, sa femme, ses fils et ses filles travaillaient de leurs mains. Ulysse avait construit les murs de sa chambre, et s'était confectionné un lit richement décoré ; Nausicaa allait laver son linge à la rivière. Des esclaves les secondaient : ceux du sexe mâle étaient employés aux travaux agricoles ; les esclaves femmes, plus nombreuses que les précé-

(1) V. Du Mesnil-Marigny, *Hist. de l'Econ. polit. des anciens peuples*, 1872, 3e édit., 1878 ; Bœckh, *Die Staatshaushaltung der Athener*, 1817, 2e édit., 1850. Trad. fr. *Econ. polit. des Athéniens*, 1828 ; Blanqui, *Hist. de l'Econ. polit.*, 4e édit., 1860, t. I, ch. I-IV ; Wiskemann, *Die antike Landwirtschaft*, etc., 1859 ; Guiraud. *La propriété foncière en Grèce*, 1893 ; *La Main-d'œuvre industrielle en Grèce*, 1900 ; *L'évolution du travail dans l'ancienne Grèce*, dans *Rev. des Deux-Mondes*, 1er février 1902 (V. t. VIII, p. 621 et suiv.) ; Francotte, *L'industrie dans la Grèce ancienne*, 1900-1901 ; Pestalozza, *La vita economica Ateniese della fine del*

dents, étaient occupées à moudre le blé, cuire le pain, filer, tisser, confectionner les vêtements, sous la direction de la maîtresse de maison.

Déjà cependant il existait des artisans libres, entrepreneurs ou salariés. L'artisan entrepreneur travaillait les matières premières que lui remettaient ses clients. Les marchands devaient donc être peu nombreux. Ce devaient être surtout des étrangers de passage, apportant les produits de luxe, cratères de métaux précieux, colliers d'ambre ou d'or, venus de Phénicie, d'Egypte et d'Asie-Mineure. L'échange se pratiquait sous la forme du troc; les salaires étaient payés en nature (1).

Dans la Grèce classique, le régime de l'*économie domestique* persista toujours. Dans beaucoup de familles, toutes les opérations industrielles concernant l'alimentation et l'habillement continuèrent d'être exécutées à l'intérieur de la maison (2).

En outre, dans la majeure partie des cités, l'agriculture tint toujours le premier rang parmi les diverses branches de la production. Le sol grec était, en général, assez fertile. Presque partout, on lui faisait produire du blé et de l'orge; mais dans certaines régions, et notamment dans l'Attique, il n'était guère propre à la culture de ces céréales. Par contre, les cultures arborescentes, celles des figuiers, de la vigne et surtout de l'olivier, l'apiculture, l'industrie pastorale, qui nourrissait de nombreux

secolo VII alla fine del IV secolo avanti Christo, 1901 ; Büchsenschütz, *Die Hauptstatten des Gewerbfleisses im klass. Alterth*, 1869 ; Pohlmann, *Die übervolkerung der antiken Grosstadte*, etc. 1884 : Hatorp, *Forschungen zur geschichte der erkentnissproblems den Alten*, 1884 ; Patzig, *Staatswirthschaft in dem antiken grosstaaten*, 1886 ; De Marinis, *La società greca sino all'epoca delle guerre persiane studiata dal punto della sociologia*, 1891 ; Nickell, *Sozialpolitik und soziale Bewegung in Altertum*, 1892 ; Meyer. *Die Sklaverei im Altertum*, 1898 ; *Wirtschaftliche Entwickelung der Altertum*. dans *Iahrb. f. Nat. Œkonom.*, 1895 ; Albonico, *La legge del lavoro*, etc., 1893 ; Adler, *Die Sozialreform im Altertum*, 1898 ; Platon, *La démocratie et le régime fiscal à Athènes, à Rome*, etc., 1899 ; Beloch, *Zur grieschischen Wirtschaftgesch.* dans *Zeitsch. f. Sozialwiss*, 1902.

(1) V. Guiraud, *La Main-d'œuvre industrielle en Grèce*, ch. II, p. 10 et suiv.

(2) V. Guiraud, *op. cit.*, p. 62-63.

troupeaux de moutons et de chèvres, étaient partout productives (1).

En outre, le sous-sol était riche. Il renfermait des carrières de marbre renommées ; Athènes tira des revenus considérables de l'exploitation des mines d'argent du Laurion situées à ses portes (2). « Toute la région du Laurion, dit M. Guiraud, était un grand centre métallurgique où s'opéraient le broyage, le lavage et la fonte du minerai de plomb argentifère ; et le chiffre de vingt mille âmes qu'on attribue à sa population pour l'époque de Périclès n'a rien d'exagéré (3). »

La Béotie, la Thessalie et l'Elide restèrent toujours des pays essentiellement agricoles. Mais à partir du VIIe siècle, il se produisit dans la plus grande partie du monde hellénique une profonde transformation industrielle et commerciale. Les cités grecques eurent l'ambition de n'être plus tributaires de l'étranger pour les objets de luxe que leurs goûts artistiques les portaient à rechercher. Milet, en Asie-Mineure, devint célèbre par ses étoffes et ses tapis ; Corinthe par ses poteries, ses tissus, ses tapis et ses bronzes ; Chalcis (en Eubée) et Sicyone par leur façon de travailler les métaux, L'Attique n'entra que tardivement dans ce mouvement ; néanmoins, dès le VIIe siècle avant Jésus-Christ, l'industrie de la céramique y était très développée et, à partir du VIe siècle, l'on y assista à une multiplication et à une spécialisation croissante des métiers. Charrons, charpentiers, maçons, forgerons, orfèvres, corroyeurs, potiers, foulons, meuniers, boulangers, tailleurs, parfumeurs formaient la plus grande partie de l'assemblée du peuple. Les artisans n'y figuraient cependant pas tous, car certains étaient des affranchis ou des étrangers. Cette classe fournit à la Grèce quelques-uns de ses plus grands hommes (4).

(1) V. Guiraud, *La Propriété foncière en Grèce*, liv. III, ch. V, VI et VIII, p. 458 et suiv. ; 548 et suiv.

(2) V. Ardaillon, *Les mines du Laurion dans l'antiquité*, Thèse, Fac. Lettres, Paris, 1897-1898.

(3) Guiraud, *La Main-d'œuvre ind. en Grèce*, p. 199.

(4) Guiraud, *La Main-d'œuvre ind. en Grèce*, ch. III (p. 24 et suiv.) et V (p. 51 et suiv.).

Le chef d'industrie exerçait son métier à l'aide d'esclaves ou de salariés. L'esclave constituait la principale forme du capital ; il tenait lieu de machine ; pour cette raison sans doute l'on ne songeait même pas à utiliser les forces motrices naturelles. La Grèce d'ailleurs ne connut que la petite industrie. L'on cite comme un établissement d'une importance exceptionnelle l'atelier des frères Lysias où 150 esclaves étaient employés à la fabrication des boucliers (1).

Les artisans grecs travaillaient fréquemment sur commande; et presque toujours, semble-t-il, ils vendaient directement leurs produits aux consommateurs. Le nombre des marchands uniquement adonnés au commerce intérieur devait donc être faible, comme par le passé. Cependant il existait des détaillants, des *regratiers*. Le négoce trouvait dans le commerce extérieur un plus vaste champ d'activité. L'expansion industrielle donna une impulsion nouvelle au mouvement des importations et des exportations. Le trafic international put s'alimenter en grande partie sans sortir du monde grec qui s'était très élargi par la colonisation. Les cités échangeaient entre elles leurs spécialités. Milet et Amorgos envoyaient leurs riches tissus dans toute la Grèce ; l'Attique recherchait les chaussures de Sicyone, de Thyrrhène, d'Argos, de Rhodes (2), etc.; dans ce même pays, dit M. Guiraud, « les trésors des temples renfermaient des lits de Chios et de Milet, des vases en argent de Chalcis, des boucliers en or de Lesbos, des étuis de flûte en ivoire de même origine » (3). — Force était cependant de tirer du monde barbare les matières que le sol grec ne fournissait pas ou fournissait en quantité insuffisante. Athènes notamment devait importer de notables quantités de blé du Pont, de la Thrace, de la Syrie, de l'Egypte et de la Lybie. Ce commerce était sévèrement réglementé (4). La plupart des détaillants et des marchands trafiquant avec l'étranger étaient des affranchis ou des métèques. Leur réputation était très mauvaise. « Dans le monde du commerce et de

(1) V. Guiraud, *La Main-d'œuvre ind. en Grèce*, p. 86.
(2) V. Boeckh, *Econ. polit. des Athéniens*, trad. fr., 1828, t. I, p. 178.
(3) Guiraud, *La Main-d'œuvre ind. en Grèce*, p. 34.
(4) Boeckh, *Econ. polit. des Athéniens*, ch. xv, trad. fr., I, p. 131 et suiv.

la finance, dit Démosthène, que le même homme soit à la fois ardent au travail et honnête, cela passe pour un prodige invraisemblable (1). » Sans doute ils jouissaient d'un monopole de fait, et les accaparements devaient être faciles.

Il est inutile de dire que l'on n'en était plus au système du troc des temps homériques. Mais chaque cité ayant son système monétaire, il en résultait une extrême confusion qui devait singulièrement entraver les transactions commerciales. Aussi des unions monétaires s'étaient constituées ; d'autre part, certaines pièces jouaient le rôle de monnaies internationales : telles les *tétradrachmes* d'Athènes, les *statères* de Cyzique et de Lampsaque, les *hectai* de Phocée, etc. Pendant longtemps, dans la Grèce d'Europe, l'argent fut l'étalon unique (sauf de très rares et négligeables exceptions) ; l'or était un produit importé ; au contraire Athènes, nous l'avons vu, possédait presque sous ses murs de très riches mines d'argent. Elle frappa en 400 ses premières pièces d'or ; mais ce fut seulement à partir d'Alexandre que le monnayage de ce métal fut largement pratiqué en Grèce.

Les capitaux ne paraissent avoir manqué ni au crédit à la consommation, ni au crédit à la production. La caution, le gage, l'hypothèque immobilière fournissaient de solides garanties aux prêteurs ; l'hypothèque sur les navires et leurs cargaisons et le prêt à la grosse aventure permettaient les grandes entreprises maritimes (2) ; l'on a de même constaté l'existence de sociétés industrielles pour la mise en valeur d'importantes concessions minières. Il existait des banquiers et aussi des usuriers. Les manieurs d'argent étaient, pour la plupart, des affranchis ou des métèques, comme les marchands, et ils étaient aussi mal notés qu'eux. Nous avons vu comment Démosthène englobe les uns et les autres dans la même réprobation. Le taux de l'intérêt était élevé ; d'ordinaire, il s'élevait, semble-t-il, à 12 0/0, et il dépas-

(1) Démosthène, *Pour Phormion*, 44, édit. Didot, p. 499.

(2) V. Guiraud, *La Propr. fonc. en Grèce*, liv. II, ch. x, p. 278 et suiv. ; Boeckh, *Econ. polit. des Athéniens*, ch. xxiii, p. 224 et suiv. ; Caillemer, *Le Crédit foncier à Athènes*, 1866 ; *Le Contrat de prêt à Athènes*, 1870 ; *Le Contrat de société à Athènes*, 1873.

sait parfois ce chiffre : pour s'établir parfumeur, Lysias le philosophe avait dû emprunter à 18 0/0 (1).

La révolution économique que nous venons de décrire sommairement ne fut pas sans retentir sur l'organisation sociale. Il s'éleva une classe industrielle, marchande et financière dont la richesse alla croissant ; disposant de la fortune mobilière, elle acquit en outre la terre à la propriété de laquelle s'attacha toujours la suprématie politique, et peu à peu elle évinça l'ancienne noblesse ; peu à peu une aristocratie de fortune se substitua à l'aristocratie de race. Mais la nouvelle parvenue, ayant conquis le pouvoir, se désaffectionna du travail ; elle se changea en classe « capitaliste », ne participant même plus à la direction des entreprises, vivant des revenus de ses capitaux, c'est-à-dire de son argent prêté, ou de ses esclaves loués ou de ses terres affermées. Sous le régime démocratique, les salariés libres, entretenus par les distributions faites aux frais de l'Etat, quittèrent en masse les ateliers ; le travail fut de plus en plus abandonné à des « gens de rien », esclaves, affranchis, étrangers. Les hommes libres se disputèrent seulement la possession du sol (2).

A cette époque, le sentiment national et la moralité s'étaient affaiblis ; l'or perse et l'or macédonien avaient trouvé des villes et des orateurs à acheter. La constitution de l'empire d'Alexandre ouvrait à l'hellénisme un champ d'expansion immense ; mais ce fut hors de l'ancienne Grèce que surgirent les centres d'activité nouveaux. Avec le développement de la richesse avait coïncidé la dégénérescence des individus ; la Grèce était mûre pour l'asservissement. Les penseurs crurent qu'il existait entre ces deux phénomènes une relation nécessaire de cause à effet.

(1) Guiraud, *La Main-d'œuvre ind. en Grèce*, p. 89-90.

(2) Guiraud, *La Propr. fonc. en Grèce*, liv. IV, ch. II et III (p. 595 et suiv.) ; *La Main-d'œuvre ind. en Grèce*, Conclusion (p. 209 et suiv.).

CHAPITRE II

LE MILIEU INTELLECTUEL. — CARACTÈRES GÉNÉRAUX ET SOURCES DES DOCTRINES ÉCONOMIQUES.

I. — Le milieu intellectuel.

Dans le grand mouvement d'idées produit par la civilisation grecque, les sciences sociales furent étudiées principalement sous leur aspect historique, politique et moral, mais guère sous leur aspect économique. En général, les penseurs grecs se montrèrent même très dédaigneux à l'égard des phénomènes de richesse.

Sans doute, quelques-uns se sont faits les apologistes du progrès économique. Ainsi, dans le fameux discours que Thucydide lui fait prononcer sur la tombe des soldats morts au début de la guerre du Péloponèse, Périclès déclare qu'il est honorable de travailler à sortir de la pauvreté et que le métier d'artisan n'est pas indigne d'un citoyen. « Pour nous, dit-il, les richesses sont moins une vaine parade qu'un auxiliaire de l'action. Il n'y a de honte pour personne à avouer sa pauvreté ; ce qui est honteux, c'est bien plutôt de ne pas travailler à s'y soustraire. Les mêmes hommes peuvent chez nous vaquer en même temps aux soins de leurs intérêts privés et aux affaires publiques ; d'autres, livrés aux travaux manuels, n'en sont pas moins aptes à connaître des intérêts généraux (1). » Xénophon, qui paraît mépriser les artisans (2), préconise le développement du commerce extérieur en vue d'accroître la prospérité et la puissance de la cité. Il demande que l'on réserve des places d'honneur aux marchands et aux

(1) Thucydide, *Guerre du Pélop.*, II, XL, I, § 2 (trad. Zevort, I, p. 172).
(2) Xénophon, *Economique*, ch. IV, §§ 2 et 3.

pilotes, et que l'on accorde le titre d'hôtes aux étrangers qui seraient jugés dignes de cette faveur à cause de l'importance de leurs vaisseaux ou de leurs cargaisons (1). Telle était certainement l'opinion commune.

Mais, parmi les écoles philosophiques, aucune ne s'est montrée favorable au progrès de la richesse. Socratiques, Epicuriens, Stoïciens, Cyniques ont tous conseillé la médiocrité ou le renoncement, et assigné aux efforts de l'homme un idéal autre que l'activité économique.

Ce sont surtout les idées de Platon et d'Aristote sur la richesse qui nous intéressent : car c'est principalement chez eux que nous rencontrerons les quelques notions économiques que nous a léguées l'antiquité grecque.

Pour Platon, la fin de l'homme est la vertu ; la vertu seule peut lui procurer le bonheur. Pour Aristote, la fin de l'homme est le bonheur, et le bonheur consiste dans la pratique de la vertu. Au fond, entre ces deux conceptions il n'y a qu'une différence de mots.

La vie propre de l'homme n'est donc pas la vie matérielle qui lui est commune avec les plantes et les animaux ; son œuvre propre n'est pas l'acquisition de la richesse. « Le dernier de nos soins, dit Platon, doit être celui des biens de fortune. En effet, toute l'attention de l'homme roulant sur trois objets, le troisième et dernier objet qui doive la fixer, ce sont les richesses justement acquises, le corps est le second, et l'âme le premier (2). » La vie propre de l'homme est la vie de l'âme.

La vie de l'âme est spéculative et active ; elle consiste dans la contemplation du beau, du vrai et du bien et dans l'accomplissement d'actions vertueuses. « La fonction propre de l'homme, suivant Aristote, est l'acte de l'âme conforme à la raison, ou du moins l'acte de l'âme qui ne peut s'accomplir sans la raison... Par suite, le bien propre de l'homme est l'activité de l'âme diri-

(1) Xénophon, *Finances d'Athènes*, ch. III.
(2) Platon, *Lois*, liv. V (Trad. Victor Cousin, t. VII, p. 292-293). Cf. Aristote, *Morale à Nicomaque*, I, VI, § 2.

gée par la vertu, et, s'il y a plusieurs vertus, dirigée par la plus haute et la plus parfaite de toutes (1). »

Ce n'est pas cependant qu'il faille se détacher entièrement des biens extérieurs ; Aristote les déclare nécessaires au bonheur (2); mais l'activité économique doit être reléguée au troisième rang après l'activité de l'âme et la gymnastique. Il faut borner son avoir à ce qui est simplement suffisant pour pouvoir vivre la vie supérieure de l'âme (3). « Une fortune médiocre, dit Platon, qui n'expose pas les jeunes gens à la flatterie *sans les laisser manquer du nécessaire* est ce qu'il y a de meilleur et de plus convenable ; car l'accord et l'harmonie qu'elle met dans toute leur vie en bannissent le chagrin. Ce n'est point des monceaux d'or, mais un grand fond de pudeur qu'il faut laisser à ses enfants (4). »

Les grandes richesses sont funestes aux individus. « Jamais je n'accorderai, dit Platon, que le riche soit véritablement heureux, s'il n'est pas vertueux ; et j'ajouterai qu'*une grande vertu et de grandes richesses sont deux choses incompatibles*... Ceux qui possèdent d'énormes richesses ne sont pas gens de bien ; or, s'ils ne sont pas gens de bien, ils ne sont pas heureux (5). » Le philosophe tient pour certain qu'il est impossible à un homme très vertueux d'amasser une grosse fortune.

Les grandes richesses sont également une cause de décadence pour la cité. « Les richesses excessives, écrit encore l'auteur des *Lois*, sont *pour les Etats* et les particuliers une source de séditions et d'inimitiés... Que personne donc n'accumule des trésors en vue de ses enfants pour leur laisser après soi un riche héritage ; ce n'est ni leur avantage *ni celui de l'Etat* (6). » D'autre part, l'extrême pauvreté conduit d'ordinaire à l'esclavage. La médiocrité est l'idéal pour l'Etat comme pour les individus (7).

(1) Aristote, *Morale à Nicomaque*, I, IV, §§ 14 et 15 (trad. Barthélemy Saint-Hilaire, I, p. 29-30).
(2) Aristote, *op. cit.*, I, VI, § 14 (trad. cit., I, p. 38-39).
(3) Aristote, *Polit.*, I, III, § 9 (trad. cit., I, p. 46-47).
(4) Platon, *Lois*, liv. V (trad. Cousin, VII, p. 259).
(5) Platon, *Lois*, V (trad. Cousin, VII, p. 290-291).
(6) Platon, *Lois*, V (trad. cit., VII, p. 258-259).
(7) Platon, *op.* et *loc. cit.*

La vertu étant le bien suprême, l'Etat, qui doit assurer le bonheur des individus, a pour mission de la faire régner ; et comme elle est incompatible avec une grande richesse, l'Etat doit restreindre l'activité économique au strict nécessaire. Á un interlocuteur demandant ce qu'il convient d'admirer dans la législation divine de Minos, Platon répond : « C'est que Minos, en dressant le plan de ses lois, n'a point jeté les yeux sur une seule partie de la vertu..... mais qu'*il a envisagé la vertu tout entière* et qu'il a puisé le détail de ses lois dans chacune des espèces qui la composent, en suivant néanmoins une route bien différente de celle des législateurs de nos jours qui s'occupent uniquement du point qu'ils ont besoin de régler et de proposer, pour le moment ; celui-ci des héritages et des héritières ; celui-là des violences ; d'autres enfin, d'une foule de choses de cette nature ; au lieu que, selon nous, la vraie manière de procéder en fait de lois est de débuter par où nous avons débuté... Il est juste, en effet, de commencer par la vertu et de dire..... que *Minos ne s'est proposé qu'elle dans ses lois* (1). » L'auteur revient sur cette idée dans une autre partie de son ouvrage. Supposant que, sur le point de terminer son œuvre, le législateur s'adresse aux magistrats qui seront chargés d'appliquer ses décrets, il lui prête le langage suivant : « Apprenez quel but vous devez avoir devant les yeux... nous voulons que vous pensiez comme nous, et que, suivant nos leçons, vous ayez toujours devant les yeux ce but dont nous avons jugé que le législateur et les gardiens des lois ne doivent jamais détourner les regards. Or, ce dont nous sommes convenus *se réduit à un seul point, savoir ce qui peut rendre l'homme vertueux* et moralement accompli, que ce soit telle ou telle occupation, habitude, position, désir, sentiment, connaissance..... Voilà le double point de vue (2) sous lequel vous devez juger de nos lois, soit pour les approuver, soit pour les blâmer. Condamnez celles qui ne seraient pas propres à produire cet effet ; pour celles qui y sont propres embrassez-les, recevez-les avec joie et conformez-y votre conduite. *Mais quant aux autres*

(1) Platon, *Lois*, I (trad. Cousin, VII, p. 18-19).
(2) La vertu considérée dans la vie privée et dans la vie publique.

pratiques dont le but serait d'acquérir ce que le vulgaire appelle biens, renoncez-y pour jamais (1). »

II. — Caractères généraux des doctrines économiques de l'antiquité grecque. — Sources.

Les doctrines économiques peu nombreuses que nous rencontrons chez les écrivains de l'antiquité grecque se trouvent mêlées à des théories éthiques ; elles ne sont exposées qu'à titre de doctrines auxiliaires, pour résoudre des questions de morale sociale.

Les ouvrages de Platon et d'Aristote sont les principales sources auxquelles nous puissions puiser. Platon se sert presque exclusivement de la méthode socratique, c'est-à-dire de la dialectique. « Celui, dit-il, qui se livre à la dialectique, qui, sans aucune intervention des sens, s'élève par la raison seule jusqu'à l'essence des choses et ne s'arrête point avant d'avoir saisi par la pensée l'essence du bien, celui-là est arrivé au sommet de l'ordre intelligible, comme celui qui s'élève au soleil est arrivé au sommet de l'ordre visible.... Il n'y a que la méthode dialectique qui, écartant les hypothèses, va droit au principe pour l'établir solidement ; qui tire peu à peu l'œil du bourbier où il est honteusement plongé et l'élève en haut avec le secours et par le ministère des arts dont nous avons parlé (2). »

Aristote, sans renoncer à la dialectique, fait un très large emploi de la méthode inductive. On sait que ce grand sociologue avait amassé, pour étayer ses théories, une documentation énorme pour son époque tirée de l'histoire du monde grec au milieu duquel il vivait et même de l'Egypte et de l'Orient qu'il avait visités.

Platon et Aristote, recherchant la meilleure constitution politique et économique qui soit humainement possible (3), suppo-

(1) Platon, *Lois*, VI (trad. Cousin, VII, p. 346-347).

(2) Platon, *République*, VII (trad. Cousin, p. 103 et 106).

(3) Pour le moment nous n'exposons parmi les théories d'art social de Platon que quelques-unes de celles formulées dans les *Lois* de cet auteur. Nous n'empruntons à la *République* (dont nous reparlerons à

sent un régime dont la *division sociale du travail*, *l'esclavage* et *la propriété individuelle* forment les institutions fondamentales. Ils traitent, toujours en moralistes, *des divers modes de production de la richesse* et *de la monnaie*. Aristote a même entrevu le problème *de la valeur*.

On trouve aussi quelques notions économiques dans les écrits de Xénophon.

propos du socialisme) que la doctrine relative à la division du travail, institution commune à la cité idéale de la *République* et à la cité pratiquement réalisable des *Lois*.

CHAPITRE III

ANALYSE DES DOCTRINES (1).

La division du travail. — Platon et Aristote sont d'accord pour considérer la division sociale du travail, la spécialisation des fonctions et des professions, comme le fait naturel qui a donné naissance aux sociétés. « Ce qui donne naissance à la

(1) V. Rau, *Ansichten der Volkswirth.*, etc. ; *Ueber d. Volkswirth. Griechen*, 1821 ; Roscher, *Ueber d. Verhæltniss d. Nationalœkon. zum Klassischen Alterthum*, 1849, et dans *Ansichten d. Volkswirth.*, 1861, p. 3 et suiv. ; *Disputatio prima de doctrinæ æconomico-politicæ apud Grœcos primordiis*, 1866 ; Rossi, *Mélanges*, vol. 1, *Des doctr. écon. chez les Grecs*, 1857 ; Glaser, *Die Entwickelung d. Wirthschaftsverhæltnisse bei den Griechen*, 1865 ; De Fontpertuis, *Filiation des idées écon. dans l'antiquité*, dans *Journal des Econ.*, 1871 ; Trinchera, *Storia critica dell' economia publica*, t. I, *Epoca Antica* (seul paru), 1873 ; Cossa, *Saggi di Econ. polit.*, p. 3 et s. ; *Di alcuni studi storici sulle teorie economiche dei Greci*, 1878 ; Souchon, *Les théories économiques dans la Grèce antique*, 1898 ; Miss Simey, *Economic theory among the Greeks and Romans*, dans *The Economic Review*, octobre 1900 ; Labriola, *La dottrina di Socrate secondo Senofonte, Platone ed Aristotele*, 1871 ; Stein, *Die staatwissenschaftliche Theorie d. Griechen vor Aristoteles und Plato*, dans *Zeitsch. f. d. ges. Staatswiss.*, 1853, p. 115 et s. ; *Sieben bücher zur gesch. d. Platonismus*, 1862-1875 ; Adler, *Plato's Idealstaat* dans *Zeitsch. f. Sozialwiss.*, 1898 ; Glaser, *De Aristotelis doctrina de divitiis*, 1850 ; W. Oncken, *Die Staatslehre des Aristoteles*, 1870-1875 ; Loos, *The political philosophy of Aristotle*, dans *Publications of the American Academy of Political and Social Science*, 1897 ; Zmavc, *Die geldtheorie und ihre Stellung innerhalb der Wirtschafts-und-Staatswissenschaften Anschauungen des Aristoteles*, dans *Zeitsch. f. d.ges. Staatswiss.*, 1902 ; Ashley, *Aristoteles'doctrines*, dans *The Quaterly Journal of Economics*, 1895 ; Bradley, *Ueber d. Staatslehre des Aristoteles*, 1887 ; Hildebrand, *Xenophontis et Aristotelis de œconomia publica doctrinæ illustrantur*, 1845 ; Brants, *Xénophon économiste* dans *Revue catholique de Louvain*, 1881 ; Alesio, *Alcune riflessioni intorno ai concetti del valore nell'antichita classica*, dans *Archivio giuridico*, 1889, (t. XLII).

société, dit Platon, c'est l'impuissance où chaque homme se trouve de se suffire à lui-même et le besoin qu'il éprouve de beaucoup de choses. Le besoin d'une chose ayant engagé l'homme à se joindre à un autre homme et un autre besoin à un autre homme encore, la multiplicité de ces besoins a réuni dans une même habitation plusieurs hommes dans le but de s'entr'aider et nous avons donné à cette société le nom d'Etat. Mais on ne communique à un autre ce qu'on a pour en recevoir ce qu'on n'a pas que parce qu'on y croit trouver son avantage (1). » — « Tout Etat, dit Aristote, est évidemment une association; et comme le lien de toute association c'est l'intérêt, les hommes ne faisant jamais rien qu'en vue de leur avantage personnel, il est clair que toutes les associations visent à satisfaire des intérêts et que les plus importants de tous doivent être l'objet de la plus importante des associations, de celle qui renferme toutes les autres ; et celle-là on la nomme précisément Etat et association politique (2). » La nature en effet a séparé les sexes, et en même temps elle a inspiré à l'homme, comme aux animaux et aux plantes, le désir de laisser, après sa disparition, des êtres semblables à lui. La nature, en outre, a créé certains hommes pour commander et d'autres pour obéir. La nécessité du rapprochement de l'homme et de la femme pour la propagation de l'espèce, du maître et de l'esclave pour l'accomplissement des travaux nécessaires à la vie physique, engendre la famille ; or, du groupement des familles naît le village, et du groupement des villages naît l'Etat. D'autres faits, d'ailleurs, montrent que la nature a prédestiné l'homme à vivre en société : l'homme a reçu le don du langage pour qu'il puisse communiquer ses sentiments à ses semblables ; il a le discernement du bien et du mal, du juste et de l'injuste, en un mot tous les sentiments « dont la communauté constitue la famille et l'Etat » (3).

(1) Platon, L. II (Trad. V. Cousin, t. IX, p. 88).
(2) Aristote, *Politique*, liv. I, § 1 (trad. Barthélemy Saint-Hilaire, I, p. 2-3).
(3) Aristote *Polit.*, *loco cit.*, §§ 2 et 3.

Platon (1) a bien mis en évidence les avantages économiques de la différenciation des métiers. La division sociale du travail, remarque-t-il, permet à chacun de choisir la profession qui convient le mieux à ses prédispositions naturelles ; en outre, l'individu toujours adonné à la même tâche acquiert une dextérité plus grande ; enfin, la spécialisation des métiers permet à ceux qui les exercent de prévenir les commandes ou de les exécuter rapidement. Les besoins sont donc plus complètement et plus rapidement satisfaits.

La seconde de ces considérations se retrouve dans le fameux chapitre d'Adam Smith sur la Division du Travail ; mais celui-ci conteste l'existence de prédispositions innées ; pour lui, l'aptitude spéciale à tel ou tel métier est l'effet, non la cause de la division du travail. Nous pensons, quant à nous, que certaines aptitudes sont naturelles et que d'autres sont le résultat de l'éducation.

Platon observe, en outre, que la division du travail est plus grande là où la population est plus dense, constatation dont Adam Smith tirera cette formule générale que « la division du travail est limitée par l'étendue du marché ».

Cette théorie économique de la division du travail se rencontre également dans Xénophon (2).

L'esclavage. — Tous les grands penseurs de l'antiquité grecque ont considéré l'esclavage comme un fait aussi nécessaire que l'union des sexes.

Pourtant déjà des dissidences s'étaient produites. Déjà des penseurs considéraient l'esclavage comme contraire au droit naturel ; c'est Aristote qui nous l'apprend et, en combattant cette opinion, il fut amené à dégager la notion de capital (3).

La richesse (et par là les Grecs entendent tout ce qui est utile) est évidemment faite pour appartenir à l'homme ; elle est comme

(1) Platon, *République*, liv. II (trad. Cousin, p. 88 et suiv.).

(2) Xénophon, *Cyropédie*, liv. VIII, ch. II.

(3) Aristote, *Polit.*, I, II, §§ 3 et suiv. (trad. B. St-Hilaire, I, p. 18-19 et suiv.).

la prolongation, elle fait partie intégrante de la personnalité humaine. Or, il y a deux espèces de richesses : la richesse destinée à la consommation (κτῆμα πρακτικὸν) et les instruments destinés à la reproduction d'autres richesses (ὄργανὰ ποιητικά). La vie est un acte de consommation (πρᾶξις) non de production (ποίησις) ; elle s'accomplit grâce aux richesses de consommation (κτῆμά) ; l'acquisition de ces dernières se fait au moyen d'un ensemble d'instruments, les uns inanimés, comme la navette, les autres vivants comme les animaux domestiques et l'esclave. L'esclave est le premier des instruments vivants : car il est doué d'intelligence, sa fonction est de diriger les autres instruments vivants ou inanimés. « Si chaque instrument, en effet, pouvait, sur un ordre donné, ou même pressenti, travailler de lui-même, comme les statues de Dédale, ou les trépieds de Vulcain qui se rendaient seuls, dit le poète, aux réunions des dieux, si les navettes tissaient toutes seules, si l'archet jouait tout seul de la cithare, les entrepreneurs se passeraient d'ouvriers et les maîtres d'esclaves (1). » Aristote a donc une notion très nette de la fonction du capital ; mais, pour lui, le capital, ce sont les instruments (ὄργἀνά).

La question est de savoir si le rôle joué par l'esclave est voulu par la nature : l'affirmative lui paraît évidente. La nature a créé certains êtres pour commander et d'autres pour obéir ; le double principe de l'autorité et de l'obéissance est l'une de ses lois générales ; on le retrouve dans tout acte qui exige la coopération de plusieurs individus travaillant séparément ou collectivement. Le commandement appartient à l'intelligence ; c'est par elle que l'homme ressemble à Dieu, et c'est elle qui doit avoir l'empire sur les principes inférieurs. A certains hommes la nature a donné l'intelligence et à d'autres la force physique ; elle a même marqué cette différenciation en donnant aux uns et aux autres des corps dissemblables : « La nature même fait les corps des hommes libres différents de ceux des esclaves, donnant à ceux-ci la vigueur nécessaire dans les gros

(1) Aristote, *Polit.*, t. II, § 5 (trad. B. St-Hilaire, I, p. 20-21).

ouvrages de la société, rendant au contraire ceux-là incapables de courber leur droite stature à ces rudes labeurs, et les destinant seulement aux fonctions de la vie civile qui se partage pour eux entre les occupations de la guerre et celles de la paix (1). » De même que dans l'homme l'âme doit commander au corps, et la raison à l'instinct, de même que l'homme doit commander à la brute, l'homme supérieur par l'intelligence doit commander à celui qui n'a pour lui que sa vigueur corporelle (2). C'est donc la nature qui a fait de certains hommes des richesses, des instruments destinés à reproduire d'autres richesses ; ces hommes doivent donc être la propriété, faire partie de la personnalité d'un maître bien que séparés de sa personne physique. L'esclavage est donc juste puisqu'il est voulu par la nature ; il est utile non seulement au maître, mais à l'esclave lui-même, car le bonheur consiste pour tout être à se conformer à la fin pour laquelle il a été créé.

Nous ne croyons pas devoir réfuter cette apologie de l'esclavage. Nous ne croyons plus à des différences d'essences entre les hommes, mais seulement à des inégalités et à des dissemblances dans leurs facultés naturelles ; s'il est nécessaire que les uns dirigent et que les autres exécutent, il n'en résulte pas que la personnalité doive être déniée à certains individus.

La propriété individuelle. — Platon et Aristote, dans les constitutions qu'ils proposèrent, le premier dans ses *Lois*, le second dans sa *Politique*, comme étant les plus parfaites qu'il fût pratiquement possible d'appliquer à des hommes, firent place à la propriété individuelle tout en restreignant singulièrement le droit de jouissance du propriétaire. Mais Platon avait, en outre, ima-

(1) Aristote, *Polit.*, t. II, § 14 (trad. B. St-Hilaire, p. 28-29).

(2) Cette idée n'est pas encore complètement abandonnée. Certains sociologues anthropologues (le comte de Gobineau, Ammon, de Lapouge, etc.) affirment que certains individus, dont la structure anatomique (la brachycéphalie) révèle l'infériorité, sont condamnés par la nature à la sujétion et qu'il en est d'autres (les dolicocéphales) nés pour commander, diriger, inventer, susciter le progrès. On ne va cependant plus jusqu'à soutenir que la personnalité des premiers doive être absorbée par la personnalité des seconds.

giné une République idéale, dans laquelle, pour assurer l'unité et la stabilité de la cité, il avait établi la communauté des biens et des femmes, parmi les guerriers et les magistrats tout au moins (il avait négligé de dire à quel régime il entendait soumettre les laboureurs). Aristote s'élève contre cette conception, et c'est pour lui l'occasion de mettre en évidence les avantages économiques de la propriété individuelle (1).

Il conteste que l'unité soit le souverain bien pour l'Etat ; elle en est plutôt la ruine. En outre, la communauté des biens serait impuissante à l'établir. Un citoyen pourrait dire de n'importe quoi : « Ceci est à moi ou ceci n'est pas à moi », mais chacun pourrait tenir le même langage ; des conflits et des discordes surgiraient.

La communauté des biens présenterait un autre inconvénient. Elle enlèverait à l'individu le mobile qui l'incite au travail ; ainsi que le miel perd sa saveur dilué dans une trop grande quantité d'eau, l'intérêt particulier, noyé dans l'intérêt collectif, se trouverait privé de ses qualités stimulantes. Lorsqu'il s'agit d'une œuvre commune, chacun compte volontiers sur ses voisins pour l'effectuer ; il arrive parfois que dans une maison le service est d'autant plus mal fait que le personnel domestique est plus nombreux.

Enfin la communauté des biens fait naître d'inextricables difficultés relativement à la distribution des richesses destinées à la consommation ; quel critérium adopter pour faire cette répartition ?

Aristote, qui ne sépare pas l'Economique de l'Ethique, nous montre également la supériorité morale de la propriété individuelle sur le communisme platonicien : « On ne saurait dire tout ce qu'a de délicieux l'idée de la propriété. L'amour de soi que chacun de nous possède, n'est point un sentiment répréhensible ; c'est un sentiment tout à fait naturel, ce qui n'empêche pas qu'on blâme à bon droit l'égoïsme qui n'en est que l'excès, comme on blâme l'avarice quoiqu'il soit naturel à tous les hom-

(1) Aristote, *Polit.*, II, I (trad. B. St-Hilaire, I, p. 82-83 et suiv).

mes d'aimer l'argent. C'est un grand charme que d'obliger et de secourir des amis, des hôtes, des compagnons : la propriété individuelle nous assure ce bonheur-là. » La communauté des biens nous prive également de tout moyen de nous exercer à la générosité, « le citoyen ne peut jamais se montrer libéral, ni faire aucun acte de générosité, puisque cette vertu ne peut naître que de l'emploi de ce qu'on possède » (1).

Aristote compte d'ailleurs sur la vertu des individus pour qu'il soit fait usage de la propriété conformément à la maxime : « Tout est commun entre amis », et, comme Platon dans ses *Lois*, il fait appel à l'Etat pour établir et maintenir l'égalité de la propriété foncière.

Des divers modes de production de la richesse. — Nous savons maintenant comment Platon et Aristote ont analysé l'organisme économique des sociétés dont ils tracent le modèle. Nous allons voir comment ils entendent que cet organisme fonctionne et ici encore quelques notions économiques vont émerger. Etant donnée la fin qu'ils assignent à l'homme ou du moins aux plus parfaits d'entre les hommes, il ne faut pas s'attendre à trouver chez eux, comme chez les économistes modernes, la recherche des moyens les plus propres à obtenir le maximum de richesses au prix du minimum d'efforts. Le but de leur système économique est d'assurer à l'individu une vie matérielle simplement suffisante pour lui permettre cette vie supérieure qui consiste dans l'action de la pensée, dans l'action guerrière ou dans l'action politique (2) ; l'objet de leurs recherches est de trouver des moyens de production appropriés à ce but et qui ne soient pas de nature à détourner le citoyen, dans ses efforts intellectuels et dans ses actes, de ce qui constitue le bien suprême : l'activité de l'âme dirigée par la vertu.

Le système économique qu'ils ont préconisé est un régime d'économie agricole domestique, élargi cependant et combiné

(1) Aristote, *Polit.*, II, II, § 6 (trad. B. St-Hilaire, I, p. 104-105 et 106-107).

(2) « Αὐτάρκεια πρὸς ἀγαθὴν ζωήν », dit Aristote, *Politique*, I, III, § 9 (édit. B. St-Hilaire, I, p. 46).

avec la pratique restreinte de l'échange effectué à l'aide de la monnaie. L'échange est, en effet, la conséquence nécessaire de la division du travail jugée par eux indispensable. L'on a, en les lisant, le sentiment que tout en s'efforçant de réagir contre ce qu'ils considèrent comme la corruption de la cité, ils sont néanmoins contraints de faire des concessions au progrès de la richesse dont ils sont les témoins.

Dans ses *Lois* (1). Platon proscrit absolument le prêt à intérêt. Il interdit aux citoyens les arts mécaniques et le négoce ; ces professions seront abandonnées à des étrangers. Il est déshonorant de vendre sa force corporelle ; et le commerce, bien que n'ayant en lui-même rien d'immoral, se confond trop souvent, en fait, avec la fraude et le mensonge ; enfin, « le citoyen a une occupation qui exige de lui beaucoup d'exercice, beaucoup d'étude, c'est de travailler à mettre et à conserver le bon ordre dans l'Etat ; et ce n'est point un travail de nature à s'en acquitter en passant » (2).

En principe, les producteurs doivent vendre directement leurs produits aux consommateurs ; cependant quelques marchands, — des étrangers comme il a été dit, — sont admis à trafiquer dans la cité ; leur nombre est limité par la loi, et ils sont étroitement réglementés et surveillés par l'Etat qui leur impose des prix de vente et s'assure de la bonne qualité de leurs marchandises. Le commerce extérieur est réduit à l'importation de quelques matières premières nécessaires à la fabrication des armes. Enfin l'or et l'argent sont bannis ; les transactions sont réalisées à l'aide d'une monnaie qui est « sans aucune valeur aux yeux des étrangers ». Le gouvernement seul dispose d'une monnaie précieuse pour les achats que l'Etat doit faire au dehors.

Mais c'est surtout Aristote qui a systématisé ces idées et introduit quelques notions économiques dans la discussion de cette question de morale sociale (3).

(1) V. Platon, *Lois*, L. L. V, VIII, XI (Trad. V. Cousin, VIII, p. 287-288, 291-292 ; IX, p. 135-143).

(2) Platon, *Lois*, VIII (trad. Cousin, IX, p. 134-135).

(3) Aristote, *Politique*, I, II, §§ 23 et suiv. (Trad. B. St-Hilaire, I, p. 38-39 et suiv.).

Celui-ci divise en trois catégories les modes d'acquisition de la richesse (κτῆσις, κτητικὴ ou *chrématistique* entendue dans un sens large) : modes d'acquisition naturels (*économique* ou *chrématistique nécessaire* ; modes d'acquisition anti-naturels (*chrématistique* proprement dite) ; modes d'acquisition mixtes. Cette classification repose sur un double critérium technique et moral.

L'économique se distingue par les trois caractères suivants : 1° elle a pour objet la prise de possession directe ou la transformation par le travail des richesses (fruits, animaux, esclaves) que la nature destine à l'usage de l'homme ; 2° elle a simplement pour but la satisfaction des besoins essentiels de la maison et non l'enrichissement sans bornes ; 3° sa constitution organique elle-même apporte des limites à sa fécondité : elle porte en quelque sorte en elle un frein automatique à la production indéfinie de la richesse ; car les instruments (ὄργανα) dont elle se sert ne sont infinis ni en nombre ni en grandeur : c'est déjà l'idée que l'étendue du capital limite la production. *L'économique* n'est donc pas incompatible avec la fin que l'Ethique assigne à l'activité humaine. Elle est légitime. Rentrent dans cette catégorie l'agriculture, l'industrie pastorale, la chasse, la pêche, la guerre : la guerre n'est autre chose que la chasse faite aux hommes. Suivant Aristote, il est également conforme à la nature qu'un individu s'adonne à un métier unique, celui de cordonnier par exemple, et se procure les choses dont il manque en fournissant en échange les produits qu'il fabrique et dont il a trop. « Par sa nature, l'échange n'appartient pas à la *chrématistique* » (*stricto sensu*) car, dans un régime économique fondé sur la division du travail, « force est bien aux hommes d'acquérir par l'échange les choses nécessaires à la vie » (1). Aristote considère

(1) Aristote, *Polit.*, I, III, § 12. — Barthélemy Saint-Hilaire traduit ainsi ce passage : « Il est trop clair que dans ce sens la vente ne fait nullement partie de l'acquisition naturelle. Dans l'origine, l'échange ne s'étendait pas au delà des stricts besoins, et il est certainement inutile dans la première association, celle de la famille. » Le traducteur a commis là une série de contre-sens évidents ; on peut s'en convaincre en se reportant au texte grec. Cette interprétation met d'ailleurs Aristote en contradiction immédiate avec lui-même. L'auteur se répète, en effet

la différenciation des métiers entre les divers groupements familiaux comme aussi nécessaire que la division du travail entre les membres de la maison. Ces échanges peuvent même être effectués à l'aide de la monnaie ; il n'y a là rien que de légitime, car la fonction naturelle de la monnaie est de faciliter les transactions. Nous ne sommes pas encore dans le domaine de la chrématistique ; mais nous allons y être insensiblement conduits.

La *chrématistique* (*stricto sensu*) présente des caractères diamétralement opposés à ceux de l'*Economique* : 1° elle transforme en sources de gains des choses auxquelles la nature n'avait pas donné cette destination : la monnaie et les facultés de l'âme ; 2° elle a pour but l'accroissement de la richesse *in infinitum* ; 3° les moyens dont elle se sert lui permettent de poursuivre ce but.

Elle est née d'une perversion de la vente. En fait, c'est par l'accumulation incessante de la monnaie qu'elle manifeste son activité. Celle-ci n'est pourtant pas en elle-même une richesse ; mais elle est l'instrument universel de l'échange ; tout échange a pour élément et pour limite une quantité donnée de monnaie ; dans une société où le numéraire confère le pouvoir de tout obtenir, thésauriser c'est s'enrichir. Aucun obstacle naturel, aucune limitation technique ne s'opposent à ce que la monnaie puisse être indéfiniment accumulée. C'est donc la monnaie, bien que telle ne soit pas sa fonction naturelle, qui permet à la cupidité insatiable de certains hommes plus préoccupés de vivre que de vivre sagement, de se donner libre carrière. Pour cette raison la chrématistique est condamnable.

Quels sont les modes d'acquisition qui appartiennent à la *Chrématistique* ? Il y a tout d'abord et au premier rang le prêt à intérêt, à bon droit détesté, car par lui la monnaie se trouve transformée en moyen de production, alors que sa fonction na-

dans le paragraphe 14 que Barthélemy Saint-Hilaire lui-même traduit ainsi : « Ce genre d'échange est parfaitement naturel et n'est point, à vrai dire, un mode d'acquisition (Aristote dit : de la chrématistique) puisqu'il n'a d'autre but que de pourvoir à la satisfaction de nos besoins naturels » (Trad. I, p. 51).

turelle est de servir d'équivalent dans les échanges ; l'intérêt, en effet, c'est de la monnaie engendrée par de la monnaie ; c'est donc la moins naturelle de toutes les acquisitions.

Est compris également dans la *Chrématistique* le louage de services intellectuels. Le guerrier fait argent de son courage, le médecin de sa science ; or, telle n'est pas la destination de ces dons de la nature. Pourtant, dans sa *Morale à Nicomaque*, Aristote admet qu'un médecin peut échanger ses services contre ceux d'un agriculteur, et il semble bien supposer alors qu'un tel contrat est légitime sous la seule condition que les services fournis soient de part et d'autre équivalents (1) : n'existe-t-il pas une contradiction entre ces deux passages ?

La chrématistique comprend encore le louage de travail manuel. Aristote néglige de dire pourquoi. Serait-ce parce qu'il est contraire à la nature de vendre sa force musculaire ? mais le cordonnier-entrepreneur dont le philosophe approuve l'industrie ne fait pas autre chose. N'est-ce pas plutôt (ce sera le point de vue de Karl Marx) l'employeur qui fait de la chrématistique en achetant la marchandise-travail pour en revendre les produits plus cher ? Le contrat de travail ne serait alors qu'une variété de l'acte commercial. L'auteur, d'ailleurs, considère et les salariés et les artisans-entrepreneurs comme également nécessaires dans la cité (2).

Aristote fait du négoce une exécution sommaire en disant « qu'il produit de la richesse en déplaçant de la richesse » (3). Il nie donc que le commerce soit productif de valeur. Nous trouvons là le germe de la théorie marxiste. Le marchand convertit de l'argent en marchandises puis retransforme des marchandises en argent ; seulement, à l'issue de ce processus, la somme primitive s'est grossie d'un surplus ; une chose pourtant reste ce qu'elle est malgré qu'elle passe des mains d'un individu dans les

(1) Aristote, *Morale à Nicomaque*, V, v, § 7 (trad. B. St-Hilaire, II, p. 155).
(2) Aristote, *Polit.*, édit. B. St-Hilaire, IV, viii, § 6 (II, p. 54-55).
(3) Aristote, *Polit.*, I, iii, § 17 (édit. *cit.*, I, p. 34-55). Ici encore la traduction de Barthélemy Saint-Hilaire est inexacte.

mains d'un autre. Aristote en conclut que le profit constitue une acquisition anti-naturelle ; quant à sa cause, il se contente de dire qu'elle consiste dans « une certaine science, un certain art », du vendeur : Karl Marx, plus précis, déclarera que le profit dérive d'un vol.

Dans ses *Lois*, Platon admet, nous l'avons vu, l'existence de marchands, simples intermédiaires, étrangers il est vrai, achetant pour revendre. Leur fonction sociale est, dit-il, de « distribuer d'une manière égale et proportionnée aux besoins de chacun des denrées de toute espèce ». Pourtant il ajoute que cette profession est à bon droit méprisée. La faute en est à ceux qui l'exercent ; ils cherchent, par tous moyens, à réaliser des profits illimités ; seule la passion effrénée du lucre les anime. Or, leur rôle est utile, mais à la condition qu'ils vendent au juste prix.

On peut se demander si, au fond, telle n'est pas également la pensée d'Aristote. Si, en effet, l'acquisition commerciale se trouve limitée par le juste prix, il semble que les trois caractères par lui attribués à la chrématistique disparaissent. Un marchand, n'ayant d'autre ambition que d'assurer une existence convenable à sa famille, se contente d'une rémunération équivalente aux services qu'il rend ; ne fait-il pas de l'*économique* pure et simple ? Cette solution serait également conforme à la théorie d'Aristote sur la *Justice compensatrice*. Pourtant ce correctif n'apparaît nulle part dans les ouvrages de ce philosophe (2). Considère-t-il l'hypothèse du marchand raisonnable comme irréalisable ? Platon, pour limiter les profits commerciaux au juste prix, recourt à la tarification des marchandises par l'Etat ; mais peut-être Aristote regarde-t-il cette mesure comme impraticable et ne voit-il aucun autre moyen d'arriver au résultat cherché.

Enfin, les modes mixtes comprennent les industries extractives. Ils sont naturels en ce qu'ils tirent la richesse directement

(1) Platon, *Lois*, XI (trad. Cousin, VIII, p. 291).

(2) Dans le L. VII, ch. III, § 4 de sa *Politique* (éd. B. St-Hilaire, II, p. 514-515), Aristote, parlant du régime démocratique, déclare, toutefois, que l'Etat fera sagement d'employer ses excédents de recettes à procurer aux indigents un coin de terre *ou un petit commerce*.

de la nature ; ils sont anti-naturels en ce qu'ils livrent à la consommation des produits qui n'ont pas le caractère de fruits. Bien qu'il ne s'explique pas formellement sur ce point, l'auteur les considère très vraisemblablement comme légitimes.

Que faut-il penser de cette morale économique ?

Assurément l'idéal social de Platon et d'Aristote est d'une grande élévation ; les nations modernes, dans l'ardeur de leurs convoitises mercantiles, n'oublient-elles pas un peu trop qu'il est des préoccupations plus nobles et plus essentielles au bonheur que celles de la richesse ? Mais, d'autre part, ce qu'Aristote appelle un avoir *simplement suffisant* forme une notion très vague et très variable ; le nécessaire du moment est fait du luxe d'hier, et le superflu d'aujourd'hui sera le nécessaire de demain. En outre, une vie matérielle raffinée n'a rien d'incompatible avec les plus hautes spéculations de l'esprit ni avec la pratique de la vertu. Enfin, ces nobles jouissances ne doivent pas être le privilège exclusif d'une élite ; pour que le peuple puisse prendre part à ces fêtes de l'intelligence et du cœur, il est nécessaire que l'aisance se répande dans la masse et que la durée de la journée de travail s'abrège ; et l'on ne peut espérer ces résultats que du progrès de la richesse générale et de l'accroissement de la productivité.

Est-il nécessaire de montrer, en outre, tout ce qu'il y a d'arbitraire dans la distinction d'Aristote entre l'*économique* et la *chrématistique* ? Le philosophe grec se refuse à considérer comme normale la fonction de la monnaie en tant que forme du capital ; elle n'est pourtant qu'un aspect de sa fonction regardée par lui comme naturelle d'équivalent dans les échanges ; il nie en outre la productivité du commerce ; il ne comprend pas que le déplacement dans l'espace ou la transposition dans le temps puisse modifier la valeur des choses ; c'est donc par suite d'une double erreur qu'il traite le profit et l'intérêt comme des anomalies, dues à d'habiles combinaisons et — l'idée semble bien être dans sa pensée — à l'exploitation de l'homme par l'homme.

Les autres critériums de sa classification ne sont pas plus exacts. La force aspirante du prêt à intérêt semble être illimitée à cause de l'anatocisme ; mais, nous le savons, il n'y a là qu'un mirage. La puissance acquisitive du commerce n'est pas non plus infinie ; elle est limitée par le nombre et l'intensité des besoins du consommateur. Le marchand, même investi d'un monopole, de droit ou de fait, ne peut pas élever ses prix au-dessus d'un certain chiffre ; car au fur et à mesure que la cherté grandit, le nombre des acheteurs diminue, et il est un point à partir duquel l'abstention devient générale : n'y a-t-il pas toujours moyen de se passer ou du marchand ou de son produit ? D'ailleurs, Aristote est-il toujours fidèle à ce critérium ? Y a-t-il même l'apparence que le salariat tende à l'enrichissement infini de l'ouvrier ? Enfin, il n'est pas prouvé que les individus accusés de faire de la chrématistique soient incités par un autre mobile que les agriculteurs ; aujourd'hui, les uns et les autres cherchent à s'enrichir le plus qu'ils peuvent, et il n'est pas sûr qu'il en ait été autrement dans la Grèce antique. En tout cas, comme le remarqueront les théologiens du moyen âge, il n'y a là qu'une question d'intention, et l'intention varie avec les individus.

Cependant, il faut le reconnaître à la décharge des philosophes grecs, vraisemblablement les exemples qu'ils avaient sous les yeux étaient de nature à leur faire considérer comme chimérique une pratique honnête du commerce de marchandises ou d'argent (1) ; ils ont cru à l'éternelle nécessité de phénomènes passagers.

Théorie de la Valeur. — Platon (2) avait failli, en traitant de l'échange et du juste prix, découvrir le problème de la valeur. Les marchandises vendues par les marchands, dit-il, « sont par elles-mêmes sans égalité et sans mesure ». Pourtant, elles s'échangent suivant des proportions définies : c'est donc que toutes contiennent une qualité commune susceptible d'être mesurée. Mais Platon ne recherche pas quelle est cette qualité.

Aristote rencontra cette question en deux endroits : dans sa *Politique* en expliquant le passage de l'acquisition par prise de

(1) V. *suprà*, p. 26-27, la citation de Démosthène.
(2) Platon, *Lois*, XI (trad. V. Cousin, p. 291).

possession directe des richesses naturelles à l'acquisition par l'échange ; dans sa *Morale* en traitant de la *Justice compensatrice* (1). Il y a, nous l'avons vu, certaines acquisitions par voie l'échange qui sont naturelles et, par suite, en elles-mêmes légitimes. Elles doivent, toutefois, être réalisées conformément à la justice compensatrice. L'auteur imagine la figure suivante :

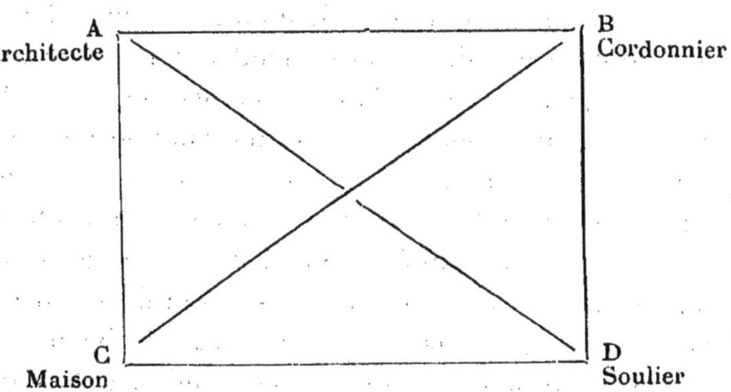

« Soit par exemple, l'architecte A, le cordonnier B, la maison C, le soulier D. L'architecte recevra du cordonnier l'ouvrage qui est propre au cordonnier ; et en retour, il lui rendra l'ouvrage qu'il fait lui-même. S'il y a d'abord entre les services échangés une égalité proportionnelle, et qu'ensuite il y ait réciprocité de bons offices (2) », les principes de la justice compensatrice seront respectés. « Si ce que l'on reçoit, écrit-il ailleurs, équivaut à l'utilité qu'a gagnée l'autre, ou au plaisir que l'autre a goûté, la rémunération reçue de ce dernier sera tout ce qu'elle doit être (3). » En d'autres termes, il faut qu'à la prestation fournie par l'un corresponde une prestation fournie par l'autre, et, en outre, il faut que chacune de ces prestations présente pour celui à qui elle est faite la même somme d'utilité ; après l'échange, si les jouissances de l'un se trouvent accrues de 10, les jouissances de l'autre devront se trouver augmentées de la même quantité.

(1) Aristote, *Politique*, I, III, § 11 (trad. B. St-Hilaire, I, p. 48-49) ; *Morale à Nicomaque*, L. V, v (trad. B. St-Hilaire, II, p. 152 et suiv.).
(2) Aristote, *Morale à Nicomaque*, V, v, § 6 (trad. B. St-Hilaire, II, p. 154.
(3) *Ibid.*, IX, I, § 10 (trad. cit., t. II, p. 373).

Mais, dit Aristote, pour qu'il en puisse être ainsi, « il est nécessaire que les choses que l'on échange soient comparables entre elles sur quelque point (1) » ; et il ne s'arrête pas en chemin comme Platon. Dans sa *Politique* il montre que les choses ont deux valeurs : une valeur d'usage et une valeur d'échange, et que la seconde dérive de la première : « Toute richesse, dit-il, est susceptible d'un double emploi : l'un est conforme à la destination propre de la chose, l'autre non. Une chaussure, par exemple, peut servir à chausser le pied ou à conclure un échange... Celui qui, rencontrant un individu ayant besoin de cette chaussure, l'échange contre de la monnaie ou contre des aliments, se sert bien de la chaussure en tant que chaussure ; mais il ne s'en sert pas conformément à sa destination propre ; car la fin dernière de la chaussure n'est point de servir d'instrument d'échange (2). » Si la valeur d'échange dérive de la valeur d'usage, il est clair qu'elle a pour cause première le besoin. C'est ce que dit Aristote dans sa *Morale* : dans l'échange ce que l'on mesure, c'est le besoin respectif des deux co-échangistes ; la qualité commune à toutes choses qui les rend comparables entre elles, c'est leur aptitude à satisfaire les besoins.

Il y a là le germe, mais seulement le germe, d'une théorie exacte de la valeur. Les théologiens du moyen âge reprirent cette doctrine et, nous le verrons, lui firent faire de notables progrès.

Théorie de la Monnaie (3). — Pour mesurer la valeur, les hommes ont inventé la monnaie. On se servit d'abord de lingots métalliques dont il fallait contrôler la dimension ou le poids lors de chaque transaction ; par la suite une empreinte marquée sur les pièces dispensa de ces vérifications ; l'empreinte indique par avance leur contenu.

La matière dont la monnaie est faite présente une utilité par

(1) *Ibid.*, V, v, § 8 (trad. cit., p. 155).

(2) Aristote, *Polit.*, I, III, § 11 (trad. B. St-Hilaire, I, p. 49).

(3) Aristote, *Politique*, I, III, §§ 14 et suiv. (trad. B. St-Hilaire, I, p. 52-53 et 54-55) ; *Morale à Nicomaque*, V, v, §§ 8 et suiv. (trad. B. St-Hilaire, II, p. 155 et suiv.).

elle-même. Néanmoins elle ne répond pas à des besoins essentiels et naturels, mais à des besoins secondaires et artificiels. Par suite, richesse réelle ne consiste pas dans l'abondance de numéraire, mais dans l'abondance des choses nécessaires à la vie. Celui qui, comme Midas, changerait en or tout ce qu'il viendrait à toucher, mourrait de faim (1).

La monnaie n'est qu'un instrument servant à acquérir la richesse par l'échange. Sa fonction est double : elle joue le rôle d'équivalent universellement accepté, et elle sert de commune mesure des valeurs.

Elle facilite les transactions. « Les choses nécessaires à l'existence sont souvent difficiles à transporter », dit Aristote (2) : cette phrase laconique a besoin d'être commentée. Je dois, par exemple, faire venir du vin de très loin, et je n'ai que du blé à offrir en échange. Sous le régime du troc, mon blé, denrée très lourde, devra parcourir de longues distances ; sous le régime de l'économie monétaire, je convertirai mon blé en monnaie que j'enverrai à peu de frais à mon vendeur de vin. Pour que cette opération soit possible, il faut d'ailleurs supposer que des deux

(1) Ce passage de la *Politique* est souvent interprété en ce sens que la monnaie n'aurait aucune valeur par elle-même et devrait uniquement à la loi son pouvoir d'acquisition. Mais alors la *Politique* serait, sur ce point, en contradiction avec la *Morale* ; et dans la *Politique* Aristote se contredirait à quelques lignes d'intervalle, ce qui n'est guère admissible. A notre avis, le mot νόμος (dont Aristote fait dériver νόμισμα) signifie ici coutume et non loi. Nous estimons que le texte doit être ainsi traduit : « La monnaie n'est qu'une futilité, un simple objet de mode ; naturellement elle n'est rien : la preuve en est que si les habitudes venaient à se modifier, elle n'aurait plus aucun prix, elle ne servirait à rien de ce qui nous est nécessaire, et beaucoup de prétendus riches qui regorgent de monnaie mourraient de faim... » (*Polit.*, I, III, § 16.) Aristote traite la monnaie comme un bijou : ainsi entendu, ce passage ne contient rien que de correct au point de vue économique. L'auteur ne regarde comme naturels que les besoins essentiels et primordiaux ; le besoin de luxe est artificiel. Il s'ensuit logiquement que les objets répondant aux besoins de la première catégorie ont une valeur naturelle et que les objets de luxe n'ont qu'une valeur artificielle. On peut contester l'exactitude de cette conception qui domine toute l'Ethique d'Aristote. Mais c'est là une doctrine morale et non une doctrine économique.

(2) Aristote, *Polit.*, I, III, § 13 (trad. B. St-Hilaire, p. 50-51).

co-échangistes l'un peut vendre et l'autre acheter du blé sur place.

En outre, la monnaie rend l'échange possible dans des cas où le troc serait impraticable. Je viens de faire ma récolte de fruits ; sous le régime du troc qu'en ferai-je, si actuellement je n'ai besoin de rien ? Sous le régime de l'économie monétaire, « l'argent que l'on garde en mains est comme une garantie que le futur échange pourra facilement avoir lieu dès que le besoin se fera sentir ; celui qui alors donnera l'argent sera assuré de trouver en retour ce qu'il demandera » (1).

Enfin, l'emploi d'une commune mesure des valeurs simplifie considérablement le calcul de l'équivalence des marchandises, l'établissement des proportions suivant lesquelles elles s'échangent entre elles. Néanmoins, c'est une commune mesure imparfaite. « La monnaie, elle aussi, est soumise à des variations ; elle ne conserve pas toujours la même valeur bien que cette valeur soit cependant plus fixe et plus uniforme que celle des choses qu'elle représente »(2). Aristote n'indique pas d'ailleurs les causes de ces variations.

Xénophon (3), au contraire, observe que la valeur de l'or diminue par suite de l'accroissement de la production ; il n'admet pas qu'il en soit de même pour l'argent : la dépréciation, en effet, ne peut naître que de la surabondance ; or, à son avis, il ne peut pas y avoir trop d'argent ; des débouchés en quelque sorte illimités s'offrent à ce métal. L'auteur a pu se tromper quant à l'application qu'il fait de son principe à la monnaie d'argent ; il n'en est pas moins vrai qu'il a eu conscience de ce que nous appelons aujourd'hui la théorie quantitative de la valeur de la monnaie.

En dehors des doctrines économiques que nous venons d'analyser l'on n'a trouvé jusqu'ici que peu de chose à glaner dans lesécrits de l'antiquité grecque. L'on a relevé dans la comédie

(1) Aristote, *Morale à Nicomaque,* V, v, § 12 (trad. B. St-Hilaire, II, p. 157).
(2) Aristote, *op.* et *loc. cit.*
(3) Xénophon, *Finances d'Athènes*, ch. IV.

des *Grenouilles* d'Aristophane un passage où le Chœur observe incidemment que la mauvaise monnaie chasse la bonne parce que les bonnes pièces sont thésaurisées, fondues ou exportées, les particuliers préférant payer leurs concitoyens avec les mauvaises qui font le même usage (1) (Aristophane ne tire d'ailleurs aucune conclusion économique de cette constatation) ; l'on peut de même se rendre compte que Démosthène avait une claire intelligence de l'importance du crédit public ou privé : « Il y a, dit-il, pour un Etat, deux sortes de biens, la richesse et le fait d'avoir la confiance de tout le monde : le crédit est le meilleur des deux (2).» Et ailleurs : « Ignorer que pour un individu le crédit est de toutes les sources de richesses la plus importante, c'est ne rien savoir (3). » L'on pourrait encore colliger différentes autres bribes, mais aucune ne constitue une théorie véritable.

APPENDICE

L'ANTIQUITÉ ROMAINE.

L'antiquité romaine ne nous a à peu près rien laissé en fait de doctrines économiques. Dans un passage de son Commentaire sur l'Edit rapporté au Digeste (4), le jurisconsulte Paul (IIe siècle) expose, d'après Aristote, semble-t-il, et en quelques phrases parfois obscures, que le troc fut le mode d'échange usité chez les peuples primitifs et comment l'invention de la monnaie a réalisé un progrès considérable sur ce système incommode. A notre avis, c'est le seul texte qui doive être mentionné ici, et il le mérite à peine.

On a cru pourtant trouver beaucoup plus dans les écrits de

(1) Aristophane, *Les Grenouilles*, 718 et suiv.
(2) Démosthène, *Contre Leptine*, 25 (Edit. Didot, p. 242).
(3) Démosthène, *Pour Phormion*, 44 (Edit. Didot, p. 499).
(4) Paul, XXIII, *Ad Edict.* (Dig. fr. 1, pr., XVIII, 1).

Cicéron et dans les recueils législatifs de Justinien, par exemple (1). En réalité, ces fouilles sont demeurées stériles.

Il nous faut faire un pas de géant. C'est au XIIIe siècle après Jésus-Christ qu'il faut nous transporter pour rencontrer de nouveau quelques doctrines économiques. Nous retrouverons alors, modifiées par l'esprit chrétien, les idées d'Aristote.

(1) Comme essais de ce genre, nous citerons : Masse-Dari, *Cicerone e le sue idee sociale e economiche*, 1900 ; Hermann, *Dissertatio exhibens sententias Romanorum ad œconomiam universam sive notionalem pertinentes*, 1823 ; Tydemann *Disquisitio de œconomiæ politicæ notionibus in Corpore Juris Civilis Justinianeo*, 1838 ; Von Scheel, *Die wirthschaftl. Grundbegriffe in Corpore Jur. Civ.*, dans *Iahrb. f. Nationalœkon.*, 1866 ; Bruder, *Zur œkonom. Charaktaristik des rom. rechts*, dans *Zeitsch. f. d. ges. Staatswiss.*, t. XXXII-XXXV (1872-76) ; Œrtmann, *Die volkswirthschaftslehre des Corp. Juris Civilis*, 1891 ; Thomas, *Essai sur quelques théories économiques dans le Corp. Juris Civilis*, Thèse Droit, Toulouse, 1899.

LIVRE II

LES DOCTRINES ÉCONOMIQUES AU MOYEN AGE

CHAPITRE PREMIER

LE MILIEU ÉCONOMIQUE ET SOCIAL (1).

Nous devons faire ici, une fois pour toutes, une observation préalable. Jusqu'à l'époque d'Adam Smith, dans les descriptions des milieux, nous nous référons à peu près exclusivement à l'histoire économique de la France. Pour retracer l'évolution économique de toutes les nations qui prirent part au mouvement intellectuel européen, il nous eût fallu ou bien nous contenter d'une synthèse vague, abstraite et dangereuse, ou bien, si nous avions voulu apporter quelque précision dans ces études, noyer les doctrines parmi les faits et nous résigner à des répétitions pres-

(1) V. tout d'abord les ouvrages d'histoire économique présentant un caractère plus ou moins grand de généralité : Létourneau, *L'évolut. du commerce dans les diverses races humaines*, 1897 ; Cunningham, *An Essay on western civilization in its economic aspects*, 1898 ; Beer, *Allgem. gesch. d. Welthandels*, 1860-1862 ; Kowalewsky, *Die œkonomische Entwick. Europas*, etc., 1901 (traduit du russe) ; Boursiez, *Hist. de l'agriculture, de l'industrie et du commerce*, 1868 ; Pigeonneau, *Hist. du commerce de la France*, 1885-1889 ; François, *Essai sur le commerce*, 1891 ; Noël, *Hist. du commerce du monde*, 1891 ; D'Avenel, *Hist. écon. de la propriété, des salaires, des denrées et de tous les prix en général*, 1894 ; Cons, *Précis d'hist. du commerce*, 1896 ; Levasseur, *Hist. des classes ouvrières et de l'ind. en France avant* 1789, 2e édit., 1900-1901. — Pour l'Angleterre : Rogers, *A history of agriculture and prices in England*, 1866 et suiv. ; *The industrial and commercial history of England*, 1892 ; *Economic interpretation of history*, 3e édit, 1894 (Tr. fr.

que inévitables. Les institutions économiques présentèrent, chez ces divers peuples, sous des couleurs locales diverses, les mêmes caractères *généraux*; elles évoluèrent seulement avec une rapidité

L'interp. écon. de l'Hist., 1892); Cunningham, *The growth of the english industry and Commerce*, 1892 ; Bry, *Hist. industrielle et écon. de l'Angleterre*, 1900. — Pour l'Allemagne : Inama-Sternegg, *Deutsches Wirtschafts geschichte*, 1879, 1891, 1899, 1901. — Pour l'Espagne : Calmeiro, *Storia dell. écon. polit. en Espana*, 1863 ; Goury du Roslan, *Essai sur l'hist. écon. de l'Espagne*, s. d.

Ouvrages plus spéciaux : De Girard, *Hist. de l'Econ. soc. jusqu'à la fin du* XVIe *s.*, 1900 ; Nys, *Recherches sur l'Hist. de l'Ec. polit.*, 1898 ; Cibrario, *Dell'Econom. politica nel medio evo*, 1839, 5e édit., 1861 (Trad. fr., 1854) ; Leber, *Appréciation de la fortune privée au moyen âge*, 1847 ; Ashley, *An Introduction to english economic history and theory*, 1888-1893, 3e édit., 1894-1898 (Trad. fr., *Hist. et doct. écon. de l'Angleterre*, 1900) ; Lamprecht, *Deutsches Volkswirtschafts leben in Mittelalter*, 1885-1886 ; *Etude sur l'état écon. de la France au moyen âge* (trad. fr.), 1897 ; Heitz, *Das Innungswesen in alter und neuer Zeit*, 1887 ; Böhmert, *Beiträge zur gesch. des Zunftwesens*, 1868 ; Schönberg, *Zur wirtschaftlichen Bedeutung des deutschen Zunftwesens*, 1868 ; Neuburg, *Zunftgerichtsbarkeit und Zunftverfassung in der Zeit vom* XIII *bis* XVI *Iahrhund.*, 1880 ; Martin Saint-Léon, *Hist. des corp. de métiers*, 1897 ; Eberstadt, *Das französische gewerbrecht und die Schaffung staatliches gesetzgebung und Verwaltung in Frankreich* (XIII-XVI Iahrh.), 1899 ; *Die Entwickelung der Königsmeister im französischen Zunftwesens vom Mittelalter* dans *Iahrb. f. gesetzg. Verwalt. und Volkswirtsch.*, 1897 ; *Magisterium und Fraternitas*, 1897 ; *Die Usprung des Zunftwesens und die älteren Handwerksbande des Mittelalters*, 1901 ; Viollet, *Les corporations françaises au moyen âge* dans *Nouv. Rev. hist. du Droit*, 1900 ; Wilda, *Das Gildenwesen im Mittelalter*, 1831 ; Gross, *Gilda Mercatoria*, 1882 ; *Gild Merchant*, 1890 ; Seligmann, *Two chapters on the mediæval guilds of England*, dans les publications de l'*American economic Association*, 10 novembre 1887 ; Lambert, *Two thousand years of gild life*, 1892 ; Brentano, *Arbeitergilden der Gegenwart*, 1871 ; Doren, *Untersuchungen zur geschichte der Kaufmannsgilden des Mittelalters*, 1893 ; Hegel, *Städte und Gilden der Indo-germanischen Völker im Mittelalter*, 1891-1892 ; Fagniez, *L'Industrie et les classes industrielles à Paris au* XIIIe *et au* XIVe *siècles*, 1877 ; *Documents relatifs à l'hist. de l'Ind. et du Comm. en France* (du Ier siècle avant J.-C. jusqu'à la fin du XVe après J.-C.), 1898-1900 ; Schulte, *Geschichte des mittetalterlichen Handels und Verkehrs zwischen Westdeutschland und Italien mit Ausshcluss von Venedig.*, 1900 ; Broglio d'Ajana, *Sur l'organisat. de l'Ind. de la soie à Venise dans le moyen âge*, dans *Rev. d'Ec. polit.*, 1894, p. 163 et suiv. ; Sée, *Les classes rurales et le régime domanial en France au moyen âge*, 1901 ; Viollet, *Hist. des instit. polit. et admin.*, 1898-1903.

Nous ne citerons que deux des très nombreuses monographies lo-

inégale. C'est en France que la plupart atteignirent leur plus complet développement. La France, enfin, joua un rôle considérable (non pas toutefois exclusif) dans l'élaboration des idées. Nous adressant avant tout à des étudiants français, nous avons cru pouvoir et devoir prendre notre pays comme exemple, tout en indiquant çà et là certaines particularités typiques propres aux Etats voisins. Dans notre bibliographie, nous citons, en outre, un certain nombre d'ouvrages essentiels auxquels pourront se reporter ceux qui voudraient se documenter sur l'histoire économique étrangère.

Le XIIIe siècle fut celui de l'affranchissement des serfs, de l'extension des corporations, de la construction des grandes cathédrales gothiques, etc. Ce fut une grande époque de progrès. La structure économique (si l'on prend la France comme exemple) était constituée par la superposition de deux assises d'âge inégal.

La plus ancienne remontait à la période qui suivit les invasions et le démembrement de l'empire de Charlemagne. A cette époque, les villes ne jouèrent plus qu'un rôle obscur, et la *villa* ou domaine rural devint la véritable unité économique. Le régime de la *villa*, laïque ou ecclésiastique, était un régime d'économie domestique. Le domaine se suffisait à lui-même, produisait à peu près tout ce qu'il consommait.

Ce régime était rendu possible par l'esclavage (alors en décadence) et le servage. — Le propriétaire ou seigneur cultivait directement une partie de son domaine soit au moyen des serfs agricoles attachés à l'exploitation, soit au moyen des corvées qui lui étaient dues par des tenanciers de conditions diverses à qui il avait concédé la jouissance de certaines terres. Les travaux industriels étaient accomplis par d'autres serfs ou serves. Charlemagne, dans un de ses Capitulaires, recommandait que dans

cales : Schmoller, *Die Strassburger Tucher*, 1879 ; Boissonade, *Essai sur l'organisat. du Travail en Poitou, depuis le* XIe *s. jusqu'à la Révolution*, 1900.
V. Levasseur, *Les sources principales de l'Hist. des cl. ouvrières et de l'Industrie*, dans *Séances et Travaux de l'Acad. des Sc. mor. et politiques*, CLVIII (1902), p. 568 et suiv. ; CLIX (1903), p. 179 et suiv., 484 et suiv. ; Boissonade, *Les Etudes relatives à l'hist. économique de la France au moyen âge*, 1903 (Extrait de la *Rev. de Synthèse hist.*, 1902-1903).

ses fermes, l'on veillât à ce qu'il y eût des forgerons, des orfèvres, des cordonniers, des tourneurs, des charpentiers, des armuriers, des oiseleurs, des savonniers, des brasseurs, des boulangers, des fabricants de filets et « tous les autres artisans qu'il serait trop long d'énumérer » (1). En 822, « dans l'intérieur du monastère de Corbie, il y avait, dit M. Levasseur, trois grandes pièces destinées aux artisans: dans la première, se trouvaient trois cordonniers, deux savetiers et un foulon ; dans la seconde, six forgerons, taillandiers, et serruriers, deux orfèvres, deux cordonniers, deux armuriers, un parcheminier, un fourbisseur et trois fondeurs ; dans la troisième, trois ouvriers dont la profession n'est pas indiquée. Hors du monastère, il y avait à la porte Saint-Aubin : quatre charpentiers et quatre maçons ; dans le voisinage, douze serfs attachés au moulin et sept à la sellerie et à la charronnerie. Le total, sans compter deux médecins et de nombreux serviteurs employés aux champs, à la boulangerie, à la brasserie ou à la cuisine, était de cinquante-trois artisans dépendant de l'abbaye et faisant à peu près tous les gros ouvrages nécessaires à la communauté » (2). Les femmes serves, quelquefois confinées dans des *gynécées*, étaient occupées aux travaux de filature, tissage, teinturerie, blanchissage, etc.

La grande, la très grande propriété foncière tendait à absorber de plus en plus la petite. Le seigneur, nous l'avons vu, ne faisait pas valoir lui-même la totalité de son domaine : il en abandonnait une partie, à des hommes libres ou à des serfs, colons, lides, hôtes, etc. moyennant la prestation d'un certain nombre de journées de travail ou des redevances en grains, œufs, vin, poulets, bétail, etc. La vie de ces tenanciers nous est naturellement peu connue, mais il n'est pas douteux que chez eux également le ménage pourvoyait à sa consommation à peu près par ses seuls moyens (3).

(1) V. Fagniez, *Documents relatifs à l'hist. de l'ind. et du comm.*, 89, I, p. 49.

(2) Levasseur, *Hist. des cl. ouvr.*, I, p. 169-170. — V. le texte dans Fagniez, *Documents*, 91, I, p. 50-51.

(3) Comme exemple de l'organisation d'un très grand domaine, v. *Le*

La villa devint, par la suite, une forteresse ; la féodalité introduisit entre tous ces domaines une hiérarchie compliquée ; mais dans le manoir ou l'abbaye, le régime économique conserva pendant longtemps encore ses traits fondamentaux.

Il ne faut rien exagérer d'ailleurs : si haut que l'on remonte, l'on trouve un certain commerce. Les abbayes vendaient des denrées agricoles et parfois des ouvrages manufacturés ; elles avaient quelquefois à leur solde des commis-voyageurs pour le placement de leurs produits. Il existait des foires et des marchés dont les seigneurs se faisaient une source de revenus en percevant des droits sur les ventes : la tradition faisait remonter la foire du Lendit jusqu'au règne de Dagobert. Des marchands étrangers apportaient des soieries et d'autres marchandises de luxe venues surtout de l'Orient : les jours de fêtes, ces produits rares étaient étalés sur le parvis des églises pour tenter la convoitise des fidèles au sortir des offices. Dès l'époque de Charlemagne, l'Empire carolingien exportait du froment, du vin, de l'huile,des chevaux, des mulets espagnols, des chiens de chasse, des draps frisons. Il entretenait des relations commerciales suivies avec la Grande-Bretagne qui lui envoyait surtout des métaux. Le système de l'économie domestique n'en formait pas moins la base de l'organisation économique (1).

La seconde assise se constitua à partir du XIIe siècle environ. Les villes sortirent de leur torpeur ; une ère nouvelle de prospérité s'ouvrit pour elles, grâce à la renaissance des métiers industriels. De très bonne heure, dès le IXe siècle, l'on voit parfois des artisans groupés par professions autour d'un monastère ; ils étaient tenus de fournir à l'abbaye une partie déterminée des produits qu'ils fabriquaient (2), mais évidemment ils vendaient

Polyptique de l'abbé Irminon, 1re édit., Guérard 1836-1844 ; 2e édit., Longnon, 1886-1895. Au IXe siècle, le domaine de l'abbaye de Saint-Germain décrit dans ce document comprenait peut-être plus de 70.000 hectares. Il était divisé en un certain nombre de *fises* dont chacun comprenait un certain nombre de *manses*.

(1) V. Fagniez, *Documents*, I, Introduction, pp. XXVII et suiv.

(2) V. Fagniez, *Documents*, I, Introduction, p. XXX.

le reste. Quand les affranchissements de serfs se multiplièrent le nombre des artisans de cette sorte dut s'accroître ; au XIIe siècle l'abbaye de Saint-Vaast d'Arras perçoit le droit de tonlieu sur des couteliers, armuriers, forgerons, cordiers, etc., qui apportent leurs produits au marché (1). Ces artisans formèrent des associations : le cartulaire de la même abbaye parle de *charités de métiers* et cite celles des tailleurs d'habits et des cordonniers (2). L'on connaît d'autres organisations de métiers également constituées au XIIe siècle. Peu à peu, sous l'influence de causes diverses, s'élabora la constitution du corps de métier ou corporation.

La corporation comprenait trois catégories de personnes les apprentis, les valets et les maîtres. On ne pouvait être maître qu'après avoir été valet, et valet qu'après avoir été apprenti.

L'apprentissage était réglementé par les statuts. Le plus souvent le nombre des apprentis était limité et la durée de l'apprentissage fixée à un certain temps : trois ans au moins et plus souvent huit, dix ou même douze ans. L'apprenti pouvait, il est vrai, presque toujours racheter une partie de son temps d'apprentissage.

Le valet, en quête d'ouvrage, devait se rendre sur une place ou un carrefour désignés, où un maître venait l'embaucher. Il ne pouvait s'engager que pour un maître du métier ; il n'avait pas le droit de travailler pour les particuliers, sauf pour les princes et quelques grands seigneurs ; et tant que durait son engagement il ne pouvait se louer à d'autres. Réciproquement, le maître ne pouvait le congédier arbitrairement.

Pour être admis à la maîtrise, il fallait obtenir l'autorisation du corps de métier, du seigneur ou du roi, et payer des droits aux uns et aux autres. Le valet n'était reçu au grade de maître que s'il justifiait d'une capacité suffisante ; au XIIIe siècle cependant, on ne connaît qu'une corporation qui imposât l'obligation du *chef-d'œuvre* qui plus tard s'est généralisée. Le chef-d'œuvre était une pièce dont l'établissement présentait de très grandes

(1) Fagniez, *Ibid.*, I, 98, p. 56 et suiv.
(2) Fagniez, *Ibid.*, I, 107, p. 73-74.

difficultés, exigeait beaucoup de temps et quelquefois beaucoup d'argent. Les fils de maîtres étaient dispensés de la plupart de ces règles et arrivaient à la maîtrise presque sans conditions.

La corporation était investie d'un monopole. Nul ne pouvait travailler pour le public s'il n'était pas affilié ; la corporation exerçait en outre une surveillance étroite sur les forains qui étaient admis, sous certaines conditions restrictives, à venir vendre leurs marchandises à des jours déterminés (1).

Par contre, ses statuts édictaient des règles relatives à la bonne fabrication, en vue de prévenir la concurrence déloyale et la fraude.

Comme elle constituait une personne morale, investie de certains privilèges, elle n'avait d'existence légale qu'en vertu d'une reconnaissance résultant de l'approbation de ses statuts octroyée par le représentant du pouvoir souverain : par le seigneur, par le roi, et là où les villes avaient conquis l'indépendance, par la municipalité et quelquefois par le Parlement. La politique royale devait naturellement tendre à faire rentrer les corps de métier sous sa domination (2).

D'ailleurs, le système corporatif ne se généralisa jamais. Les corporations n'existaient pas dans toutes les villes ; et là où elles existaient, elles n'englobaient pas tous les métiers.

Cette évolution nouvelle réagit sur le régime d'économie domestique du manoir. Les échanges se multiplièrent entre la campagne et la ville ; le commerce prit un nouvel essor. La plupart des producteurs vendaient directement aux consommateurs et souvent sur commande ; beaucoup se contentaient de transformer des matières premières qui leur étaient fournies. La classe des marchands prit cependant une importance plus grande ; dès le XIIe siècle, Arras possède une gilde de marchands, et le cartulaire

(1) Dans le Midi, l'esprit d'exclusivisme fut moins grand que dans le Nord.

(2) En Allemagne et surtout en Belgique, les corporations jouirent d'une autonomie plus grande qu'en France ; en Angleterre, au contraire, elles furent plus étroitement subordonnées au pouvoir royal.

de l'abbaye de Saint-Vaast signale la présence des *merciers* sur la place du marché (1). Le commerce était surtout local ou régional. Cependant il tend à rayonner sur des espaces de plus en plus étendus. Les foires se multiplient. Au moyen âge, les plus célèbres furent celles de Champagne placées à l'intersection des voies fluviales par où passaient alors les grands courants commerciaux. Les produits de la France, de la Flandre, du Brabant, de l'Angleterre, de l'Italie y affluaient par la Seine, la Loire, le Rhône et le Rhin (2). Le commerce extérieur prit donc une certaine extension. Dix-sept villes du Nord (leur nombre fut ensuite porté à cinquante) avaient constitué la Hanse de Londres pour protéger les marchands trafiquant en Angleterre. Rouen était en relations avec la Grande-Bretagne et, dans le Midi, Marseille et Montpellier avec Tyr, Alexandrie, Beyrouth, Saint-Jean d'Acre, Narbonne avec l'Egypte. Les Croisades contribuèrent grandement à cette expansion commerciale. Parmi les industries nationales, celles qui alimentèrent principalement ce trafic furent les industries des draps et des toiles, déjà très développées.

Mais ce n'étaient là que des faits secondaires dans la vie économique nationale. Malgré tout, le régime de l'économie domestique ne disparut pas des campagnes, et le commerce n'avait encore qu'une importance restreinte. Ce qu'il faut retenir de cet exposé pour comprendre les doctrines économiques du moyen âge, c'est que le besoin de l'échange était loin d'être aussi intense qu'il le sera par la suite et qu'il l'est actuellement. C'est aussi que l'acheteur, paysan ou ancien serf à peine émancipé d'une sujétion séculaire, avait affaire à un petit nombre de marchands ou de producteurs marchands plus instruits que lui et munis de privilèges de droit ou de fait. Il avait donc à redouter des prix exagérés ; il avait à craindre d'être exploité. Sans doute, il était protégé contre la fraude par des règlements corporatifs ; mais c'étaient les intéressés eux-mêmes qui choisis-

(1) V. Fagniez, *Documents*, I, 98 et 107, p. 64 et 74.

(2) Bourquelot, *Etudes sur les foires de Champagne* dans *Mém. présentés à l'Acad. des Inscript.*, 2e série, *Antiquités nation.*, t. V. 1865 ; Huvelin, *Essai histor. sur le droit des marchés et des foires*, 1897.

saient parmi eux les gardes, prud'hommes, eswards, etc., chargés de veiller à leur exécution, de faire des visites chez les fabricants, d'apposer des marques attestant la bonne qualité des marchandises, etc. Bien des documents prouvent que les tromperies étaient assez fréquentes. A mesure que grandit l'esprit de monopole des corps de métiers, le danger s'accrut.

La Monnaie. — Le progrès économique qui s'accomplit au XIIe et au XIIIe siècles rendit plus fréquente l'intervention de la monnaie dans les échanges. Mais le système monétaire était atteint de vices profonds. Une foule de pièces nationales, féodales ou royales, et de pièces étrangères (1), de valeurs très diverses, étaient en circulation ; les monnaies de compte variaient de province à province ; les principales étaient la livre tournois et la livre parisis, mais il y en avait d'autres (M. d'Avenel en a relevé une vingtaine) : livre de Provins, en Champagne ; livre angevine ; livre du Mans ; livre de Bretagne ; livre estevenante en Franche-Comté, livres perpignannaise et melgorienne dans le Roussillon, etc. (2).

Calculer l'équivalence de ces pièces et de ces livres pour l'établissement des comptes constituait une science abstruse inaccessible au vulgaire. En outre, à raison de l'imperfection de leur fabrication, les monnaies étaient fréquemment altérées ou contrefaites, malgré les peines terribles qui menaçaient les coupables. Le faux-monnayage du roi ou du seigneur de qui dépendait la frappe n'était pas moins à redouter. C'était un moyen pour eux de se procurer des ressources ou de se libérer plus facilement de leurs dettes. Tantôt ils diminuaient la quantité de métal fin contenue dans les pièces, ils les *amenuisaient* tout en leur conservant la même force libératoire, la même valeur en livres ; tantôt ils en augmentaient le cours, ils les *surhaussaient* sans rien changer à leur poids ni à leur titre. Ces changements étaient fréquents et brusques ; de 1258 à 1328 les tarifs édictant la valeur en livres des monnaies royales furent modifiés 71 fois

(1) D'Avenel, *Hist. économ.*, etc., I, p. 58.
(2) D'Avenel, *op. cit.*, I, p. 38 et suiv.

pour l'or et 139 fois pour l'argent et la *monnaie noire* (ou billon) ; pendant la guerre de Cent Ans, l'on a relevé 108 fixations pour l'or et 179 pour l'argent (1) ; la plupart de ces variations étaient arbitraires. La livre tournois, qui dans la période 1200-1225 représentait un poids d'argent égal à celui que contiennent 21 fr. 77 de notre monnaie actuelle soit 98 grammes, ne représentait plus que 12 fr. 25 soit 53 grammes d'argent en 1321-1350, et en 1446-1455 se trouvait réduite à 5 fr. 69 ou 26 grammes d'argent fin (2). Enfin le stock monétaire était comme une mer inconstante, c'était tantôt la monnaie d'or et tantôt la monnaie d'argent, tantôt une catégorie de pièces et tantôt une autre qui émigrait ou rentrait en masse. Ce flux et reflux était causé : 1° par le jeu du double étalon, c'est-à-dire par la discordance existant entre le rapport légal et le rapport commercial de valeur de l'or et de l'argent ; 2° parce que, parmi les pièces nationales de même métal, les unes avaient une valeur légale supérieure et les autres une valeur légale inférieure à leur valeur commerciale ou intrinsèque ; 3° par la différence de force libératoire attribuée à l'étranger et en France à certaines pièces généralement acceptées dans les échanges internationaux (3). En vertu d'une loi déjà bien connue même au moyen âge, *c'était toujours la mauvaise monnaie qui chassait la bonne* : c'est-à-dire qu'à égalité de force libératoire c'était toujours la pièce contenant la moindre quantité de métal fin qui demeurait. La politique monétaire des rois implique la méconnaissance de cette loi qui cependant fut signalée à leur attention par de nombreux écrits ; et c'est par des mesures singulièrement mal comprises qu'ils s'efforcèrent d'attirer et de maintenir la monnaie qui souvent faisait défaut. A mesure que se multiplièrent les échanges et les relations commerciales, la lutte entre princes voisins pour la possession de la monnaie devint plus vive.

(1) V. Natalis de Wailly, *Mémoire sur les variations de la livre tournois depuis le règne de saint Louis* dans *Bulletin de Statistique et de Législat. comparée*, 1888, I, p. 5 et suiv.

(2) D'Avenel, *Hist. écon.*, etc., I, p. 481.

(3) V. Shaw, *Hist. de la Monnaie*, trad. fr., 1895.

Le crédit. — Le crédit était peu développé dans l'Europe occidentale. Sa forme la plus fréquente était le prêt sur gages. Cependant, on connaissait la pratique des lettres de crédit dont les Croisades avaient rendu l'usage nécessaire aux seigneurs partant pour la Terre-Sainte, des mandats de paiement sur dépôts, des billets payables à un tiers désigné (*tuo nuncio*) ou au porteur, enfin des lettres de change dont on attribue faussement l'invention aux Juifs (1). Le contrat ordinaire par lequel les capitaux se mettaient à la disposition de l'industrie et plus encore du commerce, du commerce à l'étranger principalement, était la commande, qui devint un véritable contrat de société. Un individu (*commendator*, *socius stans*), remettait une certaine somme à un autre (*tractator*, *portator*, *commendatarius*) pour la faire fructifier dans une entreprise. Le *tractator* stipulait un salaire fixe ou une part dans les bénéfices, très souvent un quart; si l'affaire échouait, il n'était pas tenu de rembourser le capital. Il ne jouait donc à l'origine qu'un rôle subordonné. Mais il se forma une classe de *tractatores* de profession, et ceux-ci fournirent une partie des capitaux nécessaires à l'entreprise : dans le cas où le *tractator* avait apporté un tiers du capital, il avait droit d'ordinaire à la moitié des bénéfices (un quart lui revenait pour son travail de *tractator*, et il prélevait le tiers du surplus à titre de capitaliste). Le jour où il se mit en relations avec plusieurs *socii stantes*, ce fut lui qui devint le véritable directeur de l'entreprise ; les *socii stantes* furent réduits au rôle de simples bailleurs de fonds (2). « La *comende*, dit un auteur, est le vrai contrat commercial du moyen âge ; on le trouve partout, dans les *Assises de Jérusalem*, le *Consulat de la mer*, les *Statuts* de

(1) V. Brants, *Les théories économ. aux* XIIIe *et* XIVe *siècles*, p. 214 et suiv.

(2) V. Silberschmidt, *Die Commenda in ihrer frühesten Entwickelung bis zum XIII Iahrhundert*, 1884 ; Brants, *Les théor. écon. aux* XIIIe et XIVe *siècles*, p. 171 et suiv. ; Ashley, *Hist. et doct. écon. de l'Angleterre*, trad. fr., II, p. 483-484 ; Saleilles, *Etude sur l'histoire des Sociétés en commandite*, dans *Annales de Droit commercial*, t. IX (1895), p. 10 et suiv. ; 49 et suiv.

Marseille, de Gênes, de Montpellier, de Pise, de l'Orient latin et aussi dans les Etats du Nord (1).

Au moyen âge, les affaires d'argent étaient monopolisées par les Juifs et les Lombards. Jusqu'au XIVe siècle, ils eurent à subir la concurrence des Templiers qui recevaient des dépôts de bijoux, de métaux précieux et d'espèces, et pratiquaient le compte-courant (2). Après la suppression de cet Ordre, les Juifs et les Lombards restèrent à peu près seuls à faire le commerce de l'or et de l'argent. Cependant, dans certaines villes, et principalement à Cahors, quelques nationaux faisaient également la banque ; les *Cahorsins* étendaient leurs opérations jusqu'en Angleterre. La plupart de ces manieurs d'argent n'étaient que de bien modestes banquiers qu'on voyait, les jours de marché, installer leurs tables en plein vent. L'on n'en pourrait guère citer comme le Lombard Digne Rapponde qui avait des comptoirs à Paris et à Bruges, était l'homme d'affaires du duc de Bourgogne, du comte de Flandre, d'Yolande de Cassel, et avança l'argent nécessaire à la rançon du duc de Nevers (3). Il n'existait pas dans l'Europe occidentale de véritables institutions de crédit. Le siège de la finance était en Italie. De là rayonnaient dans toute l'Europe les établissements des Peruzzi, des Baldi, des Bernardini de Florence, la banque Saint-Georges de Gênes dont les *loquis* ou jetons de verre, espèces de monnaies représentatives, avaient cours au XVe siècle dans le Midi de la France et surtout en Languedoc ; à Venise, la banque Rialto avait reçu du Sénat un monopole et, en conséquence, un caractère officiel (4).

Le crédit étant rare et pratiqué surtout en vue de la consommation ; l'usure sévissait comme un véritable fléau. Les rois et

(1) Brants, *Les théor. écon. aux* XIIIe *et* XIVe *siècles*, pp. 171-172.

(2) V. Léopold Delisle, *Mémoire sur les opérations financières des Templiers*, 1889.

(3) V. d'Avenel, *Hist. écon.*, etc., I, p. 109, note 3.

(4) V. Wizniewski, *Hist. de la Banque de Saint-Georges*, 1865 ; Peruzzi, *Storia del commercio e dei banchiri de Firenze*, 1868 ; Lattes, *La liberta delle banche a Venezia*, 1869 ; Piton, *Les Lombards en France et en Italie*, 1892 ; Claudio Jannet, *Le Crédit populaire et les banques en Italie du* XVe *au* XVIIIe *siècle*, 1886.

les seigneurs aggravaient le mal, sous prétexte d'y porter remède, soit en prohibant le prêt à intérêts, soit en spoliant les Juifs et les Lombards ; les premiers surtout, tantôt tolérés, tantôt traqués et expulsés, étaient exposés aux pires exactions. Chaque seigneur avait « ses Juifs » qu'il pressurait de temps à autre. Dans ces conditions il n'est pas étonnant que l'intérêt s'élevât à des taux exorbitants : 15, 20, 60 et 80 0/0 ou davantage. En 1222, Philippe-Auguste permet aux Juifs ou Lombards de prêter à 10 0/0 l'an ; en 1312, Philippe le Bel fixe le taux ordinaire de l'intérêt à 20 0/0 et le taux des foires de Champagne à 15 0/0. En 1315, Louis le Hutin permet aux prêteurs d'exiger un sou par livre et par semaine, soit 260 0/0 par an au maximum, car, dit-il, « notre volonté n'est mie qu'ils puissent prêter à usure » (1). On voit ce qu'était alors le « prêt à la petite semaine ».

(1) D'Avenel, *Hist. écon.*, etc., I, p. 80.

CHAPITRE II

LE MILIEU INTELLECTUEL.

Le moyen âge (celui des XIIIe, XIVe et XVe siècles) hérita de deux grandes traditions : la tradition antique et la tradition chrétienne.

La tradition antique lui apportait le néo-platonisme de l'Ecole d'Alexandrie ; l'aristotélisme qui fut porté à la connaissance de l'Occident latin soit par des traductions directes soit par des commentaires arabes, notamment ceux d'Averroès et d'Avicenne ; elle lui apportait enfin, par l'intermédiaire des glossateurs, la littérature juridique de l'Empire romain. L'influence d'Aristote fut prépondérante.

La tradition chrétienne était représentée par les Livres saints et par les écrits des Pères de l'Eglise. Dans l'ordre économique, elle contredisait formellement la tradition de l'antiquité en un point : le travail manuel de l'ouvrier ou de l'artisan était relevé du mépris dans lequel l'avaient tenu les penseurs de la Grèce et de Rome ; le Christ était fils d'un charpentier et avait ouvré de ses mains dans son enfance. Elle ne réhabilitait pas le commerce d'une manière aussi évidente : l'on rappelait sans cesse l'épisode des vendeurs chassés du Temple par Jésus (1) ; ne pouvait-on pas croire que le Christ avait pareillement condamné le commerce d'argent en disant : *Mutuum date, nihil inde sperantes* (2) ? Enfin, la doctrine de Jésus pouvait paraître fortement empreinte d'ascétisme. Mon royaume n'est pas de ce monde, dit-il ; à Marthe mécontente de ce que sa sœur, absorbée par l'adoration du Maître, ne l'aide pas dans les soins du ménage, il fait ce reproche : « Marthe, Marthe, vous vous inquiétez et tourmentez

(1) Evang. selon saint Jean, II, 14-16.
(2) Evang. selon saint Luc, VI, 35.

pour bien des choses ; or, une seule est nécessaire (1). » A ceux qui disent : Que mangerons-nous ? que boirons-nous ? de quoi nous vêtirons-nous ? il déclare que ce sont les païens qui s'inquiètent de toutes ces choses : « Regardez les oiseaux de l'air, ils ne sèment ni n'amassent rien dans des greniers et votre Père céleste les nourrit. N'êtes-vous pas beaucoup plus excellents qu'eux ? Et lequel d'entre vous pourrait par son souci ajouter une coudée à sa taille ? Et pour ce qui est du vêtement, pourquoi êtes-vous en souci ? Apprenez comment les lys des champs croissent. Ils ne sèment ni ne filent. Cependant je vous déclare que Salomon dans toute sa gloire n'était pas vêtu comme l'un d'eux. Si donc Dieu revêt ainsi l'herbe des champs qui est aujourd'hui et demain sera jetée au feu, ne vous revêtira-t-il pas, ô gens de peu de foi ? Cherchez d'abord le royaume de Dieu et sa justice, et toutes ces choses vous seront données par surcroît. Ne soyez donc pas en souci pour le lendemain... A chaque jour suffit sa peine (2). » Le Christ, d'autre part, prêchait la charité et déclarait qu'il sera tenu compte au ciel d'un verre d'eau donné en son nom (3) ; il avait glorifié le pauvre (4) et affirmé qu'il était plus facile à un chameau de passer par le trou d'une aiguille qu'au riche d'entrer dans le royaume des cieux (5).

Dans la littérature des Pères de l'Eglise un double courant s'était manifesté. Les uns avaient flagellé sans merci l'usure, le négoce (ils s'étaient fait l'écho du préjugé populaire suivant lequel nul ne gagne que l'autre ne perde) ; et, à prêcher avec une éloquence passionnée le mépris des richesses et la charité, ils en étaient arrivés à des invectives singulièrement dangereuses pour le principe de la propriété individuelle. A celui qui s'excuse de son manque de générosité en disant : « Où est l'injustice, si je conserve avec soin ce qui est mien, pourvu que je n'envahisse pas le bien d'autrui ? » saint Ambroise réplique : « Honteuse

(1) S. Jean, XVIII, 36.
(2) S. Matthieu, ch. VI ; S. Luc, XII, 22 et suiv.
(3) S. Matthieu, ch. X, 42.
(4) S. Matthieu, V, 3 ; S. Luc, VI, 20.
(5) S. Luc, XIX, 25.

parole ! Le mien, dis-tu ? qu'est-ce donc ? de quel endroit inconnu l'as-tu apporté dans ce monde ? Lorsque tu es venu à la lumière, lorsque tu es sorti du sein de ta mère, quelle richesse as-tu apportée avec toi (1) ? » Il faut d'ailleurs faire la part de l'emphase oratoire dans ces déclarations. Aucun des Pères de l'Eglise n'est communiste ; ils ont seulement voulu proclamer l'obligation de l'aumône pour le riche et le droit à l'existence pour le pauvre. Ce premier courant d'opinion est représenté principalement par Tertullien, saint Jérôme, saint Ambroise, etc. (2).

D'autres, tout en rappelant aux fidèles que l'homme est ici-bas pour travailler à son salut éternel, se sont montrés plus conciliants à l'égard de ses besoins et désirs matériels et, par suite, ont tenu un langage plus modéré à l'égard de la richesse. Jésus n'était-il pas l'ami de publicains notoires, comme Lazare, Zachée, Matthieu ? S'il avait chassé les vendeurs du Temple, n'était-ce pas à raison de la sainteté du lieu, pour un motif de haute convenance ? S'il leur avait reproché de transformer une maison de prières en une caverne de voleurs, n'est-il pas vrai que le reproche s'adressait aux personnes et non à la profession ? Le négoce n'implique pas nécessairement le mensonge et la fraude. Enfin, puisque le Christ ordonnait la charité, il admettait par là même qu'il y eût des riches. L'obligation stricte de la charité, correctif et conséquence nécessaire de la propriété individuelle et de l'inégalité des conditions ; la modération dans la recherche de la richesse qui n'est pas la fin suprême de l'homme ; la probité commerciale ; l'illégitimité de l'intérêt dans les prêts faits aux pauvres parce qu'alors le prêt est commandé par la charité, telle est, en somme, la doctrine qui se dégageait de l'enseignement des Pères de l'Eglise, lorsque le dépouillant des violences de langage, nécessaires pour frapper l'esprit de la foule, on le ramenait à des formules simplement didactiques. Le groupe modéré est

(1) Saint Ambroise, cité dans le *Corpus Juris Canonici*, Décret I, Distinct. XLVII, c. 8.

(2) V. Sterza, *Il socialismo e i padri della Chiesa*, 1895.

représenté par saint Clément et saint Augustin. Parmi les Pères de l'Eglise, ce fut ce dernier qui exerça la plus grande autorité durant le moyen âge.

C'est qu'aussi un esprit nouveau était né du développement économique des nations ; l'idéal ascétique risquait de se trouver en contradiction avec l'impérieuse nécessité du progrès matériel. Le plus grand penseur de l'époque, saint Thomas, était le sujet d'un prince, Frédéric II, qui fut comme le Colbert du royaume de Naples (1) ; son pays, l'Italie, lui offrait le spectacle de cités florissantes, Naples, Gênes, Venise, Florence, où l'industrie, le commerce et la finance étaient parvenus à un développement qui ne fut atteint que trois siècles plus tard dans les autres Etats de l'Europe occidentale. Chez lui l'esprit nouveau est en lutte avec l'esprit ancien et le Docteur Angélique s'efforce de les concilier.

La fin de l'homme, dit-il, est le bonheur parfait ; et le bonheur parfait ne peut consister dans la richesse. Les richesses, comme l'a remarqué Aristote, sont de deux sortes : les unes sont naturelles, les autres sont artificielles. Les premières consistent dans les biens qui servent directement à la satisfaction de nos besoins: tels sont les aliments, les vêtements, les habitations, etc. Les biens ne sont que des moyens de pourvoir à l'existence de l'homme ; les moyens ne peuvent être la fin suprême. Dans l'ordre naturel, ils sont inférieurs à l'homme et faits pour l'homme. Quant aux richesses artificielles, ce sont celles qui, comme la monnaie, servent uniquement à acquérir les richesses naturelles; elles ne peuvent donc pas, elles non plus, constituer la fin de l'homme. Donc le bonheur parfait, qui est la fin de l'homme, ne peut pas consister dans la richesse (2).

En outre, le souverain bien doit être tel que plus on le possède, plus on l'aime et plus on méprise le reste. Or la possession des richesses engendre la satiété, le dégoût de ce que l'on possède et le désir de ce que l'on ne possède pas (3). Le bonheur

(1) V. Alberto de Vecchio, *La legislazione di Frederico II*, 1874 ; Huillard-Bréolles, *Historia diplomatica Frederici Secundi*, 1859.

(2) S. Thomas, *Summa*, Iª IIæ, quæst. 2 (Edit. Cologne, 1639, II, p. 5).

(3) S. Thomas, *ibid.*, Ad tertium.

parfait ne peut se trouver que dans la contemplation de Dieu ; lui seul peut apaiser notre soif d'infini, lui seul est le souverain bien. Les richesses ne sont même pas un moyen nécessaire pour la jouissance de ce bonheur parfait (1).

Mais ce bonheur parfait ne peut être réalisé ici-bas. Il existe par contre sur cette terre un bonheur imparfait. Pour l'obtenir les biens matériels nous sont nécessaires; car ce sont des instruments indispensables à notre corps pour la pratique de la vertu, soit contemplative soit active, dont il dérive (2). Le désir des richesses est donc légitime ; mais la richesse, n'étant pas une fin en soi, ne doit pas être recherchée pour elle-même.

Ce n'est cependant pas que la fortune d'un individu doive se réduire à ce qui lui est strictement indispensable pour subsister lui et sa famille. C'est là seulement un minimum intangible, auquel le chef de famille n'a pas le droit, en principe, de porter atteinte, même pour faire l'aumône. Possède-t-on plus que ce minimum physique? La charité ne devient pas encore obligatoire si l'on est seulement assez riche pour soutenir son rang, formule assurément très élastique. L'aumône est alors simplement conseillée ; elle est *in consilio* ; encore n'a-t-on pas le droit, sauf en quelques cas exceptionnels, de diminuer, par des aumônes excessives, la dignité de sa famille. *Nullus enim inconvenienter vivere debet.* — C'est seulement si l'on possède plus qu'il n'est nécessaire pour vivre suivant sa condition que l'on a du superflu ; alors seulement la charité est un devoir strict, elle est *in præcepto*, et encore uniquement à l'égard du pauvre qui se trouve dans la plus extrême nécessité (3).

En somme, si l'individu observe la double condition de ne pas rechercher les biens temporels pour eux-mêmes et de faire l'aumône, l'on ne voit guère qu'une limite soit apportée à son droit de s'enrichir.

(1) S. Thomas, *Summa*, Ia IIæ, quæst. IV, art. 7 (Edit. Cologne, 1639, II, p. 18).

(2) S. Thomas, *ibid.*

(3) S. Thomas, *Summa*, IIa IIæ, quæst. XXXII, art. 5 et 6 (Edit. Cologne, 1639, III, p. 116 et 117).

Quant à l'estime que l'on doit avoir pour les divers modes d'acquisition de la richesse, nous avons déjà dit que le christianisme avait réhabilité le travail de l'artisan. Saint Thomas a cru devoir concéder à la tradition que le négoce, considéré en lui-même, comporte quelque chose de honteux : *quamdam turpitudinem*, mais, ajoute-t-il, en tant qu'il ne se propose pas forcément une fin honnête ou nécessaire. Cette *turpitudo* est donc purement négative ; elle est due non à un vice, mais à l'absence d'objet nécessairement méritoire. Le Docteur Angélique continue en disant que le gain, but du négoce, bien qu'en lui-même il ne comporte rien d'honnête ni de nécessaire, ne comporte cependant non plus rien de vicieux ou de contraire à la vertu (1). Si le gain, considéré en lui-même, n'a rien de blâmable, comment concevoir que le négoce, considéré en lui-même, comporte *quamdam turpitudinem* et comment s'expliquer que *juste vituperatur* ? Il y a là entre le négoce et le gain une distinction insaisissable. Ici encore, l'esprit nouveau est en lutte avec l'esprit ancien, et saint Thomas essaie de résoudre l'antinomie par la dialectique. Mais l'on peut dire qu'en fait l'ancienne conception a vécu.

(1) S. Thomas, *Summa*, IIª IIæ, quæst. LXXVII, art. 4 (Edit. Cologne, 1639, III, p. 236).

CHAPITRE III

CARACTÈRES GÉNÉRAUX ET SOURCES DES DOCTRINES ÉCONOMIQUES AU MOYEN AGE.

Au moyen âge, les doctrines économiques ne se présentent encore qu'à l'état fragmentaire ; et, *si l'on excepte la question de la Monnaie qui fut étudiée à titre principal dans divers Traités ou Mémoires*, elles ne jouent toujours le rôle que de doctrines auxiliaires. On les rencontre soit chez les juristes où elles servent à expliquer certaines règles de droit. soit surtout chez les théologiens où elles servent d'arguments à l'appui de certaines règles de morale, non plus de morale sociale, comme dans l'antiquité, mais de morale individuelle. C'est principalement dans les écrits des docteurs scolastiques qu'il faut chercher l'expression de la pensée économique de l'époque. Nous n'avons pas d'ailleurs à analyser leur morale économique tout entière, mais seulement à en extraire les doctrines économiques qu'elle renferme.

Presque toutes sont contenues dans cette partie de la morale théologique qui traite de la justice commutative. Les docteurs les étudient suivant la méthode de l'analyse dialectique. Ce sont, pour la majeure partie, des théories abstraites ; quelques-unes cependant rentrent dans le domaine de la politique économique. Les principales ont trait à la *Propriété*, à l'*Intérêt de l'argent*, au *Profit commercial*, à la *Valeur*. à la *Fixation des prix par l'Etat*.

SOURCES

THÉOLOGIENS ET CANONISTES.

ALBERT LE GRAND, comte de Bollstadt (1193-1280), *Opera*, Lugduni, 1651. Edit. récente, *Opera*, Paris, 1890-1892. — ALEXANDRE DE HALÈS (mort en 1245), *Summa universæ theologiæ*, Nuremberg, 1482-1483 ; *Super tertium Sententiarum*, Cologne, 1475. — SAINT BONAVENTURE, Jean de Fidanza (1221-1274), *Opuscula theologica*, Venetiis, 1584 ; *Opera*, Maguntiæ, 1609 ; *Breviloquium* (adjectis illustrationibus ex aliis operibus ejusdem), Fribourg, 1881. — SAINT THOMAS D'AQUIN (1226-1274), *Summa totius theologiæ*, Venetiis, 1585 ; *Opera omnia*, édit. publiée sur l'ordre et aux frais de Léon XIII, Rome, 1882-1895 ; — Le *De regimine principum* n'est qu'en partie de saint Thomas. Certains considèrent le *De Usuris* comme apocryphe. — Sur saint Thomas, v. Hœrtel, *Thomas von Aquino und sein Zeit*, 1846 ; Feuqueray, *Essai sur les doctrines politiques de saint Thomas d'Aquin*, 1857 ; Jourdain, *La philosophie de saint Thomas d'Aquin*, 1858 ; Baumann, *Die Staatslehre des h. Thomas v. Aquino*, 1893 ; Schneider, *Die sozialistiche Staatsidee beleuchtet durch Thomas v. Aquino*, 1894 ; Didiot, *Le Docteur Angélique saint Thomas d'Aquin*, 1896 ; Schaepman, *Thomas v. Aquino*, 1898 ; Maurenbrecher, *Thomas von Aquino's Stellung zum Wirthschaftsleben seiner Zeit*, 1898 ; Schaub, *Die eigenthumslehre nach Thomas v. Aquino und dem modernen Sozialismus*, 1898. — HENRI DE GAND (1217-1298), *Quodlibeta*, Paris, 1518. Autre édit., Venise, 1613 ; V. Huet, *Recherches histor. et crit. sur la vie, les ouvrages et les doctrines de Henri de Gand*, 1838 ; Ehrle, *Recherches critiques sur la biographie de Henri de Gand*, 1887 ; De Wulf, *Etudes sur Henri de Gand*, dans *Mémoires de l'Acad. roy. de Belgique*, 1894. — HOSTIENSIS, Henri de Séguse, évêque d'Embrun en 1255, puis cardinal-archevêque d'Ostie (d'où lui vient son nom), *Lectura sive apparatus super quinque libros Decretalium*, 1512. *Aurea Summa*, 1612. — DURANT (Guillaume), évêque de Mende (1237-1296), *Breviarium aureum*, Paris, 1513 ; *Speculum Juris*,

Francfort, 1612. — ÆGIDIUS ROMANUS, Gilles de Rome (ou Ægidius Colonna) (1247-1316), *De Regimine Principum*, s. l. 1473; *In Sec. Lib. Sent.*, Venet., 1482; *In tert. Lib. Sentent.*, Romæ, 1623; V. Courdavaux, *Etudes sur Gilles de Rome*. 1857. — DUNS SCOT (mort en 1308), *Quæstiones in Libros Sententiarum*, Anvers, 1620. — FRANÇOIS DE MAYRONIS (mort en 1325), *In IV Libros Sententiarum*, Venise, 1520. — DURAND DE SAINT-POURÇAIN, évêque de Meaux en 1326, mort en 1333, *Decisiones in IV Libros Sentent.*, 1550. — BURIDAN, recteur de l'Université de Paris en 1328, *Ethic. Lib. V*, 1513; *Quæstiones super octo libros Polit. Aristot.*, 1531. — SAINT RAYMOND DE PENNAFORT (mort en 1328), *Summa theologica*, Vérone, 1744; *Summa pastoralis*, publiée dans le *Catalogue des Manuscrits des départements*, t. I, 1849, p. 621 et suiv. — GERSON, Jean Charlier, né à Gerson près de Reims, en 1363, chancelier de l'Université de Paris, mort en 1429, *Tractatus et libri sequentes*, Coloniæ, 1484; *Conclusiones de diversis materiis moralibus*, s. l. n. d.; *Opera omnia*, Anvers, 1706. — V. notamment *Opusculum de Contractibus*. — SAINT ANTONIN DE FLORENCE (1389-1455), archevêque de Florence, *Summa theologica*, Venet., 1480; *Opera*, 1741-1742. — SAINT BERNARDIN DE SIENNE (1380-1444), *Opera*, Venet., 1591; *Le prediche volgari di S. B. di Siena*, Sienne, 1880-1888; V. Thureau-Dangin, *Un prédicateur populaire de l'Italie de la Renaissance : Saint Bernardin de Sienne*, 1896. — HENRI DE LANGENSTEIN (1325-1397), professeur, puis vice-chancelier de l'Université de Paris, l'un des organisateurs de l'Université de Vienne, *Tractatus de Contractibus*, publié dans les *Tractatus* de Gerson, Anvers, 1484, t. IV. V. Hohoff, *Ein grosser Socialœkonom. des XIV Iahrhunderts* dans *Christliche Sociale Blatten*, numéro du 20 octobre 1875. — BIEL, recteur de l'Université de Tubingen en 1485, *Collectorium Sententiarum*; *De Monetarum potestate simul et utilitate libellus*, Nuremberg, 1542; *Repertorium generale et succinctum contentorum in quatuor collectoriis acutissimi ac profundissimi theologi Gab. Biel.*, Tubingen, 1501. V. Roscher, *Gab. Biel als Nationalœkonomist*, dans *Berichte der Kœnigl. Sachsischen Gesellschaft.Phil. hist.*, cl. XIII. — CAJETAN, Thomas de Vio, né à Gaëte en 1470, *Opuscula de diversis ac curiosissimis materiis*, Paris, 1511. Est l'un des commentateurs de saint Thomas, *Divi Thomæ Summa totius theologiæ cum comment. Th. de Vio Caietani*, Venet., 1588. Edit. Lugduni, même année.

JURISTES ET POLITIQUES

France

Pierre du Bois, *De recuperatione terre sancte*. Ecrit entre 1305 et 1307. Publié dans les *Gesta Dei per Francos* de Bongars, 1611, édit. récente, Ch.-V. Langlois, 1891. *De abreviatione*, traité inédit dont M. Ch.-V. Langlois a seulement publié des fragments dans son édition du *De Recuperatione*. — V. sur cet auteur, Natalis de Wailly, *Mém. de l'Acad. des Inscr. et B.-Lettres*, t. XVIII (1855), p. 435 et suiv. et *Biblioth. de l'Ec. des Chartes*, 1847 (2e série, III, pp. 273 et suiv.) ; Boutaric, *Pierre du Bois, légiste du XIVe siècle, sa vie, ses œuvres et ses doctrines*, dans *C. R. Acad. Inscr. et B. L.*, VIII (1864, p. 84 et suiv.) ; Vuitry, dans *Journ. des Econ.*, décembre 1880 (p. 447 et suiv.).

Italie

Sercambi, *Monita Guinisiis*, écrit au XIVe siècle, publié dans *Miscellanea* de Baluze, 1764, t. IV, p. 81 et suiv. — Carafa, *De regis et boni principis officio* ; écrit en italien entre 1469 et 1482, publié en latin en 1668. Sur cet auteur, v. Cusumano, *Diomede Carafa*, etc. dans *Archivio Giuridico*, 1871, et dans ses *Saggi di Econ. polit.*, 1887, p. 134 et suiv.

Angleterre

Anonyme, *The Libell of englich Policye*, 1436.

ÉCONOMISTE

Oresme (Nicolas), évêque de Lisieux en 1382.— *De origine, natura, jure et mutationibus monetarum*, publié ensuite par l'auteur lui-même en français sous le titre *Petit traictié de la première invention des monnaies*, Edit. moderne Wolowski, 1864.—V. sur cet auteur Roscher, *Un grand économiste français du* XIVe *siè-*

cle, dans *C. Rendus de l'Acad. des Sc. mor. et politiques*, 1862, p. 435 et suiv. ; Meunier, *Essai sur la vie et sur les ouvrages de Nicole Oresme*, 1857 ; Hertrich, *Les théories monétaires au XIVe siècle, Nicolas Oresme*, Thèse Fac. Droit, Lyon, 1898-1899.

Nota. — Nous désignons toujours les thèses françaises par la Faculté devant laquelle elles ont été soutenues (et non par le lieu d'impression) ; la date est celle de l'année scolaire.

CHAPITRE IV

ANALYSE DES DOCTRINES (1).

§ 1. — De la propriété individuelle.

Suivant les théologiens la propriété individuelle n'est pas une institution du droit naturel, mais elle n'est pas contraire au droit naturel : celui-ci ne condamne ni ne commande la communauté des biens qui fut l'état originaire. La propriété individuelle est une institution humaine qui se justifie par son utilité sociale, par sa nécessité. Elle est nécessaire pour inciter l'homme au travail, car l'homme se repose volontiers sur les autres du soin de travailler, si sa peine doit profiter à la collectivité et non à lui seul, si son intérêt propre se trouve absorbé par l'intérêt collectif. La propriété individuelle est nécessaire à l'ordre social ;

(1) V. Endemann, *Die national. ökonomischen Grundsätze der canonistischen Lehre*, 1863 ; *Studien in der romanisch-Kanonistischen Wirthschafts-und-Rechtslehre*, 1874-1883 ; Funk, *Ueber die ökonom. Auschauungen der mittelalterlichen Theologen*, dans *Zeitsch. f. d. Staatswiss.*, 1869, p. 125 et suiv. ; *Geschichte des Kirchlichen Zinsverbotes*, 1876 ; Contzen, *Gesch. d. volkswirtschaftlichen Literatur in d. Mittelalter*, 1869, 2e édit. 1872 ; Jourdain, *Mémoire sur les commencements de l'Econ. polit. dans les écoles du moyen âge*, dans *Mémoires de l'Acad. des Inscr. et B.-Lettres*, 1874 (t. XVIII) ; Cusumano, *Dell Economia politica nel medio Evo*, 1876 et dans *Saggi di Ec. polit.*, 1887 ; Cossa, *Saggi di Econ. polit.*, p. 15 et suiv. ; *Di alcuni studi recenti sulle teorie econ. nel medio Evo*, 1878 ; Ashley, *An introd. to. eng. econ. hist. and theory*, 1888-1893 et 1894-1898 ; trad. fr. 1900 ; Brants, *Les théories écon. aux* XIIIe *et* XVIe *siècles*, 1895 ; Coste, *Hist. des doct. écon. concernant la légitimité de l'Intérêt*, Thèse Fac. Droit, Paris, 1897-1898 ; Favre (Jules), *Le prêt à intérêt dans l'ancienne France, Evolut. des doct. et de la législ.*, Thèse Fac. Droit, Paris, 1899-1900 ; Garnier, *De l'idée du juste prix chez les théologiens et canonistes du moyen âge*, Thèse Fac. Droit, Paris, 1899-1900 ; Delalys, *La valeur d'après Karl Marx et les scolastiques*, 1899. — V. en outre aux *Sources*, les monographies d'auteurs (L. II, ch. III, p. 75 et suiv.).

saint Thomas paraît la considérer comme la condition indispensable de la spécialisation des professions. Elle est enfin nécessaire à la paix sociale, car la communauté, l'indivision engendre la discorde (il y a ici un emprunt évident aux jurisconsultes romains) (1).

Au nombre des choses qu'il est permis de posséder en propre il faut compter même l'esclave ou le serf. L'esclavage ou servage n'est pas, lui non plus, une institution du droit naturel ; mais il ne lui est pas contraire. Il se justifie parce qu'il est utile et à l'esclave qui a besoin d'être régi par un plus sage que lui, et au maître qui a besoin des services d'autrui (2). Ici, l'utilité sociale n'apparaît pas.

Le droit de propriété confère le droit absolu de disposer ; mais il ne confère pas un droit absolu d'user des choses que l'on possède. Quant à l'usage, l'homme doit agir comme si toutes choses étaient communes ; l'indigent a droit à l'aumône sur le superflu du riche (3).

L'usage du droit de propriété est encore limité par le principe de justice commutative. La justice commutative nous ordonne d'observer dans les transactions la double règle de la *réciprocité* et de l'*équivalence* des prestations (4). Sur ce point, les doctrines du moyen âge subirent une évolution.

§ 2. — De la réciprocité des prestations dans le prêt à intérêt et dans la vente commerciale. — Doctrines du XIIIe siècle.

A) **Le Prêt à intérêt.** — Il est injuste et en conséquence illicite d'exiger une prestation si l'on n'a rien fourni en échange. Pour ce motif, est, en principe, illicite l'intérêt stipulé par le prêteur d'argent.

(1) V. S. Thomas, *Summa totius Theologiæ*, IIa IIæ, quæst. LVII, art. 3 ; quæst. LXVI, art. 2 (Edit. Cologne, 1639, p. 181 et 210).

(2) S. Thomas, *Summa*, IIa IIæ, quæst. LVII, art. 3, *Ad Secundum* (Edit. Cologne, 1639, p. 181).

(3) S. Thomas, *Summa*, IIa IIæ, quæst. LXVI, art. 2 (Edit. citée p. 210).

(4) S. Thomas, *Summa*, IIa IIæ, quæst. LXI, art. 2 (Même édit., p. 194).

L'intérêt ne peut pas être le prix de l'usage de l'argent. Les théologiens empruntent ici aux jurisconsultes la distinction entre les choses qui se consomment et celles qui ne se consomment pas par le premier usage. Il y a des choses qui ne se consomment pas par le premier usage ; quant à elles, l'usage peut être distingué de la propriété ; on peut les louer, c'est-à-dire que l'on peut vendre l'usage séparément de la propriété. Tels sont un champ, une maison, etc. Mais il y a d'autres choses dont on ne peut pas se servir sans les consommer. Pour elles, l'usage ne peut pas être séparé de la propriété. Elles ne peuvent donc être louées. Pour en conférer l'usage à un tiers, il faut lui en vendre la propriété ; on ne peut plus ensuite lui en vendre l'usage, puisque ce droit a été transféré en même temps que la propriété, ou bien c'est vendre ce qui ne nous appartient plus. Dans cette seconde catégorie de choses rentrent le vin, l'huile, etc., et aussi la monnaie. Car, par sa nature, la monnaie est destinée uniquement à jouer le rôle d'équivalent dans les échanges, à être consommée ; elle n'est pas douée du pouvoir de produire des fruits naturels, comme un champ ; et sa nature répugne également à ce qu'elle produise des fruits civils comme une maison. C'est en ce sens qu'il faut entendre le fameux principe de la stérilité de l'argent. Donc, dans le prêt à intérêt, le prêteur prétend se faire payer non seulement la propriété qu'il a effectivement transférée (le prix en est l'obligation de restituer le capital), mais encore un droit qu'il n'a pas transmis et qu'il ne peut pas transmettre parce qu'il appartient désormais à celui à qui il veut le vendre : l'usage. L'intérêt est le prix de cette prestation imaginaire, il est donc illicite comme contraire à la justice commutative (1).

L'intérêt n'est pas non plus le prix du risque que court le prêteur, et il faut entendre ici exclusivement le risque *juridique*.

(1) V. Albert le Grand, *In IV Lib. Sent.*, *III*, dist. 37 ; quæst. 1 (Dans *Opera Omnia*, Lyon, 1651, t. XV, p. 393-397) ; S. Thomas, *Summa*, IIa IIæ, quæst. LXXVIII, art. 1 (Edit. Cologne, 1639, p. 236-237) ; Gilles de Rome, *De Regimine principum*, Venise, 1498 ; Buridan, *Quæstiones super octo libros politicorum*. « Pecunia, secundum rei veritatem », dit ce dernier, « non est locabilis ».

En effet, comme nous l'avons vu, pour transférer l'usage de l'argent à l'emprunteur, le prêteur est dans la nécessité de lui en transférer la propriété. L'emprunteur est obligé de lui restituer non pas les espèces même qu'il a reçues, mais seulement une somme, une valeur égale. Les juristes disent que son obligation est une *dette de genre* et non pas une *dette de corps certain* ; il prend donc les risques à sa charge ; quoi qu'il arrive, il sera toujours tenu juridiquement de restituer une somme égale à celle qu'il a reçue, même si les pièces de monnaie qui lui ont été comptées viennent à être perdues ou détruites par cas fortuit. Ce qu'il doit, en effet, ce ne sont pas ces espèces, mais c'est une somme égale *in genere, et les genres ne périssent pas, genera non pereunt.* Le risque juridique est pour l'emprunteur et non pour le prêteur ; l'intérêt ne peut donc pas être le prix de ce risque (1).

En réalité, disent un grand nombre de théologiens, ce que le prêteur se fait payer, en exigeant des intérêts, c'est *le temps*, le temps qui s'écoule entre la formation du prêt et la restitution de la somme prêtée. Or le temps n'est pas une chose qui soit appropriée ni susceptible d'appropriation ; il appartient à tout le monde ; ou, si l'on veut, il n'appartient à aucun homme, il appartient à Dieu. Il ne saurait donc être la cause licite de l'intérêt (2).

De cette règle dérive ce corollaire que le vendeur ne peut pas licitement vendre au-dessus du juste prix, c'est-à-dire majorer le prix ordinaire du comptant, sous prétexte qu'il vend à crédit, et que l'acheteur ne peut pas licitement exiger une diminution sur le juste prix sous prétexte qu'il paie comptant. Mais celui qui a vendu à crédit au juste prix du comptant peut accorder

(1) V. notamment saint Thomas, *Summa*, IIa IIæ, quæst. LXXVIII, art. 2, Ad quintum (Edit. Cologne, 1639, p. 238).

(2) Cet argument se trouve dans le *De Usuris* attribué à saint Thomas et que certains regardent comme un ouvrage apocryphe. Il se retrouve dans saint Antonin (*Summa*, IIa Pars, C. VII). Ashley (*Hist. et Doct. Econ. de l'Angleterre*, trad. fr., t. II, p. 546), cite une *moralité* anglaise de la fin du XIVe siècle, le *Piers Plowman*, dans laquelle l'Avarice faisant sa confession déclare : « Quand on m'emprunte on achète le temps. »

une réduction à son acheteur pour rentrer plus tôt dans son argent (1).

Cette doctrine du XIIIe siècle méconnaît la fonction économique du capital en général et de la monnaie en tant que forme en laquelle le capital peut être investi ; il faut observer d'ailleurs qu'à cette époque le prêt à la consommation était de beaucoup le plus fréquent ; mais les théologiens ne distinguent pas entre le prêt à la consommation et le prêt à la production. De plus, la doctrine du XIIIe siècle méconnaît la valeur du risque *économique*, lequel dérive de l'insolvabilité possible de l'emprunteur ; celui-ci existe malgré l'absence de risque *juridique*, et même il est d'autant plus grand que le risque juridique est plus faible, car l'on peut recouvrer sur un insolvable le corps certain dont on est resté propriétaire, au lieu que le créancier d'une somme d'argent est, en principe, réduit à un dividende. Il convient toutefois de remarquer qu'au moyen âge le prêt à la consommation était presque toujours un prêt sur gage et qu'en ce cas le risque économique lui-même se trouve considérablement amoindri ou même à peu près annulé. Enfin la doctrine du XIIIe siècle méconnaît le principe général suivant lequel une somme actuelle a une valeur plus grande que la promesse de cette même somme à une échéance plus ou moins éloignée, notamment pour cette raison, qui subsiste dans tous les cas alors même que les autres feraient défaut, qu'une jouissance immédiate est plus vivement sentie et, en conséquence, plus estimée que l'espérance ou l'attente même sûre de cette jouissance dans l'avenir.

Mais les théologiens admettent qu'il est permis à l'emprunteur de stipuler, dès le moment du prêt, outre la restitution du capital prêté, le paiement d'une somme additionnelle, lorsque le prêt doit lui causer un dommage certain. Dans leur esprit, il n'y a pas là une exception à la règle précédemment énoncée, car la stipulation d'une somme additionnelle n'a plus ici la même nature que précédemment ; le supplément exigé n'est plus le

(1) S. Thomas, *Summa*, IIa IIæ, quæst. LXXVIII, art. 2, Ad Septimum (Edit. Cologne, 1639, p. 238).

prétendu prix de l'usage de l'argent, mais une indemnité pour un préjudice que le prêteur va subir (1). Aussi ne lui donnent-ils plus le nom ordinaire d'*usura* mais celui d'*interesse*, de dommages et intérêts : c'est la seconde appellation qui nous a fourni le mot « intérêt » par lequel nous désignons la rémunération ordinaire exigée pour l'usage de la somme prêtée, alors que par la première nous entendons des intérêts exorbitants. Cette destinée du mot *interesse* n'a rien d'étonnant, car la conception qu'il renferme constitue la première découverte, partielle encore, que l'on ait fait relativement à la véritable nature de l'intérêt ; complétée et mieux analysée, cette découverte devait aboutir à la réhabilitation de l'intérêt ; et comme le mot « usure », en vertu d'une longue tradition, continua d'éveiller l'idée d'une action honteuse et blâmable, nous l'avons conservé pour désigner la seule opération que nous considérions aujourd'hui comme telle en matière de prêt d'argent. Dans la doctrine théologique, l'*interesse*, pour le cas de *damnum emergens*, était exigé par la justice commutative elle-même ; car celle-ci veut que, après toute transaction, le patrimoine respectif de chaque contractant conserve la même valeur qu'avant, sans augmentation mais aussi sans amoindrissement. L'*interesse* n'est donc pas une exception, mais une application de la règle.

La stipulation d'un *interesse* ne devait-elle pas être également permise, dès le moment du prêt, dans le cas où la privation de la somme prêtée devait empêcher le prêteur de réaliser un gain (*lucrum cessans*) ? Non, dit saint Thomas, car au moment du contrat ce gain ne se trouve pas dans le patrimoine du prêteur : celui-ci ne peut pas vendre ce qu'il n'a pas encore. C'est au moment du prêt qu'il faut se placer pour apprécier si d'ores et déjà la stipulation d'une somme additionnelle au capital prêté est nécessaire pour empêcher le patrimoine du prêteur de se trouver diminué (2). De l'argumentation de saint Thomas, il était logique

(1) V. Thomas, *Summa*, IIª IIæ, quæst. LXXVIII, art. 2, Ad primum (Edit. Cologne, 1639, p. 238).

(2) S. Thomas, *op.* et *loc. cit.*

de déduire que, le manque à gagner s'étant réalisé, le prêteur, à la condition de le prouver, pouvait, après coup, stipuler licitement une indemnité. Cette solution est en effet admise par son contemporain Henri de Séguse, cardinal d'Ostie (Hostiensis) (1) ; elle se propagea, par la suite, parmi les théologiens. C'était un nouveau trait de lumière jeté sur la théorie de l'intérêt. N'était-il pas sûr dès lors que l'on serait un jour logiquement amené à permettre de stipuler d'avance ces intérêts compensatoires lorsque le profit dont le prêteur se prive était certain dès le moment du prêt ? Et même, lorsqu'il était seulement très vraisemblable, le sacrifice de cette espérance ne méritait-il pas quelque rémunération ? Et quelle étendue cette règle n'était-elle pas appelée à prendre dans un milieu économique tel que le prêteur peut presque toujours tirer un profit de son argent en le faisant valoir lui-même !

Enfin, les théologiens du XIIIe siècle ne prohibent pas le *dividende*, le bénéfice résultant d'un apport en argent dans une société. Dans cette hypothèse, en effet, dit saint Thomas, la somme engagée demeure juridiquement aux risques du bailleur de fonds ; celui-ci n'a pas le droit d'en exiger la restitution de son associé lorsque l'entreprise échoue ; il peut donc licitement stipuler une part dans les profits produits par une chose qui reste la sienne (2). Ici le grand théologien reconnaît implicitement le rôle de la monnaie en tant que forme du capital ; pourquoi néanmoins interdit-il au bailleur de fonds de stipuler la restitution de la somme principale quoi qu'il arrive, sauf à se contenter d'une part moindre dans les bénéfices ou d'une somme fixe déterminée à forfait ? Parce qu'il n'attribue de valeur qu'au risque juridique.

(1) V. Ashley, *op. cit.*, trad. fr., t. II, p. 464. D'après cet auteur, il est probable que jusqu'à la fin du XVIe siècle il fut dans ces hypothèses nécessaire de fixer un délai (*mora*) pendant lequel le prêt devait être gratuit. Cependant, dès 1353, l'on trouve des contrats où l'*interesse* est stipulé à dater de l'instant même du prêt.

(2) S. Thomas, *Summa*, II[a] II[æ], quæst. LXXVIII, art. 2, Ad quintum (Edit. Cologne, 1639, p. 238). D'après les principes du droit, l'apport ou tombe dans l'indivision ou devient la propriété de la société si la loi reconnaît à celle-ci le caractère de personne morale.

Le jour où l'on reconnaîtra une valeur au risque économique, l'*obligation*, pour employer le langage moderne, deviendra licite comme l'*action* ou part de société ; et si des milliers d'obligations se vendent chaque jour sur le marché, le *lucrum cessans* deviendra la règle universelle, car toujours le prêteur se trouvera privé d'un gain qu'il aurait pu réaliser, soit en faisant valoir lui-même son capital, soit en achetant des *obligations*, sans courir plus de risques juridiques qu'en consentant à un prêt individuel. *Damnum emergens*, *lucrum cessans*, risque, fonction de la monnaie en tant que forme du capital, idée de temps, autant de notions fragmentaires qui, plus profondément analysées, devaient conduire à la formule unique les englobant toutes et, du même coup, expliquant et justifiant l'intérêt dans toutes les hypothèses.

B) **De la vente commerciale.** — Le profit commercial avait été condamné par Raymond de Pennafort. Celui-ci n'admettait que le profit industriel, le bénéfice de l'artisan qui a transformé la matière première en lui incorporant une certaine quantité de travail (1). Il ne regardait donc comme productif que le travail industriel et considérait le commerce comme stérile ; en conséquence, le profit commercial lui paraissait contraire à la justice commutative : il estimait que le bénéfice du commerçant ne correspond à aucune prestation par lui fournie ; une chose n'augmente pas de valeur par l'échange. Déjà nous rencontrons le fameux principe qui, plus tard, a trompé encore les Physiocrates et Karl Marx : le principe suivant lequel l'échange se fait de valeur pour valeur égale d'où l'on conclut que, dans l'échange, nul ne gagne que l'autre ne perde.

Telle n'est plus la doctrine de saint Thomas. Celui-ci admet entièrement le profit commercial au point de vue économique ; il ne le considère pas comme contraire à la justice commutative. L'échange se fait de valeur pour valeur égale ; donc, objecte-t-on, pour réaliser un bénéfice, le marchand doit nécessairement ou bien acheter ses marchandises moins cher ou bien les vendre

(1) Raymond de Pennafort, *Summa theologica*, L. II, titre VII, § 5 (Edit. Vérone, 1744, p. 210 et suiv.).

plus cher qu'elles ne valent. Saint Thomas répond que la valeur d'une marchandise peut augmenter par suite du temps, ou par suite de son déplacement dans l'espace, ou par suite du risque auquel le marchand s'expose, soit en la transportant d'un lieu à un autre, soit en se chargeant de la faire fabriquer (1) (voilà donc que, pour une fois, le grand théologien attribue une valeur au risque économique (2). Les économistes ne peuvent rien reprocher à cette doctrine, si ce n'est qu'elle est encore superficielle. Notons la découverte de cette vérité que certains méconnaîtront par suite : le commerce est productif de valeur. La formule concise de saint Thomas (le Docteur Angélique s'exprime toujours avec précision,mais laconiquement) a été développpée par Duns Scot à la fin du XIIIe siècle et par Biel à la fin du XVe. Saint Thomas déclare seulement que le profit, sans être de sa nature contraire à la vertu, peut devenir tel par l'intention si on le considère comme une fin, comme le but de la vie. C'est là une conséquence de sa théorie morale de la richesse. Trafiquer uniquement pour s'enrichir *in infinitum*, ne vivre que pour le lucre, est illicite.Mais il est parfaitement permis de faire le commerce pour subvenir aux besoins de la famille que l'on a fondée (et nous savons que cette formule doit être entendue avec une certaine largeur) ; ou encore pour secourir les pauvres, ou pour rendre service à son pays en lui procurant les choses qui lui sont nécessaires et qu'il ne produit pas (3). En résumé, le profit de sa nature n'est pas immoral, car il n'est pas contraire à la justice commutative ; mais il n'est pas non plus moral ou méritoire, et il faut le rendre tel par l'intention, par le but qu'on lui assigne. Cette règle relève exclusivement de la morale et non de la science économique.

(1) La version *fieri* n'est pas admise dans toutes les éditions.

(2) S.Thomas, *Summa*, II^a II^æ, quæst. LXXVII, art. 4, Ad Secundum (Edit. Cologne, p. 236). Saint Thomas ne condamne, à notre avis, que les *regratiers* qui, courant au devant des producteurs-vendeurs pour les empêcher d'entrer en relations avec les acheteurs-consommateurs, n'ont même pas de boutique : leur commerce ne paraît remplir aucune des conditions ci-dessus fixées.

(3) S.Thomas, *op.* et *loc. cit.*, *Respondeo*.

§ 3. — Doctrines du XIVe et du XVe siècles sur la réciprocité des Prestations.

Au XIVe et au XVe siècles, les idées économiques firent de nouveaux progrès chez certains théologiens. François de Mayronis, saint Bernardin de Sienne, saint Antonin évêque de Florence, Gerson, comprirent très clairement la fonction de la monnaie en tant que capital. « La monnaie, dit notamment Bernardin de Sienne, ne joue pas seulement le rôle de monnaie ou de marchandise ; elle accomplit en outre une fonction génératrice de profit, que nous appelons communément fonction de capital (1).»

François de Mayronis en déduit que le contrat de prêt est licite si la volonté de l'emprunteur est libre, s'il ne constitue pas une exploitation de l'indigence (cette idée nous achemine vers la conception moderne de l'usure). Ce docteur défend seulement d'exiger des intérêts des pauvres (2).

Gerson, tout en conservant la prohibition du prêt à intérêt dans le domaine de la conscience, déclare que l'on ne peut pas la fonder sur des raisons économiques, mais seulement sur les textes sacrés, ou encore sur ce fait que la volonté de l'emprunteur pressé par une extrême nécessité n'est pas libre. Il demande à la loi civile de tolérer l'usure (3).

Toutefois, ces écrivains étaient en avance et sur leur siècle et sur ceux qui suivirent... Saint Antonin, par exemple, tout en reconnaissant que l'argent faisant fonction de capital est productif, n'admet cependant pas l'intérêt. Le capital, dit-il, n'est productif que mis en activité par le travail ; le prêteur ne doit pas faire payer ce travail à celui-là même qui l'accomplit, à l'emprunteur (l'argument a été repris par les avocats modernes de la gratuité du crédit). Sans doute, le prêteur pourrait tirer profit

(1) Cité par Funk, *Zinsgesetzgebung in Mittelalter*, dans les *Tubinger Universitaets Schriften*, 1876, p. 146-149.

(2) François de Mayronis, *In Lib. Sent. IV, Dist. XVI* (Edit. Venise, 1520, fol. 204).

(3) V. J. Favre, *Le Prêt à intérêt dans l'ancienne France*, Thèse Droit, Paris, 1900, p. 115 et suiv.

de son argent, en le vivifiant par sa propre industrie ; mais alors il courrait des risques auxquels le prêt ne l'expose pas (1) : allégation évidemment fausse, à moins que le prêteur ne soit protégé contre l'insolvabilité possible de son débiteur par des sûretés à l'abri de toute destruction ou dépréciation. Encore cette considération ne mène-t-elle qu'à déclarer que l'intérêt doit être inférieur au profit. Nulle part d'ailleurs n'apparaît l'idée que, dans tous les cas, une jouissance actuelle ayant plus de prix qu'une jouissance future, le prêteur se trouverait frustré s'il ne recouvrait rien de plus que la somme versée par lui. Pourtant, elle aurait dû être suggérée aux docteurs scolastiques par leur théorie remarquable, bien qu'embryonnaire, de la valeur.

§ 4. — De l'équivalence des prestations. — Théorie de la valeur.

Le profit, lorsqu'il n'est pas vicié par une intention contraire aux fins pour lesquelles Dieu a créé l'homme, est, nous l'avons vu, de sa nature licite, qu'il dérive de l'industrie ou du commerce. Mais pour ne pas pécher contre la justice commutative, le vendeur doit vendre au *juste prix*, c'est-à-dire vendre sa marchandise ce qu'elle vaut.

Pour que le patrimoine de l'un des deux contractants ne se trouve pas accru au détriment du patrimoine de l'autre, il faut que pour l'acheteur la chose acquise ait la même valeur que le prix pour le vendeur. Les théologiens furent ainsi amenés à rechercher en quoi consiste et d'où dérive la valeur. Aristote leur avait légué sur ce point des notions précieuses qu'ils surent utiliser.

A cette question : qu'est-ce que la valeur d'échange ? Albert le Grand (2) avait répondu qu'elle a pour cause et pour mesure le besoin respectif, l'*indigentia* respective des deux co-échangistes et, pour éclairer sa pensée, il avait reproduit la *figura proportionalitatis* d'Aristote :

(1) V. Favre, Thèse citée *suprà*, p. 119 et suiv.
(2) D'après Brants, *Théor. écon. aux* XIIIe *et* XIVe *siècles*, p. 195.

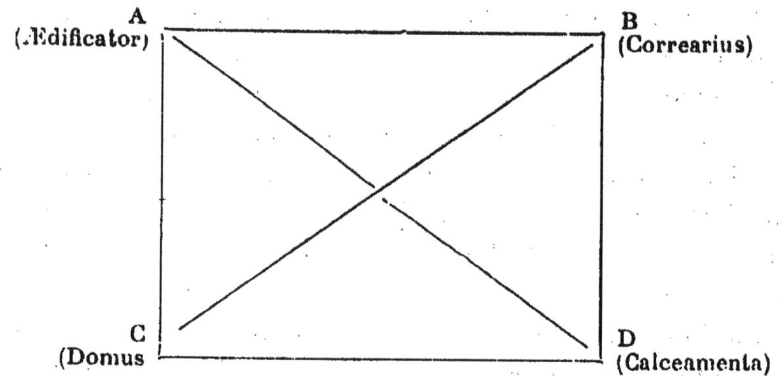

La maison C fournie par l'entrepreneur A doit être à l'*indigentia* de B comme les souliers fournis par le cordonnier B sont à l'*indigentia* de A. Les docteurs scolastiques assignent donc une cause première *psychologique*, le besoin, à la valeur d'échange. « Le besoin, dit Buridan, est la mesure naturelle des choses échangeables (1). » La valeur d'échange dérive, en effet, de la valeur d'usage : « *Pretium venalium*, dit saint Thomas, ... *consideratur secundum quod res in usum hominis veniunt* (2). » Or, la formation de la valeur d'usage est un phénomène d'ordre interne, produit par le besoin ou le désir, un jugement porté, disent notamment saint Antonin et saint Bernardin de Sienne, sur la *virtuositas*, la *raritas*, et la *placibilitas* diverses de choses que l'on compare (3).

La *virtuositas* est l'utilité commune, celle qu'une chose a pour tout le monde. La *placibilitas* consiste dans les raisons spéciales qui font qu'un individu déterminé éprouve pour une chose une affection particulière (tel est le prix que l'on attache à certains meubles ou bijoux de famille). La rareté n'est pas un élément qui, par sa nature, diffère de l'utilité. Elle n'est que l'expression de l'utilité à un certain degré. « Une chose, dit encore Buridan, a d'autant plus de valeur qu'elle répond à un besoin

(1) Buridan, *Ethic.*, Lib. V, quæst. 16. — V. Jourdain, *Mém. de l'Acad. des Inscript. et B.-Lettres*, t. XVIII (1874), p. 45.

(2) S. Thomas, *Summa*, IIa IIæ, quæst. LXXVII, art. 2, Ad tertium (Edit. Cologne, 1639, p. 234).

(3) V. Brants, *op. cit.*, p. 72 et suiv.

plus intense », et le besoin est d'autant plus intense que la chose apte à le satisfaire est moins abondante. Il est même remarquable que, dans la langue des théologiens, le mot *indigentia* exprime à la fois le besoin et la rareté. « Aussi voit-on, continue Buridan, que dans les années où le vin fait défaut, ils renchérissent, *quoniam magis indigemus eis* (1). »

Buridan et Henri de Langenstein observent, en outre, que la valeur vénale a pour cause non l'*indigentia* spéciale de tel ou tel individu déterminé, mais l'*indigentia communis*, la moyenne des *indigentiæ* de tous les individus qui sont en mesure de procéder à l'échange (2). Cette observation n'est d'ailleurs exacte que si la *placibilitas* est absente.

Enfin, saint Thomas, saint Bernardin de Sienne, Henri de Langenstein signalent l'influence exercée sur le prix par le coût de production, par l'importance de la main d'œuvre et par les dépenses de toutes sortes nécessaires à la production de la chose ; Bernardin de Sienne y ajoute même le *periculum*, c'est-à-dire la prime d'assurance et d'amortissement du capital (3).

Cette théorie psychologique de la valeur, bien que rudimentaire, nous paraît cependant plus profonde que la doctrine de maints grands économistes, y compris Adam Smith et Ricardo. Elle tomba cependant dans l'oubli. A partir du xvie siècle l'on n'en trouve plus que des traces éparses. La semence demeura-t-elle à jamais inféconde ? Non peut-être. La théorie psychologique de la valeur, reparut, au xviiie siècle, dans les ouvrages de l'abbé Galiani et de Turgot. Peut-être l'abbé Galiani ne l'a-t-il pas réinventée : il n'ignorait sans doute pas les théologiens du moyen âge. Turgot s'est très certainement inspiré de Galiani ; mais, d'autre part, il était un ancien élève du séminaire de Saint-Sulpice.

§ 5. — De la fixation du juste prix par l'Etat.

Etant donné que toute vente doit être faite au juste prix, les

(1) V. Jourdain, *op.* et *loc. supra cit.*
(2) V. Brants, *op. cit.*, p. 71, note 1 et 72, note 1.
(3) V. Brants, *op. cit.*, p. 68 et suiv.

théologiens devaient se poser la question de savoir si ce juste prix ne doit pas être fixé par l'Etat. L'intervention de la loi civile fut sollicitée par Duns Scot, Henri de Langenstein, Gerson, saint Bernardin de Sienne, saint Antonin de Florence, Biel, etc. (1). Toutefois, Duns Scot, saint Bernardin de Sienne et saint Antonin de Florence réclament seulement la détermination de prix *maxima* variables suivant les époques, suivant les lieux, et même suivant les personnes.

§ 6. — Théories monétaires.

Si les penseurs du moyen âge n'ont pas toujours compris le rôle de la monnaie envisagée comme instrument de capitalisation, ils ont, par contre, eu des idées très nettes et, en général, correctes sur sa fonction comme instrument d'échange. Beaucoup de théologiens se contentèrent de commenter et de paraphraser les textes d'Aristote relatifs à cette question. Mais l'un d'entre eux, Buridan (2), poussa plus loin l'analyse.

Buridan explique les avantages de l'échange effectué à l'aide de la monnaie sur le troc, par quatre espèces de raisons : 1° *ex distantia locorum* : le transport de l'une des deux marchandises devient inutile ; l'acheteur n'a besoin que de faire voyager la monnaie dont le déplacement est beaucoup moins coûteux ; 2° *ex distantia temporum* : celui qui dispose en vue de l'échange de choses susceptibles de détérioration peut les convertir en monnaie, et ainsi ajourner ou échelonner ses acquisitions, car la monnaie se conserve indéfiniment ; 3° la monnaie est encore rendue nécessaire par la multiplicité de nos besoins : si l'ouvrier est payé en nature, il ne recevra peut-être que du blé et des légumes ; or il peut désirer manger moins de pain et boire du vin, ou consommer un peu de viande ; s'il touche son salaire en monnaie, il pourra avec son argent graduer sa consommation suivant l'échelle de ses besoins ; 4° la monnaie

(1) V. Brants, *op. cit.*, p. 200 et suiv.

(2) V. Conigliani, *Le dottrine monetarie in Francia durante il medio evo*. 1890 ; Buridan, *Quæstiones super octo libros Politicorum* et *Ethicor.*, L. V, quæst. XVII.

peut être divisée et subdivisée tout en conservant dans chacune de ses parties sa valeur proportionnelle ; elle rend par suite la vente possible dans des cas où le troc serait impossible à raison de l'indivisibilité des objets à échanger. Je n'ai besoin que d'une paire de chaussures, et je n'ai qu'un cheval à offrir en échange : l'échange ne pourra pas être réalisé en nature, au lieu que je pourrai faire affaire avec le cordonnier si j'ai préalablement converti mon cheval en argent.

En un autre endroit, Buridan étudie les caractères constitutifs de la monnaie (matière, poids, forme, nom), et il reconnaît que sa valeur, et par suite son rôle d'équivalent dans les échanges, dérive de la matière dont elle est faite ; celle-ci, pour que la monnaie rende tous les services qu'on peut attendre d'elle, doit donc être précieuse et rare.

Aussi Buridan proteste-t-il contre les altérations arbitraires de la monnaie, contre le faux-monnayage auquel les rois ont trop souvent recours pour procurer des ressources à leur Trésor épuisé.

Les mêmes idées se retrouvent dans le *Traité des Monnaies* de Nicolas Oresme (1). On a quelquefois singulièrement exagéré le mérite et l'importance de cet ouvrage. On a voulu voir dans Oresme un grand économiste, le plus ancien des grands économistes des temps modernes. Nous ne pouvons nous associer à ces pompeux éloges. Le livre d'Oresme a seulement une importance historique parce qu'il est sans doute le premier Traité exclusivement consacré à une question économique étudiée pour elle-même. Oresme s'élève avec plus de véhémence encore que Buridan contre les altérations des monnaies : il va jusqu'à menacer la famille royale de déchéance si le roi persiste dans cette déplorable politique. De semblables protestations se rencontrent, non seulement chez Buridan, dont très probablement Oresme s'est inspiré, mais encore dans un mémoire anonyme présenté

(1) Oresme, *Traictie de la première invention des monnaies* (XIVe siècle). — L'ouvrage de l'Allemand Gabriel Biel, *De Monetarum potestate et utilitate* (Nuremberg, 1542) n'est guère qu'une imitation du Traité d'Oresme.

au roi en 1297 par le financier italien Mouchet (1) ; chez Pierre Dubois dans son *De Recuperatione terre sancte* et dans son *De abreviatione* (2), et chez un assez grand nombre d'autres auteurs de Mémoires, appartenant au XIVe siècle et demeurés inconnus. Oresme montre que la monnaie altérée chasse la bonne, et que c'est là une cause d'appauvrissement pour l'Etat. Mais ce phénomène était alors parfaitement connu. L'un des Mémoires auxquels nous faisons allusion déclare notamment, en termes fort expressifs, que « tantôt l'argent mange l'or et tantôt l'or mange l'argent (3) ».

Ajoutons que, suivant Oresme, la communauté (et non le prince) peut très légitimement ordonner l'altération des monnaies dans des cas extraordinaires : pour subvenir aux frais d'une guerre, pour fournir la rançon du roi prisonnier, etc. C'est là un impôt d'une forme particulière ; l'auteur le trouve très avantageux : il est très productif, d'une perception rapide, peu coûteuse et à l'abri de toute malversation ; il pèse sur tous sans exception, et il est proportionnel aux facultés des individus, car il est proportionnel à la dépense de chacun. Aujourd'hui, nous considérerions cet impôt comme détestable.

§ 7. — Appréciation.

Après avoir passé en revue les principales théories économiques du moyen âge, nous devons nous demander quelle influence elles ont exercée, et quelle contribution elles ont apportée à l'élaboration de la science des richesses. On s'accorde à reconnaître que le moyen âge nous a légué sur la monnaie des doctrines exactes et déjà avancées, et l'on regrette unanimement que les rois les aient si peu mises à profit. Mais l'on s'est fréquemment montré sévère à l'égard de ce que l'on a appelé les « préjugés anti-économiques » relatifs à la richesse, à l'intérêt de l'ar-

(1) V. Boutaric, *Notices et Extraits des Man. de la Biblioth. nationale*, 1865, t. XX, p. 123.

(2) P. Dubois, *De Recuper. terre sancte*, Edit. Ch.-V. Langlois, p. 123-124 et note 1 de la page 124.

(3) V. Boutaric, *La France sous Philippe le Bel*, p. 326 et 328.

gent et au commerce. On a accusé la doctrine théologique d'avoir empêché, par ses grossières erreurs, le développement économique des nations.

Au point de vue pratique, il ne nous semble pas que la doctrine de saint Thomas sur l'acquisition des richesses ait été de nature à ralentir beaucoup l'activité économique de celui qui, tout en veillant avec diligence à ses intérêts matériels, n'oubliait pas le salut de son âme ; pourvu qu'il agît dans une pensée chrétienne et qu'il usât chrétiennement de sa fortune, en pratiquant la charité et en consacrant quelque argent à des œuvres pies, un libre champ était ouvert à ses efforts et dans le domaine de l'industrie et, nous l'avons vu, dans le domaine du commerce. L'ascétisme ne fut plus, en définitive, regardé que comme un état exceptionnel réservé à quelques élus de Dieu.

La prohibition du prêt à intérêt fut consacrée par la législation canonique ; les rois édictèrent, en outre, des tarifs maxima pour les marchandises, les loyers, les salaires, etc. Mais l'on peut se demander si, à supposer que l'enseignement théologique fût resté neutre en cette matière, l'opinion publique n'en eût pas moins réclamé de pareilles mesures ; les Capitulaires condamnèrent le prêt à intérêt trois siècles avant que les Conciles l'eussent interdit aux laïques (1) ; nous voyons même le roi Lothaire charger les évêques, en 825, de sévir contre l'usure (2) ; il ne semble donc pas qu'en cette matière le bras séculier se soit mis au service d'une doctrine religieuse ; les rôles paraissent, au contraire, avoir été inverses. Et quand l'union fut accomplie entre la législation canonique et la législation civile, il arriva que la première se montra plus libérale que la seconde ; alors que dans le *for intérieur*, l'intérêt était permis à raison du *damnum emergens* et du *lucrum cessans*, il restait interdit par la loi civile (3). L'on peut

(1) Les Capitulaires prohibant le prêt à intérêt sont de la fin du VIIIe ou du IXe siècle ; et c'est seulement le second Concile de Latran, au XIIe siècle (1179), qui interdit l'usure aux laïques.

(2) V. Baluze, *Capitul. des Rois Francs*, t. II, p. 324.

(3) V. au XVIIIe siècle, Pothier, *Du Contrat de Prêt de consomption*, IIe part., sect. IV, 118 (*Œuvres*, Edit. Bugnet, t. V, p. 94).

donc croire que la prohibition du prêt à intérêt est sortie, indépendamment de toute influence religieuse, de la conscience populaire toujours hostile aux manieurs d'argent dans les sociétés encore peu développées. Et il en dut être de même pour les Edits de *maximum*, dont la tradition remontait au Bas-Empire romain.

D'ailleurs, ces mesures constituèrent-elles des obstacles bien sérieux au progrès économique ? Les Edits de maximum furent trop intermittents pour avoir pu exercer une action profonde sur le développement de l'industrie et du commerce. La prohibition du prêt à intérêt était de nature à gêner le développement du crédit. Mais l'espèce de crédit dont le besoin se faisait alors sentir était principalement le crédit de consommation. L'emprunteur avait en ce cas trop souvent à subir les exactions des usuriers, de même que l'acheteur avait parfois à subir des prix de monopole. Les théologiens se sont surtout efforcés de moraliser les relations économiques en un temps où il existait entre prêteurs et emprunteurs, vendeurs et acheteurs, une très grande inégalité technique et économique. Leur argumentation fut cause qu'ils dépassèrent le but. Mais aussitôt que de légitimes besoins surgirent, leur doctrine se fit plus large : peut-on nier la portée déjà très grande du *damnum emergens* légitimant l'intérêt stipulé dès le contrat, du *lucrum cessans* le légitimant *ex post facto*, du *periculum sortis* dans le contrat de société légitimant le dividende? Et si la législation civile, que très probablement ils n'avaient pas suscitée, refusa de les suivre dans cette voie, il serait assurément injuste de le leur reprocher. En réalité, la doctrine théologique fut un effet bien plus qu'une cause ; elle suivit l'évolution économique bien plus qu'elle ne la dirigea.

Au point de vue théorique, nous n'essaierons pas de pallier les erreurs économiques des docteurs de la Scolastique ni d'excuser le singulier usage qu'ils firent de la distinction juridique entre les choses qui se consomment et celles qui ne se consomment pas par le premier usage. Certes, si nous comparons saint Thomas à M. de Bœhm-Baverk, le premier, en tant qu'économiste, nous apparaîtra comme notablement inférieur au second.

Mais le Docteur Angélique n'avait d'autres guides que les Ecritures saintes, les Pères de l'Eglise et Aristote.

Si nous mettons les idées économiques du moyen âge en parallèle avec celles des âges précédents, ne constaterons-nous pas un progrès notable, et saint Thomas ne nous semblera-t-il pas être un novateur, un rationaliste qui subordonne sa raison à sa foi, mais un rationaliste qui, lorsqu'il s'agit des autorités humaines, soumet les opinions les mieux établies à une critique souvent pénétrante ? Lorsqu'il parle du droit naturel et de la nature des choses, ne nous fait-il pas songer à l'*Ordre naturel et essentiel* des Physiocrates ? La valeur économique reconnue au préjudice positif et au manque à gagner subis par l'emprunteur ainsi qu'au risque couru par le bailleur de fonds dans un contrat de société ; la productivité reconnue au commerce ; la réfutation du préjugé vulgaire suivant lequel le profit de l'un est constitué par la perte de l'autre ; la fonction du capital-monnaie si clairement exprimée par François de Mayronis, saint Bernardin de Sienne et saint Antonin, enfin les doctrines sur la Valeur de Buridan, Bernardin de Sienne, dont la Science économique pouvait logiquement sortir tout entière ; ne sont-ce pas là, dans le domaine de l'Economie politique, autant de vérités conquises, fragmentaires sans doute, mais contenant en elles des principes qui pouvaient être féconds ?

Pourquoi donc, après le moyen âge, la doctrine économique des théologiens ne développa-t-elle pas logiquement les concepts exacts qu'elle contenait ? Pourquoi les théologiens, devant la pressante nécessité des faits, usèrent-ils plutôt d'expédients casuistiques, comme celui du triple contrat dont il sera question plus tard ? Ce n'est sans doute pas que la lignée des Thomas d'Aquin fût éteinte ; mais, croyons-nous, c'est que la doctrine du moyen âge se trouva figée en des canons immuables. Quant à la pensée laïque, pendant longtemps, ce fut à d'autres problèmes qu'elle appliqua presqu'exclusivement ses efforts.

LIVRE III

HISTOIRE DES DOCTRINES ÉCONOMIQUES DEPUIS LE XVIe SIÈCLE JUSQU'AUX PHYSIOCRATES (1500-1760 ENVIRON).

CHAPITRE PREMIER

LE MILIEU.

SECTION I. — Le milieu économique (1).

Le XVIe siècle fut une époque de renaissance matérielle comme il fut une époque de renaissance littéraire et artistique. Or, dans la période que nous abordons maintenant, les faits contribuèrent plus peut-être que dans aucune autre à la formation des

(1) Outre les ouvrages généraux déjà cités, notamment ceux de Beer, Pigeonneau, Cons, d'Avenel, Levasseur, Cunningham, etc., v. Mosnier, *Origines et développement de la grande industrie en France du XVe siècle à la Révolution*, Thèse Fac. droit, Paris, 1897-1898 ; Sée (Henri), *Louis XI et les villes* (v. le L. V), Thèse Fac. Lettres, Paris, 1891-1892 ; Fagniez, *L'Econ. sociale de la France sous Henri IV*, 1897 ; Des Cilleuls, *Hist. et régime de la grande industrie en France aux* XVIIe *et* XVIIIe *siècles*, 1898 ; Martin (Germain), *La grande ind. en France sous le règne de Louis XIV*, Thèse Fac. Droit, Paris, 1898-1899 ; *La grande ind. en France sous le règne de Louis XV*, 1900 ; Pigeonneau, *Le commerce français dans le Levant au temps de Colbert*, dans *Rev. d'Econ. Polit.*, 1890, p. 569 et suiv. ; Masson, *Hist. du commerce français dans le Levant au* XVIIe *siècle*, Thèse Fac. Lettres, Paris, 1896-1897 ; Bonnassieux, *Les grandes Compagnies de commerce*, 1892 ; Chailley-Bert,

doctrines économiques. Il importe donc de les décrire. La même évolution se produisit, avec des variantes et une vitesse inégale, dans toute l'Europe occidentale : nous prendrons toujours la France comme exemple. Elle fût caractérisée par : les découvertes géographiques ; le développement de l'industrie et du commerce ; le développement de la circulation monétaire et du crédit (les progrès de ces diverses branches de l'activité économique furent cependant interrompus par des crises) ; enfin l'état généralement stationnaire et languissant de l'agriculture.

§ 1. — Les découvertes géographiques.

La découverte de la route des Indes par le cap de Bonne-Espérance changea la direction des courants commerciaux en la reportant plus à l'Ouest, d'où résulta la décadence de Venise au profit de Séville, de Lisbonne, d'Anvers, d'Amsterdam, de Londres, de Bristol ; en France, de la Rochelle, Saint-Malo, Dieppe, etc.

Bien plus profondes furent les conséquences de la découverte de l'Amérique en 1495 ; le nouveau continent offrit à l'ancien des produits et des débouchés nouveaux et surtout il déversa sur lui un colossal afflux de métaux précieux qui causa des transformations économiques et sociales sur lesquelles nous aurons à insister bientôt.

Enfin, les récits des navigateurs, en échauffant les imaginations, en suscitant les légendes de pays merveilleux d'où l'on revenait les mains pleines de trésors, imprimèrent aux entreprises de colonisation et de commerce lointain un nouvel élan.

Les Compagnies de colonisation sous l'ancien régime, 1898 ; Spont, *Semblançay, La bourgeoisie financière au début du* XVIe *siècle*, Thèse Fac. Lettres, Paris, 1894-1895 ; Jannet (Claudio), *Le monde de la finance au* XVIIe *siècle*, dans *Journ. des Econ.*, avril 1892 (V^e série, t. X), p. 68 et suiv. ; Schœnof, *A history of money and prices*, 1896 ; Ochenkowsky, *England's wirthschaftliche Entwickelung am ausgange des Mittelalters*, 1879 ; Hœbler, *Die wirthschaftliche Blüthe Spaniens im XVI Jahrhundert*, 1888. Bonn, *Spaniens Niedergang während der Preis revolution des XVI Jahrhunderts*, 1896 ; Bloch, *Etudes sur l'hist. écon. de la France*, 1900.

§ 2. — Le développement de l'industrie.

Le mouvement d'expansion industrielle et commerciale qui renouvela la face de la France, de l'Angleterre et des Pays-Bas commença dès la fin du XVe siècle.

En France, après la longue et navrante misère de la guerre de Cent Ans, il se produisit un merveilleux essor de l'activité économique et de la richesse nationale. Notre pays, ravagé par la guerre, offrit un éclatant exemple de l'étonnante plasticité dont est douée une société dont la vigueur n'est pas épuisée. Toutes les vieilles industries se remirent à l'œuvre avec courage, regagnèrent le terrain perdu et se multiplièrent plus que jamais. Mais l'on visa plus haut ; un idéal nouveau était né : il visait à affranchir le pays du tribut payé à l'étranger pour certaines marchandises et surtout pour les objets de luxe.

Avec le renouveau, par suite du progrès de la richesse, par suite aussi du contact que les expéditions au delà des Alpes établirent entre la brillante civilisation italienne et la France, l'on vit croître chez cette dernière, parmi les riches, gentilshommes ou bourgeois parvenus, le goût du bien-être et du luxe. Il fallut, pour leurs somptueux habits, les plus riches étoffes : velours, brocarts, draps d'or, d'argent et de soie ; il fallut, pour orner leurs intérieurs, les produits raffinés des arts industriels : tapis, tapisseries, cuirs ouvragés et dorés, etc. ; il fallut, pour leurs plantureux repas, des tables éblouissantes de vaisselle d'or et d'argent, de cristaux aux facettes étincelantes, de porcelaines fines élégamment contournées et joliment colorées.

Or, au début du XVIe siècle, les industries artistiques étaient encore en France à l'état d'enfance. Les émaux de Limoges, les meubles artistiques fabriqués à Paris et à Rouen, les soieries tissées à Tours et à Lyon étaient loin de suffire aux besoins de luxe des classes fortunées. C'est à l'étranger que celles-ci devaient, la plupart du temps, s'adresser. Les grands centres pour les industries de ce genre étaient la Flandre, l'Italie, quelques villes d'Espagne, enfin toujours certaines villes d'Orient.

Les Flandres nous envoyaient des tapisseries, des « passements » (dentelles), des toiles et des draperies fines ; l'Italie des soieries de toutes sortes, draps d'or, d'argent et de soie, brocarts, velours, satins, taffetas de Gênes, Florence, Milan, Naples, Lucques, Padoue, Vicence, etc., des damas de Lucques et de Venise ; des faïences de Bologne et Castel-Durante, des verreries et notamment les célèbres miroirs de Venise (1), enfin des dentelles sans rivales qui surpassaient les passements de Flandres, même avant qu'on eût inventé le fameux point coupé de Venise (2) ; d'Espagne nous venaient encore des soieries, des draps fins, des cuirs gaufrés, dorés et argentés, des armes finement ciselées ; de l'Orient des tapis et des cuirs ouvragés.

La France importait également des articles de demi-luxe et de consommation courante : des étoffes légères, serges, futaines, bureaux, ras, étamets des Pays-Bas et d'Italie ; de l'horlogerie de Nuremberg, des imitations de cuirs de buffles et de peaux de chamois d'Allemagne, de la chapellerie et de la cordonnerie d'Angleterre, de la quincaillerie d'Allemagne, etc.

Enfin, pour être exact, il faut ajouter que notre commerce d'importation comprenait aussi une notable quantité de métaux précieux, de denrées exotiques telles que épices, drogueries, sucre, tabac, corail, de matières brutes ou de matières ayant reçu seulement une première façon telles que soies, laines, cotons, fer, plomb, étain, etc.

En retour, nous exportions surtout des denrées agricoles, du blé (quand la sortie en était permise), des laines, certains fruits comme les châtaignes et les pruneaux, du pastel, des vins et des eaux-de-vie et, en fait de produits manufacturés, des toiles de Normandie et de Bretagne, des draps du Languedoc ou de Champagne dont la réputation était grande en Orient.

En somme, au XVIe siècle, malgré les progrès accomplis par l'industrie aux XIIIe et XIVe siècles, la France était encore une nation essentiellement agricole, largement tributaire de l'étranger pour les produits manufacturés.

(1) Le secret en fut découvert au début du XVIe siècle.
(2) Il n'était pas encore inventé au commencement du XVIe siècle.

Mais une foi ardente s'éleva, née en partie du réveil du sentiment national chez un peuple qui aspira tout naturellement à conquérir son indépendance économique après avoir conquis par une lutte d'un siècle son indépendance politique, en partie d'une sorte d'explosion des forces productives comprimées par les malheurs des âges précédents. Cette foi se synthétisa — nous aurons à rechercher comment — dans cette formule dogmatique que les métaux précieux sont la richesse par excellence, qu'une nation ne peut prétendre à l'indépendance ou à la suprématie politique et économique qu'en les accumulant chez elle. Sous l'empire de cette foi enthousiaste, dont la ferveur ne commença à décroître que dans la seconde moitié du XVIIIe siècle, l'on vit tout un peuple travailler, par le développement de son industrie, à changer la physionomie de son commerce extérieur, à refouler les produits et même, autant que possible, les matières premières de l'étranger, à devenir à son tour exportateur d'articles manufacturés, principalement d'articles de luxe. L'histoire de cette transformation industrielle peut être divisée en trois périodes.

A) *Période antérieure à Colbert* (1). — Au XVIe siècle et dans la première moitié du XVIIe, non seulement nos vieilles industries du drap et de la toile se développent dans des centres nouveaux au sein de leurs provinces d'origine, en Languedoc et en Champagne, en Normandie et en Bretagne ; non seulement elles débordent dans d'autres provinces : Picardie, Dauphiné, Auvergne, Berri, Poitou, Maine, s'essaimant en somme plus ou moins dans toute la France, mais encore s'appropriant les combinaisons des tissus étrangers, dont le secret est apporté par des ouvriers et des chefs d'entreprise italiens ou flamands, elles produisent des types nouveaux dont la fabrication constitue comme autant d'industries nouvelles. Dès le XVIe siècle, Amiens fabrique, sous le nom de mulquinerie et de sayetterie, du linge damassé et des étoffes légères du genre italien ; dans la seconde moitié du même siècle, Montivillier (en Normandie) contrefait avec succès

(1) Cette période fut en quelque sorte coupée par une crise qui sévit à la fin du XVIe siècle pendant les guerres de religion.

les draps frisés d'Espagne ; en 1580, une manufacture de futaine s'établit à Nîmes ; deux ans au plus tard, une autre occupe à Lyon 2.000 ouvriers. Enfin au XVIIe siècle, l'industrie des serges, camelots, futaines, etc., de Florence et de Milan est en pleine activité à Rouen, Darnetal, Fécamp, Sommières (en Languedoc), Saint-Maixent, Chartres, Troyes, etc. ; les ras de Milan sont fabriqués à Nîmes, les ras d'Arschot à Chartres ; Saint-Quentin, Louviers, Laval produisent des toiles fines, façon toiles de Hollande ; les draps fins du même pays sont fabriqués à Sedan, etc.

Dans l'industrie de la soie, les manufactures de Tours créées, à la fin du XVe siècle, avec la protection de Louis XI, font battre dès 1546, 8.000 métiers et occupent près de 40.000 personnes ; en 1554, la même industrie restaurée à Lyon, avec la protection de François Ier et grâce à l'immigration d'Italiens venus de Lucques, occupe plus de 12.000 ouvriers ; la soie est également tissée à Nîmes depuis 1498 ; depuis une date plus récente, à Montpellier et à Paris ; et toutes ces villes fournissent des velours, des satins, des brocarts, des taffetas, des étoffes d'or et d'argent qui rivalisent avec les soieries italiennes.

Bien d'autres industries étrangères naissent ou s'implantent définitivement dans notre pays pendant la même période : l'industrie des dentelles flamandes dont le secret est apporté à Senlis en 1596 ; celle des cuirs allemands, façons buffle et chamois, et des imitations de maroquins dont l'existence est constatée à la fin du XVIe siècle dans le Béarn et à Poitiers, et au début du XVIIe siècle à Niort, Nérac, La Rochelle, Rouen ; celle des bas de soie et de tricot à la main que l'on trouve à la fin du XVIe siècle dans le pays de Dourdan et au début du XVIIe siècle dans tout le duché d'Etampes. L'industrie de la faïence apparaît dans les premières années du XVIe siècle ; dès 1530 les poteries émaillées de Rouen font concurrence aux faïences italiennes ; puis, après seize ans d'une lutte surhumaine, Bernard Palissy arrache à la nature le secret des procédés italiens et au XVIIe siècle les faïences de Rouen, de Nevers, de Moustiers sont devenues célèbres ; l'industrie de la tapisserie et des tapis encouragée par François Ier, Henri II, Henri IV, Richelieu, Mazarin devient une industrie véritablement royale ; la verrerie de cristal et la fabrication des bas au métier font leurs premiers essais, la première à Saint-Germain-en-Laye, en 1551, avec la protection de Henri II et vers la même époque à Nevers avec la protection du duc de Gonzague, puis au commencement du XVIIe siècle à Paris, Lyon, Melun, Rouen ; la seconde, en 1656, au château de Madrid inaugurée par Hindret que protège Fouquet ; enfin, la métallurgie fait aussi quelques progrès, assez même dans le Forez et le Limousin pour que ces dernières régions puissent se livrer à l'exportation de la quincaillerie (1).

B) *Epoque de Colbert.* — Sous le ministère de Colbert qui travailla avec une énergie persévérante à restaurer, consolider ou compléter l'œuvre accomplie, les manufactures reprennent un nouvel élan. Vers la fin du XVIIe siècle (1660-1698 environ), des mémoires rédigés par les intendants attestent l'existence de grands centres manufacturiers nés du développement des industries textiles. Lyon, vers 1680, possède 18.000 métiers ; Tours compte 8.000 métiers pour étoffes, 3.000 pour rubans, 700 moulins, 20.000 ouvriers, 40.000 dévideurs et apprêteurs ; on y travaille 2.400 balles de soie et son chiffre d'affaires s'élève à 10 millions par an ; Lille fabrique 500.000 pièces d'étoffes ; Amiens compte 7 ou 8.000 drapiers, 2.000 métiers produisant 58.200 pièces d'étamine et 113.400 aunes de peluches, et vend annuellement pour 45,000 livres de rubans de laine ; il y a à Rouen 320 métiers pour les bouracans et les tapisseries, 183 métiers et 3.500 ouvriers pour les draps, les ratines, les droguets, les espagnolettes ; à Elbeuf, 300 métiers et 3.000 tisserands fabriquant chaque année 10.000 pièces de draps, etc. Et l'industrie de ces grands centres et d'autres moins importants rayonnait dans les campagnes environnantes ; dans le Languedoc, par exemple, d'après l'estimation de l'intendant de Basville, l'industrie des draps, vers 1698, faisait vivre 450.000 individus.

(1) Cependant, dans cette branche, l'Allemagne continuait d'avoir sur nous une grande supériorité et de nous fournir la majeure partie de la quincaillerie, de la chaudronnerie, des aciers et des fers dont nous avions besoin. Dans son *Traité de l'Economie politique* (1615), Montchrétien s'en plaint amèrement.

Dans l'industrie des dentelles, des ouvrières, recrutées par ordre de Colbert, sont initiées au secret du point de Venise dont la fabrication, sous le nom de point de France, est entreprise avec des succès divers à Alençon, Paris, Aurillac, Bourges, Argentan, La Flèche, Issoudun, etc.

L'industrie royale des tapis et la tapisserie sont alors dans tout leur éclat, surtout à la Savonnerie et aux Gobelins (1).

C'est à cette date que la production de la bonneterie au métier prend toute son extension ; très florissante en Picardie et en Beauce, on la rencontre également éparpillée dans de nombreuses localités de Normandie, Poitou, Berri, Auvergne ; on la trouve aussi à Marseille où 15 fabriques de bonnets de laine occupent 4.000 ouvriers.

De la même époque encore date l'épanouissement de la raffinerie du sucre venu des îles dont les Hollandais avaient jusque-là le monopole à peu près exclusif ; ses principaux centres sont Orléans, Dunkerque, Nantes, la Rochelle, Marseille ; de l'industrie des glaces : une manufacture est installée en 1665 à Reuilly, dans le faubourg Saint-Antoine ; enfin de l'industrie métallurgique : les forges et hauts-fourneaux du Hainaut, de la Lorraine (2), du Dauphiné et, dans une moindre mesure, de la Bretagne, du Périgord, du Limousin, de la Bourgogne, du Roussillon, nous fournissent une bonne partie du fer-blanc, de la quincaillerie, de l'acier que nous demandions auparavant à l'Allemagne, des cuivres pour canons que nous demandions à la Suède.

C) *De la fin du* XVIIe *siècle à* 1750-1760. — Après une crise aiguë qui sévit à la fin du règne de Louis XIV, le progrès industriel reprend sa marche, surtout à partir de 1713. Dans les vieilles industries, solidement établies, la production augmente ;

(1) La manufacture des Gobelins, qui ne travaillait que pour le roi, ne fabriquait pas seulement la tapisserie, mais tout ce qui concerne l'ameublement. Les manufactures royales de tapisseries créées à Beauvais et à Aubusson étaient moins prospères.

(2) La Lorraine ne fut annexée qu'en 1766 ; mais, dit M. Levasseur, elle resta si longtemps confisquée dans cette période qu'on peut déjà la regarder comme française.

dans l'industrie des draps, par exemple, nous en avons pour preuve l'exportation croissante du Languedoc (1). La technique du tissage se perfectionne grâce aux inventions de certains Français, de Juvinet, de Bouchon, de Falcon, de Vaucanson ingénieur officiel, pensionné du roi, grâce aussi aux « mécaniques » anglaises que l'on commence à rechercher en France. Vers 1750, l'Irlandais Hocker amène avec lui 200 métiers perfectionnés qu'il fait fonctionner dans une manufacture de lainages. « Le roi, dit M. Levasseur, lui accorda une prime de 90.000 livres et le titre d'inspecteur général des manufactures étrangères. C'est à ce titre qu'on le voit procurer une calandre nouvelle ou des dévidoirs aux fabricants du Puy et de Brioude, répandre l'usage de la navette anglaise, publier des instructions sur la fabrication des tissus anglais en vogue, tels que les bayettes, présider à la fondation d'une école de filature à Aumale que dirigeait l'Anglais Macarty, donner des conseils à Trudaine, installer en divers lieux des artisans anglais (2). » Malheureusement la routine et les préjugés hostiles aux machines trouvèrent trop souvent un solide point d'appui et une sanction légale dans l'organisation corporative.

A la même époque apparaît la filature du coton, et ce textile entre définitivement dans le tissage où il devait plus tard supplanter le lin et le chanvre. Au XVIIIe siècle, c'est surtout à la laine et à la soie qu'il fait concurrence sous la forme de siamoises, de rouenneries, de mousselines, de « toiles peintes » ou indiennes fabriquées à Rouen, à Darnetal et dans tout le pays de Caux, à Amiens et dans toute la Picardie, en Alsace (3).

(1) Les Etats du Languedoc accordaient des primes à l'exportation des draps dans le Levant. Le nombre des pièces primées a varié de 2.053 à 8.459 dans la période 1700-1710 ; de 5.858 à 15.544 dans la période 1711-1716 ; de 9.910 à 32.346 dans la période 1717-1732 ; de 22.099 à 34.882 en 1733-1748 ; de 30.752 à 65.910 de 1749 à 1775. V. Levasseur, *Hist. des cl. ouvr.*, t. II, p. 682, d'après les *Archives du département de l'Hérault*.

(2) Levasseur, *Hist. des cl. ouvr.*, t. II, p. 540.

(3) C'est à partir de 1760 que le tissage des cotonnades s'introduisit à Amiens d'où il se répandit dans toute la Picardie. La manufacture de

Signalons encore le développement de la papeterie, de l'horlogerie, de l'industrie des glaces (1), enfin l'avènement de l'industrie de la porcelaine qui vise à évincer les produits de la Chine et de la Saxe. En 1699, un voyageur anglais, visitant la manufacture de Saint-Cloud dirigée par Chicaneau, déclare qu'il ne pouvait distinguer ses produits d'avec les plus belles porcelaines de Chine (2). En 1745, une autre manufacture est installée à Vincennes ; transportée à Sèvres en 1756, elle devient en 1760 la propriété du roi sous le nom de « Manufacture royale de France » (3). La porcelaine fine fut également fabriquée à Sceaux, Strasbourg, Orléans, Limoges, etc.

Tel est, en raccourci, le tableau de la transformation industrielle de la France, dans la période que nous étudions. Cette transformation s'accomplit en partie au sein des corps de métier. Bon nombre d'entre ceux-ci durent reviser leurs statuts pour faire place aux nouveaux types en vogue, pour mettre leur réglementation en accord avec les progrès techniques et les modifications du goût. Mais, en procédant à cette refonte, ils eurent aussi pour but de renforcer leurs privilèges, d'en préciser l'étendue, de limiter plus étroitement la concurrence par des moyens directs ou indirects. Car, si les traits essentiels de leur organisation demeuraient inaltérés, leur esprit d'exclusivisme et de monopole allait grandissant. La séparation entre maîtres et

toiles peintes établie par Oberkampf à Jouy-en-Josas, près Versailles, date de 1759, mais elle ne fut pas la première. — Sur la question de la prohibition des toiles peintes, v. *infrà*.

(1) En 1688, une société privilégiée établit à Paris une manufacture pour les fabrications de glaces mesurant 5 pieds et plus de hauteur ; elle fut transférée à Saint-Gobain en 1693, fusionna en 1695 avec la manufacture du faubourg Saint-Antoine, puis fut liquidée et réorganisée en 1702. Telles sont les origines du célèbre établissement de Saint-Gobain.

(2) V. Levasseur, *op. cit.*, t. II, p. 260.

(3) Dès 1745 cet établissement avait été muni de privilèges, et il avait obtenu en 1751 le titre de manufacture royale, sans appartenir encore au roi. Notons que déjà, sous Colbert, des privilèges pour la fabrication de la porcelaine de Chine avaient été octroyés en 1664 à Claude Révérend établi à Saint-Cloud, et en 1673 à Poirel et Poterat établis à Saint-Sever, près Rouen.

compagnons devenait plus profonde ; l'obligation du chef-d'œuvre, très rare au moyen âge, se généralisait ; le chef-d'œuvre devenait de plus en plus compliqué et coûteux ; les frais de réception de plus en plus élevés ; le métier tendait à devenir héréditaire, à être la propriété d'une classe presque fermée. Et même, dans certaines communautés, une hiérarchie et une aristocratie autrefois inconnues s'était introduite parmi les maîtres divisés désormais en jeunes, modernes, anciens, jurés et anciens jurés dont les prérogatives variaient avec le degré où ils se trouvaient placés. Ajoutons que la royauté s'était définitivement subordonné les corporations et leur faisait payer cette tutelle de plus en plus cher.

La révolution économique que nous avons décrite s'accomplit aussi en dehors des corps de métier sous la forme de ce que nous appelons la *grande industrie*. de ce qu'on appelait à l'époque « les manufactures ». La grande industrie se distinguait sans doute par l'importance de son outillage, de son personnel, du capital mis en œuvre. Ainsi, à Abbeville, la manufacture de draps de Van Robais comptait au XVIIe siècle 100 métiers et 1692 ouvriers (1) ; l'installation des raffineries de Cette en 1702 avait coûté 400.000 livres. Mais la grande industrie était aussi caractérisée parce qu'elle était en dehors de l'organisation corporative. Subventionnée et investie de privilèges par le roi, elle n'était sujette ni aux règlements des corps de métier, ni aux visites des jurés ; elle n'avait à obéir qu'aux règlements royaux, ne relevait que des agents royaux, ses chefs correspondaient directement avec les ministres (2). Apparue au XVIe siècle, elle progressa et prit sa physionomie définitive sous Henri IV ; mais c'est surtout sous Colbert et au XVIIIe siècle qu'elle se développa. La métallur-

(1) V. Levasseur, *Hist. des cl. ouvr.*, t. II, Appendice, p. 421 et suiv. — Dans l'établissement de Van Robais, la laine arrivait brute et en sortait sous forme de pièces prêtes à être livrées à la consommation. La manufacture groupait donc une série d'opérations qui sont aujourd'hui effectuées dans des entreprises distinctes : lavage, peignage. cardage, filature, tissage, teinture et façons dernières données au drap.

(2) Sur l'action de la royauté dans le domaine industriel, v. *infrà*.

gie, la verrerie, la faïencerie, la papeterie, la filature, le tissage de certaines étoffes de luxe, tel fut son principal champ d'activité.

§ 3. — Le développement du commerce.

Après avoir décrit cet épanouissement de l'industrie manufacturière, ajouter qu'il fut accompagné d'un développement considérable du commerce serait énoncer une vérité trop évidente si on l'entendait en ce sens qu'il se produisit une énorme augmentation de la masse des échanges. Mais il est un autre aspect de cette évolution qu'il importe de remarquer. Jusque-là l'immense majorité des fabricants, modestes artisans travaillant de leurs mains au milieu de quelques ouvriers, avaient vendu directement leurs produits aux consommateurs, attendant même très souvent leurs commandes. Et ce régime se maintint dans une très large mesure. Mais, en même temps, l'on vit croître le nombre des marchands, simples intermédiaires se contentant d'acheter pour revendre. Au premier rang il faut citer les *merciers*, dont le commerce comprenait une foule d'articles et surtout des marchandises de luxe : orfèvrerie, pierres précieuses, draps d'or, d'argent et de soie, etc. Outre que la classe des marchands proprement dits s'accrut, bon nombre de fabricants se bornèrent à faire travailler à domicile des ouvriers, à qui ils fournissaient la matière première et qu'ils payaient à la tâche, et se transformèrent ainsi en entrepreneurs en partie producteurs, en partie commerçants mais plus commerçants qu'industriels. Ce fut le cas des drapiers. Au XVIIIe siècle, à Lyon, dans l'industrie des soieries, cette transformation était très avancée : le maître fabricant-marchand faisait confectionner ses tissus par des ouvriers maîtres eux aussi, travaillant chez eux, propriétaires de leurs métiers et ayant sous leurs ordres directs les compagnons ou canuts et les apprentis. En outre, à ces marchands multipliés, la clientèle locale devint de plus en plus insuffisante ; ils cherchèrent à étendre le cercle de leurs opérations dans le royaume entier et même au delà des frontières.

De même que leur nombre, leur importance sociale allait

grandissante. « Qu'est-ce qu'un marchand à présent et se voit-il rien de plus honorable ? dit un auteur du XVIIe siècle. Il n'est reconnu que par ses grands biens : vêtu d'un habit de soye, manteau de peluche, communiquant sur la place des grandes affaires avec toutes sortes d'estrangers, trafiquant en parlant et en devisant d'un trafic secret, plein de gain, d'industrie et de hasard, inconnu à l'antiquité et qui se rendra commun à la postérité..... Leur trafic se fait par commis : car pour les maistres, ils vivent honorablement. Le matin on les voit sur le change, vestus à l'advantage, inconus pour marchands, ou sur le Pont-Neuf, devisant d'affaires, ou sur le paillemail communiquant avec un chacun... (1). » Ces marchands et fabricants-marchands constituaient une aristocratie bourgeoise : à Paris et dans d'autres grandes villes Rouen, Nantes, Bourges, drapiers, merciers, épiciers-droguistes, bonnetiers, pelletiers, orfèvres formaient le gros des six corps (2) qui jouissaient de prérogatives exceptionnelles et, dans les cortèges, marchaient en tête des autres corps de métier. « Ce n'était guère moins qu'une révolution économique, dit excellemment M. Fagniez, que cette classe, venant se superposer au système suranné du moyen âge, était en train d'accomplir (3) » ; ses intérêts, souvent opposés à ceux des producteurs, créèrent, nous le verrons, des antagonismes qui contribuèrent à la décadence du régime économique auquel elle devait son élévation (4).

Dans cette classe, ceux qui trafiquaient avec l'étranger formaient naturellement une élite : le commerce extérieur exige plus de connaissances, plus d'habileté et de décision, plus de capitaux ; en outre, il était alors au premier rang des préoccupations sociales. A partir du XVIe siècle il se divisa en cinq grands courants : 1° le commerce avec les Etats de l'Europe occidentale ; 2° le commerce avec les Echelles du Levant, par la Médi-

(1) *La chasse au viel grognart de l'antiquité* (sans date) dans *Archives curieuses de l'Histoire de France*, 2e série, t. II, p. 363 et suiv. Cité par M. Pigeonneau, *Hist. du commerce*, t. II, p. 459.

(2) La composition des six corps varia un peu suivant les époques.

(3) Fagniez, *Econ. soc. de la France sous Henri IV*, p. 218.

(4) V. *infrà*, liv. III, ch. VII.

terranée, déchu de son importance; 3° le commerce avec les Indes orientales par le cap de Bonne-Espérance; 4° le commerce avec les Indes occidentales (Amérique) qui se subdivisait en deux branches; une partie des marchandises à destination des îles d'Amérique y était transportée directement; une autre s'arrêtait à la barre de Cadix, puis effectuait le reste du parcours transbordée sur les galions et la flotte espagnols (1); 5° enfin le commerce avec les Etats du Nord de l'Europe, Suède, Danemark, etc.

Quelle masse de produits ces courants portaient-ils hors ou à destination de la France? Quelle en était la nature? Les tableaux, empruntés à diverses sources, que l'on trouvera en Appendice à la fin du Livre III de la présente Etude répondent, dans la mesure du possible à ces questions. Malgré leurs lacunes et leurs imperfections, ils montrent suffisamment, croyons-nous, comment s'accrut le volume du commerce extérieur et que le but visé (arrêt de l'importation et accroissement de l'exportation des produits manufacturés) fut atteint dans une assez large mesure.

La multiplication des échanges fit naturellement surgir de grands centres commerciaux. Citons seulement Marseille, entrepôt des marchandises à destination de l'Orient, Dieppe et Rouen qui envoyaient leurs flottes au Brésil, à Terre-Neuve, sur les côtes de Guinée, et dans l'Océan Pacifique; enfin Lyon, célèbre par ses foires, les plus importantes du royaume, et aussi par sa douane qui faisait d'elle le centre obligatoire de l'importation des soies, soieries, poils de chèvre, camelots, drogues, épiceries et toutes marchandises venues d'Orient ainsi que de l'exportation des denrées de la Provence, du Languedoc et du Dauphiné à destination de l'étranger. Des édits royaux prescrivaient, en effet, de faire passer par cette ville, pour y acquitter diverses taxes, les produits ci-dessus énumérés (2).

De sérieux obstacles entravèrent cependant cette expansion commerciale: la rareté ou le mauvais entretien des routes, ca-

(1) Les *galions* faisaient le commerce du Pérou, et la *flotte* celui du Mexique.

(2) Edits de 1540, 1564, 1585, 1603. — V. Forbonnais, *Recherches et consid. sur les Finances*, édit. Liège, 1758, t. I, p. 137 et suiv.

naux ou rivières navigables, du moins au XVIe siècle, et surtout la multiplicité et l'élévation des droits grevant l'entrée, la sortie et la circulation intérieure des marchandises. De grandes améliorations furent apportées, principalement à partir de Henri IV, aux voies terrestres ou fluviales ; leur nombre fut, en outre, accru ; mais le système fiscal de l'ancien Régime pesa toujours lourdement sur le trafic. Nous aurons l'occasion de reparler des droits d'entrée, fiscaux ou protecteurs. Les droits de sortie étaient au nombre de trois : *traite foraine* (1), *resve et haut passage* (ou *domaine forain*) (2), *traite domaniale* (3). Quant aux taxes sur la circulation intérieure, elles consistaient en une multitude de péages ou octrois perçus pour le compte de particuliers ou de villes et aussi pour le compte du roi. La Royauté, qui s'efforça d'autre part de réduire le nombre des taxes perçues par les particuliers, avait, en effet, établi à son profit : le *Trépas de la Loire* (4) et l'*Imposition foraine d'Anjou* (5), et réuni à son Domaine le *Liard du Baron* perçu à Arles (6), le *Droit de Table de*

(1) La *traite foraine* était un droit de 5 0/0 sur les marchandises exportées hors du royaume ou dans les provinces non sujettes aux Aides. Ce dernier impôt, en effet, n'était pas perçu dans toutes les provinces.

(2) Le *resve* était un droit sur toutes marchandises, et le *haut passage* un droit sur certaines marchandises seulement exportées *à l'étranger*. En 1551 ils furent réunis, sous le nom de *domaine forain*, puis, en 1559, de nouveau séparés, sauf dans quelques provinces qui préférèrent la réunion. Le *haut passage* n'existait pas en Normandie, Poitou, Berry, Bourbonnais, Picardie. En Bourgogne, les trois taxes, traite foraine, resve, haut passage, avaient été fusionnées en une seule.

(3) La *traite domaniale* était un droit de sortie sur les blés, vins, toiles et pastels transportés hors du royaume (et non de province à province, même par mer). Nous suivons ici la terminologie de Forbonnais (*Rich. et consid.*, édit. Liège, 1758, t. II, p. 237 et suiv.) ; d'autres auteurs en adoptent une un peu différente.

(4) Péage établi en 1369 sur toutes marchandises montant, descendant ou traversant la Loire depuis Candé jusqu'à Chantoceaux (Forbonnais, *op. cit.*, t. II, p. 240).

(5) Taxe établie en 1204 sur toutes denrées sortant de la province d'Anjou, vicomté de Thouars et de Beaumont pour entrer en Bretagne (Forbonnais, *loc. cit.*, *op. cit.*).

(6) Etabli en 1601, il avait d'abord pour but de payer les gages d'un

Mer établi dans les ports de la Provence et du Languedoc (1) ; le droit de *poids et de casse* perçu à Marseille (2) ; la douane de Lyon dont nous avons déjà parlé et qui, dit Forbonnais, intéressait « les deux tiers de notre commerce extérieur par terre » (3) ; la douane de Valence (4), etc. La hausse constante des tarifs des douanes de Valence et de Lyon suscita de fréquentes protestations. « Avant 1660, dit un Mémoire adressé à Mazarin en 1659, une balle de soie ne payait que 16 livres 13 sous 4 deniers ; aujourd'hui elle paie en tout 112 livres 5 sous et 3 deniers avant que de pouvoir être employée en ouvrage..... La douane de Valence, tant de fois reconnue pour être la ruine du commerce de nos provinces, s'est accrue de manière qu'il y a telle marchandise qui la paie jusqu'à trois fois. Une balle de soie venant de l'Italie la paie au pont de Beauvoisin ; la même balle allant de Lyon à Nantua, pour être ouvrée, paie une seconde fois au bureau de Montluel et pour la troisième fois en revenant à Lyon pour être manufacturée : aussi de 20.000 balles de soie qui venaient à notre douane, année commune, il n'en arrive plus que 3.000. Les marchands d'Allemagne, de Flandre, de Hollande, d'Angleterre et de Portugal n'achètent plus rien à Lyon : la nécessité les a forcés d'imiter la fabrique de nos étoffes ou de

contrôleur des grains. Il fut réuni au Domaine après la suppression de cet office (Forbonnais, *op. cit.*, t. II, p. 292).

(1) Ce droit était perçu sur toutes les marchandises entrant, pour le compte des étrangers, dans tous les ports de Provence et de Languedoc (Forbonnais, *op. cit.*, t. II, p. 292-293).

(2) Ce droit eut pour origine une bascule publique établie par la ville de Marseille pour la commodité des particuliers. Réuni au domaine royal, cette taxe qui constituait un prix de location, se transforma en une *banalité* : les particuliers furent obligés de porter au poids public toute marchandise vendue dont le poids excédait 36 livres. En outre, dit Forbonnais, « les régisseurs qui gardent les avenues de la ville arrêtent les ballots qui sortent sans une attestation de poids quoiqu'ils n'aient aucun besoin d'être pesés avant de les envoyer au dehors » (Forbonnais, *op. cit.*, t. II, p. 293-294).

(3) Forbonnais, *op. cit.*, t. II, p. 13-14.

(4) La douane de Valence succéda en 1621 à la douane de Vienne qui avait été établie en 1595 et supprimée en 1611 (V. Forbonnais, *op. cit.*, p. 82 et suiv.). Devaient passer par Valence pour y acquitter un droit « toutes sortes de marchandises du Levant, d'Espagne, de Provence et

recourir ailleurs... (1). » Quelques années après, Colbert déclarait que les douanes de Valence et de Lyon étaient « de véritables coupe-gorge pour le commerce » (2).

§ 4. — **La Marine marchande et la colonisation.**

Le commerce extérieur s'accrut; mais, de la masse de marchandises importées ou exportées, la moindre partie seulement le fut sous pavillon national. Par son industrie manufacturière, la France avait conquis le premier rang parmi les nations européennes; mais, malgré l'initiative hardie des armateurs normands (3), bretons et marseillais, malgré les efforts des rois et des ministres, de Henri IV et de Sully, de Richelieu, de Colbert, notre marine marchande, bien qu'elle fît des progrès et bien qu'elle fût loin d'être une quantité négligeable, demeura cependant dans un état de grande infériorité relative.

A partir du XVIe siècle, la marine espagnole est en décadence; au XVIIe, l'empire des mers appartient sans conteste à la Hollande. Colbert lui attribue 16.000 vaisseaux (4); dans un mémoire adressé à Jacques Ier, Walter Raleigh déclare qu'elle en possède plus de 20.000, autant que onze Etats ensemble, l'Angleterre comprise; qu'elle en construit un millier chaque année et que c'est elle qui transporte en Poméranie, Pologne, Danemark, Norvège, Suède, Allemagne, Russie, presque toutes les marchandises de la France, de l'Espagne, du Portugal, de l'Italie et de l'Angleterre (5). Enfin, W. Petty, dans son *Arithmétique politi-*

du Languedoc allant à Lyon par terre ou par eau et entrant en Dauphiné par la Savoie, Genève; et aussi toutes denrées du Dauphiné, Lyonnais, Beaujolais, Bresse, Bourgogne, et autres provinces qui étaient conduites en Languedoc, Provence, Piémont, et autres lieux par terre et par eau » (Forbonnais, *op. cit.*, t. I, p. 312 et suiv.).

(1) Forbonnais, *op. cit.*, t. II, p. 143 et suiv.

(2) V. *Lettres, Instructions, Mémoires de Colbert*, publiés par Clément, Paris, 1868, t. II, p. 1; p. 121, n° 174; t. VII, p. 285.

(3) Il faut citer, au début du XVIe siècle, le nom de l'armateur dieppois Jean Ango qui, associé à d'autres Dieppois et à des Rouennais, disposait d'une flotte de 20 à 30 navires.

(4) *Lettres, Instr., Mém., suprà cit.*, t. VII, p. 264.

(5) V. Fagniez, *Economie sociale de la France sous Henri IV*, Paris, 1897, p. 274.

que, ouvrage écrit entre 1671 et 1677, évalue le tonnage total des marines d'Europe à 2 millions de tonnes, dont 900.000 pour la Hollande seule, 500.000 pour l'Angleterre, 100.000 pour la France, 250.000 pour le Danemark, la Suède, Hambourg et Dantzig ensemble ; 250.000 pour l'Espagne, le Portugal, l'Italie, etc. (1). Dès lors, la fortune extraordinaire de la Hollande, ce petit pays disgracié de la nature, devient un objet d'admiration et d'envie universelles. Dans une foule de livres (2), on pose la question : *A quoi tient la supériorité des Provinces-Unies* (comme aujourd'hui l'on recherche *A quoi tient la supériorité des Anglo-Saxons*). « Le roi doit écraser les Hollandais », ne cessait de répéter Colbert, et le même cri était poussé de l'autre côté de la Manche ; l'Angleterre et la France entreprirent d'abattre la suprématie hollandaise par les armes et par des guerres de tarifs, dont l'épisode le plus fameux a été l'Acte anglais de Navigation de Cromwell (1660). La Hollande fut vaincue, mais sa défaite ne profita qu'à l'Angleterre, non à la France, et, au XVIIIe siècle, c'est entre la Grande-Bretagne et la France que s'établit le parallèle (3). En 1759, un écrivain anglais conclut, dans un ouvrage très documenté sur la situation de la France comparée à celle de la Grande-Bretagne, en déclarant que la France l'emporte sur l'Angleterre pour l'industrie, mais lui est très inférieure pour le commerce : « Il ne peut, dit-il, y avoir de comparaison entre le commerce de l'Angleterre et celui de la France (4). »

(1) W. Petty, *Political Arithmetic* (1690), dans l'édition complète de ses Œuvres économiques publiées par Hull, Cambridge, 1899, t. I, p. 251. L'auteur explique, dans le chapitre III de cet ouvrage (édit. Hull, t. I, p. 278 et suiv.), les causes d'infériorité de la France, qu'il dit être naturelles et permanentes. — V. aussi Mun, *England's Treasure by Forraign Trade* (1664), ch. XVIII, édit. Macmillan, New-York et Londres, 1895, p. 101.

(2) Notamment dans ceux de Mun, Child, Temple, Petty, etc., dont il sera question plus tard. — V. aussi Colbert, *Lettres, Instr., Mém., suprà cit.*, t. VI, p. 263.

(3) Notamment dans les écrits de Tucker, Young en Angleterre, Plumart de Dangeul en France.

(4) V. [Young's], *Letters concerning the present state of the french nation ..... with a complete comparison between France and Great Britain*, Londres, 1769.

Il est juste cependant d'ajouter que sur un point, dans le Levant, le pavillon français jouit pendant un demi-siècle d'un monopole partagé seulement avec les Vénitiens affaiblis (1), et que si, à partir de 1579, il dut subir en outre la concurrence des Anglais et plus tard des Hollandais, il leur disputa toujours (sauf quelques crises passagères) le premier rang (2) : en 1730, il avait reconquis la prééminence,

Enfin, la France, était parvenue au XVIIIe siècle, malgré d'innombrables échecs, à se constituer dans les Indes, dans l'Amérique du Nord, aux Antilles, sur les Côtes d'Afrique, etc. un domaine colonial enviable : elle le perdit malheureusement à la suite de la guerre de Sept Ans (Traité de Paris, 1763).

§ 5. — Le développement de la circulation monétaire et du crédit.

Le numéraire était rare au moyen âge. On estime qu'en 1492 l'Ancien Monde ne possédait plus qu'environ 1 milliard de métaux précieux. Après la découverte de l'Amérique, les mines du

(1) Un traité, dit l'*Ottoman*, conclu avec Soliman en 1536, accordait à nos nationaux, concurremment avec les Vénitiens, le privilège du commerce dans le Levant ; le traité contenait, en outre, la concession d'un entrepôt à Alexandrie, la liberté pour nos nationaux de trafiquer au Caire, à Alexandrie et sur toutes les côtes barbaresques comprises dans l'Empire ottoman ; enfin la protection des chrétiens en Orient était confiée à la France. Ces Capitulations furent renouvelées en 1569 et en 1581 ; les Marseillais obtinrent du Sultan la confirmation du privilège de la pêche du corail qui leur avait été octroyé en 1520 et la concession du comptoir créé près de la Calle en 1561 par deux négociants de Marseille et qui fut le premier établissement français en Algérie. Ces Capitulations édictaient, en outre, l'obligation pour toutes les nations, sauf les Vénitiens qui commerçaient par mer avec l'Empire ottoman, de naviguer sous « le nom et bannière de France ». Les Anglais ne s'y soumirent que quand ils jugèrent bon de le faire (au moins à partir de 1579).

(2) D'après Savary, *Le Parfait Négociant*, L. V, ch. II (édit. 1757, p. 398 et suiv.), à la fin du XVIIe siècle Marseille envoyait à Smyrne 10 vaisseaux et 4 barques ou *polacres* ; Livourne, 4 vaisseaux et 2 barques ou *polacres* ; Venise deux ou trois navires ; la Hollande 4 à 5. — V. Masson, *Hist. du comm. dans le Levant au* XVIIe *siècle*, Paris, 1897.

Mexique et surtout du Pérou jetèrent un colossal afflux d'or et d'argent sur l'ancien continent, principalement par la voie de l'Espagne. Voici d'après les spécialistes en cette matière (1), quels auraient été les chiffres de la production des métaux précieux pendant la période 1493-1750 :

Périodes	Or		Argent		Valeur totale des deux métaux en francs.
	Kilos extraits	Valeur en francs	Kilos extraits	Valeur en francs	
1493-1544.	334.240	1.151.269.000	3.480.800	773.503.000	1.924.772.000
1545-1560.	136.160	468.495.000	4.985.600	1.107.900.000	1.576.895.000
1561-1600.	284.400	979.599.000	14.368.000	3.192.857.000	4.172.456.000
1601-1700.	912.300	3.142.363.000	37.234.000	8.274.139.000	11.416.502.000
1700-1750.	1.130.200	3.892.906.000	26.398.900	3.866.363.000	9.759.269.000

Dans ce tableau, les évaluations sont faites comme si, pendant toute la période, le kilo d'or fin avait valu constamment 2.444 fr. 44 et le kilo d'argent fin 222 fr. 22 de notre monnaie actuelle. Il est impossible, en effet, de déterminer exactement les fluctuations des cours commerciaux de ces métaux dans le passé.

A supposer que tout cet apport de métaux précieux se fût déversé uniquement sur l'Europe, et qu'en outre aucune perte ne se fût produite, le stock d'or et d'argent de l'Ancien Monde aurait plus qu'octuplé pendant le cours du XVIe siècle ; à cette masse de huit milliards, le XVIIe en aurait ajouté onze autres, et en 1760 le total eût atteint près de trente milliards au lieu de 1 milliard en 1492.

La monnaie joua un rôle beaucoup plus important que jadis dans les transactions. Il fallait, d'ailleurs, une énorme augmentation de numéraire pour satisfaire aux besoins considérablement accrus des échanges. Cependant, au début, la production des

(1) V. Soetbeer, *Materialien zur Erlauterung und Beurtheilung der wirthchaftlichen Edelmetallverhältnisse gesammelt*, Berlin 1885, et le *Rapport au ministre des finances sur l'administration des Monnaies et Médailles* publié chaque année, depuis 1896, par le Directeur de notre Monnaie (années 1896 et suiv).

métaux précieux s'accrut beaucoup plus vite que ces besoins : il en résulta une forte et brusque hausse des prix et, par suite, une crise dont nous reparlerons bientôt (1). Le système monétaire continua de souffrir des mêmes maux que par le passé : 1° l'altération ou la contrefaçon des monnaies par les particuliers ; 2° les modifications continuelles du poids, du titre et du cours légal des pièces ; 3° l'inextricable multiplicité des pièces de poids, titres et types divers, pièces nationales nombreuses et pièces étrangères de toutes sortes que le développement du commerce international amenait en foule. Un inventaire dressé en 1512 constate la présence, dans la caisse d'un petit bourgeois de Brive, de *nobles à la rose*, *nobles à l'écu*, *nobles à la nef*, *écus vieux*, *aigles*, *francs à cheval*, *francs à pied*, *philippus*, *réaux*, *chaises*, *moutons*, *demi-moutons*, *angelots*, *nobles Henry* d'Angleterre, *aigles* d'Allemagne, *florins* d'Utrecht, *gros* d'Espagne et de toutes provenances, etc. (2). Pour évaluer toutes ces pièces en livres, sous et deniers, les commerçants recouraient à des tables rédigées par des spécialistes ; quant au peuple, rien n'étaitp lus facile que de le tromper. « Il est difficile d'en connaître le pair, dit Bodin parlant de toutes ces monnaies ; le pauvre peuple en est fort travaillé ; c'est pourquoi on dit d'un homme rompu aux affaires qu'il *entend le pair* » (3) ; 4° le stock monétaire était sujet à des fluctuations incessantes dues aux mêmes causes que par le passé et notamment aux différences que le rapport légal de l'or à l'argent présentait dans les divers pays (4).

(1) V. *infrà*.
(2) V. d'Avenel, *Hist. Econ.*, etc., t. I, p. 58.
(3) Bodin, *République*, l. VI, ch. III.
(4) V. Shaw, *Hist. de la Monnaie*, trad. fr., 1895. — Voici d'après cet auteur quel fut, pendant le XVIe siècle, à des dates concomitantes, le rapport légal de l'or à l'argent en France, aux Pays-Bas, en Espagne et à Venise :

	1519	1540	1561	1575
France	1 : 11,76	1 : 11,82	1 : 11,74	1 : 11,68
Pays-Bas	1 : 10,15	1 : 10,62	1 : 10,70	1 : 12,42
Espagne	»	»	1 : 10,76	1 : 12,29
Venise	»	»	1 : 10,81	1 : 12,23

Le Crédit. — Au XVIe siècle, les chrétiens se mirent à faire concurrence aux Juifs ; les orfèvres et joailliers prêtaient sur les métaux précieux et faisaient la banque dans une certaine mesure. Les grands agents du crédit furent, dès cette époque, des étrangers, Italiens, Portugais, Anglais, Hollandais, malgré les ordonnances de Charles IX et de Henri III qui exigeaient d'eux des cautions de 15.000 à 30.000 écus. Aux foires de Lyon, la plupart des opérations de banque étaient effectuées par des Italiens ; la *loge* des Florentins constituait une sorte de Bourse où se réglait le cours des changes. Certains de ces financiers exotiques furent de très grands personnages dans l'Etat. « D'Italie, dit M. d'Avenel, venaient Zamet, *seigneur* de 1.800.000 écus, l'ami de Henri IV et de la belle Gabrielle (1) ; Vanelli, banquier de l'ambassade d'Angleterre, par les mains de qui passent les transactions de la France avec la Grande-Bretagne ; Bartolotti et Lumagne ; de Portugal vint Lopez. Lopez et Lumagne, voilà, pendant la guerre de Trente Ans, les premiers ministres de la fortune publique, les gros bonnets du crédit, hommes indispensables sans lesquels rien ne marche et dont le nom revient sans cesse quand il s'agit d'argent. Entrepreneurs de travaux publics, négociateurs d'emprunts, marchands de pierres précieuses, fabricants de canons, constructeurs de navires, trafiquants sur métaux, ils font un peu de tout, même des métiers bizarres, un peu espions, un peu *Tricoche et Cacolet*, ayant de la respectabilité par la politique (2). » Ils mirent au service de la France leurs relations internationales ; dès ses débuts, la finance fut cosmopolite. « Sous Richelieu, dit encore le même auteur, le seul banquier français important, Roger Desjardins, ne peut prêter de l'argent à l'Etat. » Pourtant, il ne faut rien

(1) « Prête-nom des Médicis, dit de lui M. Pigeonneau, tour à tour favori de Catherine de Médicis, de Henri III, de Mayenne et de Henri IV, baron de Murat, seigneur de Beauvais, conseiller d'Etat... » Il était né à Lucques ; son père était cordonnier. — V. Pigeonneau, *Hist. du comm.*, t. II, p. 307 et 308, note 1.

(2) D'Avenel, *Hist. Econ.* etc., t. I, p. 131.

exagérer : les Français enrichis par le négoce ne dédaignèrent pas les grandes entreprises financières (1).

De véritables institutions de crédit se créèrent dans les grandes villes ; ainsi la Banque de Lyon (1543), la Banque de Toulouse (1549), la Banque de Rouen (1556) ; mais la France fut la dernière des nations européennes à posséder un grand établissement régulateur de la circulation. A la mort de Louis XIV il existait en Europe quatre banques d'émission : celles de Stockholm, fondée en 1656 ; de Londres, fondée en 1694 ; d'Edimbourg fondée en 1727 ; de Vienne, fondée en 1703 ; sans compter de nombreuses banques de dépôt véritablement nationales par leur caractère et leur importance (2) ; et dans notre pays aucune tentative sérieuse n'avait été faite pour créer une institution de ce genre. Le premier essai fut celui de Law, sous la Régence ; nous en reparlerons. Il échoua : l'on sait que notre Banque de France ne date que du Premier Empire.

L'Agriculture (3). — Dans la description du développement économique de la France, nous avons omis de parler de l'agriculture. C'est que celle-ci resta presque toujours (dans la période que nous étudions) dans un état stationnaire, languissant ou même misérable. Son histoire ne nous montre guère que trois époques de prospérité : la première au XVIe siècle, sous Louis XII et la première partie du règne de François Ier ; la seconde sous Henri IV : un vif mouvement en avant se produisit

(1) V. *infrà*.

(2) Banques d'Amsterdam (1609) ; de Hambourg (1619) ; de Rotterdam (1635). Vinrent ensuite celles de Copenhague (1736) ; Berlin (1765) ; Saint-Pétersbourg (1770) ; Dublin (1783) ; New-York (1790).

(3) V. Rougier de la Bergerie, *Hist. de l'agriculture*, 1815 ; Leymarie, *Hist. des paysans en France*, 1849 ; Dareste de la Chavanne, *Hist. des classes agricoles en France depuis saint Louis jusqu'à Louis XVI*, Paris, 1854 ; De Calonne, *La vie agricole sous l'ancien régime dans le nord de la France*, 2e édit., 1855 ; Bonnemère, *Hist. des Paysans*, 1856 ; Doniol, *Hist. des classes rurales en France*, 1857 ; Boursiez, *Hist. de l'agriculture, de l'ind. et du comm.*, 1868 ; Monteil, *Hist. agricole de la France*, 1877 ; Babeau, *La vie rurale dans l'ancienne France*, 1885 ; Baudrillart, *Les populations agricoles de la France*, 1885-1893 ; d'Avenel, *Hist. écon.*, etc., 1894 (t. I, L. II, ch. v).

alors grâce au livre d'Olivier de Serres, le célèbre *Théâtre de l'Agriculture* (1) (1600), grâce aussi à l'impulsion de Sully qui déclare que « labourage et pastourage sont les deux mamelles de la France » (2) ; la dernière, dans la seconde moitié du XVIIe siècle, sous Colbert : dans cette période le progrès est nettement marqué par deux faits dont la concomitance est caractéristique, la baisse du prix du blé et la hausse de la valeur des terres (3). Mais ce ne furent là malheureusement que des progrès éphémères suivis de retour en arrière.

L'agriculture eut des ennemis constants : 1° les *gens d'armes* nationaux ou étrangers, à la solde du roi, de seigneurs, ou de gouvernements étrangers : ils étaient un fléau pour le *plat pays* qu'ils dévastaient sur leur passage. A leur approche, les fermes étaient désertées par les paysans qui s'enfuyaient dans les bois, emportant leurs meubles et poussant leurs bestiaux. Ceux qui les employaient parvenaient difficilement à les disperser alors même qu'ils n'avaient plus besoin de leurs services ; à chaque guerre, extérieure ou intestine, la lande reconquérait le terrain qu'elle avait perdu pour reculer de nouveau en temps de paix un peu prolongée.

2° *Le régime fiscal* (4). — La plus forte partie des impôts était rejetée sur les paysans, écrasés par les dîmes, les tailles, la corvée (5) royale ou seigneuriale.

(1) Cet ouvrage eut 19 éditions jusqu'en 1675 ; puis il fut oublié jusque vers 1750.

(2) Sully, *Œconomies royales*, petite Collection Guillaumin, p. 96.

(3) D'après d'Avenel, *op. cit.*, pendant la période 1626-1650 le prix moyen de l'hectolitre de blé fut de 19 francs, la valeur de l'hectare de terre de 308 francs, en monnaie actuelle (= 47 fr. 50 et 770 fr. si l'on tient compte du pouvoir d'acquisition de la monnaie supposé égal à 2 fois 1/2 ce qu'il est de nos jours). Pendant la période 1651-1675 l'hectolitre de blé vaut 16 francs, l'hectare de terre 481 (= 32 fr. et 962 fr. si l'on admet que le pouvoir d'acquisition de l'argent fut alors double de ce qu'il est actuellement).

(4) Dans sa fable, *La Mort et le Bûcheron*, La Fontaine dit du bûcheron :

« Sa femme, ses enfants, *les soldats*, *les impôts*,
« Le créancier et la *corvée*,
« Lui font d'un malheureux la peinture achevée. »

(5) La corvée d'origine féodale, employée à titre exceptionnel au

3° *Les institutions politiques.* — Les redevances féodales s'ajoutaient aux impôts ; de plus, leur mode de perception contribuait à maintenir l'immutabilité de l'assolement formellement consacrée par plusieurs coutumes ; enfin, si les petites exploitations n'étaient pas rares, si, dès l'ancien régime, l'on peut parler de la diffusion de la propriété foncière (1), il faut bien reconnaître pourtant que, dans l'immense majorité des cas, ce droit de propriété était imparfait et démembré par la *directe* : « ce qui jette partout le découragement », dit un écrivain du XVIIIe siècle (2).

4° *La législation économique.* — A l'encontre de ce que nous voyons de nos jours, les efforts de la politique économique, tendaient à obtenir le blé à bas prix, dans un but que nous aurons à signaler, par des moyens artificiels funestes à l'agriculture : entraves à la liberté de la culture, entraves à la liberté de la vente et de la circulation, prohibition de l'exportation des grains.

Par suite de ces causes diverses, l'art agricole demeurait stationnaire. Depuis le moyen âge, le système de culture tradition-

XVIIe siècle, fut généralisée en 1738, pour la construction et l'entretien des routes.

(1) V. sur ce point Gimel, *Mémoire sur la division de la propriété foncière en France, avant et après 1789*, lu à l'Institut international de Statistique 1889 ; de Foville, *Le Morcellement*, Paris, 1885 ; Flour de Saint-Jenis, *La propriété rurale en France*, Paris, 1902 ; et des études locales : pour la Provence, de Ribbes, *Les familles et la société en France, avant la Révolution*, Tours, 1889 : — pour la Bretagne, du Chatellier et Dupuy, *Hist. de la réunion de la Bretagne*, t. II, p. 319 : — pour la Touraine et le Cher, l'abbé Chevalier (*Annales de la Soc. d'Agriculture, Sciences, Arts et Belles-Lettres d'Indre-et-Loire*, t. XXXIX (1860), et *Mémoires de la Soc. archéol. de la Touraine*, XVII (1865) : — pour le Perche, de la Jonquière, *Bull. de la Soc. hist. et archéol. de l'Orne*, II (1883) : — pour la Flandre, L. Quarré, *La Propriété rurale en Flandre*, dans *Bull. du Comité des Trav. hist.*, 1885 ; — pour l'Orléanais, Block, *Etudes sur l'Hist. écon. de la France*, Paris, 1900, p. 83 et suiv. — Cependant, depuis le XVIe siècle, la propriété foncière n'avait cessé de se concentrer (d'Avenel, *Hist. écon.*, t. I, p. 283 et suiv.). En 1757 [Goudar], l'auteur d'un ouvrage intitulé, *Les Intérêts de la France mal entendus* (Amsterdam, 3 vol.), s'en plaint et déclare qu'on « trouve en France des particuliers qui jouissent en propriété de provinces entières » (t. I, p. 187).

(2) *Les intérêts de la France mal entendus*, t. I, p. 56.

nel consistait dans l'assolement biennal ou triennal (1), avec une année de jachère morte (2) tous les deux ou trois ans, et « sous le rapport des engrais, dit M. d'Avenel (3), le progrès avait été presque nul ». De vastes espaces restaient en friche ; les campagnes ne pouvant nourrir qu'une population clairsemée (4) jetaient sur les routes une multitude errante de vagabonds et de mendiants ; les crises atteignaient plus profondément et plus durablement l'agriculture que l'industrie, et plus d'une fois elles suscitèrent des émeutes de paysans : en 1589, celle des *Gautiers* dans le Perche ; en 1594, celles des *Croquants* dans le Limousin, la Marche, le Quercy, l'Agenois, etc. Enfin, en cas de récolte déficitaire, même limitée à une seule région, la famine décimait les populations agricoles.

La période que nous étudions a été essentiellement une période d'industrialisme.

Au terme de ce rapide historique du progrès industriel et commercial de la France du XVIe siècle à 1750-1760, deux ordres de remarques s'imposent.

Les Crises. — Ce progrès n'a évidemment pas été continu. Il a été interrompu par des crises, les unes profondes, les autres superficielles ; les unes locales ou particulières à une branche d'industrie, les autres générales. Ce sont les crises générales qui nous sont le mieux connues.

Le plus souvent elles furent dues aux troubles civils ou à la guerre étrangère : citons notamment celles que causèrent à la fin du XVIe siècle les guerres de religion (5) ; sous Louis XIV la

(1) Vers 1750, l'assolement triennal n'était encore pratiqué que sur les meilleures terres. — V. d'Avenel, *Hist. économique*, etc., t. I, p. 294.

(2) Au XVIe siècle Bodin critiquait déjà la pratique de la jachère (*Réponses aux Paradoxes de M. de Malestroit*).

(3) D'Avenel, *op. cit.*, t. I, p. 299.

(4) Une partie de la population rurale émigrait à la ville, et plus d'un auteur s'en plaint. Mais l'accès des métiers urbains était restreint par le régime corporatif.

(5) V. Froumenteau, *Le Secret des Finances de France*, 1581 (Les chiffres de cet auteur sont, d'ailleurs, d'une exactitude douteuse) ; Pigeonneau, *Hist. du comm.*, t. II, p. 179 et suiv. ; Fagniez, *Economie*

révocation de l'Edit de Nantes (1) et, à la fin de son règne, des guerres continuelles et malheureuses (2).

Mais il s'en produisit une au XVIᵉ siècle, à laquelle deux fois déjà nous avons fait allusion et qui eut une tout autre cause (3). A la fin du XVᵉ siècle, par suite de la rareté du numéraire, les prix s'étaient abaissés à un niveau où on ne les avait pas vus depuis plusieurs siècles. Au XVIᵉ, l'accroissement prodigieux de la production des métaux précieux que nous avons signalé eut pour conséquence une hausse considérable, dans la proportion de 1 à 3 s'il faut en croire M. d'Avenel. « Nous voyons, dit cet auteur (4), le kilo d'or ou d'argent de 1595 ne valoir plus en terres, en blé, en vins, en étoffes que le tiers de ce que valait le kilo de 1480. » Ce mouvement se continua jusqu'à la fin du XVIIᵉ siècle ; à partir de 1675 environ, survint une baisse de prix constante jusqu'à 1750 (5).

sociale de la France sous Henri IV, p. 82 et suiv. ; ch. III, p. 162 et suiv. ; Levasseur, *Hist. des Cl. ouvr.*, t. II, p. 151 et suiv.

(1) V. notamment Germain Martin, *La Grande Ind. sous le règne de Louis XIV*.

(2) On se rappelle la fameuse lettre dans laquelle Fénelon écrit à Louis XIV (1709) : « La France entière n'est plus qu'un grand hôpital désolé et sans provisions. » — Dans le même sens témoignent Boisguillebert, Vauban, etc.

(3) V. Pigeonneau, *op. cit.*, t. II, p. 192 et suiv. ; Levasseur, *Hist. des Cl. ouvr.*, t. II, p. 57 et suiv. — Des crises moins profondes sévirent, au XVIᵉ siècle, pendant les guerres d'Italie, et au XVIIIᵉ siècle, pendant la guerre de Sept Ans.

(4) D'Avenel, *Hist. économique*, etc., t. I, p. 17.

(5) Voici, d'après cet auteur, quel aurait été, dans cette période, le pouvoir d'acquisition des métaux précieux, par rapport à ce qu'il est de nos jours (Dans le tableau qui suit, on suppose le pouvoir actuel de la monnaie égal à 1) :

1451-1500	6	1551-1575	3	1626-1650	2 1/2	1701-1725	2,75
1501-1525	3	1576-1600	2 1/2	1651-1675	2	1726-1750	3
1526-1550	4	1601-1625	3	1676-1700	2,33	....	......
						1890...	1

La hausse des prix fut naturellement nuisible aux uns et profitable aux autres. Elle fut nuisible à ceux qui se trouvaient créanciers de sommes ou redevances périodiques en argent en vertu de contrats antérieurs perpétuels ou de longue durée : tel était le cas d'une partie de la noblesse. De plus, comme cette hausse ne s'étendit pas immédiatement et uniformément à toutes choses, elle fut nuisible à ceux qui, achetant plus cher ce dont ils avaient besoin, n'avaient à vendre que des marchandises ou des services n'ayant pas renchéri ou n'ayant pas renchéri dans les mêmes proportions : ce fut le cas surtout des ouvriers (1). Ici encore, nous nous en référons aux travaux de M. d'Avenel ; nous nous contenterons d'en extraire, pour les mettre en parallèle, les prix de l'hectolitre du blé et les variations des salaires de quelques catégories d'ouvriers, au cours du XVIe siècle.

Prix de l'hectolitre de blé.

1500-1525	4 fr.	1551-1575	12 fr.
1526-1550	7 fr.	1575-1600	20 fr.

Salaires.

PÉRIODES	JOURNALIERS agricoles (non nourris)	MAÇONS (non nourris)	CHARPENTIERS	PEINTRES COUVREURS PLATRIERS (non nourris)
1501-1525	0 f. 60	0 f. 81	0 f. 82	0 f. 86
1526-1550	0 70	0 98	1 14	0 88
1551-1575	0 75	0 96	1 01	1 00
1576-1600	0 78	1 20	1 19	1 17

Ainsi, tandis que le prix du blé quintupla, la hausse nominale des salaires atteignit seulement, pour les ouvriers ci-dessus

(1) C'est un fait constant qu'en cas de hausse des prix le salaire n'augmente pas proportionnellement. Le même phénomène s'est reproduit à l'époque moderne. — V. Levasseur, *La question de l'or* (1858) et *L'ouvrier Américain* (1898).

énumérés, 30 à 50 0/0. Il se produisit donc une baisse énorme du *salaire réel*.

Inversement, la hausse des prix profita à ceux qui se trouvaient débiteurs de sommes d'argent en vertu de contrats antérieurs, notamment aux débiteurs de rentes. Elle profita également à ceux qui achetaient, au même prix que jadis ou à des prix à peine supérieurs, ce qu'ils revendaient beaucoup plus cher. Elle favorisa donc l'essor de l'agriculture, de l'industrie et du commerce, le salaire constituant alors, plus encore qu'aujourd'hui (1), la plus forte partie du coût de production. D'une manière générale, d'ailleurs, l'accroissement du numéraire, trop rare autrefois, contribua à imprimer aux échanges une activité nouvelle.

Ces transformations économiques, on le conçoit, ne furent pas sans causer quelques bouleversements dans la hiérarchie des classes sociales.

SECTION II. — LE MILIEU SOCIAL.

L'on assista à la déchéance de l'aristocratie foncière et à l'ascension de la bourgeoisie industrielle et marchande.

L'ancienne noblesse, dépouillée par le roi de ses fonctions administratives et judiciaires, réduite au rôle de classe privilégiée, se trouva en outre de plus en plus appauvrie par les guerres, par les prodigalités, par la décadence de l'agriculture, par la dépréciation des métaux précieux (2). La bourgeoisie, sur laquelle le roi s'appuyait dans sa lutte contre la noblesse et qu'il appelait dans ses conseils, ne cessait au contraire de s'enrichir.

Ces marchands parvenus achetaient les châteaux et les terres des grands seigneurs, et, en même temps, l'on vit grandir entre leurs mains la fortune mobilière. Celle-ci affectait diverses formes.

1° *L'industrie et le commerce* ; citons surtout ce que nous avons appelé « la grande industrie », l'armement, les fournitures à

(1) Parce que la production exigeait alors moins de capitaux.

(2) Pendant la première moitié du XVIe siècle, la situation économi-

l'armée, les entreprises de travaux publics (1), les actions de compagnies privilégiées.

2° *Les rentes sur l'Etat.* — Par suite des embarras du Trésor, elles constituaient, pour ainsi dire, un flot sans cesse grossissant : en 1604, elles représentent un capital de 157 millions de livres (2) ; en 1636, le roi doit environ 18 millions d'arrérages (3), soit, à 5 0/0, un capital de 360 millions ; en 1733, le chiffre des arrérages atteint 65 millions (4) représentant, à 4 0/0, 1 milliard 600 millions en capital.

3° *Les offices.* — Comme les rentes, et pour la même raison, ils représentent un capital sans cesse accru : 200 millions de livres en 1614 (5) ; 300 millions en 1626 (6) ; près de 420 millions en 1664 (7) ; 800 millions vers 1750 (8). Le roi en augmentait le nombre pour se procurer des ressources et le bourgeois enrichi par le négoce s'empressait de les acheter à ses fils (9). La dignité

que de cette partie de la noblesse qui faisait valoir elle-même ses terres demeura relativement prospère, parce que l'agriculture était florissante. Elle s'enrichit cependant moins vite par l'agriculture que la bourgeoisie par l'industrie et le commerce. En outre, ceux qui vivaient de rentes en argent antérieurement constituées se trouvaient appauvris. V. P. de Vaissière, *Les Gentilshommes campagnards*, 1903.

(1) Voici deux exemples. Le 11 mars 1604, les travaux du canal entre la Seine et la Loire sont adjugés à Hugues Cosnier au prix de 505.000 livres (1.476.000 fr.). En trois ans il dépensa 180.000 écus (1.710.000 fr. environ). Le 3 juillet 1605, les travaux destinés à rendre le Clain navigable de Poitiers à Châtellerault sont adjugés à un entrepreneur pour 189.000 livres (552.400 fr.) — V. Fagniez, *Econ. Soc. de la France sous Henri IV*, p. 189.

(2) Forbonnais, *Recherches et Consid.*, édit. Liège, 1758, t. I, p. 118.

(3) *Op. cit.*, t. II, p. 41.

(4) *Op. cit.*, t. VI, p 387.

(5) *Op. cit.*, t. I, p. 270.

(6) *Op. cit.*, t. I, p. 363, d'après un Mémoire à l'Assemblée des Notables.

(7) *Op. cit.*, t. II, p. 231.

(8) *Op. cit.*, t. II, p. 233.

(9) En 1607 une charge de conseiller au Parlement valait 42 à 50.000 écus (130 à 160.000 francs environ de notre monnaie, sans tenir compte de la différence du pouvoir d'acquisition de l'argent, qui, d'après M. d'Avenel, était alors triple de ce qu'il est actuellement) ; une charge de membre de la Chambre des Requêtes se vendait 50 à 55.000 écus

de sa famille en était accrue ; certaines, d'ailleurs, conféraient la noblesse. Forbonnais, au XVIIIe siècle, se plaint « de cette manie des charges, vrai tombeau de la population, de l'industrie et des finances » (1) ; on voit que « la plaie du fonctionnarisme » ne date pas d'aujourd'hui.

4º *La finance.* — Il faut entendre par là, non seulement le commerce de banque proprement dit, mais encore les opérations, *traités*, *partis*, conclus avec le roi pour lui procurer des fonds. Au premier rang il convient de citer les *fermes* (2), dont le montant qui était de 1.650.000 livres en 1625 (3), s'était élevé à 86 millions en 1733 (4).

Ce n'est pas le phénomène le moins curieux de cette époque que cet avènement de la finance : on la trouve mêlée constamment aux expéditions militaires et à la diplomatie, quelquefois aussi aux affaires intimes du roi. C'est à elle que le roi, par suite des vices du régime fiscal, doit demander « le nerf de la guerre ». Nous avons déjà vu qu'elle avait un caractère international, qu'elle était en partie aux mains d'étrangers. Ceux-ci n'en avaient cependant pas le monopole. Le désordre des finances royales fournit aux bourgeois déjà enrichis par l'industrie et le commerce le moyen de s'enrichir davantage et d'acquérir de grosses fortunes, quelquefois suspectes ou scandaleuses. En peu de temps, dit M. Fagniez (5), ces manieurs d'argent « avaient fait des fortunes prodigieuses. Ils habitaient des palais, y donnaient des fêtes qui contrastaient douloureusement avec la for-

(155 à 170.000 francs environ, sauf la même remarque) une charge de Premier Président valait plus de 100.000 écus (950.000 francs), etc.— V. Fagniez, *Ec. soc. de la France sous Henri IV*, p. 362. En 1661, Fouquet vendit 1.400.000 livres à M. de Harlay sa charge de procureur général au Parlement de Paris.

(1) Forbonnais, *op. cit.*, t. I, p. 271.

(2) Baux par lesquels le *traitant*, moyennant une somme fixée payée à forfait au roi, acquérait le droit de percevoir pour son compte certaines catégories d'impôts.

(3) Forbonnais, *Rech. et Consid.*, édit. Liège, 1758, t. I, p. 341. — Il s'agit des cinq grosses fermes.

(4) Forbonnais, *op. cit.*, t. VI, p. 386.

(5) Fagniez, *Ec. soc. de la France*, p. 333-334.

tune publique et constituaient à leurs filles — qui rivalisaient, comme leurs femmes, par la toilette et les bijoux, avec les princesses et les plus grandes dames de la cour, — des dots de 40 et 50.000 écus (380 et 480.000 fr. environ) » (1). Ils s'exposaient, d'ailleurs, à des risques dont le moindre était qu'on leur fît « rendre gorge » en les soumettant à des « recherches » devant des « Chambres de Justice ». Leurs malversations les rendaient odieux ; fussent-ils honnêtes ou relativement honnêtes, leurs grandes richesses les désignaient à l'envie, et c'était toujours un danger que d'être créancier du roi.

Parfois ce n'était pas seulement leur fortune qui était en jeu. Faut-il rappeler (si l'on nous permet de remonter au xve siècle) l'histoire de Jacques Cœur (2), fils d'un pelletier de Bourges, devenu le plus grand commerçant et le plus grand industriel du royaume (3) ? « Maître des monnaies, argentier du roi, banquier de la cour et de la famille royale, chargé des missions les plus délicates, ambassadeur de Charles VII à Gênes, en Savoie, à Rome, commissaire du roi auprès des Etats du Languedoc » (4), il s'était acquis une fortune évaluée à 1 million d'écus d'or (4 millions 500.000 francs environ) (5), dans l'inventaire de laquelle figuraient trente seigneuries ou châtellenies. En 1449, il avait prêté au roi 200.000 écus d'or (environ 920.000 francs) (6). Traduit en 1451 devant une commission extraordinaire, il fut

(1) En tenant compte du pouvoir de la monnaie, 1.140.000 et 1.440.000 francs si l'on adopte les coefficients de M. d'Avenel.

(2) V. P. Clément, *Jacques Cœur et Charles VII*, 2 vol., 1863.

(3) Il fut véritablement le créateur du commerce français dans le Levant ; il avait des comptoirs à Bourges, Montpellier, Marseille, Tours, 300 facteurs sur le littoral de la Méditerranée et dans toute la France, possédait sept navires, une manufacture de soies à Florence et exploitait des mines de cuivre et de plomb argentifère dans le Beaujolais.

(4) Pigeonneau, *Hist. du comm.*, t. I, p. 375.

(5) D'après les tables de M. d'Avenel, *Hist. écon.*, etc., t. I, p. 481-482. Si l'on adopte ses coefficients relatifs au pouvoir de l'argent, cette somme équivaudrait à 27 millions de nos jours.

(6) Soit 5.520.000 francs (en 1451) d'après la méthode d'évaluation indiquée à la note précédente.

condamné au bannissement perpétuel, et ses biens furent confisqués (1).

Plus tragique encore fut la destinée de Jacques de Beaune, plus connu sous le nom de Semblançay (2). Fils d'un gros négociant de Tours qui avait plusieurs fois prêté de l'argent à Louis XI, il fut successivement trésorier général de la reine Anne de Bretagne mariée à Charles VIII, général des finances en Languedoc-Lyonnais Dauphiné-Provence, général des finances de Languedoil, général des finances de Louise de Savoie, général résident et privilégié « prouchain de la personne » de François Ier, c'est-à-dire, en somme « un ministre des finances sans portefeuille, sans aucune des attributions régulières d'un surintendant telles qu'on les a entendues plus tard » (3). Vers la fin de sa carrière il était propriétaire de plus de vingt fiefs, seigneuries ou châtellenies, dont la baronnie de Semblançay cadeau de Louise de Savoie, de nombreuses terres et métairies, d'importants immeubles urbains dont son hôtel de Tours, enfin d'une fortune mobilière considérable. Toujours il avait fait le commerce de banque, soit avec les particuliers, soit avec le roi ; tantôt il prêta au souverain de ses deniers et tantôt il contracta des emprunts en son nom, mais pour le roi, notamment auprès des banquiers italiens de Lyon (4). En 1522 il se trouvait ainsi créancier du roi

(1) Il se réfugia à Rome et mourut à Chio. Sous Louis XII, son procès fut revisé, et une partie de ses biens fut restituée à ses enfants. Les accusations dirigées contre lui (empoisonnement d'Anne Sorel, concussions, malversations) furent donc reconnues fausses.

(2) V. Spont, *Semblançay, La Bourgeoisie financière au début du* XVIe *siècle*, Paris, 1895.

(3) Spont, *op. cit.*, p. 281.

(4) Les Italiens de Lyon, créanciers des généraux de finances du roi de France, étaient, d'autre part, débiteurs du roi d'Angleterre Henry VIII. Au Camp du Drap d'Or (7 juin 1520), intervint entre le roi de France et le roi d'Angleterre une convention signée définitivement le 8 décembre suivant, aux termes de laquelle les banquiers italiens de Lyon déléguaient les généraux de finances au roi d'Angleterre : les généraux de finances devaient payer à Henry VIII, aux lieu et place des banquiers italiens, une somme de 462.000 écus par annuités de 7.000 écus. Les banquiers italiens, pour mener à bien cette affaire, avaient dû promettre aux généraux un nouveau prêt de 100.000 écus et distribuer 1.400 écus de pots-de-vin. — V. Spont, *op. cit.*, p. 166.

et de Madame, Louise de Savoie, mère de François Ier, d'une somme de 867.000 livres (1), sur laquelle, en 1524, il lui était encore dû 483.107 livres (2). Arrêté le 15 janvier 1527, il fut traduit devant une commission extraordinaire, condamné à mort et pendu au gibet de Montfaucon (3).

Devant une autre commission, dite de la Tour Carrée, qui siégea pendant dix ans, de 1527 à 1536, comparurent d'autres généraux et comptables, parmi lesquels un fils, deux neveux et le gendre de Semblançay : la commission ordonna de nombreuses restitutions et confiscations, et prononça des amendes dont le total s'éleva de 1.700.000 à 2 millions de livres (4).

Sous toutes ses formes, la fortune mobilière est une puissance nouvelle venue dans l'Etat. L'élite de la bourgeoisie qui la détient devient une oligarchie pratiquant le népotisme et accaparant les fonctions publiques et les bénéfices ecclésiastiques. La condamnation de Jacques Cœur et de Semblançay sont des retours offensifs de l'ancienne classe dominante qui exploite habilement les alarmes du roi, inquiet de devenir le prisonnier

(1) D'après les tables de M. d'Avenel 3.400.000 francs et, en tenant compte du pouvoir d'acquisition, d'après les coefficients du même auteur, 17 millions environ.

(2) Soit 1.900.000 = 9.500.000 francs environ.

(3) Il avait pu, dit son historien M. Spont, « profiter de l'absence de contrôle pour prélever des commissions illégales sur ses opérations avec les banquiers italiens de Lyon ; mais aucun acte de malversation sérieux n'a été relevé contre lui », *op. cit.*, p. 281. — Marot a vengé sa mémoire dans des vers célèbres (*Epigrammes*, L. IV, I, édit., Paris, 1824, t. II, p. 445 :

« Lorsque Maillart juge d'enfer menait
« A Montfaulcon Semblançay l'âme rendre,
« A votre advis lequel des deux tenait
« Meilleur maintien ? Pour vous le faire entendre,
« Maillart semblait homme que mort va prendre
« Et Semblançay fut si ferme vieillart
« Que l'on cuydait, pour vray, qu'il menast pendre,
« A Montfaulcon le lieutenant Maillart. »

V. aussi *Elégies*, L. III, I, même édit., t. I, p. 291.

(4) Il paraît d'ailleurs que ces condamnations ne furent guère exécutées (le fils de Semblançay, notamment, recouvra la baronnie de Semblançay) et que, d'autre part, les créanciers de Semblançay, envers qui il s'était engagé pour le roi, furent déçus.

de la ploutocratie. « Semblançay, dit M. Spont, clôt la brillante époque de prospérité bourgeoise inaugurée par Jacques Cœur et continuée par Jean Bourré. Les guerres de Charles-Quint donnaient de nouveau le pas aux grands seigneurs ; on marchait par degrés vers l'absolutisme et la centralisation à outrance, et le syndicat de financiers qui se partageaient le royaume avait annulé l'autorité du Conseil privé, presque celle du roi (1). »

Cependant, ces drames, et d'autres qui suivirent, ne furent que des incidents. Désormais, la fortune mobilière est une force que rien ne pourra briser. Nous avons cité des noms de financiers étrangers (2) appartenant au XVIIe siècle ; nous pouvons ici ajouter à cette liste des noms français. Ce sont « d'anciens laquais comme Macé Bertrand sieur de la Bazinière, des fils de paysans, d'artisans ou de petits marchands comme Le Ragois, Feydeau, Le Camus, Puget le trésorier de l'épargne ; Bouhier de Beaumarchais, Picard, un ancien cordonnier qui avait acheté le marquisat de Dampierre ; Moysset un tailleur devenu banquier ; Montauron, à qui Corneille dédiait *Cinna* ; Catelan, Tabouret et cent autres qui écrasaient de leur luxe les plus grands seigneurs, mariaient leurs filles aux héritiers ruinés des plus anciennes familles et se donnaient parfois des allures de Mécènes en traitant les écrivains et les artistes avec une générosité que l'Etat n'imitait pas (3)... ». Fouquet (4) et Colbert n'appartiennent-ils pas à la même lignée, ainsi que, au XVIIIe siècle, les frères Pâris, fils d'un aubergiste, devenus assez riches pour

(1) Spont, *Semblançay*, Préface, p. VII-VIII.

(2) V. *suprà*, p. 120.

(3) Pigeonneau, *Hist. du comm.*, t. II, p. 455-456. « Macé Bertrand, dit encore ce savant auteur (p. 456 en note), était riche de quatre millions. Le Ragois, plus tard sieur de Bretonvilliers, avait plus de 600.000 livres de rente. Feydeau, fermier des gabelles, gagnait 400.000 livres par an. Le Camus donnait 1 million à chacun de ses six enfants et en gardait 3 pour lui-même. Bouhier de Beaumarchais était propriétaire de six navires qui faisaient le commerce d'Amérique et des Indes. Catelan, fils d'un fripier, donnait à sa fille une dot de 600.000 livres. »

(4) V. J. Lair, *Nicolas Fouquet*, 2 vol., Paris, 1890.

entrer en lutte avec Law (1) ? Et combien instructive serait l'histoire des origines et de la fortune des traitants (2) ! Combien aussi celle des grandes familles bourgeoises, maîtresses, par l'argent, des plus hautes charges et s'y maintenant grâce à l'hérédité des offices qui se conservait, elle aussi, à prix d'argent !

Cette croissance de la fortune mobilière détachée du sol, la décadence de la puissance économique et sociale conférée par la terre, le rayonnement des échanges au delà des limites de la cité ou de la province favorisaient l'unification économique du royaume. L'unification économique et l'unification politique allèrent de pair, l'une aidant l'autre.

Cependant l'unification économique est encore imparfaite, et bien des faits prouvent la persistance du particularisme local, de l'idée que la cité et la province sont des unités économiques autonomes. Ce sont, par exemple, les prohibitions d'exporter le blé d'une province à l'autre, édictées parfois par des Parlements ou des municipalités malgré la volonté du roi. Ce sont encore des mesures de protectionnisme local : ainsi la municipalité de Souillac avait défendu la vente dans ses murs de tout autre vin que celui provenant de sa banlieue, et le Parlement de Bordeaux avait homologué sa décision. De même une ordonnance (qui date probablement de 1627) des officiers du bailliage de Mâcon avait interdit « à tous marchands de la ville de Mâcon, pays et comté de Masconnais, d'acheter aucuns vins estrangiers, en amener en ladite ville et pays, vendre ou débiter en gros ny en destail autre vin que celui du creu de ce dit pays ; et à tous marchans d'amener, vendre aulcuns vins estrangiers à peyne de confiscation des vins, bapteaux, chars, charettes, chevaulx, bes-

(1) L'un d'eux fut préposé à la liquidation du *Système*, après sa chute. V. Luchet, *Histoire des Messieurs Pâris*, 1776.

(2) V. Delahante, *Une famille de finances au XVIIIe siècle*, 2 vol., 2e édit., Paris, 1881 ; vicomtesse Alix de Janzé, *Financiers d'autrefois ; Les Fermiers généraux*, Paris, 1886 ; Pierre Clément et Alfred Lermina, *M. de Silhouette ; Les derniers fermiers généraux*, 1878 ; Vührer, *Hist. de la Dette publique en France*, 1886 ; Claudio Jannet, *Le Capital, la Spéculation et la Finance*, 1892 (V. surtout chap. XI, p. 429 et suiv.).

tail et harnoys » (1). C'est enfin et surtout le régime de la *traite foraine*, Dans sa nature originelle, la traite frappe les marchandises exportées d'une seigneurie dans une autre, car elle est pour le seigneur la compensation de la perte de la taxe qu'il aurait perçue si ces marchandises eussent été consommées à l'intérieur du territoire soumis à sa domination. Mais, quand la traite devint un impôt royal, une Union douanière s'était constituée, à l'intérieur de laquelle la traite foraine n'était pas perçue. Elle englobait les provinces sujettes aux aides et désignées plus tard du nom de *Provinces des cinq Grosses Fermes.* La traite frappait donc : 1° les marchandises exportées hors du royaume ; 2° les marchandises sortant de l'une des provinces de l'Union pour aller dans l'une des provinces sujettes aux aides et *réputées étrangères* ; 3° les marchandises allant d'une province *réputée étrangère* dans une autre. En 1664, grâce aux efforts de Colbert qui aurait voulu supprimer la traite à l'intérieur du royaume, le nombre des provinces des *Cinq Grosses Fermes* s'accrut ; de plus, leurs tarifs de droits de sortie, autrefois très compliqués et divers suivant les provinces, furent uniformisés. C'était un nouveau pas dans la voie de l'unification économique du pays ; mais de nombreuses provinces préférèrent rester en dehors de l'association, et le ministre du Grand Roi ne crut pas devoir essayer de vaincre leur résistance par la force (2). Il se forma même un troisième groupe de provinces récemment annexées et dites à *l'instar de l'étranger effectif*. Au point de vue des droits de douane, elles formaient en effet un territoire étranger dans l'Etat, jouissant

(1) Levasseur, *Hist. des Cl. ouvr.*, t. II, p. 185.

(2) Les provinces des Cinq Grosses Fermes comprenaient, après la réforme de 1664 : la Normandie, la Picardie, le Boulonnais, la Champagne, la Bourgogne, la Bresse, le Bugey, la Dombe, le Beaujolais, le Berry, le Poitou, l'Aunis, l'Anjou, le Maine, le Bourbonnais, l'Ile-de-France, l'Orléanais, la Touraine. Les provinces réputées étrangères, étaient le Lyonnais et Forez, le Dauphiné, la Provence, le Languedoc et comté de Foix, le Roussillon, la Guyenne, la Gascogne, la Saintonge, les îles de Ré et d'Oléron, la Flandre, le Hainaut, l'Artois et le Cambrésis, la Bretagne, la Franche-Comté. Les provinces à *l'instar de l'étranger effectif* comprirent les Trois-Evêchés (Metz, Toul, Verdun), la Lorraine, l'Alsace et le Pays de Gex.

d'une complète autonomie vis-à-vis du royaume et des autres pays. En conséquence, ces provinces, à leur importation dans les limites de leurs frontières, n'avaient pas à payer les droits d'entrée établis par le roi sur les marchandises étrangères ; par contre, elles devaient les acquitter si elles faisaient pénétrer dans le royaume des marchandises taxées ; enfin elles subissaient naturellement les conséquences de la *traite foraine*.

SECTION III. — Le milieu intellectuel général.

Le XVIe siècle, on le sait, fut le siècle de l'antiquité retrouvée. Mais les doctrines économiques de l'antiquité étaient bien peu nombreuses ; elles étaient déjà connues du moyen âge ; enfin, ces doctrines ascétiques ne pouvaient pas être acceptées à une époque où le développement de la richesse était comme un besoin impérieux pour les nations et suscitait l'enthousiasme général. Elles devaient être comme la graine jetée sur un sol infécond.

Par contre, il est une notion, d'ordre politique celle-là, léguée par la tradition romaine, qui devait être recueillie avec empressement : c'est celle du rôle du Souverain en matière économique. Nos anciens juristes allaient chercher des textes dans les monuments de la législation du Bas-Empire pour s'en faire des armes au service de la royauté contre la féodalité ; cette même législation, telle qu'ils la trouvaient formulée dans le Code Théodosien et dans le Code de Justinien, devait les confirmer dans cette idée, acceptée de tous, que la direction, la *police* de l'activité économique de la nation est une fonction naturelle de l'Etat personnifié par le roi. Le prince, dit Montchrétien au XVIe siècle, doit tenir « toujours l'œil ouvert et l'oreille alerte, pour voir et pour entendre tout ce qui peut apporter du bien et du soulagement au peuple....... Aussi les princes plus grands plus libéraux et plus magnifiques ont tousjours tasché d'*imaginer et dresser des règlements par lesquels ils peuvent accomoder et enrichir leurs subjects* » (1) ...

(1) Montchrétien: *Traicté de l'Economie politique* (1615), liv. I, édit. Funck-Brentano, Paris, 1889, p. 98.

Au XVIIIe siècle encore, l'Anglais Steuart regarde celui qu'il appelle « l'Administrateur » comme le conducteur suprême de la machine économique, chargé d'en régulariser les mouvements de manière à éviter les heurts. « C'est son devoir, dit-il, de faire de l'exercice même de la liberté et de tous les perfectionnements de l'industrie un objet de gouvernement et d'administration, non pas pour y porter obstacle, mais pour prévenir une révolution qui affecterait les différentes classes du peuple dont le bonheur doit faire l'objet principal de ses soins (1). » Il doit encore « faire tous ses efforts pour proportionner constamment les fournitures à la demande (2) ». Il doit enfin dispenser les emplois afin d'assurer une utilisation rationnelle des forces productives (3). Cette conception de l'administrateur n'est pas morte : elle revit aujourd'hui dans les plans de sociétés collectivistes. Elle a dominé toutes les doctrines économiques jusqu'aux environs de 1750. Comment l'expliquer ?

C'est qu'il est alors très généralement admis que même, et peut-être surtout, dans l'ordre économique, l'intérêt individuel est souvent en contradiction avec l'intérêt général : or le prince n'a-t-il pas pour mission de faire fléchir le premier devant le second ?

En outre, l'idée d'unité, d'indépendance, de fierté nationale a profondément pénétré dans l'esprit du peuple, en France, en Angleterre, en Hollande ; en France, la guerre de Cent Ans avait exaspéré ce sentiment et l'héroïque chevauchée de Jeanne d'Arc l'avait poétisé. A l'idée d'indépendance politique était étroitement liée celle d'indépendance économique et, à une époque où la foi dans l'avenir de la race était si forte et si enthousiaste, l'indépendance ne pouvait suffire ; c'est la suprématie que l'on rêvait. En dehors des croyances religieuses, c'était là l'idéal qui consolait le peuple de ses souffrances, et la royauté lui apparaissait comme en étant l'incarnation vivante et glorieuse.

(1) Steuart, *Recherches sur les principes de l'Ec. polit.* (1758), trad. fr. (1789), t. I, p. 218.

(2) Steuart, *op. cit.*, l. II, ch. XV (t. II, p. 35).

(3) Cette idée est empruntée à Mélon. — V. *infrà*.

CHAPITRE II

CARACTÈRES GÉNÉRAUX ET SOURCES DES DOCTRINES ÉCONOMIQUES.

SECTION I. — Caractères généraux.

Dans la période que nous étudions, les doctrines économiques ne se rencontrent encore qu'à l'état fragmentaire : les écrivains n'étudient que des questions isolées, ils sont dominés par l'actualité ; ils ne s'élèvent que difficilement et comme par éclairs aux grands principes généraux. Cependant, à mesure que l'on avance, se dégage cette impression que l'on tend vers la généralisation et la systématisation des notions économiques. A d'autres points de vue, la physionomie générale des doctrines économiques diffère profondément de celle qu'elles présentent dans les âges précédents.

Tout d'abord, la place qu'elles occupent dans la science n'est plus la même. Elles se séparent de l'éthique ; elles ne sont plus uniquement exposées à titre de doctrines auxiliaires pour justifier certains principes de morale sociale, comme dans l'antiquité, ou de morale domestique, comme au moyen âge : les phénomènes économiques sont étudiés pour eux-mêmes. Ce divorce explique en partie les différences qui suivent et qui découlent les unes des autres.

Leurs caractères intrinsèques ont changé. Elles n'ont plus qu'un caractère tout pratique : la majeure partie de la littérature économique de l'époque se compose d'*Essais* ou *Considérations* sur le *Commerce*, la *Monnaie*, l'*Impôt*, d'*Observations* sur tel ou tel pays, la Hollande, par exemple, etc. Ce qui préoccupe les penseurs, ce ne sont plus des problèmes d'*économie pure* ; ce n'est plus la théorie de la valeur, ni la notion du profit, ni guère même la notion de l'intérêt ; ce sont des questions de politique économique. Sans doute, nous trouvons formulé, dès le XVIe siècle, un grand théorème d'économie pure : celui connu aujourd'hui sous le nom de *théorie quantitative des prix* ; mais il n'est étudié que sous son aspect pratique, pour déterminer le rôle que l'Etat doit jouer en présence de la crise provoquée par la hausse des prix.

Ces questions de politique économique sont, en outre, envisagées à un point de vue essentiellement national. Divergences d'intérêts entre Etats, droit pour une nation à l'indépendance ou à la suprématie économique, intérêt pour elle d'affaiblir ou même écraser ses rivales afin de permettre à ses forces jusqu'alors latentes de se développer, ce sont là autant d'idées généralement acceptées comme des axiomes. L'on trouve, sans doute, une dissidence au XVIe siècle dans Bodin qui s'exprime à peu près comme le fera Hume au XVIIIe : « Nous avons affaire à des étrangers et ne saurions nous en passer.... quand bien même nous pourrions nous passer de telles marchandises (des marchandises étrangères)....., et quand bien même il en serait ainsi que nous en aurions à revendre, encore devrions-nous toujours trafiquer, vendre, acheter, échanger, prêter, voire plutôt donner une partie de nos biens aux étrangers et même à nos voisins, quand ce ne serait que pour communiquer et entretenir une bonne amitié entre eux et nous... (1). » Mais ce n'est là qu'une déclaration purement théorique, car le même auteur, dans sa *République*, préconise une politique protectionniste qui va jusqu'à la prohibition. Nous ne retrouverons plus cette contradiction entre le principe auquel on rend hommage et la conduite que l'on adopte en dépit de lui, qu'à la fin de notre période : preuve de tâtonnements au début, symptôme de ruine à la fin.

C'est ce double caractère d'être un ensemble de règles pratiques, à l'usage d'une nation donnée, qui a valu son nom définitif à la science économique avant même qu'elle fût constituée ; c'est ce double caractère que son parrain, Montchrétien, voulait

(1) Bodin, *Réponses aux Paradoxes de M. de Malestroit*, à la suite de l'édition de la *République*, Lyon, 1593, p. 60 *verso* et 61 *recto*.

exprimer en intitulant « *Traicté d'Economie politique* » (1) un ouvrage (paru en 1615) dans lequel il traçait au roi de France la conduite qu'il devait suivre en matière d'industrie, de commerce et de navigation. C'est seulement au XIXe siècle, après que les Physiocrates, Adam Smith et ses successeurs eurent imprimé à la science un caractère cosmopolite, que, pour indiquer le retour à l'ancienne conception, il fallut accoler l'épithète « nationale » à l'expression « Economie politique » (formule dans laquelle le mot « nationale » fait redondance avec le mot politique).

En outre, au point de vue de la méthode, la dialectique n'est plus employée que subsidiairement et cède le pas à l'observation : observation tantôt exacte, comme nous le verrons pour la théorie quantitative des prix, et tantôt superficielle et erronée, comme nous le verrons pour la théorie mercantile. La description des faits commence à se présenter sous la forme statistique. Déjà dans Bodin (2), l'on trouve des énumérations de prix qui ressemblent à des *index-numbers* ; on trouve aussi quelque peu de statistique dans le livre de Montchrétien. Vauban et Boisguilbert (à la fin du XVIIe siècle et au commencement du XVIIIe) en font un judicieux emploi. Mais le véritable fondateur de la méthode statistique appliquée à l'Economie politique a été le médecin anglais William Petty qui lui avait donnée le nom d'Arithmétique politique (*Political Arithmetic*, 1690) : « Ceux qui s'occupent de politique, dit-il dans la préface de l'un de ses ouvrages, sans connaître la structure, l'anatomie du corps social, pratiquent un art aussi conjectural que l'est la médecine des vieilles femmes et des empiriques (3). » Or, pour Petty, aucun fait même d'ordre social n'est exactement connu si on ne peut l'exprimer en chiffres. « La méthode que j'emploie, dit-il encore, n'est pas très habi-

(1) C'est par suite de la conception qu'il se fait du rôle du Souverain en matière économique qu'un auteur versé dans les langues anciennes, comme Montchrétien, juxtapose ces deux mots (ordonnance de la maison, de l'Etat) qui paraissent antinomiques : le roi est le chef des intérêts matériels dans l'Etat comme le père de famille dans sa maison.

(2) *Réponse aux paradoxes de M. de Malestroit*, 1576.

(3) Préface de « *The Political Anatomy of Ireland* » (1691), (dans l'édition Hull, Cambridge, 1899, t. I, p. 129). — Cf. *Treatise of Taxes* (1662), ch. V, § 17 (même édition, t. I, p. 52-53).

tuelle ; car, au lieu d'user seulement de comparatifs et de superlatifs et d'arguments purement rationnels, j'ai pris le parti de recourir à des chiffres qui expriment des nombres, des poids ou des mesures, et d'invoquer uniquement des raisons de fait (1). » Cette méthode, l'auteur l'appliqua dans de nombreux ouvrages. Tant s'en faut que ses chiffres et ses calculs soient toujours exacts ; mais l'on doit moins s'en prendre à lui qu'à l'absence de données sérieuses ; lui-même se plaint de la rareté des documents utilisables ; il demanda avec instance un recensement régulier des revenus du royaume, et il sollicita la création en Irlande d'un office de statistique qui eût été placé sous sa direction. Petty exerça une grande influence ; à son école appartiennent directement King et Davenant, écrivains anglais dont les ouvrages parurent à la fin du XVIIe siècle ; dans les *Essais politiques sur le commerce*, du Français Melon, publiés en 1731, l'on trouve un chapitre (2) qui porte pour titre : *De l'Arithmétique politique*. Ses écrits furent connus des Physiocrates et d'Adam Smith (3).

(1) Préface de *Political Arithmetic* (écrit entre 1671 et 1677 et publié en 1690), édit. Hull, t. I, p. 244.

(2) Le chapitre XXIV.

(3) Nous ne nous occupons ici que de la statistique *appliquée à l'Economie politique*. Nous omettons la statistique purement descriptive, qui rentre dans le domaine de la géographie bien qu'elle puisse fournir des matériaux aux économistes. A cette école appartiennent, au XVIe siècle, le Français Froumenteau (*Secret des finances*, 1580), l'Italien Sansovino ; au XVIIe, le Français Davity (*Les Etats, Empires, Royaumes*, etc. 1614), les Allemands Seckendorf et Conring ; dans la première moitié du XVIIIe, l'Allemand Achenwall, etc., etc. Mentionnons aussi, comme pouvant servir à l'étude de la théorie de la population, bien qu'elles n'aient pas eu ce but, les tables de mortalifé ; celles de Graunt (dont l'ouvrage paru en 1676 a été souvent attribué à Petty), de Jean de Witt (*Valeur des rentes viagères*, 1671), de Halley (1693), de Kerseboom (1742), de Deparcieux (*Essai sur les probabilités de la vie humaine*, 1746). — Signalons encore, dans notre période, le *Dénombrement du royaume de France* (1709) de Saugrain, et surtout le grand ouvrage du fondateur de la démographie, l'Allemand Süssmilch, *Die goettliche Ordnug*, etc. (*L'ordre divin dans les variations du genre humain prouvé par les naissances, les décès et la reproduction des hommes*), 1741. — V. Levasseur, *La Population française*, Paris, 1889, t. I, p. 47 et suiv. — Rap-

Enfin, les tendances des doctrines économiques se sont pareillement modifiées. L'idéal ascétique et contemplatif de l'antiquité, déjà très restreint, nous l'avons vu, au moyen âge, se trouva définitivement ruiné par le besoin de croissance des nations, Bodin dans sa *République* et Montchrétien, dans son *Traicté*, établissent un parallèle entre la contemplation et l'action, et ils se prononcent pour la nécessité de l'action. « La vie contemplative, à la vérité, est, dit Montchrétien, la première et la plus approchante de Dieu ; mais sans l'action elle demeure imparfaite et possible plus préjudiciable qu'utile aux républiques.... Aussi l'action se meslant quelquefois à la contemplation apporte de grands biens à la société humaine.... Les occupations civiles étant empeschées et comme endormies dans le sein de la contemplation, il faudrait nécessairement que la république tombast en ruine..... Or que l'action seule ne luy soit plus profitable que la contemplation sans l'action, la nécessité humaine le prouve assés et faut de là conclure que si l'amour de vérité désire contemplation, l'union et profit de nostre société cherche et demande l'action (1). » « L'heur des hommes, dit encore le même auteur, consiste principalement en la richesse (2). » Dès lors, la question qui se pose n'est plus : *Une nation doit-elle s'enrichir ?* mais : *Quels sont les meilleurs moyens pour une nation de s'enrichir ?*

Les discussions sur la légitimité du profit commercial et du prêt à intérêts sont désormais dénuées de toute portée pratique. Les limites dans lesquelles le bénéfice du marchand est autorisé sont suffisamment extensibles pour que toute espèce de commerce puisse y être comprise ; pour avoir la conscience en repos, le commerçant n'a besoin que d'être honnête. Que le trafic se dé-

pelons enfin qu'au XVIe siècle Bodin dans sa *République*, au XVIIIe siècle Vauban dans sa *Dîme royale*, et l'abbé de Saint-Pierre dans son *Mémoire sur l'utilité des dénombrements*, réclamèrent le recensement régulier de la population.

(1) Montchrétien, *Traicté de l'Ec. pol.*, liv. I, édit. Funck-Brentano, p. 21.

(2) Montchrétien, *op. cit.*, même édition, p. 99.

veloppe ; ce sera au prince de réprimer les fraudes et, s'il y a lieu, d'édicter des tarifs fixant des prix *maxima* (1).

Quant à la prohibition du prêt à intérêts, les exceptions qu'elle comporte deviennent de plus en plus nombreuses. 1° L'on admet, au XVIIe siècle, qu'il est permis, en prêtant, de stipuler un *interesse* pour un *lucrum cessans*, c'est-à-dire pour une privation de profit future, mais à ce moment certaine ou seulement vraisemblable ; 2° dès 1586, le théologien Navarrus soutient que, dans les cas où il est licite de stipuler d'avance un *interesse*, la *mora* (période de gratuité) n'est pas nécessaire ; et cette solution est définitivement consacrée par le traité de Scaccia *De commerciis et cambio* (1618) qui reçut l'*Imprimatur* papal ; 3° les Jésuites et notamment en Espagne Molina (1535-1600), aux Pays-Bas Lessius (1554-1623), en Allemagne Azorius (1533-1603), déclarent licite le *census personalis*, c'est-à-dire la rente constituée sur une somme d'argent (2) ; 4° certains théologiens, se fondant sur ce que, si l'argent est stérile quand l'emprunteur en use pour sa consommation personnelle, il en est autrement quand il est employé pour produire ou trafiquer, déclarent licite dans tous les cas le prêt à intérêts fait à un commerçant (3) ; 5° enfin, certains, allant plus loin, imaginèrent de rendre le prêt à intérêts toujours possible en le déguisant sous l'apparence d'un contrat de société. L'emprunteur et le prêteur déclarent conclure un contrat de société ; mais, en outre, ils concluent un contrat d'as-

(1) V. encore sur ce point Montchrétien, *Tracité de l'Ec. polit.*, liv. II, édit. Funck-Brentano, p. 139-140.

(2) La légitimité du *census personalis*, qu'une Bulle de Nicolas V avait exceptionnellement autorisé en Aragon et en Sicile, avait déjà été soutenue par Major et Summenhart dans la première partie du XVIe siècle ; mais cette opinion fut condamnée en 1568 par la Bulle *Cum onus* de Pie V. Les Jésuites déclaraient que cette Bulle n'avait aucune autorité dans les pays où elle n'avait pas été publiée : c'était le cas de la France, des Pays-Bas, de l'Allemagne ; et que dans les Deux-Siciles elle se trouvait paralysée par une Bulle de Grégoire XIII confirmant celle de Nicolas V.

(3) V. *Traité de la Pratique des billets et du Prêt d'argent entre les négociants*, par un docteur en théologie, Mons, 1684, et *Traité des Prêts de commerce*, par un docteur de la Faculté de théologie de Paris, Lille, 1738.

surance garantissant le prêteur contre la perte du capital et un second contrat d'assurance le garantissant contre les fluctuations et l'incertitude du bénéfice. Chacune de ces opérations prise isolément est licite ; l'ensemble l'est donc aussi. Cette théorie du triple contrat (*contractus trinus*), admise dès le XVe siècle par Angelus de Clavasio (1) et par Biel, au XVIe siècle par John Major, l'un des plus célèbres théologiens de l'époque, fut défendue en 1515 par le théologien allemand Eck (2) dans une dispute fameuse devant l'Université de Bologne : celle-ci l'adopta sans doute, car certains pamphlets de ce temps l'accusent d'approuver l'usure. Bien que condamnée par la Bulle *Detestabilis* (1586) (3), cette doctrine obtint une faveur croissante et « dès le commencement du XVIIe siècle, dit M. Ashley (4) à qui nous empruntons ces détails, elle fut admise par un si grand nombre de penseurs ecclésiastiques (5) que le placeur qui voyait une occasion de réaliser un certain bénéfice dans des opérations commerciales ne put plus être détourné par des scrupules religieux. La seule précaution à observer fut de désigner ce contrat comme un contrat de société et non comme un contrat de prêt (6). »

Il arriva donc que la licéité de l'intérêt présentée en théorie

(1) L'ouvrage de ce théologien (*Summa de casibus conscientiæ*, 1476) eut vingt éditions au moins pendant le XVe siècle et d'autres au XVIe ; il était connu sous le nom de *Summa angelica*.

(2) Eck fit le voyage aux frais du grand financier allemand Fuggers.

(3) La Bulle *Detestabilis* défendait de stipuler la restitution du capital dans un contrat de société ; on soutint que cette prohibition ne s'appliquait pas au contrat d'assurance.

(4) Ashley, *Hist. et Doctrines économiques de l'Angleterre*, trad. fr., Paris, 1900, t. II, p. 528-529.

(5) V. *Conférences ecclésiastiques de Paris sur l'Usure*, 4 vol., Paris, 1756.

(6) Il est curieux de noter que la théorie du triple contrat a été ressuscitée par un économiste moderne, M. Beauregard (*Essai sur la théorie du Salaire*, Paris, 1887), pour prouver que l'ouvrier est, au point de vue économique tout au moins, l'*associé* du patron. A son avis, le contrat de salaire s'analyse en un contrat de société, sur lequel se greffent deux contrats d'assurances, l'un contre l'incertitude et l'autre contre l'instabilité du bénéfice afférent à l'ouvrier.

comme étant l'exception devint, en fait (1), la règle ; mais la doctrine catholique n'admit jamais ce renversement des termes ; pour l'avoir tenté, le jurisconsulte Dumoulin (2) fut accusé d'hérésie et exilé, et son livre mis à l'index.

La doctrine protestante ne se montra pas plus rigoureuse (3), et même Calvin, dans sa *Lettre à Œcolampadius* (publiée pour la première fois en 1575), pose en principe la légitimité du prêt à intérêt. Il défend cependant que l'on exige des intérêts de ceux qui empruntent sous le coup d'une nécessité pressante, et il déclare ne pouvoir approuver la conduite de ceux qui font métier de prêter.

La question vraiment pratique n'est plus : *Doit-on prêter à intérêts ?* mais : *Est-il avantageux à la nation que le taux de l'intérêt soit faible ou élevé ; et, s'il est désirable qu'il soit faible, le Souverain ne doit-il pas intervenir pour le limiter à un maximum ?*

(1) Nous ne parlons ici que de la doctrine théologique. La législation civile française n'admettait pas l'intérêt même pour le cas de *damnum emergens* ou de *lucrum cessans* ; mais elle autorisait le contrat de rente même constituée sur une somme d'argent ; il était interdit de stipuler que le crédi-rentier aurait le droit d'exiger le rachat de la rente, c'est-à-dire le remboursement du capital. Mais un tiers pouvait se porter caution du paiement des arrérages pour le débi-rentier et stipuler de ce dernier qu'il lui procurerait sa libération au bout d'un certain délai. Le crédi-rentier était alors certain de recouvrer son capital, bien qu'il ne pût pas l'exiger. On devine sans peine que cette législation ne gêna guère les prêteurs. La prohibition du prêt à intérêts disparut définitivement de la loi anglaise dès le XVIe siècle.

(2) Dumoulin (*Tractatus contractuum et usurarum redituumque pecunia constitutorum* (1544) allègue que le *damnum emergens* et le *lucrum cessans* se rencontrent dans presque tous les prêts, et réfute la théorie de la stérilité de l'argent. Son argumentation fut reprise au XVIIe siècle par Saumaise (*De usuris*, 1638 ; *De modo usurarum*, 1639 ; *De fœnore trapezitico*, 1640 ; *Diatriba de mutuo*, 1640, etc.). — V. Böhm-Bawerk, *Hist. critique des théories de l'intérêt du capital*, trad. fr., Paris, 1902, t. I, p. 34-36 et p. 41 et suiv.

(3) Luther et Melanchton admettent l'intérêt en cas de *damnum emergens* et de *lucrum cessans*, et la *mora* exigée par le premier ne l'est pas par le second. Luther admet, en outre, le *census realis*, mais non le *census personalis*. La *Lettre* de Calvin à *Œcolampadius* a été réimprimée en Appendice par De Girard, *Hist. de l'Econ. sociale jusqu'à la fin du* XVIe *siècle*, p. 257 et suiv.

La pensée économique prit donc une orientation nouvelle. Ses *principales* manifestations peuvent être ramenées à trois groupes de théories :

I. — Doctrines sur la monnaie : critique des systèmes monétaires. Théorie de la hausse et de la baisse des prix par suite de l'abondance ou de la rareté des métaux précieux ou théorie quantitative des prix.

II. — Théorie de l'enrichissement des nations par l'accumulation des métaux précieux ou le mercantilisme (et ses dérivés).

Les doctrines sont, on le voit, dominées par la question des métaux précieux dont l'abondance causa comme un éblouissement.

III. — Mais bientôt une réaction se produisit contre le mercantilisme ; des doctrines et des systèmes fondés sur des principes différents apparurent, préparant l'avènement de la Physiocratie.

SECTION II. — Sources (1).

(Les auteurs et les ouvrages les plus importants sont indiqués par un astérisque.)

France.

XVIe SIÈCLE.

*Bodin, *Réponse aux Paradoxes de M. de Malestroit touchant l'enchérissement de toutes les choses et les Monnaies*, 1568 (2). — *Discours sur le rehaussement et diminution des monnaies tant d'or que d'argent et le moyen d'y remédier*. — *Réponses aux Pa-*

(1) A partir de cette période, comme les notions économiques sont étudiées à titre principal dans de nombreux ouvrages, nous omettons, en général, de mentionner les ouvrages juridiques et les innombrables traités de science politique (*Institutions du Prince*, *Princes Chrétiens*, *Républiques*, etc.), où elles ne sont exposées qu'à titre de doctrines auxiliaires. Cependant nous en citons quelques-uns où elles revêtent une originalité particulière.

(2) Nous indiquons toujours la date de la première édition, à moins qu'elle ne nous soit inconnue. Parmi les éditions postérieures nous ne citons que les très récentes qu'il est facile de se procurer.

radoxes de M. de Malestroit, 1568. — *Les Six Livres de la République,* 1576. — Sur Bodin, v. Baudrillart, *Jean Bodin et son temps,* 1853 ; Molinier, *Aperçus historiques et critiques sur la vie et les travaux de Jean Bodin,* 1867. Barthélemy, *Etude sur Jean Bodin,* 1876. — GIRARD SIEUR DU HAILLAN, *Discours sur l'extrême cherté qui est aujourd'huy en France et sur les moyens d'y remédier,* 1579. Réimprimé dans *Archives curieuses de l'Hist. de France,* vol. VI, série I, 1885. — FROUMENTEAU, *Le Secret des Finances de France,* etc., 1581. — DE MONTAND (pseudonyme de Barnaud), *Le Miroir des Français,* etc., 1581. — GRIMAUDET, *Des Monnaies, augmentation et diminution d'icelles,* 1586. — DUPLESSIS-MORNAY, *Discours sur les moyens de diminuer l'Espagnol,* 1591. — DUMOULIN, *Tractatus Contractuum et usurarum,* Edit. 1681 de ses œuvres, t. II, p. 1 et suiv. V. notamment *Quæst.* 93, *De mutatione monetarum* (*Ibid.*, p. 292 et suiv.).

XVIe, XVIIe SIÈCLES.

LAFFEMAS, *Règlement pour dresser les manufactures en ce Royaume,* 1597 (Réimprimé dans le t. XIX, des *Meilleures Dissert. sur l'Hist. de France,* publiées par Leber, 1838). — *Réponse à Messieurs de Lyon lesquels veulent empescher, rompre le cours des marchandises d'Italie,* etc., 1598. — *Les monopoles et trafic des estrangers découverts,* 1598. — *Les Trésors pour mettre l'Etat en splendeur et monstrer au vray la ruyne des Français par le traffic et négoce des estrangers,* etc., 1598. — *Le quatrième advertissement du commerce faict sur le devoir de l'aumône,* etc., 1600. — *L'incrédulité et l'ignorance de ceux qui ne veulent cognoistre le bien,* etc., 1600. — *La Commission, Edit et Partie des mémoires de l'Ordre et establissement général des manufactures en ce Royaume* (avec, à la suite, des *Remontrances en forme d'Edit* et *l'Avis des corporations* consultées par Laffemas), 1601. *Les Remontrances en forme d'Edit* ont été réimprimées par Champollion-Figeac dans *Documents inédits tirés de la Biblioth. Royale,* t. IV, 2e Partie. — *Le Discours d'une Liberté générale et vie heureuse pour le bien du peuple,* 1661. — *Comme l'on doit permettre la liberté du transport de l'or et d'argent hors du Royaume et par tel moyen conserver le nostre et attirer celui des étrangers,* 1602. — *La preuve du plant et prof-*

fit des meuriers, 1603. — *Recueil de ce qui se passe à l'Assemblée du Commerce*, 1604 (réimprimé par Champollion-Figeac, *op.* et *loc. cit.*). — *La façon de faire et semer la graine de meurier*, 1604. — *Le naturel et profit admirable du meurier*, 1604. — *Ruyne et disette d'argent*, 1605. — *Les témoignages du proffit et revenu des soyes de France.* — *Des moyens de chasser la gueuserie, contraindre les fainéans, faire travailler les pauvres..* — Sur Laffemas, v. P. Laffitte, *Notice sur Barthélemy Laffemas*, dans *Journal des Economistes*, mai 1876; Hauser, *Le Système social de B. de Laffemas* dans *Revue bourguignonne de l'Ens. supérieur*, t. XII, n° 1, p. 113 et suiv.

XVIIe SIÈCLE.

Le Bogue, *Traité et advis sur les désordres des Monnoies et diversité des moyens d'y remédier*, 1600. — D'Expilly, *Sur la défense du commerce avec l'Espagne* (Plaidoyers, VII), 1604. — Prudent le Choyselat, *Discours œconomique*, etc. 1612. — Anonyme, *Advis au Roi. Des moyens de bannir le luxe du Royaume, d'établir un grand nombre de manufactures en iceluy, d'empescher le transport de l'argent*, etc. 1614. Réimprimé dans *Arch. cur. de l'Hist. de France*, 2e série, t. I, p. 431 et suiv. — * Montchrétien de Watteville, *Traicté de l'Economie politique*, 1615. Nouvelle édition par Funck-Brentano, 1889. — Sur Montchrétien, v. Jules Duval, *Mémoire sur Antoine de Montchrétien*, etc., 1868; Dessaix, *Montchrétien et l'Economie politique nationale*, Thèse de la Fac. de Droit de Paris, 1900-1901. — Poullain, *Traitez des monnoyes*, 1709 (Recueil de Rapports sur les Monnaies présentés par Poullain à Sully; quelques-uns avaient été publiés au commencement du xviie siècle; ils furent réimprimés en 1709 avec d'autres encore inédits). — Scipion de Gramont, *Le denier roial. Traicté curieux de l'or et de l'argent*, 1620. — Sur Scipion de Gramont, v. Conigliani, *L'aumento apparente nelle spese pubbliche e il Denier roial*, etc., dans *Filangieri*, XV, fascic. V, 1890. — * Emeric de Lacroix, *Le Nouveau Cynée*, etc., 1623. — * Sully, *Mémoires des sages et royales œconomies d'Estat*, etc., etc., 1634. Ouvrage toujours cité sous le titre abrégé d'*Economies royales*. Une édition arrangée a été publiée au xviiie siècle par l'abbé de l'Ecluse (plusieurs fois réimprimée). Une autre entièrement fidèle au texte a été publiée par Michaud et Poujoulat dans la *Nouvelle collect. de Mémoires relatifs à l'Hist. de France*, t. XVI. — Sur Sully, v. De Cazoux, *La Science économique d'après Sully et les anciens*, 1834; Bonnal, *Sully économiste*, 1872. Bouzet de Cressé, *Sully*, 1878; Gourdault, *Sully et son temps*, 1878. Lavisse, *Sully*, 1884. — La Gomberdière, *Nouveau règlement général sur toutes sortes de marchandises et manufactures qui sont utiles en ce Royaume*, 1634. Réimprimé dans les *Variétés historiques et littéraires de Fournier*, t. III. — Le P. Mathias de Saint-Jean, *Le commerce honorable*, etc., 1646. — Lefèvre du Grand Hamel, *Discours sommaire de la Navigation et du commerce de la France*, 1650. — Anonyme, *Mémoires pour servir à l'Histoire de M. R., suivis de considérations sur la conduite de M. C.*, 1663 (Pamphlet contre la politique de Colbert). — Bouteroue, *Recherches curieuses des Monnoies de France*, 1666. — Anonyme, *L'Esprit de la France et les maximes de Louis XIV découvertes à l'Europe*, 1688 (Pamphlet violent contre la politique de la France). — Testament politique de Richelieu (par Hay du Chatelet ?), 1688 (V. 2e partie, ch. ix, sect. 7). — Anonyme [Jurieu ? ou Levassor ?], *Les soupirs de la France esclave*, 1690 (Pamphlet contre le Colbertisme). — Le Blanc, *Traité historique des Monnoies*, 1690; nouvelle édit. augmentée d'une *Dissertation sur quelques monnoyes de Charlemagne*, etc. 1703. — Boizard, *Traité des Monnoyes, de leurs circonstances et dépendances*, 1692. — Courtilz de Sandras, *Le Testament politique de Messire J.-B. Colbert*, 1694 (V. le chap. xv, *Des Marchands et du commerce*). — Anonyme, *Lettres d'un gentilhomme français sur l'établissement d'une capitation générale*, 1695.

XVIIe, XVIIIe SIÈCLES.

Boisguilbert, *Le Détail de la France*, 1695. D'autres éditions du même ouvrage ont paru sous des titres différents : *La France ruinée sous le règne de Louis XIV*, 1696, et *Mémoire pour servir au rétablissement général des affaires en France*, 1697. — *Le Factum de la France*, 1706. — *Traité de la nature, culture, commerce et intérêt des grains*. — *Causes de la rareté de l'argent*. — *Dissertation sur la nature des richesses*. — *Traité du mérite et des lumières de ceux que l'on appelle gens habiles de la finance* ou *grands financiers*. — Ces quatre ouvrages ont été publiés à la suite du *Détail*, édit. de 1707. — Sur Boisguilbert, v. Cohn, *Boisguilbert* dans *Zeitschr. f. d. ges. Staatswis.*, 1869 (vol. XXV), p. 369 et suiv. ; Cadet, *Pierre de Boisguilbert, précurseur des Economistes*, 1870 ; Von Skarzynsky, *P. de Boisguilbert*, etc. 1873.

XVIIIe SIÈCLE.

ABBÉ DUBOS, *Les intérêts de l'Angleterre mal entendus*, etc., 1703. — *VAUBAN, **Projet d'une Dixme Royale*, 1707. *Oysivetés*, 1843 (Recueil de Mémoires posthumes). — *Pensées et mémoires politiques inédits*, publiés par de Rochas dans le *Journal des Economistes*, 15 mai 1882. — Sur Vauban, v. Baude, *Notice sur les travaux économiques de Vauban*, dans *Mémoires de l'Acad. des Sc. Mor. et polit.*, 1858, t. XLV, p. 265 et suiv. ; Renaud, *Les Martyrs de l'Econom. Polit.*, *Vauban et Turgot*, 1870 ; Michel, *Histoire de Vauban*, 1879 ; Michel et Liesse, *Vauban économiste*, 1891 ; — Poullin, *Vauban, l'ingénieur, l'économiste*, 1891 ; Lohmann, *Vauban, seine Stellung in der geschichte der Nationalœkonomie und sein Reformplan*, 1895 ; Dollfuss, *Ueber die idee der einzigen Steuer, Vauban und seine Dime Royale*, 1897 ; Dreyfus, *Vauban économiste*, s. d. — *LAW (1), *Money and Trade considered.*, 1705 ; *Considerations sur le commerce et sur l'argent*, 1720 ; *Mémoires sur les Banques* ; *Lettres sur les banques* ; *Lettres sur le nouveau système des finances* ; *Mémoire sur l'usage des monnaies* (inséré par Forbonnais dans ses *Recherches et Considér. sur les Finances de France*, édit. Liège, 1758, t. VI, p. 181 et suiv.). *Œuvres* éditées par Sénovert, 1790. — Sur Law, v. Duhautchamp, *Hist. du syst. des Finances sous la minorité de Louis XV*, 1739 ; *Histoire générale du Visa*, 1743 ; Thiers, *Hist. de Law et de son système*, 1826 ; Cochut, *Law, son système et son époque*, 1853 ; Heymann, *Law und sein system*, 1854 ; Levasseur, *Recherches historiques sur le système de Law*, 1854 (ouvrage d'une importance capitale) ; Horn, *Jean Law*, 1858 ;

(1) L'on comprendra facilement pour quelles raisons nous rangeons Law parmi les écrivains appartenant à la France.

Alexi, *John Law and sein system*, 1885. — Huet, *Le grand Trésor historique et politique du florissant commerce des Hollandais*, etc. 1714. — Goeuwin de Rademont, *Traité de la Dîme Royale*, 1715. — Anonyme, *Réflexions sur le Traité de la Dîme Royale*, 1716. — Du Villard, *Mémoire sur le commerce des Hollandais*, 1717. — *L'Abbé de Saint-Pierre, *Mémoire pour l'établissement d'une taille proportionnelle*, 1717. — V. De Molinari, *L'Abbé de Saint-Pierre, sa vie et ses œuvres*, 1857 ; Goumy, *Etude sur la vie et les écrits de l'abbé de Saint-Pierre*, Thèse, Lettres, Paris, 1859; Siegler Pascal, *Un contemporain égaré au* XVIIIe *siècle. Les projets de l'abbé de Saint-Pierre*, 1900. — De la Jonchère, *Système d'un nouveau gouvernement en France*, 1720. — Sur cet auteur, v. de Lavergne, *Un émule de Jean Law*, dans *Journal des Econom.*, février 1863. — Ricard, *Traité général du commerce*, 1721. — Anonyme, *Traité de la Richesse des Princes*, 1722. — *Mélon, *Essais politiques sur le commerce*, 1731. — Prévost, *De l'économie des anciens gouvernements comparée à celle des modernes*, 1733. L'auteur était originaire de Genève. — Duval, *Eléments de finance*, 1736. — Ludwig, *Moyens de rendre un Etat heureux et puissant*, 1737. — *Dutot, *Reflexions politiques sur les finances et le commerce*, 1738. — Voltaire, *Observations sur MM. Jean Law, Mélon et Dutot*, 1738 ; *Lettre à M. T.*** sur l'ouvrage de M. Mélon et sur celui de M. Dutot*, 1738 ; *L'Homme aux quarante écus*, 1767. — Paris-Duverney, *Examen du Livre intitulé : Réflexions politiques sur les finances et le commerce*, 1740. — D'Aguesseau (1687-1751), *Considérations sur les Monnaies* (Edit. première de ses *Œuvres*, 1759-1789, t. X, 1777). *Mémoire sur le commerce des actions de la Compagnie des Indes* (Même édit., t. X, à la suite du précédent ouvrage, p. 169 et suiv. V. notamment p. 172 et suiv.). — Boureau des Landes, *Essai sur la Marine et le commerce*, 1743. — *Dupin, *Œconomiques*, 1745 ; *Mémoire sur les blés*, 1748 (Ce mémoire est un chapitre des *Œconomiques* publié à part et réimprimé dans le *Journal Economique* de février et mars 1760). — Dupré de Saint-Maur, *Essai sur les Monnoies ou Réflexions sur les rapports entre l'argent et les denrées pendant les cinq derniers siècles*, 1746; *Recherches sur la valeur des Monnoies et sur le prix des grains avant et après le Concile de Trente*. 1762. — Anonyme, *Lettre* *sur le luxe*, 1746. — *HERBERT, *Essai sur la police générale des grains, sur leurs prix et sur les effets de l'Agriculture*, 1753, Nouvelle édit., 1757. — PLUMART DE DANGEUL, *Remarques sur les avantages et les désavantages de la France et de la Grande-Bretagne*, 1754 (Ouvrage faussement présenté lors de sa publication comme étant une traduction de l'anglais de Nickolls). *Examen de la conduite de la Grande-Bretagne à l'égard de la Hollande*, etc. 1756. — D'HÉGUERTY, *Essai sur les intérêts du commerce maritime*, 1754. — LA CHALOTAIS, *Discours sur l'entrée et la sortie des grains*, 1754. — ANONYME, *Observations sur divers moyens de soutenir et d'encourager l'agriculture*, 1754. — *CANTILLON, *Essai sur la nature du commerce en général*, 1755. Réimpression de cet ouvrage dans la collection Mauvillon (*Discours politiques*, t. III, 2e partie), 1756. Edition récente, Boston, 1892 ; — L'*Analysis of Trade*, 1759, n'est qu'une contrefaçon de cet ouvrage, publiée par un parent de l'auteur, Ph. Cantillon. — Sur Cantillon, V. Rouxel, dans *Journal des Econom.*, juillet 1891 ; Higgs dans *The Economic Journal*, 1891, p. 262-291, et dans *The Quarterly Journal of Economics*, 1892, p. 436 et suiv. ; Jevons, dans *The Contemporary Review*, janvier 1881 ; Legrand, *Richard Cantillon. Un mercantiliste précurseur des Physiocrates*, Thèse, Fac. Droit, Paris, 1899-1900. — *CLICQUOT-BLERVACHE, *Dissertation sur les effets que produit le taux de l'intérêt*, etc., 1755. *Dissertation sur l'état du commerce en France depuis Hugues Capet jusqu'à François Ier*, 1756. *Mémoire sur les corps de métier*, 1757. Publié ensuite sous le titre de *Considérations sur le commerce et en particulier sur les Compagnies, sociétés et maîtrises*, 1758. — V. De Vroil, *Etude sur Clicquot-Blervache*, 1870. — *FORBONNAIS, *Examen des avantages et des désavantages de la prohibition des toiles peintes* (Avec une note de Vincent de Gournay), 1755. *Examen des prétendus inconvénients de commercer en gros sans déroger à la noblesse*, 1756 (Ses autres ouvrages seront indiqués ultérieurement). — *GOUDAR, *Testament politique de M. Louis Mandrin*, 1755. *Nouveaux motifs pour porter la France à rendre libre le commerce du Levant*, 1755. *Discours politique sur le commerce des Anglais en Portugal*, 1756. *Les intérêts de la France mal entendus*, etc., 1757. — ANONYME, *Observations critiques et politiques sur le commerce maritime*,

1755. — *Mirabeau, *L'Ami des Hommes*, 1756. Edit. Rouxel, 1883 (Ses autres ouvrages seront indiqués ultérieurement). — Sur les doctrines de Mirabeau d'après l'*Ami des Hommes* (antérieurement à son initiation à la Physiocratie), v. Brocard, *Les doctrines économiques et sociales du marquis de Mirabeau*, etc., 1902. — Anonyme, *Le Réformateur*, 1756. — Anonyme, *Le Réformateur réformé*, 1756. — Buché de Pavillon, *Essai sur les causes de la diversité des taux de l'intérêt chez les peuples*, 1756. — Anonyme, *Lettres d'un citoyen sur la permission de commercer dans les colonies*, 1756. — Coyer (l'abbé), *La Noblesse commerçante*, 1756 ; *Développement du système de la Noblesse commerçante*, 1757. *Chinki, histoire cochinchinoise*, 1768. — Anonyme, *La Noblesse militaire*, 1756 (Réponse à la *Noblesse commerçante* de l'abbé Coyer). — Anonyme, *Le Conciliateur ou la Noblesse militaire et commerçante en réponse aux objections faites par l'auteur de la Noblesse militaire*, 1756. — Anonyme, *Le Commerce ennobli*, 1756. — Anonyme, *Le commerce remis à sa place*, 1756. — M. van B., *Lettres de M. Van B., négociant hollandais sur les toiles peintes*, 1756. — Naveau, *Le Financier citoyen*, 1757. — Anonyme, *Remarques sur plusieurs branches de commerce et de navigation*, 1757. — Simonon, *Traité historique et méthodique sur l'usage et la valeur des anciennes monnoies d'or et d'argent et rehausse des capitaux*, 1758 ; — De Beausobre, *Essai sur le bonheur ou Réflexions philosophiques sur les biens et les maux de la vie humaine*, 1758. *Introduction générale à l'étude de la politique, des finances et du commerce*, 1764. — Anonyme, *Réflexions sur les différents écrits sur l'usage des toiles peintes*, 1758. — *Morellet (l'abbé), *Réflexions sur les avantages de la libre fabrication et l'usage des toiles peintes en France*, 1759 (Ses autres ouvrages seront indiqués ultérieurement). — Anonyme, *Réponse à l'ouvrage intitulé : Réflexions sur les avantages de la libre fabrication et l'usage des toiles peintes en France*, 1759. — *Moreau, *Examen des effets que doivent produire dans le commerce de France l'usage et la fabrication des toiles peintes*, 1759. — Anonyme, *Réflexions sur divers objets de commerce et notamment sur les toiles peintes*, 1759. — Anonyme, *Lettre aux auteurs du « Journal encyclopédique » sur les toiles peintes*, 1759. — Anonyme, *Vues politiques, sur le commerce*, 1759. —

ANONYME, *Essai de politique et de morale calculée*, 1759. — ANONYME, *Pour servir de réponse aux Réflexions sur divers objets de commerce et notamment sur les toiles peintes*, 1760. — ANONYME, *L'homme désintéressé*, 1760. — DE BETTANGE, *Traité des Monnoies*, 1760.

Angleterre.

XVIe SIÈCLE.

DUDLAY, *The tree of common wealth*. Ecrit en 1509 et 1510, publié en 1859. — ARMSTRONG, *A treatise concerning the Staple and the commodities of this Realme*. Ecrit vers 1530, publié en 1878 par Pauli. — GRESHAM, *Information touching the fall of Exchange*, 1558. Réimprimé par de Laveleye dans *Iahrbücher f. d. Nationalœkon.*, 1882 (vol. IV, p. 117-119). — HITCHCOCK, *A Politic plot for the Honour of the Prince*, 1580. — * W. S. (WILLIAM STAFFORD), *A Compendious or briefe Examination of certayne ordinary complaints*, etc, 1581. Edition récente par Miss Lamond sous le titre *A Discourse on the common weal of this Realm of England*, 1893. D'après Miss Lamond, ce dialogue aurait d'abord été composé par un autre auteur, probablement John Hales, puis publié par Stafford, avec des retranchements, des additions, et même des modifications quant au fond (V. *English historical Review*, avril 1891). — Sur Stafford, v. Nasse, *Ueber eine volkswirthsch. Schrift aus der Zeit des Preisrevolutions*, etc., dans *Zeitsch. f. d. ges. Staatswiss.*, 1863, p. 369 et suiv.

XVIIe SIÈCLE.

* MALYNES, *A treatise of the canker of England's commonwealth*, 1601. *St-Georges for England allegorically described*, 1601. *England's views in the unmasking of two Paradoxes with a replication unto the answer of Maister J. Bodine*, 1603. *The maintenance of free trade*, 1622. *Consuetudo vel Lex Mercatoria*, 1622. *The center of the Circle of Commerce*, 1623. *The Commonwealth of Bees*, 1655. — KEYMOR, *Observations on the Dutch Fishing*, écrit en 1601 paru en 1664. — WHEELER, *A treatise of Commerce*, 1601. — * MILLES, *The Customer's apologie*, 1604. *The Customer's Replie*, 1604. *The Custo-*

mer's alphabet and primer, 1608. *An Abstract almost verbatim of the Customer's Apologie*, 1622. — Gentleman, *The Way to win Wealth*, 1614. — Dudley Digges, *Defense of Trade*, 1615. — Raleigh, *Observations touching Trade and Commerce*, 1614. — J. R., *The Trade's Increase*, 1615. — Mun, *A Discourse of Trade from England unto the East Indies*, 1621. *England's Treasure by forraign Trade*, 1664. Edition récente Macmillan, 1895. Trad. fr., sous le titre de *Traité du Commerçe dans lequel tous les marchands trouveront les moyens dont ils se peuvent légitimement servir pour s'enrichir*, 1674. — Culpeper (le père), *A tract against the High Rate of Usury*, 1621. *Useful Remark on high Interest* 1641. — Culpeper (le fils), *Discourse showing the many Advantages which will accrue to this kingdom by the Abatement of Usury*, etc. 1668. Trad. fr. par Vincent de Gournay à la suite des *Traités* de Child, 1755. *The Necessity of Abating Usury reasserted in a reply to the Discourse of. Mr. Thomas Manley*, 1670. — * Misselden, *Free Trade or means to make Trade flourish*, 1662. *The Circle of Commerce or the Balance of Trade in defence of free Trade*, 1623. — Anonyme, *A true discovery of the decay of Trade*, 1622. — Maddison, *England's looking in and out*, 1640. Réimprimé sous le titre *Great Britain's Remembrancer, looking in and out*, 1655. — Robinson, *England's Safety in trade's Encrease*, 1641. *Briefe considerations concerning the Advancement of trade and Navigation*, 1649. *Certain Considérations*, etc. 1651. *Certain Proposals*, etc. 1652. *Certain Proposals*, etc. 1653. — Roberts, *Treasure of Traffike or a Discourse of Forraigne Trade*, 1641. — Violet, *Humble Declaration*, etc. 1643. *The Advancement of Merchandize*, 1651; réimprimé sous le titre de *Mysteries and Secrets of Trade Affairs*, 1653. *Answers to libells of Blondeau*, 1653. *Proposals* etc., 1656. *True Discovery*, etc., 1659. *Appeal to Cæsar*, 1660. — Brent, *Discourses consisting of Motives for the enlargement of freedom of Trade*, 1645. — Battie, *Merchant's Remonstrance*, 1648. — Parker, *Of a free Trade*, 1648. — Potter, *Key to wealth*, 1651. *Humble Proposals*, etc., 1651. *Tradesman's Jewel*, 1661. — Cotton, *The manner and Means how the Kings of England have supported their Estate*, 1651. — Philopatris, *The Advocate*, etc., 1651. — Blith, *The english*

Improver improved, a new survey of Husbandry, 1652. — B. W. *Free Ports, their nature and necessitie of them stated* 1652. — W. S. *The golden fleece*, 1656. — Davis, *Questions concerning impositions*, etc., 1656. — Lambe, *Seasonable observations*, etc., 1657. — Cradocke, *An expedient to make away all impositions*, 1660. *Wealth discovered*, 1659. — Smith, *Trade and Fishing of Great Britain displayed*, 1661. — *England's Improvement reviv'd*, 1673. — Yarranton, *The Improvement improved or the great Improvement of Land by Clover*, 1661. *England's Improvement by Sea and Land*, 1667. — * Petty, *A Treatise of Taxes and Contributions*, 1622. *Quantulumcumque concerning Money*, 1682. *Another Essay on Political Arithmetik concerning the growth of the City of London*, 1683. Cet ouvrage était primitivement précédé d'un *Essay concerning the Growth, Encrease and Multiplication of Mankind*, perdu dès 1699 et dont nous n'avons plus qu'une Table extraite d'une lettre écrite par l'auteur. *Observations upon the Dublin Bills of mortality*, 1683. *Further Observations upon Dublin Bills of mortality*, 1686. *Two Essays in Political Arithmetik concerning the people, housings, hospitals etc., of London and Paris*, 1687. *Observations upon the Cities of London and Rome*, 1687. *Five Essays in Political Arithmetik*, 1687. Une traduction française de cet ouvrage parut à Londres, la même année, avant l'apparition de l'original anglais. *Political Arithmetik or a Discourse concerning the Extent and Value of Lands, People, Buildings*, etc., 1690. *The Political Anatomy of Ireland, to which is added Verbum Sapienti*, 1691. *A Treatise of Ireland* écrit en 1687. *Extract from the Discourse concerning the use of duplicate Proportion* écrit en 1674. *Dialogue of Diamonds*. — Ces trois derniers ouvrages ont été publiés pour la première fois par Hull en 1899. — Edition complète des œuvres économiques de Petty : *The Economic Writings of Sir W. Petty*, by Hull, Cambridge, 1899, 1 tome en 2 volumes. Nous désignerons souvent cette édition par la lettre H. — Sur Petty, v. Bevan, *Sir W. Petty*, 1893. Bouet, *William Petty et son œuvre économique*, dans *Journ. des Econ.*, février 1901 (série V, tome 45), p. 247 et suiv. — Fortrey, *England's Interest and Improvement*, 1663. — Ford, *Experimental Proposals*, 1666. — Anonyme, *Interest of Money* *mistaken*, 1668. — * Child, *Brief Observations concerning Trade and Interest of Money*, 1668. *A new Discourse of Trade*, 1668. Série de traités traduits en français par Vincent de Gournay sous le titre de *Traités sur le commerce et les avantages qui résultent de la réduction de l'interest de l'argent*, 1755. — Slingsby, *The World's mistake in Oliver Cromwell, Decay of Trade*, 1668. — * Manley, *Usury at six per cent examined and found unjustly charged by sir Th. Culpeper and J. C.* etc. 1669. *A Discourse shewing that the Export of Wool is destructive to this Kingdom*, etc., 1677. — Carter, *England's Interest of Trade asserted*, etc., 1671. — * Coke, *A Treatise wherein is demonstrated that the Church and State of England are in equal danger with the Trade of it*, 1671. — Anonyme, *The Use and Abuse of Money*, 1681. — Temple, *Observations upon the United Provinces of Netherlands*, 1672. *Essay on the Trade of Ireland*, 1673. — Deux traductions en français du premier de ces ouvrages ont paru en 1674 (Paris et La Haye). Le second a été traduit dans *Les Œuvres Meslées de M. le chevalier Temple*, 1693 (1re partie, p. 93 et suiv.). — Turnor, *The Case of the Bankers and their Creditors*, etc., 1674. — Evelyn, *Navigation and Commerce*, etc., 1674. — Vaughan, *Discourse of Coin and Coinage*, 1675. — Graunt, *Natural and Political Observations upon the Bills of Mortality*, 1676. Ouvrage souvent attribué à Petty, mais dont l'auteur est presque sûrement John Graunt. Réimprimé par Hull dans les *Œuvres économiques de Petty*, 1899. — Murray, *A Proposal for the Advancement of Trade*, etc., 1676. *Composition Credit or a Bank of Credit*, etc., 1682. *Account of the Constitution and Security of a general Bank of Credit*, 1683. *A Proposal for a National Bank*, 1695. *A proposal for the better securing our Wool against Exportation*, s. d. (1692?). *A Proposal for the more easie Advancing to the Crown any fixed sum of Mony*, etc., s. d. (1696 ?). *Reasons humbly offer'd to the honourable House of Commons*, etc., s. d. *Advertisement for the more easy and speedy collecting of Debts*, etc., s. d. — Lewis, *Proposals to increase Trade*, 1677. *Proposals to the King*, 1677. *Proposals to the King*, 1678. *A short model of bank*, s. d. *A large model of bank*, 1678. — Anonyme, *Reasons for a limited Exportation of Wool*,

1677. — FILMER, *Discourse whether it may be lawfull to take use for Money*, 1678. — HAYNE, *Proposals for restoring the Woollen Manufactures*, 1679. *A view of the present State of the clothing Trade in England*, 1706. — ANONYME, *Britannia Languens*, 1680. — LAWRENCE, *The Interest of Ireland in its Trade and Wealth stated*, 1682. — * BARBON, *Apology for the Builder*, etc., 1685. *A Discourse of Trade*, 1690. *Answer to a Paper entituled Reasons against reducing Interest to four per cent*, 1694. — Sur cet auteur v. Bauer, *Nicholas Barbon*, dans *Iahrbüch. f. Nationalœkon.*, 1890 (t. XXI). — ANONYME, *A letter to a friend concerning Usury*, 1690. — * LOCKE, *Two Treatises of Civil Government*, 1690. *Considerations on the lowering of Interest and the Value of Money*, 1691. *Further Considerations concerning raising the Value of Money*, 1695. — Sur Locke v. Von Ochenkowsky, *John Locke*, etc. dans *Iahrbüch. f. Nationalœkon.*, 1880 (t. XVIII, p. 431 et suiv.). — * NORTH, *Discourse upon Trade*, 1691. — POLLEXFEN, *England and India inconsistent in their Manufactures*, 1691. *Arguments for an open Trade to the East Indies*, 1696. *A discourse of Trade, Coin and Paper Credit*, etc., 1697. — H. J., *A letter from a Gentleman in the Country to his friend in the City touching sir William Petty's posthumous Treatise entituled Verbum Sapienti*, etc., 1691. — E. H., *Reasons against reducing Interest to four per cent*, 1694. *Decus ac Tutamen : or our Money, as new coined, proved to be for the honour and safety of England*, 1696. — ANONYME, *England's glory by a royal Bank*, 1694. — ANONYME, *The nature, use and advantages of Trade*, 1694.

XVIIe-XVIIIe SIÈCLE.

DAVENANT, *An Essay on Ways and Means of supplying the War*, 1695. *An Essay on the East India Trade*, 1696-1697. *Discourse on the Publick revenues and on the Trade of England*, 1698. * *An Essay upon the probable Methods of making a people gainers in the Balance of Trade*, 1699. *Discourses upon Grants and Resumptions*, 2e édit., 1700. *Reflections on the Constitution and Management of the Trade to Africa*, 1709. — Un mémoire de Davenant (le dernier de ceux publiés dans les *Discourses* de 1698) a été traduit et inséré par Forbonnais dans ses *Recherches et considérat. sur les finances de France* (édit. Liège, 1758, t. V, p. 85 et suiv.). — Cary, *An Essay on the State of England*, etc., 1695. Autres éditions sous le titre de *An Essay towards regulating the Trade*, 1717 et 1718. *On the Coin and Credit of England*, 1696. *An Essay towards settling a national Credit*, 1696. *A Discourse on Trade*, 2e édit., 1745. *Some Considerations relating to the carrying on the linnen Manufacture in the Kingdom of Ireland*, 5e édit., 1745. — Clément, *Discourse of general notions of Money Trade*, etc., 1695. *Considérations on the East India Company. The Interest of England as it stands with relation to trade of Ireland*, etc., 1698. — Lowndes, *Report for the amendment of silver coins*, 1695. — Brewster, *Essays on Trade and Navigation*, 1696. *New Essays on Trade*, 1702. — King (Gregory), *Natural and Political Observations upon the state and condition of England*, écrit en 1696, publié en entier seulement en 1810 par Chalmers. Des extraits avaient été publiés par Davenant (*Probable Methods*, etc.) en 1699, et par Chalmers (*Estimate of the comparative strength of the Great Britain*) en 1804. — *Asgill, *Several assertions proved in order to create another species of Money than gold aud silver*, 1696. — Armour, *A letter to a member of Parliament concerning the Bank of Scotland*, 1696. *A premonitor warning*, etc., 1702. *To the honourable House af Commons*, 1722. *Proposals for making the Bank of Scotland*, 1722. — Sur cet auteur v. Sayous, *Les conditions et les fonctions d'une circulation fiduciaire selon un contemporain et compatriote de Law*, dans *Rev. d'Econ. polit.*, 1899, p. 967 et suiv. — Briscoe, *Discourse on the late Funds of the Million Act*, 1696. — Anonyme, *Regulating the silver coin made practicable and easy*, 1696. — Anonyme, *A Discourse of Money*, 1696. — Anonyme, *A Political and Historical Essay on Money*, 1696. — * Defoe, *An Essay upon projects*, etc., 1697. *The Villainy of Stock-jobbers detected*, etc., 1701. *An Essay upon Public Credit*, 1710. *An Essay upon Loans*, 1710. *An Essay upon the South sea Trade*, 1710. * *An Essay upon the Treaty of Commerce with France*, 1713. *Considerations upon the eighth and ninth articles of the Treaty of Commerce and Navigation*, 1713. *Some thoughts upon the* *subject of Commerce with France*, 1713. *A general history of Trade*, 1713. *Anatomy of Exchange*, 1719. *The Chimæra of the french way of paying national debts laid open*, 1720. *A Tour thro' the whole Island of Great Britain*, 1724-1725. *The complete english Tradesman*, 1728. * *An humble Proposal to the people of England for the Encrease of their Trade and Encouragement of Their Manufactures*, 1729. — Defoe était le directeur du *Mercator*, publication qui parut, trois fois la semaine, du 26 mai 1713 au 20 juillet 1714.

XVIIIe SIÈCLE.

Paterson, *Proposal for a Council of Trade*, 1701. *A Proposal to plant a Colony in Darien*, 1701. *Dialogues*, etc. 1717. *Newton, *Reports*, 1701 à 1717 (Annuels). V. Dana Horton, *Sir J. Newton and England's prohibitive Tariff upon Silver Money*, 1881. — Anonyme, *Remarks upon the Bank of England*, 1705. — Crommelin, *Essay towards the improving of the Hemp and Flox Manufactures*, 1705. — Black, *An Essay upon Industry and Trade*, 1706. — Anonyme, *Miscellanea or Discourse concerning Trade*, 1712. — Cawood, *An Essay or Scheme towards establishing and improving the Fishery and other Manufactures*, etc., 1713. — Anonyme, *General Maximes in Trade and Commerce*, 1713. — Anonyme, *Thoughts on Trade and a public Spirit*, 1716. — Anonyme, *Letter to a friend in which is shown the inviolable nature of Publick Securities*, 1717. — Anonyme, *A Survey of Trade*, etc., 1718. — Elking, *The Interest of England considered with respect to its Manufactures*, 1720. *A view of the Greenland Trade and Whale Fishery*, etc. 1722. — Anonyme, *The Advantages of the East India trade considered*, 1720. — Hutcheson (Archibald), *An Abstract of an Account stated by some of the Clerks at the South Sea House*, 1720. *An estimate of the value of the South Sea Stock*, 1720. *Some Computations relating to Money*, etc. 1720. *A Collection of Treaties relating to the Publick Debts*, etc. 1721. *An Abstract of all the Publick Debts*, etc., 1723. — *Gee, *The British Merchant or Commerce preserved*, 1721 (Recueil des numéros du journal *The British Merchant* fondé en 1713, réunis par Ch. King.). Traduit en partie par Forbonnais sous le titre *Le Négociant anglais*, 1753. —

The Trade and Navigation of Great Britain, etc. 1730. Trad. fr. sous le titre *Considérations sur le Commerce et la Navigation de la Grande-Bretagne*, 1750. *An impartial Enquiry into the importance and present state of the Woolen Manufactures of Great Britain*, 1742. *Grazier's Advocate*, etc., 1742. — *Berkeley, *Essay towards preventing the ruin of Great Britain*, 1721. *Querist*, 1735-1737. — Gould, *An Essay on the National Debt*, 1726. *Defence of an Essay on the Publick Debts of this Kingdom*, 1727. — Cheshire, *Anglia restaurata : or the Advantages of smuggling Wool from England and Ireland to France*, etc., 1727. — Dobbs, *An Essay on the Trade and Improvement of Ireland*, 1729. *An Account of the countries adjoining Hudson's Bay.* — Anonyme, *Some Considerations on the national Debts*, etc., 1729. — Anonyme, *An Appeal to the Landholders concerning the benefice of an Excise upon wine and tobacco*, 1733. — *Vanderlint, *Money answers all things*, 1734. — Anonyme, *Some Considerations concerning the Publick Funds*, etc., 1735. — Anonyme, *The Interest of Scotland considered*, 1736. — Anonyme, *Considerations on reducing Interest*, 1737. — Anonyme, *Observations on British Wool*, 1739. — Ashley, *Memoirs and consideratione concerning the Trade and Revenues of British colonies in America*, etc., 1740. — *Decker, *Essay on the Causes of Decline of foreign Trade*, 1740. Trad. fr. (par Gua de Malves) sous le titre *Essai sur les causes du déclin du commerce étranger de la Grande-Bretagne*, 1757. *Serious Considerations on the several high duties*, 1744. — *Hutcheson (Francis), *A System of moral Philosophy*, 1742. *Philosophiæ moralis institutio compendiaria*, etc., 1745. — Postlethwayt (Malachy), *The African Trade*, 1745. *The national and private Advantages of the African Trade*, 1746. *Considerations on the Revival of the Royal Asiento*, 1749. *Universal Dictionary of Trade and Commerce*, 1751. *Great Britain's true System*, 1757. *Great Britain's commercial interest explained and improved*, 1759. — *Anonyme, *Account of english Money*, 1745. — Barnard, *A Defence of several proposals for raising of three Millions*, 1746. *Letter to a M. P. on the rejection of the Scheme*, 1746. *Considerations on the Proposal for reducing the Interest*, 1750. *Some thoughts on the scarcity of Silver Coins*, 1759.

— Anonyme, *National Economy recommended*, 1746.— Smith (John), *Chronicon rusticum commerciale or Memoirs of Wool*, 1747. *The Case of the english Farmer and his landlord in answer to Mr. Temple*, etc. 1750. *A Review of the Manufacturers complaints against the Wool-grower*, 1753.— *Tucker, *A brief Essay on the Advantages and Disadvantages which respectively attend France and Great Britain with regard to Trade*, etc., 1748. *On the Expediency of a law for the Naturalization of foreign Protestants*, 1751-1752. Trad. fr. de la IIe partie par Turgot sous le titre de *Questions importantes sur le commerce*, 1755. *Reflexions on the Expediency of opening the Trade to Turkey*, 1753. *The Elements of commerce and Theory of Taxes*, 1755. *The Causes of Dearners of provisions assigned with effectual method of reducing the Prices of them*, 1756. *Tracts on Political and Commercial subjects*, parus en 1758, 1763, 1766, 1774, 1775, 1776. *Cui bono, Letters to Necker*, 1781. — Massie, *Essay on the governing Causes of the national rate of Interest*, 1750. *Calculation of Taxes for a family of each Rank*, 1756. — *Considerations on the Leather Trade of Great Britain*, 1757. *A Plan for the Establishment of Charity Houses*, 1758. *A Representation concerning the Knowledge of Commerce*, etc., 1760. *Observations relating to the Corn of Great Britain*, 1760. Et 19 autres opuscules de médiocre importance. — Anonyme, *Considerations on the Proposals for reducing the interest of the national Debt*, 1750. — Hocke, *An Essay on the national Debt and national Capital*, 1751. — Morris, *Observations on the past Growth..... of the City of London*, 1751. *A Letter balancing the causes of the present scarcity of our Silver Coin*, 1757. *A Plan for arranging and balancing the Accounts of Landed Estates*, 1759. — Anonyme, *A dispassionate Remonstrance of the nature and tendency of the Laws now in force to the reduction of Interest*, 1751. — Anonyme, *Some cautions concerning the copper Coin*, 1751. — *Hume, *Political Discourses*, 1752. *Essays and Treatises on several subjects*, 1753. Trad. fr. par Mlle de la Chaux, 1752-1753 ; par l'abbé Le Blanc, 1754 ; par Mauvillon, 1754. Edition récente : *Essays moral, political and litterary*, edited by Ch. Green et Th. Grose, 1882. — Sur Hume, v. Richie, *Essai sur les écrits et la vie de Hume*, 1807. Cucheval-Clarigny, *David*

Hume, sa vie et ses écrits dans la *Revue des Deux-Mondes*, 1er novembre 1856. Lechartier, *David Hume, moraliste et sociologue*, 1900. Schatz, *L'œuvre économique de David Hume*, Thèse, Faculté Droit, Paris, 1901-1902. — ANONYME, *The Complaints of the Manufacturers relating to abuse in making the Sheep*, 1752. — ANONYME, *Enquiry into the Original and Consequences of the Publick Debt*, 1753. — WALLACE, *A Dissertation upon the numbers of Mankind*, 1754. Trad. fr. par Eidous, 1767. — BOLINGBROKE, *Works*, published by Mallet, 1754. — ANONYME, *A Collection of letters relating to the East India Company and to a free Trade*, 1754. — ANONYME, *The Wisdom and Policy of French*, 1755. — ANONYME, *Great Britain's poverty and distress exemplified by the East India Monopoly*, 1755. — BELL, *A Dissertation on the following subject: What causes principally contribute to render a nation populous.....?* 1756. — ANONYME, *Considerations on the Revenue of Ireland*, 1757. — HARRIS, *An Essay on Money and Coins*, 1757-1758.— SMITH (Charles), *A short Essay on the Corn Trade and the Corn Laws*, 1758. *Considerations on the laws relating to the Importation and Exportation of Grain*, 1766. *A Collection of papers relating to the Price, Exportation and Importation of Corn*, 1766. — W. TEMPLE, *A Vindication of the Arts, proving that they are the source of the Greatness, Power and populousness of a State*, 1758 (Il y eut deux W. Temple). — ANONYME, *The case of the five Millions fairly stated in regard to Taxes, Trade*, etc., 1759. — ANONYME, *A Plan of short heads of a Scheme (for a Bill, if passed into a law) whereby this Nation may for ever Keep the sole manufacturing up of our Wool*, 1760.

Italie.

XVIe SIÈCLE.

CASALI, *In legem agrariam*, 1524. — SASSETTI, *Ragionamento sopra il commercio fra i Toscani e i Levantini*, écrit en 1577, publié pour la première fois dans *Letere inedite di Filippo Sassetti*, 1855. — *SCARUFFI, *L'Alitinonfo*, etc., 1582. — Sur cet auteur, v. Balletti, *Gasparo Scaruffi e la questione monetaria nel secolo XVI*, 1882. — ANONYME, *Breve instruttione sopra il*

Discorso fatto dal Mag. M. Gasparo Scaruffi, etc., 1582. — * BOTERO, *Cause della grandezza e magnificenza della città*, 1588. *Della Ragion di Stato Libri Dieci* (suivi du précédent ouvrage), 1589. Trad. fr. par Gabriel Chappuys, *Raison et Gouvernement d'Etat*, 1599. Sur Botero, v. Jandelli, *Il precursore di Malthus*, dans *Filosofia delle scuole italiane*, 1881 (vol. XXIII, p. 147 et suiv.). — * DAVANZATI, *Lezione delle monete*, 1588. *Scisma d'Inghilterra con altre operette*, 1638 (Posthume). — DI MORAES, *Discorso intorno le carestie*, 1591. — CAMPANELLA, *Della Monarchia di Spagna* écrit vers 1598 (V. ch. XVI). *Arbitrio o Discorso primo sopra l'aumento dell' entrate di Regno di Napoli*, écrit avant 1607. Ces deux ouvrages ont été publiés pour la première fois dans ses *Œuvres* en 1854 (1).

XVIIe SIÈCLE.

SEGNI, *Trattato sopra la Carestia*, 1602. — PRATISUOLI, *Consideratione sopra l'Alitinonfo del S. Gasparo Scaruffi*, 1604. — * DE SANTIS, *Discorso intorno alli effetti che fa il cambio in Regno*, 1605. *Secondo Discorso intorno agli effetti che fa il cambio in Regno. Sopra una riposta che è stata fatta adverso del primo*, 1605. — ANONYME, *Riposta sopra il Discorso fatto per Marc' Antonio de Santis intorno agli effetti che fa il cambio in Regno*, 1605. — * SERRA, *Breve Trattato delle cause che possono fare abbondare i regni d'oro e d'argento dove non sono minieri*, 1613. — Sur cet auteur, v. Fornari, *Studii sopra Antonio Serra e Marc' Antonio de Santis*, 1879. De Viti de Marco, *Le teorie economiche d'Antonio Serra*, dans *Memorie del R. Inst. Lombardo di Scienze*, série III, vol. IX, p. 103 et suiv. — PIAZOLI, *Discorso sopra l'origine delle gravezze dello Stato*, 1614. — * BIBLIA, *Discorso sopra l'aggiustamento della moneta e cambii del Regno*, 1621. — TURBOLO, *Della differenza ed inequalità delle monete*, etc., 1616. *Nuovi carrichi*, etc., 1623. *Discorso sopra le monete*, etc., 1629. *Mazzetto di fiori*, etc., 1629. — BOCCHI, *Della giusta universale Misura e suo typo*, 1621. — ZUCCOLO, *Dialoghi*, 1625 (V. *Il Porto, overo della Republica d'Evandria*). — * LUNETTI, *Politica mercantile*,

(1) Nous aurons, en outre, à parler, en traitant du socialisme, de sa *Cité du Soleil*.

1630. *Ristretto de Tresori... che si havera con l'esecuzione della Regia Tavola*, etc., 1640. — FERRAIOLO, *Espediente da levare la gabella*, etc., 1634. *Trattato da soccorrere Sua Maestà... con levare tutte le gabelle della città*, s. d. *Trattato da desempegnar Sua Maestà Cattolica*, etc., 1639. *Monte da spegnare il Real Patrimonio della Maestà Cattolica*, etc., 1639. *Prudenza di non pensar*, etc., 1641. *Trattato d'aver denaro per le guerre*, etc., s. d. — *Lettore, legi tutto*, etc., s. d. — GASPARINO, *De legitimo et naturali rerum venalium pretio*, 1634. — TAPIA DI BELMONTE, *Trattato dell' Abbondanza*, 1638. — TRIDI, *Informazione del danno proceduto... dall'imposizione dell' estimo della mercantia*, etc., 1640. — CAVATIO, *Allegiamento dello Stato*, 1654. — PARAVICINI, *L'inequalita del peso*, etc., 1682. — GIOGALLI, *Scrittura inedita*, 1856. Ouvrage écrit au XVIIe siècle.

XVIIIe SIÈCLE.

NUZZI, *Discorso intorno alla coltivazione e popolazione della Campagna di Roma*, 1702. — CEVA, *De re nummaria quoad fieri potuerit geometrice pertractata*, 1711. — GHERLINI, *Riflessioni bisegnevoli*, etc., 1714. — GABRIELLI, *Del Regolamento economico dell' Agricoltura e del prezzo de grani*, 1718. — RONZIO, *Progetto fatto per rimittere in quest' inclita cettà di Milano il decaduto mercimonio e commercio*, etc., 1720. — PASCOLI, *Testamento politico d'un Academico fiorentino*, 1733. — * BROGGIA, *Trattato de' Tributi, delle Monete e del governo politico della Sanità*, 1743. *Memoria ad oggetto di varie politiche ed economiche ragioni*, 1754. *Riposte alle obbiezzioni fatte da varie soggeti*, etc., 1755. — SAPPETTI, *Elementi di Commercio*, 1749. — COSTANTINI, *Massime generali intorno al commercio*, 1749. — MURATORI, *Della pubblica felicità oggetto dei buoni Principi*, 1749. — * BELLONI, *Del Commercio*, 1750. Trad. fr. : *Dissertation sur le commerce*, 1756. — * GALIANI, *Della Moneta libri cinque*, 1750. (Ses autres écrits seront énumérés postérieurement.) — * NERI, *Osservazioni sopra il prezzo legale delle monete*, 1751. *Memoria sopra la materia frumentaria* ; publié pour la première fois dans *Scrittori class. italiani di Econ. polit.*, 1805 ; figure aussi dans la *Raccolta degli economisti toscani*, 1848. — PAGNINI, *Saggio sopra il giusto* *prezzo delle cose, la giusta valuta della moneta e sopra il commercio dei Romani,* 1751. — * GENOVESI, *Ragionamento sul commercio universale,* 1754. *Delle Lezioni di Commercio o sia d'Economia civile,* 1765. *Ragionamento intorno all' agricoltura,* 1769. *Lettere familiari,* 1787. *Altro Ragionamento sopra l'agricoltura. Ragionamento su le Manifatture. Ragionamento sullo spirito della pubblica Economia. Digressioni economiche.* — Ces quatre derniers ouvrages publiés pour la première fois dans *Scrittori class. ital. di Econ. polit.,* 1805. — Genovesi a aussi traduit en italien l'*Essai sur la Police des grains* d'Herbert ; cette traduction a paru en 1765. — RICCI, *Ragionamento intorno alla Navigazione e al Commercio,* 1755. — PEREIRA, *Dissertazione sopra la giusta valuta delle monete e la necessità del commercio per arrichire gli Stati,* 1757. — FORTUNATO, *Riflessioni intorno al commercio antico e moderno del Regno di Napoli,* 1760. *Discovertà dell' antico Regno di Napoli col suo presente stato,* 1767. — * VERRI, *Dialogo sul disordine delle Monete,* 1762. * *Meditazioni sull' Economia politica,* 1771. Trad. fr. : *Réflexions sur l'Econ. Polit.,* 1773. *Consultà sulla riforma delle monete,* 1772. * *Sulle leggi vincolanti principalmente nel commercio de' grani.* Ecrit en 1769, paru en 1796. *Estratto del proggetto di una tariffa,* 1774. *Memorie storiche sull' Economia pubblica dello Stato di Milano. Degli Elementi di Commercio. Considerazioni sul lusso. Estratto del Bilancio generale del Commercio.* — Ces trois derniers écrits parurent, à l'époque, dans une feuille périodique *Il Caffé.* Les *Memorie storiche* ont été publiés pour la première fois dans *Scritt. class. ital. di Ec. polit.* — Sur cet auteur, V. Bouvy, *Le Comte Pietro Verri* (1728-1797), *ses idées et son temps.* Thèse Faculté Lettres, Paris, 1889-1890. (V. ch. III, *Le Réformateur financier et l'économiste* et principalement le § 3 de ce chapitre.) — * BECCARIA, *Del disordine e de rimedi delle monete,* 1762. * *Elementi di Economia Politica,* leçons professées en 1769 et publiées pour la première fois dans *Scritt. class. ital. di Econ. polit.* — CARLI, (1720-1795), *Dissertazione dell' origine e del commercio della moneta. — Proporzione media fra i metalli monetati. — Della valore e della proporzione de metalli monetati. — Osservazioni preventive al piano intorno alle monete. — Nuove osser-*

vazioni sur la riforma delle monete. — *Breve ragionamento sopra i balanci economici delle nazioni.* — *Del libero commercio de grani. Lettera al Presidente Neri.* — (Dans *Scritt. class. ital. di Econ. polit.*).

Espagne.

XVIe SIÈCLE.

ANONYME, *Libro de la poblacion en Espana*, s. d. (fin du XVe ou commencement du XVIe siècle). — VIVES, *De subventione pauperum*, 1526. Trad. fr., 1583. — SARAVIA DE LA CALLE VERONENSE, *Instruccion de mercaderes*, etc., 1544. — SOTO, *Deliberacion en la causa de los pobres*, 1545. — ORTIZ, *Memorial al Rey para que non salgan dineros de estos reinos de Espana*, 1558. *Memorial al Rey para prohibir la salida de l'oro*, 1588. — GIGINTA, *Tratado de remedio de pobres*, 1579. *Exhortacion a la compassion de los pobres*, 1584. *Cadena de oro del remedio de los pobres*, Perpignan, 1584. *Ataloya de caridad*, 1587. — SANTILLANA (Juan de), *Memorial sobre reformacion de trojes*, 1590. — CRISTOBAL PEREZ DE HERRERA, *Discorso del amparo de los legitimos pobres*, 1595. *Rimedios para el bien de la salud del cuerpo de la republica*, 1616. *A los caballeros procuradores de Cortes sobre varios puntos tocantes al buen gobierno y riqueza de estos reinos*, 1617. Et plusieurs autres écrits sur les pauvres. — PONS, *Medios propuestos por... del Consejo de Hacienda*, 1595. — CASTILLO DE BOBADILLA, *Politica*, etc., 1597. — ADRIAN DE AYNSA, *Claro y lucido espejo de almutazafes o fieles*, etc., 1597. — MARIANA (Juan de), *De ponderibus et mensuris*, 1599. *De monetæ mutatione disputatio*, 1609. Sur cet auteur, v. Pascal Duprat, *Un Jésuite économiste*, dans *Journ. des Econ.*, 3e série, t. XVII, p. 85 et suiv. — CELLORIGO, *Memoriales sobre la politica necessaria a la republica de Espana*, etc., 1600. — NAVARRO, *Memorial y resolutoria sobre los danos que causan... los arrendadores de los frutos*, etc., 1600. — SORA, *Viedas de la moneda de oro y plata*, s. d. (fin du XVIe siècle).

XVIIe SIÈCLE.

VALENCIA (Pedro de), *Discurso sobre el acrecentamiento de la* *labor de la tierra*, s. d. *Discurso contra la ociosidad*, 1608. *Discurso de la tasa del pan*, s. d. *Discurso a S. M. para que no se cargue tanto a los reinos con imposiciones*, s. d. — CASTILLA (Luis de), *Razonamiento*, etc., 1604. — ALAMOS Y BARRIENTOS, *Aforismos politicos a las obras de Cayo Cornelio Tacito*, 1614. *Advertimientos al gobierno*, s. d. *Puntos politicos o de estado*, s. d. — VALLE DE LA CERDA, *Desempeno del patrimonio de S. M.*, etc., 1618. — LOPE DE DEZA, *Gobierno politico de la agricultura, de su dignidad, necessidad y utilidad*, etc., 1618. — GARCIA DE HERRERA Y CONTRERAS, *Memorial... sobre la manera de remediar su despoblacion y falta de riqueza*, 1618. — BELLUGA DE MONCADA, *Memorial de la ciudad de Toledo... su despoblacion y pobreza*, 1618. — SANCHO DE MONCADA, *Riqueza y estable de Espana*, 1619. Et huit autres mémoires réimprimés sous le titre de *Restauracion politica de Espana*, 1746. — DAMIAN DE OLIVARES, *Memorial sobre las fabricas de Toledo*, 1620. *Memorial para prohibir la entrada de los generos estrangeros*, 1621. — NAVARETTE, *Discursos politicos*, etc., 1621. *Conservacion de Monarquias y Discursos politicos*, 1626. — UNIVERSITÉ DE TOLÈDE, *Memorial al Senor Rey para que non salgan de Espana materias laborables, ni entren mercaderias labradas fuera de ella*, s. d. — GOMEZ, *Discursos sobre el comercio de las dos Indias*, 1622. — LISON Y VIEDMA, *Discursos y Apuntamientos*, etc., 1622. *Memorial... sobre el consumo de la moneda de vellon*, etc., 1627. — VALLEGERA MARDONES, *Memorial al Rey sobre la baja de la moneda de vellon*, etc., 1623. — ZEVALLOS, *Arte real para el buen gobierno de los reyes*, etc., 1623. *Discurso y parecer*, s. d. — ROJAS, *Memorial... sobre el remedio de los males de la monarquia*, 1623. — * STRUZZI, *Dialogo sobre el comercio de estos reinos de Castilla*, 1624. — LOPEZ DE REINO, *Discursos politicos*, etc., 1624. — ARDID, *Invectiva contra el vicio de la usura y usereros*, 1624. — DE CASTANERES, *Sistema sobre prohibir la entrada de los generos estrangeros*, 1626. — GONZALES DE AYALA, *Discurso sobre la reduccion de la Moneda*, 1626. — PEREZ MANRIQUE, *Memoriales al Rey sobre los arbitrios que se dieron para la labor y consumo de la moneda de vellon*. Deux de ces mémoires parurent en 1626 et le troisième en 1642. — BASSO, *Arbitrios y Discursos Politicos*, 1627.

— SORIA Y VERA, *Tratado de la justificacion y conveniencia de la tasa del pan*, etc., 1627. — CAXA DE LEZUELA, *Discurso sobre la principal causa y reparo de la necessidad commun, carestia general y despoblacion de estos reinos*, 1627. *Restauracion de la abundancia antigua de Espana*, 1631. *Restauracion de la abundancia de Espana*, etc., 1713. BARBON Y CASTANEDA, *Provechosos arbitrios al consumo del vellon*, etc., 1628. — MANOJO DE LA CORTE, *Pruébase que conviene reformar los precios de las cosas*, s. d. — PENALOZA Y MONDRAGON, *Libro de las cinco excelencias del espanol que despueblan a Espana para su mayor potencia y dilatacion*, 1629. — CARRANZA, *El Ajustamento y proporcion de las monedas de oro, plata y cobre*, etc., 1629. *Rogacion al Rey D. Felipe IV... en detestacion de los grandes abusos en los trajos y adornos nuevamente introducidos en Espana*, 1636. — OLIVARES (Conde Duque de), *Memoria*, etc., 1632. — DAVILA Y LUGO, *Desenganos y Replicas a las Proposiciones de Gerardo Basso*, 1632. — MARTINEZ AMILETA, *Discurso de las conveniencias y acrecentamiento que tendran los reales tesoros con el crecimiento del valor del oro y plata*, 1632. — FUSTER Y DONELFA, *Discurso sobre el comercio, entradas y salidas de las mercaderias*, etc., 1637. — PELLICER DE SALAS DE OSSAU, *Il comercio impedido por los enemigos de la monarquia*, 1639. *Censura al libro de la poblacion de Espana escrito por Mendez Silva*, s. d. — SAAVEDRA FAJARDO, *Idea de un principe politico cristiano*, etc., 1640. — NIEREMBERG, *Causa y remedios de los males publicos*, 1642. — ALCAZAR DE ARIAZA, *Nueva Declaracion de un medio universal para extinguir los tributos*, 1646. *Medios politicos para el remedio unico y universal de Espana*, etc., 1646. — CRIALES Y ARCE, *Cartas à Félipe IV*, 1646. — EXEA Y TALAYERO, *Discurso sobre la autoridad de la ilutrisima Diputacion del reino de Aragon para sacar de el moneda de oro y plata*, 1647. — MARTINEZ DE LA MATA, *Memoriales o Discursos... en razon del remedio de la despoblacion, pobreza y esterelidad de Espana*, 1650. — BUSTAMENTE, *Memorial sobre el fomento de la poblacion, y otro sobre la manera de subrogar la renta de millones*, 1650. — DAVILA, *Resumen de los medios practicos para il general alivio de la Monarquia*, 1651. — ESCRIBA, *Respuesta de siete dudas*, etc., 1653. — OLOZARRAGA, *Memorial de* *discursos politicos y medios para el desempeno de las rentas del Rey*, etc., 1654. — ANDRADE BENAVIDES, *Memorial*, etc., 1656. — UBERTE, *Tratado legal y politico sobre el abasto del pan*, 1662. — MARTINEZ (Juan), *Discursos politicos*, 1664. — PEREZ DE ROCHA, *Epitome politico*, s. d. *Discurso politico... sobre la moneda y el consumo del vellon*, s. d. — ANONYMES. *Memorial de la ciudad de Burgos à D. Felipe IV para que no se labre nueva moneda de vellon*, s. d. — *Discurso del dano que han causado las mercaderias extranjeras*, s. d. — *Discurso sobre la moneda*, s. d. — GARCES, *Discurso politico sobre la recoleccion de mendigos*, 1666. — CASTILLEJO, *Memorial sobre el amparo de la Real Cabana*, 1667. — LLOP, *Expediente facil y practicable par desempenar y descorgar la ciudad de Valencia de las muchas deudas que la oprimen*, etc., 1669. — CASTRO, *Memoriales*, etc., 1669. — CENTANI, *Tierras*, etc., 1671. — CANO, *Reformacion moral, politica y cristiana*, 1675. — SOMOZA Y QUIROGA, *Discurso... tocante a la estabilidad, medios y dificultades que se consideran en la moneda de Castilla*, 1677. *Breve minuta de la unica recuperacion y aumento de la Monarquia de Espana*, 1679. Et un grand nombre d'autres Mémoires. — MONTE, *Manifiesto*, etc., 1677. — ANONYME, *Cabos que deben tenerse presentes en las Cortes del Ilmo. Reino de Aragon, para adelantar y convertir en propria utilidad su trafico y comercio*, 1677. — BORRUEL, *Motivos para adelantar el comercio, fabricas y otras artes en el reino de Aragon*, 1678. — ANONYMES, *Adelantamiento del restablecimiento del reino de Aragon*, 1678. — *Medios y remedios*, etc., s.d. — *Memorias y recuerdos*, etc., s. d. — *Papel sobre arbitrios*, etc. — (Série de Mémoires présentés aux Cortès en 1677 et 1678.) — ARIZMENDI, *Breve compendio de las sabidas verdades*, etc., 1682. — SANCHEZ DE URIBE SALAZAR, *Discurso sobre la moneda*, 1683. — * DORMER, *Discursos historicos, politicos*, etc., 1684. — GRACIAN SERRANO Y MANERO, *Manifiesto convencimiento de los danos que padece el reino de Aragon*, etc., s. d. *Exhortacion a los Aragoneses*, etc., 1684.— LORENTE, *Expediente facil y practicable para desempenar la hacienda.. de las muchas deudas que la oprimen*, etc., 1685. — OLIVER Y FULLANA, *Siete Reflexiones historico-politicæ de la navegacion y comercio*, etc., 1686. — *Memorial... sobre el comercio, navegacion y corso de los* *flamencos*, 1690. — Anonyme, *Memorial a D. Carlos II sobre la despoblacion falta de industria y exceso de tributos*, 1686. — Alvarez Osorio y Redin, *Memoriales*, etc., 1686. — Velez, *Memoria*, 1687. *Memoria ó voto*, 1688. *Memoria o consulta*, 1690. — Salazar y Castro, *Discurso politico sobre la flaqueza de la monarquia*, 1687. — Falco de la Belaochaga, *Parecer y voto*, etc., 1689. — Anonyme, *Copia de representacion hecha en el ano de* 1700 *sobre providencia de granos*, s. d.— Diez de Atienza, *Recopilacion de varios memoriales para el mejor cobro de los reales derechos de la plata que se saca de Indias y para el ajustamento de las monedas a su valor intrinseco*, s. d. — Anonyme, *Planta o elementos practicos sobre que parece que se debe discurrir en remedio a las faltas de trato, rentas y moneda que tiene hoy Espana*, s. d. — Anonyme, *Memorial de los fabricantes de Aragon para el repara universal del reino*, s. d. — Esquerra de Rojas, *Discursos*, etc., s. d. — Cubero y Sebastian, *Un Memorial*, etc., s. d. *Otro Memorial*, etc., s. d. — Grau y Monfalcon, *Memorial sobre las pretensiones de la ciudad de Manila*, etc., s. d. — Aoiz, *Resolucion a la duda ordinaria*, etc., s. d. — Anonymes, *Memoriales de los corredores de oreja de Zaragosa, manifestando los medios y modos de sostener sus destinos publicos*, s. d. — *Memorial de los sombreros para que no se les impida el forra los sombreros por si, sus mujeres, hijos y oficiales, sin que esto toque a los cordoneros*, s. d. — *Tratado del modo de remediar los danos y perjuicios que se ven en el reino de Aragon con motivo de introducirse tejidos y gentes extranjeras en el*, s. d. — *Papel de los oficios de los manufacturas de la Imperial ciudad de Zaragosa*, etc., s. d. — *Papel sobre el oficio de los pelaires de Zaragosa*, etc., s. d. — *Memorial al Rey sobre mayores aciertos y conveniencias de esta monarquia*, s. d. — *Memorial de los gremios y artes de fabricantes de seda y lana de la ciudad de Zaragosa*, etc., s. d. — *Motivos que justifican la prohibicion de tejidos de oro, plata, seda y lana y otras diversas y inutiles mercaderias*, etc., s. d.

XVIIIe SIÈCLE.

Anonyme, *Consulta..... sobre que se debe impedir a los manguiteros el adobar los pieles en una casa*, etc., 1702. — Cabrera,

Crisis politica, etc., 1719. — *Ustariz, *Teoria y practica del comercio y marina*, etc., 1724. Trad. libre en français par Forbonnais sous le titre de *Théorie et pratique du commerce*, etc., 1753. — Patino, *Memoria*, etc., 1726. — Aznar, *Discurso..... tocante a la Real Hacienda*, etc., s. d. — Genzor Lopez de Perea, *Ordenaciones*, etc., 1728. — Villadarias, *Proyecto para una compania general de las Indias espanolas*, 1731. *Apuntamientos en cuanto a la manera de formar sociedades para recogimiento y ensenanza de pobres, y para el aumento de fabricas de Espana*, s. d. — Santa Cruz de Marzenado, *Rapsodia economica*, s. d. *Comercio suelto y en companias*, etc., 1732. — Zabala y Ausson, *Representacion..... dirigida al mas seguro aumento del Real Erario*, etc., 1732. Réimprimé dans les *Miscelanea economico-politica*, etc., 1749. — Torrenueva, *Memoria*, etc., 1737. — Anonyme, *Representacion..... para la enajenacion de los baldios y realengos, y respuesta fiscal a este aicento*, 1739. — *Ulloa, *Restablecimiento de las fabricas y comercio espanol*, 1740. Trad. fr. par Plumart de Dangeul sous le titre de *Rétablissement des manufactures et du commerce d'Espagne*, 1753.— Sur Ustariz et Ulloa, v. Wirminghaus, *Zwei spanischen Merkantilisten*,1886. — Cases y Xalo', *Digesto politico y aforismos de Espana*, etc. Ecrit en 1740. — *Argumosa Gandara, *Erudicion politica : despertador sobre el comercio, agricultura y manufacturas*, etc., 1743. — Aguado, *Politica espanola*, etc., 1746-150.— Aguirre, *Abusos que se cometen en el manejo y direccion de todas las rentas Reales*, etc., s. d. — Loinaz, *Instruccion para la subrogacion de las rentas provinciales en una sola contribucion*, etc., 1749.—Ward, *Obra pia; medio de remediar la miseria de la gente pobre de Espana*, 1750. —*Proyecto economico en que se proponen varias providencias dirigidas a promover los intereses de Espana*, 1779 (L'auteur était d'origine irlandaise et naturalisé espagnol.) — Ensenada, *Representacion*,etc.,1751.— Lozano,*Reflexion sobre las rentas gravadas en los comestibles bajo el nombre de millones*, 1755. — Bravo de Lagunas y Castilla, *Voto consultivo*, etc., 1756. — Medina, *La caridad discreta practicada con los mendigos*, etc., 1757.— Sanchez, *Escritos*, etc., 1758.— Adame, *Nuevo Reglamento para el adelantamiento de las fabricas*, etc., 1759.— Anonyme, *Discursos politicos, economicos*, etc., s. d.—

Nifo, *Diario curioso, erudito y comercial, publico y economico*. Périodique paru en 1758 et 1786.

Allemagne. — Autriche.

XVIIe SIÈCLE.

Anonymes, *Gemeine stimmen von der Münze*, 1530. — *Apologie*, etc., 1531. V. Roscher, *Ueber die Blüthe deutscher Nationalœkonomik im Zeitalter der Reformation*, dans *Berichte der sachsischen Gesellschaft der Wiss. Phil. hist. classe*, 1862, p. 145 et s. Lotz, *Die drei Flugschriften über den Münzstreit*, etc., 1893. — Bornitz, *De nummis in republica procurandis*, 1608. *Ærarium*, etc., 1612. *Tractatus de rerum sufficientia in republica et civitate procuranda*, 1625. — Obrecht, *Fünff unterschieldliche secreta politica*, etc., 1617 (Posthume). — Besold, *Discussiones questionum aliquot de usuris et annuis reditibus*, 1620. *Synopsis politicæ doctrinæ*, 1623. *Vitæ et mortis consideratio politica*, 1623. — Klock, *De Contributionibus*, 1634. *De Ærario*, 1651. — Seckendorff, *Der deutsche Fürsterstaat*, 1655. — Becher, *Politischer Diskurs von den eigenthum Ursachen*, etc., 1668. — Sur Becher, v. Erdberg-Krczemiewski, *Johann Becher, ein Beitrag zur geschichte der Nationalœkonomik*, etc. — Von Hœrnigck, *Osterreich über alles, wann es nur will*, 1684. — Sur cet auteur, v. Inama-Sternegg, *Ueber Philipp von Hœrnigck*, dans *Iahrb. f. Nationalœkon.*— Christiano Teutophilo (pseudonyme de Tenzel), *Entdekte Goldgrube in der Accise*, etc., 1685. — Von Schrœder, *Fürstliche Schatz-und-Rentkammer*, 1686.

XVIIIe SIÈCLE.

Rohr, *De excolendo studio œconomico tam principum quam privatorum*, 1712. — Dithmar, *Enleitung in die œkonomische-Polizei-und-Kameralwissenschaft*, 1731. — Von der Lith, *Politische Betrachtungen über die verschiedenen arten der Steuern*, 1751. — Unger, *Von der Ordnug Fruchtpreise*, etc., 1752. — *Moser, *Grundsætze einer vernünftigen Regierungskunst*, 1753. Et beaucoup d'autres écrits moins importants. — Wolf, *De œconomica methodo scientifica pertractacta*, 1754. — *Von

JUSTI, *Staatswirthschaft oder systematische Abhandlung aller œkonomischen-und-kameral-wissenschaften*, 1755. *Manufacturen und Fabriken*, 1757. *Die chimære des Gleichgewichtes der Handlung*, etc., *von Europa*, 1758. *Grundriss einer guten Regierung*, 1759. *Natur und Wesen der Staaten*, 1760. *Die grundfeste etc. Polizei-wissenschaft*, 1760-1761. *Vom Credit des Landes*, 1760. *Gesammelte Politische-und-Finanzschriften*, 1761. *System des Finanzwesens*, 1766. Trois de ces ouvrages ont été traduits en français : *Les Sciences concernant la politique réduites en système*, 1757. *La Chimère de l'équilibre du commerce et de la navigation par M. de Justi*, traduit de l'allemand, par D. E. 1763. *Eléments généraux de police*, trad. par M. E., 1769. — Sur Justi, v. Deutsch, *J. H. G. von Justi*, etc., dans *Zeitsch. f. d. ges. Staatswiss*, 1889. — Marchet, *Studien ueber die Entwickelung der Verwaltungslehre in Deutschland*, etc., 1885. — VON BIELFIELD, *Institutions politiques*, 1760. Trad. en allemand, 1761. *Lettres familières, et autres*, 1763. — PHILIPPI, *Der vertheidigte kornjude*, 1765.

Hollande. — Pays-Bas.

*VAN DER HOVE (Pierre de la Court), *Het Welwaeren der Stad Leyden*, 1659. — **Het interest van Holland*, 1662. Trad. fr. sous le titre de **Mémoires de Jean de Witt*, 1709. — *Anwaysing der heilsame politike Gronden in Maximen*, etc., 1669. — Sur cet auteur, v. Van Rees, *Het Welwaeren*, etc., 1851. Laspeyres, *Mittheilungen aus P. de la Court's Schriften*, dans *Zeitsch. f. d. ges. Staatswiss.*, 1862 (p. 330-374). — *Economiste français*, 5 novembre 1881. — DIRK GRASWINCKEL, *Placcaetbook op het Stuck van de Lijf-tocht*, 1651.— Sur cet auteur, v. Lusker, *Die Staatswissenschaftlichen Anschauungen Dirck Graswinckels*, 1901.

Russie.

POSSOSCHKOW, *Pauvreté et richesse*, 1724. — Sur cet auteur, v. Brückner, *J. Possoschkow*, etc., 1878.

Suède.

Copernic, *Monetæ cudendæ ratio*. — Ecrit en 1526, sur l'ordre du roi de Pologne, Sigismond Ier, et publié pour la première fois en 1816.

Amérique.

Franklin, *A modest Enquiry into the Nature and Necessity of a modern Currency*, 1729. *Observations concerning the increase of mankind*, 1751.

CHAPITRE III

DOCTRINES RELATIVES AU SYSTÈME MONÉTAIRE ET THÉORIE DE LA HAUSSE OU DE LA BAISSE DES PRIX PAR SUITE DE L'ABONDANCE OU DE LA RARETÉ RELATIVES DES MÉTAUX PRÉCIEUX.

§ 1. — Doctrines relatives au système monétaire.

La question de la monnaie et du régime monétaire continua d'attirer l'attention des publicistes. La littérature monétaire de cette période contient des monographies assez nombreuses. Nous citerons notamment, en France, celles de Grimaudet au XVIe siècle, de Henry Poullain, Le Blanc, Boizard, Boutteroue, Scipion de Gramont (au XVIIe siècle) ; de Dupré de Saint-Maur (en 1746) ; — en Angleterre, celles de Vaughan, de Barbon, de Locke, de Petty (au XVIIe siècle) ; — en Italie, celles de Scaruffi et de Davanzati (au XVIe siècle), de Bocchi et de Turbolo, chef de l'Hôtel des Monnaies de Naples (au XVIIe), enfin le livre capital de Galiani paru en 1750. Mention est due également à l'ouvrage que l'illustre astronome Copernic écrivit sur ce sujet en 1526, à la demande de Sigismond Ier, roi de Pologne.

D'autre part, bien des écrivains traitèrent cette même question dans des ouvrages non exclusivement consacrés à elle. Tels furent en France Bodin (au XVIe siècle) ; Vauban, Boisguilbert, Cantillon, Mélon, Dutot (au XVIIIe) ; — en Angleterre, Mun, Petty, North, Pollexfen, au XVIIe ; — en Italie, Broggia, en 1750, etc.

La plupart de ces auteurs (1) protestent, comme leurs prédécesseurs, contre l'altération des monnaies par les princes. Ce-

(1) Bodin, North, Locke, Cantillon et les auteurs de monographies, à l'exception de Galiani.

pendant l'on trouve en Allemagne, vers 1530, une série de brochures qui défendent la théorie du faux-monnayage légal (1) ; au XVIIIe siècle même, Mélon soutient encore que le *surhaussement* du cours légal des monnaies (au-dessus de leur valeur commerciale) est un fait indifférent au commerce, et que le roi peut user légitimement de ce procédé quand les ressources de l'impôt sont insuffisantes pour lui permettre de s'acquitter de ses dettes (2), et l'on trouve des opinions analogues, bien que mêlées à des critiques adressées à Mélon, dans l'ouvrage de Galiani qui est pourtant un économiste de premier ordre (3). Mais cette doctrine n'a pour elle qu'une minorité de penseurs : l'on peut dire qu'en théorie la cause de la bonne monnaie est définitivement gagnée. Il n'en fut pas de même en pratique ; les rois de France surtout persistèrent dans leurs anciens errements ; la livre tournois, d'après M. d'Avenel (4), qui représentait 21 grammes d'argent dans la période 1488-1511, n'en représentait plus que 10 gr. 75 en 1602-1614, et 4 gr. 27 en 1726-1758. Pourtant, l'argent s'était considérablement déprécié.

Les autres vices du système monétaire sont pareillement attaqués et des remèdes leur sont proposés. Certains écrivains, comme Copernic et Bodin, insistent pour que ce système soit simplifié et pour que l'unité de régime soit établie dans l'Etat. D'autres, comme Scaruffi et Bocchi, en Italie, Emeric de Lacroix et Vauban (5) en France, vont beaucoup plus loin et demandent un système monétaire uniforme pour toutes les nations.

La plupart sont bi-métallistes. Parmi eux, Bodin surtout est à

(1) V. Roscher, *Geschichte der Nationalœkonomik in Deutschland*, 1874. Une autre série de brochures tenait au contraire pour la bonne monnaie.

(2) V. Mélon, *Essai polit. sur le comm.*, ch. XII-XVIII, G. p. 761 et suiv. L'auteur fut réfuté sur ce point par Dutot.

(3) Galiani, *Della moneta*, l. III. ch. III et IV. *Scrittori class. ital.*, 1803 ; *Parte mod.*, t. IV, p. 67 et suiv.

(4) *Hist. économique*, t. I, p. 481.

(5) Emeric de Lacroix, *Le Nouveau Cynée*, 1623, p. 205 et suiv. ; — Vauban, *Oysivetés ; Mémoire sur le canal du Languedoc*, édit. Corréard, p. 84.

signaler (1). L'auteur de la *République* propose de fixer le cours légal de l'or et de l'argent suivant un rapport invariable de 1 : 12 ; mais les coupures de chaque métal (il y en aurait trois) seraient de même poids ; l'échange des unes contre les autres serait ainsi à la portée de toutes les intelligences, il suffirait de se souvenir qu'une pièce d'or vaut 12 pièces d'argent de même dimension et réciproquement. Les pièces seraient moulées comme des médailles, et ne contiendraient d'autre alliage que celui qui est absolument indispensable pour leur donner la solidité et la sonorité (Bodin, à ce propos, entre dans de longs détails techniques et deploie son inépuisable et inlassable érudition). Le monnayage serait libre et gratuit. Après s'être demandé un instant s'il ne conviendrait pas de tolérer un billon de cuivre, l'auteur se décide définitivement à proscrire tout billon (2) et même il voudrait que, par une entente internationale, cette proscription fût rendue universelle. Le billon serait remplacé par de petites pièces d'argent (sur ce point, le système de Bodin est impraticable, ces piécettes seraient incommodes à cause de leur petitesse et elles s'useraient trop vite) (3).

L'auteur prévoit l'objection capitale qui sera faite à son bimétallisme : l'instabilité du rapport commercial de l'or à l'argent, et, par suite, la discordance qui se produira nécessairement entre ce dernier et le rapport légal invariable. Il répond : 1° que les fluctuations du rapport commercial sont insensibles si l'on considère une période de temps relativement courte (assertion dont l'expérience a surabondamment démontré l'inexactitude), et 2° que, comme elles se produiront uniformément en tous pays,

(1) V. Bodin, *Les six livres de la République*, L. VI, ch. III. édit., Jacques Dupuys, 1578, p. 670 et suiv. et *Discours sur le rehaussement et diminution des monnaies* (1578). — Bodin, député du Vermandois aux Etats de Blois (1576) y avait défendu ces idées dans une sorte de commission dont faisaient partie le surintendant des finances, le premier président et les trois généraux des monnaies.

(2) Par billon, il faut entendre des monnaies dont le cours légal serait supérieur à leur valeur intrinsèque comme lingot.

(3) Le système monétaire de Bodin est adopté par Emeric de Lacroix (*Le Nouveau Cynée*, p. 214 et suiv.).

elles ne présenteront guère d'inconvénients (1) (affirmation qui n'est admissible que si l'on suppose le bi-métallisme adopté par tous les États, condition qui se trouvait effectivement remplie à l'époque de Bodin).

Ces développements impliquent une parfaite connaissance de la fameuse loi en vertu de laquelle *la mauvaise monnaie chasse la bonne* ; elle avait été mise en lumière, nous le savons, dès le moyen âge ; elle ne fut pas oubliée dans la période que nous étudions actuellement. Nous en trouvons la preuve dans maints écrivains de cette époque. Le hasard a voulu qu'au cours du XIXe siècle le nom de l'un d'eux, Thomas Gresham (1519-1579) lui ait été attaché (2), pour toujours semble-t-il.

L'observation de ce phénomène a conduit certains auteurs à se prononcer, à l'encontre de Bodin, en faveur du monométallisme. Nous citerons notamment Locke, Petty et Law. « Les hommes, dit Petty, mesurent la valeur des choses à l'aide de l'or et de l'argent, mais surtout à l'aide du dernier ; *car il ne peut pas y avoir deux mesures et, par suite, la meilleure doit être l'unique* » (3). Cette formule ne serait reniée par aucun monométalliste moderne.

(1) « Le changement du prix qui se fait par long trait de temps, dit Bodin, est insensible, qui ne peut empescher que la loy des monnaies forgées de ces deux métaux ne soit égale en toutes Républiques chassant du tout le billon : joinct aussi que la traffique communiquée à toute la terre plus que jamais ne peut souffrir variété notable du prix d'or et d'argent, que du consentement de tous les peuples » (*République*, l. VI. ch. III, édit. 1578, p. 677). Dans ce trop laconique passage, Bodin demande-t-il une législation monétaire bimétalliste universelle ? Nous ne le pensons pas. Il veut seulement dire que, malgré les fluctuations du cours commercial des métaux, deux Etats bi-métallistes conserveront toujours leurs situations *de fait* respectives pourvu qu'ils ne frappent pas de pièces d'une valeur intrinsèque très inférieure, au moment de l'émission, à leur valeur légale. Il n'est pas nécessaire que le rapport légal soit absolument le même, ni les coupures uniformes en tous pays.

(2) C'est Mac-Leod qui a fait la fortune de Gresham.

(3) Petty, *Treatise of Taxes*, ch. IV, § 17, édit. Hull., t. I, p. 44. Cf. *Political Anatomy of Ireland ; Of the Money of Ireland*, même édit., t. I, p. 183.

Ajoutons enfin qu'au début du XVIIIe siècle, Boisguilbert propose de faire concurrence à la monnaie métallique par une monnaie de papier qui remplacerait l'argent « pour des quantités de millions une infinité de fois ». Il se fonde sur ce que la monnaie n'est qu'un instrument d'échange, un moyen de comptabilité servant à opérer des compensations entre les créances et les dettes d'individus qui ont apporté des valeurs d'échange sur le marché social pour s'en procurer d'autres (1). Si la monnaie n'est qu'un bon attestant le droit pour une personne de prendre dans ce bazar immense une certaine quantité de marchandises, pourquoi ce bon ne pourrait-il pas être en papier ? (2) Cette substitution n'offrirait-elle pas d'immenses avantages ? Cette idée lui a été suggérée par sa haine du mercantilisme (système économique que nous étudierons bientôt), qui l'a conduit à la haine de l'argent. Il soulève ainsi le problème de la *Mesure idéale de la valeur*. Nous n'insistons pas sur cette doctrine, car nous la rencontrerons de nouveau à propos de Law (3) : il n'a manqué à Boisguilbert que de vivre quelques années de plus pour être témoin d'un grandiose effort tenté pour mettre son principe en œuvre.

L'on voit donc, par cet exposé succinct, que les doctrines relatives au système monétaire firent de grands progrès dans notre période. La science économique s'est en outre enrichie, à la même époque, d'une découverte importante concernant toujours la monnaie ; il s'agit cette fois des relations existant entre la monnaie et les prix.

§ 2. — Théorie de la hausse ou de la baisse des prix par suite de l'abondance ou de la rareté relatives des métaux précieux.

La hausse des prix que nous avons signalée plus haut (4) et

(1) « L'argent, dit Boisguilbert, n'est que le lien du commerce et le gage de la tradition future des échanges quand la livraison ne se fait pas sur-le-champ à l'égard d'un des contractants » (*Factum de la France*, G. p. 278).

(2) V. surtout sur ce point, *Dissertation sur la nature des richesses, de l'argent et des tributs*, G. p. 397-398.

(3) V. *infrà*, l. III, ch. IX.

(4) V. *suprà*, l. III, ch. I, p. 125 et suiv.

les souffrances qu'elle causa, surtout parmi le peuple, soulevaient des plaintes très vives depuis le début du XVIe siècle ; en 1566 elles suscitèrent presque des émeutes dans Paris. Le roi Henri III ordonna une enquête, puis nomma une commission d'experts pour proposer des remèdes à la situation.

Les uns criaient, comme il arrive d'ordinaire, à l'accaparement, accusant les marchands, les bouchers, etc. : c'était là l'opinion populaire.

Un maître des comptes sur le fait des Monnaies, de Malestroit, publia en 1566, sous le titre de *Paradoxes*, des observations sur la crise adressées au roi. Dans cet opuscule divisé en deux parties, l'auteur soutient : 1° « que l'on se plaint à tort en France de l'enchérissement de toutes choses, attendu que rien n'y est enchéri depuis trois cents ans » ; 2° « qu'il y a beaucoup à perdre sur un écu ou autre monnaie d'or encore qu'on la mette pour même prix qu'on la reçoit ». Sa thèse consiste à dire que le renchérissement est une illusion ; que la hausse est purement apparente, purement nominale, due seulement à la diminution de la quantité de métal fin contenue dans les monnaies : pour un même objet l'on donne sans doute plus de pièces, mais pas plus d'or ou d'argent que jadis (1). La Cour des Monnaies, dans une pétition au roi, émet un avis analogue. La hausse, suivant elle, était due à la fuite de la bonne monnaie chassée par la mauvaise, qui seule demeurait (2). « La cause du renchérissement des prix, disait-elle, provient de la malice de ceux qui transforment en lingots le meilleur de nos monnaies, en vue de remplir le royaume avec d'autres moins bonnes, s'enrichissant eux-mêmes avec le sang et les misères du peuple » (3). La Cour des Monnaies semble donc

(1) V. *Paradoxes de M. de Malestroit*, à la suite de l'édition de la *République*, Lyon, 1593, p. 79 et suiv.

(2) C'est qu'en effet, en France, l'aspect de la crise était double. Outre que les deux métaux, or et argent, pris en bloc, s'étaient dépréciés, les tarifs du roi de France surévaluaient l'argent ou, en tout cas, lui attribuaient par rapport à l'or une valeur plus grande que les tarifs étrangers (V. *suprà*, p. 119, note 4). Le métal jaune devait donc s'enfuir.

(3) V. Shaw, *Hist. de la Monnaie*, trad. fr., Paris, 1896, p. 65-66. La Cour des Monnaies proposait comme remèdes : 1° la proscription des

supposer, elle aussi, que si les vendeurs exigent un plus grand nombre de pièces, c'est que celles-ci contiennent moins d'or ou d'argent qu'autrefois.

Bodin combattit cette opinion dans des *Réponses aux Paradoxes de M. de Malestroit touchant l'enchérissement de toutes choses* (1) (1568). Entre ces deux grands phénomènes, afflux énorme de métaux précieux et hausse des prix, il voit une relation de cause à effet. Cette hausse n'est pas seulement nominale mais réelle, et elle a pour cause, non pas unique mais principale, l'abondance de numéraire. Il pose ainsi le principe fondamental de la doctrine fréquemment dénommée de nos jours *Théorie quantitative des prix*.

Il lui faut tout d'abord mesurer l'amplitude de cette hausse ; pour ce faire, il a consulté des documents de valeur inégale : d'anciens contrats, le cadastre de Toulouse, les registres du Châtelet, du Parlement et de la Chambre des comptes de Paris, enfin les Coutumes (ce sont surtout les prix portés dans les tarifs de ces dernières qui sont suspects). Le cadastre de Toulouse lui a révélé que le setier de blé valait jadis 5 sous sur cette place, alors qu'il en vaut 60 à la date où il écrit ; par les registres du Châtelet il a appris que le muid de blé de rente de Paris valait 120 livres en 1524, 144 en 1530, et le prix en a haussé de plus de un tiers depuis cette époque ; il a constaté en parcourant, dans les registres de la Chambre des comptes de Paris, les *Aveux* des baronnies, comtés, duchés aliénés ou réunis à la couronne depuis

monnaies étrangères ; 2° l'abaissement du cours légal de l'écu d'or (alors qu'il était déjà trop faiblement évalué) ; 3° la substitution dans les comptes de la numération par écus (monnaie réelle) à la numération par livres tournois (monnaie de compte).

(1) Les *réponses aux Paradoxes de M. de Malestroit* se trouvent jointes aux *Six livres de la République* dans l'édition de Lyon, 1593 (Additions, p. 44 et suiv.). C'est d'après cette édition que nous analysons la doctrine de Bodin. Le *Discours sur l'extrême cherté qui est aujourdhuy en France et sur les moyens d'y remédier* (1579), attribué à Girard sieur du Haillan et réimprimé dans *Arch. cur. de l'Hist. de France*, volume VI, série I (1835) n'est qu'un plagiat ; l'auteur n'a fait que piller Bodin.

un demi-siècle, que la valeur de la terre a triplé dans le cours de cette période, etc.

Sachant dans quelles proportions les prix ont haussé, il faut établir que cette hausse est réelle. Bodin démontre, en effet, qu'elle est de beaucoup supérieure à l'avilissement des monnaies, et il entre, à ce propos, dans de multiples détails de numismatique. Nous ne lui emprunterons qu'un exemple : « l'écu vieil » (monnaie d'or) ne valait intrinsèquement que 1/8 de plus que l' « écu sol » de 1568 (1). Combien plus forte a été la hausse des prix ! et combien erronée est l'affirmation de M. de Malestroit !

Quelles sont donc les véritables causes de ce renchérissement de toutes choses ? Elles sont multiples. Outre l'avilissement des monnaies qui a contribué pour une petite part à la hausse, ce sont les monopoles, ce fut parfois la disette, c'est aussi le luxe des grands imité par le reste de la nation, mais c'est surtout et avant tout l'abondance des métaux précieux.

L'auteur part de ce principe théorique que l'abondance de toute richesse échangeable en diminue le prix, et sa grande érudition lui fournit toutes sortes d'exemples pour le confirmer. « Comme il advint, dit-il, à la venue de la reine de Candace, que l'Ecriture sainte appelle reine de Saba, en la ville de Jérusalem où elle apporta tant de pierres précieuses qu'on les foulait aux pieds... Quand l'Espagnol se fit seigneur des terres neuves, les cognées et couteaux étaient plus cher vendus que les perles précieuses, car il n'y avait couteaux de bois et il y avait force perles... etc. » (2).

Or, quand la richesse échangeable surabondante est la monnaie (il est donc clair que Bodin considère la monnaie comme une marchandise), comme c'est elle « qui donne estimation et prix aux choses », il faut de toute nécessité que de la diminution de sa

(1) Les tables dressées par M. d'Avenel (*Hist. écon.*, t. I, pp. 481 et 482) confirment cette assertion de Bodin ; d'après cet auteur, l'écu d'or valait, en 1487, 9 fr. 25 et, en 1550, 8 fr. 35 de notre monnaie actuelle. — V. Bodin, *Réponses aux paradoxes*, édit. de 1593, *suprà cit.*, pp. 57 et suiv.

(2) *Ibid.*, p. 48, recto.

valeur résulte une hausse générale des prix. Si l'unité de mesure se réduit, la quantité mesurée demeurant inchangée, l'unité de mesure sera forcément contenue un plus grand nombre de fois dans la quantité mesurée. Ici encore, suivant la mode de l'époque, Bodin multiplie les citations d'auteurs anciens, de Plutarque, de Pline, de Suétone... : quand, par la conquête, les Romains se furent rendus maîtres des trésors amassés par les rois de Macédoine, les terres haussèrent d'un tiers dans la Romagne... (1) Au temps où les richesses affluaient à Rome, le « maître gueux » Apicius, après avoir dissipé 3 millions d'écus en possédait encore 350.000 et il s'empoisonna pour ne pas mourir de faim.... etc. (2). Bodin cite aussi des faits actuels : il y a plus d'argent en Espagne et en Italie qu'en France ; or, tout y est plus cher.

Mais est-il vrai qu'il y ait en France plus d'argent qu'autrefois? On n'en saurait douter. Le roi Jean fait prisonnier à Poitiers et saint Louis captif en Egypte trouvèrent difficilement l'argent de leur rançon ; c'est donc que la monnaie était rare. Au temps de Charles V, une somme de 60.000 livres suffisait à doter les filles de France. Sous Charles VI, le rendement des taxes était de 400.000 livres ; Les Etats de Paris se plaignaient très fort, en 1444, de ce que Charles VI exigeât 1.700.000 livres ; en 1572, Charles IX put lever 14 millions et, en une seule semaine, le roi actuel trouva à emprunter, dans Paris seulement, la somme de 3.400.000 livres (3).

Comment tout cet argent est-il venu ? Il est venu par la voie de l'Espagne (qui tire ses trésors du Nouveau Continent), amené par le développement de l'industrie et du commerce extérieur, attiré aussi par les placements lucratifs qui lui sont offerts : les rentes sur l'Hôtel de Ville, dont on crée pour 3.300.000 livres chaque année, la banque de Lyon qui sert 10, 16 et 20 0/0 d'intérêt à ses déposants. « Les Florentins, Lucquois, Génevois, Suisses, Allemands, si affriandés de la grandeur du profit, apportèrent une infinité d'or et d'argent en France » (4).

(1) *Ibid.*, p. 48, recto.
(2) *Ibid* , p. 56, verso.
(3) *Ibid.*, p. 48, verso, 49 recto.
(4) *Ibid.*, p. 51, recto et verso.

On ne peut que louer chez Bodin la rigueur du raisonnement (la trame en apparaît très serrée quand l'on le dépouille de tout l'échafaudage d'érudition qui le cache à la vue), et l'exactitude dans l'observation des faits contemporains (il ne faut pas s'en prendre à lui, mais à son époque, de son manque de critique historique).

Brillante a été la destinée de sa doctrine. Elle fut à peu près universellement acceptée aux XVIIe et XVIIIe siècles. On la retrouve, le plus souvent formulée comme un axiome, au XVIe siècle par Davanzati (1), et Stafford (2) ; au XVIIe, par Scipion de Gramont (3), Emeric de Lacroix (4), Montchrétien (5), Locke (6), Mun (7), Petty (8) ; au XVIIIe par Cantillon qui l'a perfectionnée

(1) Davanzati, *Lezione delle Monete* (dans *Scritt. class. di Ec. polit.*, Parte Antica, t. II, p. 35).

(2) Stafford, *A Compendious or briefe examination*, 3e dialogue (édit. miss Lamond, p. 187).

(3) Scipion de Gramont, *Le Denier Roial*, p. 72 et suiv. Cet auteur réfute de Malestroit à l'aide de Bodin. « Pourtant, dit-il, rien n'est renchéry », il ne s'est produit qu'une « cherté imaginaire » : 1° le mot cherté vient de *carere*, or les marchandises dont le prix a augmenté sont aussi abondantes que jadis ; « 2° apprécier une chose c'est la comparer à quelque autre de même valeur » (p. 117) ; or l'argent « a amoindry son prix en l'estime des hommes pour la grande quantité qu'il y en a » (p. 118) : pour un même objet on donne un plus fort *poids* d'or ou d'argent, mais non une *valeur* plus grande ; 3° avec la même quantité de blé on se procure la même quantité de drap que jadis ; Scipion de Gramont dit même que, par suite des progrès de l'industrie, les produits manufacturés ont diminué de valeur (p. 194 et suiv.). La thèse de cet auteur est, en résumé, que la hausse des prix est due à la diminution de la valeur de la monnaie mais non à l'augmentation de la valeur propre des choses. Il est donc, au fond, d'accord avec Bodin à qui il fait seulement une querelle de mots, comme il le reconnaît d'ailleurs lui-même (p. 123).

(4) Emeric de Lacroix, *Le Nouveau Cynée*, p. 189 et suiv.

(5) Montchrétien, *Traité de l'Econ. polit.* (édit. Funck-Brentando, p. 257).

(6) Locke, *Some considerations on the Consequences of the lowering of Interest* (édit. à la suite de Mac-Culloch, *Principles of Polit. Econ.*, 1872, p. 238, 249, 250).

(7) Mun, *England's Treasure*, ch. IV, § 3 (édit. Macmillan, p. 22-24).

(8) Petty, *Treatise of Taxes*, ch. V, §§ 9 et suiv. (édit. Hull, I, p. 49 et suiv.).

comme nous l'allons voir, par Law (1), Mélon (2), Montesquieu (3), Mirabeau (4), Morellet (5), Clicquot-Blervache (6), Condillac (7), Forbonnais (8), Necker (9), Accarias de Sérionne (10) ; par Decker (11), par Hume qui fonde sur elle sa théorie du commerce extérieur (12), par Galiani (13), Beccaria (14), Verri (15), Filangieri (16), d'Arco (17), Vasco (18), etc. A peine peut-on citer quelques dissidents : Herbert et Steuart, au XVIIIe

(1) Law, *Mémoire sur l'usage du numéraire*, dans Forbonnais, *Rech. et consid.* (édit. Liège, 1758, t. VI, p. 49 et suiv.).

(2) Mélon, *Essai politique*, ch. XVII (G. 1843, p. 772 et suiv.).

(3) Montesquieu, *Esprit des Lois*, L. XXI, ch. XXII (édit. Amsterdam, 1758, p. 179-180).

(4) Mirabeau, *L'Ami des hommes*, 1re partie, ch. VIII (édit. Avignon, 1756, t. I, p. 400-401). Mirabeau s'inspire ici très visiblement de Mélon.

(5) Morellet, *Prospectus d'un Nouveau Dictionnaire du Commerce*, V[o] *Monnaies* (Paris, 1769, p. 144-145).

(6) Clicquot-Blervache, *Considérat. sur le commerce* (Amsterdam, 1758, p. 179-180).

(7) Condillac, *Le Commerce et le Gouvernement*, etc., 1re partie, ch. XVI (édit. 1776, p. 103).

(8) Forbonnais, *Principes économiques*, ch. V, § 5 (G. 1847, p. 225).

(9) Necker, *Administ. des finances* (édit. 1784, t. III, ch. IX, p. 68).

(10) Accarias de Sérionne, *Les intérêts des nations de l'Europe développés relativement au commerce*, I, ch. IV et XXII (Leide, 1766, t. I, p. 38 et suiv. ; 283 et suiv.). Dans le ch. XXII, l'auteur réfute les objections d'Herbert.

(11) Decker, *An Essay on the decline of the foreign Trade*, 1744, trad. fr. 1757, I, p. 228 et suiv.

(12) Hume, *De la circulat. monétaire* (petite Coll. Guillaumin, p. 23 et suiv.) ; — *Essai sur la balance du commerce.*

(13) Galiani, *Della Moneta*, l. I, ch. II (dans *Scritt. class. ital. di Econ. Polit.*, Parte Moderna, t. III, p. 154 et suiv.).

(14) Beccaria, *Elementi di Econ. pubblica*, partie IV, ch. IV, §§ 27 et 28 (Dans *Scritt. class. ital. di Econ. polit.*, Parte Moderna, t. XII, p. 86 et suiv.).

(15) Verri, *Réflexions sur l'Econ. polit.*, §§ 4 (trad. fr., p. 30-31) et 13 (trad. fr., p. 115).

(16) Filangieri, *Science de la législation*, l. II, ch. XVI et XXVIII (trad. fr., t. I, p. 182 et 262).

(17) D'Arco, *Sull'influenza dello Spirito del Commercio sull'Economia interna de'popoli*, section I (dans *Scritt. class. it. di Ec. polit.*, Parte Moderna, t. XXXI, p. 129).

(18) Vasco, *Delle Monete*, ch. II (dans *Scritt. class.*, etc., Parte Mod., t. XXXIII, p. 9 et suiv.).

siècle ; leur argumentation ne mérite d'ailleurs que l'oubli.

Bodin n'avait cependant pas aperçu tous les éléments du problème. Sa théorie a été heureusement complétée par Cantillon (1). Ce dernier mit en relief cette idée qu'il faut tenir compte non seulement de l'abondance de la monnaie existante, mais encore de sa vitesse de circulation. L'argent ne parcourt pas toujours son cycle de révolution avec la même rapidité. Il peut être retardé par suite de circonstances diverses : les particuliers, par nécessité ou par habitude, gardent parfois de grosses sommes en caisse pour parer à leurs dépenses quotidiennes ou bien, si le change est défavorable, pour effectuer leurs paiements à l'étranger ; il peut être encore arrêté et immobilisé, pendant un temps plus ou moins long, par les économies et réserves que les gens prévoyants se constituent en vue de cas extraordinaires, par la thésaurisation des avares, par les consignations de fonds ordonnées par la loi. Au contraire, sa circulation est accélérée par le développement du crédit.

Or, un accroissement de vitesse agit dans le même sens qu'une augmentation et en sens inverse d'une diminution dans la quantité (comme une voiture allant dix fois plus vite peut remplacer dix voitures). Ainsi s'explique que la hausse des prix ne soit pas proportionnelle à l'augmentation de la quantité du numéraire : l'action de l'une des forces en jeu peut être paralysée partiellement par l'action contraire de l'autre. Ainsi s'explique encore que la hausse ne se produise pas uniformément et immédiatement pour toutes marchandises : c'est que la monnaie n'afflue pas avec la même rapidité dans tous les canaux de la circulation.

Cantillon s'est posé une autre question. Comment s'introduit la hausse des prix ? C'est peut-être là, en effet, le côté le plus mystérieux du phénomène. L'auteur l'explique sans peine par la loi de l'offre et de la demande. Les détenteurs de métaux précieux (propriétaires de mines d'or ou d'argent, commerçants en relations avec les pays producteurs de ces métaux) s'étant enrichis,

(1) Cantillon, *Essai sur la nature du commerce en général*, IIe partie, ch. VI-X (édit. 1755, p. 211 et suiv.).

augmentent leur train de vie ; et ce branle initial produit le mouvement qui va se propager indéfiniment. Consomment-ils plus de denrées agricoles ? Les cultivateurs vendront plus cher leurs produits : en conséquence, ils achèteront plus d'objets mamufacturés. Les artisans, en présence de cette augmentation de la demande, élèveront leurs prix, eux aussi, et, réalisant de plus gros bénéfices, augmenteront leur consommation, etc. La consommation générale s'accroît et, de proche en proche, la hausse des prix s'étend. Cantillon a vu juste, à notre avis ; mais il aurait dû compléter sa démonstration en analysant (comme il l'a fait pour la demande), l'offre de métaux précieux, et en insistant sur la mésestime relative qui s'attache à des métaux devenus relativement moins rares (1).

Après avoir traversé sans encombre tout le XIXe siècle, la théorie quantitative des prix est encore debout. Plus d'une fois, l'attention des plus illustres économistes a été spécialement attirée sur elle par les variations de la production des métaux précieux concomitantes à des fluctuations subies par les prix.

De 1840 à 1871 environ, la production de l'or s'accroît dans des proportions considérables et beaucoup plus vite que la production de l'argent. Les prix haussent, il y a une *question de l'or*. M. Levasseur qui l'étudie dans un ouvrage, paru en 1858, conclut à une hausse moyenne de 41,61 0/0 imputable, jusqu'à concurrence de 20 0/0, à la dépréciation de la monnaie (2). En

(1) Le phénomène peut être caché aux yeux d'un observateur superficiel par l'intervention d'un établissement monétaire qui paraît acheter les lingots à un certain tarif. L'obscurité disparaîtra vite si l'on réfléchit qu'en réalité la Monnaie (sous un régime de frappe libre) n'est pas un acheteur, mais ne fait que louer ses services, moyennant une rémunération convenue, aux détenteurs de lingots. C'est, d'une part, entre les détenteurs de métaux précieux vendeurs de monnaie et acheteurs de marchandises et, d'autre part, les vendeurs de marchandises acheteurs de monnaie que s'engage le débat ou, pour employer la terminologie de Cantillon, « l'altercation ».

(2) Levasseur, *La Question de l'Or*, 1858 : 15 0/0 seraient imputables à la guerre et à la disette ; 5 0/0 au développement de l'industrie et de la population.

1863, Stanley Jevons (1) estime que la baisse de la valeur de l'or est de 9 0/0 au minimum et de 15 0/0 au maximum. Dans un Mémoire, couronné en 1873 par l'Académie des Sciences morales et politiques, M. de Foville est d'avis que depuis 1820-1825 la hausse moyenne est de 33 0/0, due jusqu'à concurrence de 25 0/0 à la diminution de la puissance d'achat des métaux précieux (2).

Depuis cette époque, c'est la production de l'argent qui l'emporte et il y a maintenant une *question de l'argent*. Dans la querelle entre monométallistes et bi-métallistes, la théorie quantitative des prix est invoquée de part et d'autre. Les bi-métallistes se réclament d'elle pour soutenir que la démonétisation de l'argent en raréfiant la monnaie, en augmentant le pouvoir de l'or devenu l'étalon unique, a produit une baisse des prix funeste ; les partisans du monométallisme-or font valoir que l'accroissement prodigieux de la production de l'argent a fait de ce métal une matière avilie, impropre au rôle monétaire parce que son pouvoir d'acquisition est devenu trop faible comparativement à son volume.

Quelles additions les économistes modernes ont-ils apportées à la théorie de Bodin et de Cantillon ? Avec raison ils ont fait remarquer que, dans l'analyse de la demande des métaux précieux, il faut tenir compte et de l'importance de la consommation industrielle de l'or et de l'argent (elle peut être variable), et de la masse des échanges à réaliser (le stock monétaire peut s'accroître; si le volume des échanges augmente plus vite encore, par suite des progrès agricoles et industriels, la monnaie devient relativement plus rare et inversement). Il convient, en effet, que ces facteurs soient énoncés dans la formule du théorème ; mais il nous paraît certain qu'ils sont tout au moins sous-entendus par les anciens économistes dans leur démonstration ; ils sont par eux supposés inchangés.

(1) Stanley Jevons, *Investigations in currency and finance*, ouvrage réédité en 1884.

(2) De Foville, *Essai sur les variations des prix au* XIXe *siècle*. — V. *L'Economiste français*, 1874-1879.

Plus importante est l'observation suivante. Les variations dans le chiffre de la production ou du monnayage n'ont de signification que comparées au stock monétaire déjà existant. L'apport de 100 nouveaux quintaux de blé n'est d'aucune importance sur un marché qui en possède des millions ; il peut exercer une grande influence sur les cours d'un petit marché local qui n'en possède que 500. Il en est de même pour les métaux précieux et la monnaie. Ce qui importe, ce n'est pas le chiffre absolu, mais la proportion entre ce chiffre et le montant du stock. Or, les métaux précieux sont d'une durée très longue. Ils éprouvent sans doute des pertes. Divisés en menues parcelles (monnaies, bijoux), ils s'usent peu à peu ; une certaine quantité, sans être détruite, se trouve reléguée dans des endroits inaccessibles ou pour longtemps inconnus ; mais ces pertes sont de peu d'importance. Les métaux précieux s'accumulent de génération en génération ; il s'ensuit que, de plus en plus, les variations de la production doivent être considérables pour exercer une influence sensible.

La théorie quantitative des prix doit donc être énoncée de la façon suivante : *En supposant inchangés la vitesse de circulation de la monnaie, le développement du crédit et des moyens de paiement sans intervention de monnaie, ainsi que la masse des échanges à effectuer, une variation dans la quantité de monnaie suffisamment forte par rapport au stock antérieurement existant tendra à produire une variation inverse du pouvoir d'achat de la monnaie, c'est-à-dire une variation inverse des prix nominaux.*

Nous ajouterons, pour notre compte personnel, qu'à un moment donné, quand la hausse des prix s'étend en surface, cette tendance doit se trouver comprimée par une sorte de *loi d'inertie ou d'indifférence.* Supposons qu'à une certaine date un cultivateur vende un bœuf 500 francs et qu'avec ces 500 francs il puisse se procurer 10 moutons à 50 francs l'un : il lui importe peu, sous prétexte que le stock monétaire a doublé, de vendre son bœuf 1.000 francs si avec ces 1.000 francs il ne peut, comme auparavant, se procurer que 10 moutons au prix de 100 francs l'un. L'équilibre sera rétabli et la réadaptation achevée par une simple hausse d'un tiers, par exemple, sur les prix des moutons et des bœufs, en dépit du doublement de la quantité de monnaie en circulation. Nous pensons que ce facteur psychologique contribue, pour sa part, à expliquer pourquoi la hausse et la baisse des prix ne sont pas proportionnelles à l'augmentation et à la diminution du numéraire (1).

Sous cette forme, la théorie quantitative des prix nous paraît être d'une exactitude indiscutable, établie par le raisonnement et confirmée par l'expérience (2). Bodin et Cantillon n'ont pas vu toute la vérité, mais ils en ont découvert une grande partie (3), et mis en lumière les principes les plus essentiels de cette importante doctrine (4).

(1) Malgré que cette formule soit très discutée, nous croyons exact de dire que la valeur d'usage de la monnaie se confond, en grande partie, avec sa valeur d'échange : on recherche la monnaie non pour la consommer, mais pour s'en servir dans les échanges ; il est inadmissible que le fait d'être l'instrument universel d'échange n'influe pas sur sa valeur d'usage.

(2) Il est impossible de déterminer avec une précision qui ne laisse place à aucun doute la *proportion* suivant laquelle les variations de la quantité de monnaie agissent sur les variations subies par les prix. Comment s'assurer que, dans la période étudiée, la valeur *propre* des marchandises est demeurée constante? ou, si l'on estime qu'elle a varié, comment discerner dans quelle mesure elle a haussé ou baissé ? Aucun des procédés proposés ou employés n'est entièrement satisfaisant. Mais ils suffisent amplement à établir une relation de cause à effet entre les deux phénomènes.

(3) Les historiens économistes s'accordent à donner raison à Bodin. — V. Pigeonneau, *Hist. du comm.*, t. II, p. 197 et suiv. ; Levasseur, *Hist. des Cl. ouv.*, t. II, p. 76-77 ; d'Avenel, *Hist. économ.*, t. I, p. 21 et suiv.

(4) Cantillon a réfuté en outre, comme l'avait fait déjà Barbon, une opinion très répandue paraît-il (elle fut partagée par Locke et par Law), suivant laquelle l'abondance de numéraire devrait avoir pour conséquence une baisse du *taux* de l'intérêt. Cette baisse n'est possible que si (comme à la Bourse) malgré son abondance relative l'argent conserve le même pouvoir d'acquisition ; s'il s'est déprécié dans la même proportion que sa quantité a augmenté, l'offre n'en est pas réellement devenue plus considérable. Or, le taux de l'intérêt dépend de l'altercation, de la « proportion numérique des prêteurs et des emprunteurs » (*Essai sur la nat. du comm.*, II, ch. x, p. 284-285). Hume et Massie ont repris cette argumentation. Mais que devient-elle si l'on suppose que la dépréciation de l'argent se trouve inférieure à son augmentation en quantité ?

CHAPITRE IV

THÉORIE DE L'ENRICHISSEMENT DES NATIONS PAR L'ACCUMULATION DES MÉTAUX PRÉCIEUX OU : LE MERCANTILISME (1).

SECTION I. — L'OPINION ET LA PRATIQUE MERCANTILISTES

§ 1. — L'opinion.

En même temps qu'ils se demandèrent si l'abondance de la monnaie n'était pas la cause de la hausse des prix, les hommes du XVIe siècle se posèrent la question de savoir si elle n'était pas également la cause du progrès économique et de la croissance des nationalités dont ils étaient les témoins ; à cette seconde question, comme à la première, ils répondirent affirmativement.

Ce fut une croyance universelle au XVIe siècle et prédominante encore au XVIIe que l'or et l'argent sont le facteur prépondérant de la puissance des nations ; que la suprématie politique et économique appartient à l'Etat qui les accumule chez lui en plus

(1) Sur le mercantilisme (Pratique et Théories), v. Bidermann, *Ueber den Merkantilismus*, 1870 ; Heyking, *Zur geschichte der Handelsbilanztheorie*, 1880 ; Schulze-Gævernitz, *Eine Studie zum osteuropäischen Merkantilismus*, dans *Arch. f. soc. gesetzgebung*, 1895 ; Hewins, *Mercantile system*, 1896 ; Bunge, *Esquisses de littérature économique*, 1897 (V. Le système mercantiliste). Schmoller, *Umrisse und Untersuchungen zur Verfassungs, Verwaltungs und Wirthschaftsgeschichte des Preussischen Staates im 17 und 18 Jahrb.*, 1898. (L'ouvrage débute par un essai sur le Mercantilisme envisagé au point de vue historique); Schacht, *Theoretische gehalt des englischen Merkantilismus*, 1890 ; Cunningham, *Adam Smith und die Merkantilisten*, dans *Zeitsch. f. ges. Staatswiss.*, 1884, p. 41 et suiv. ; Held, *Carey's Socialwissenschaft und das Merkantilsystem*, 1866 ; Dionnet, *Le néo-mercantilisme au* XVIIIe *siècle et au commencement du XIX*[e]. Thèse Faculté de droit de Paris, 1900-1901. — V. en outre aux *Sources*, les monographies d'auteurs (liv. III, ch. II, p. 146 et suiv.).

grande quantité ; qu'ils sont, en conséquence, la richesse par excellence. Comment naquit cette opinion ? et par quelles raisons les théoriciens essayèrent-ils de la justifier ?

Les esprits avaient été vivement frappés par l'opulence des cités italiennes, Venise, Gênes, qui s'étaient enrichies principalement par le trafic, par la richesse oisive des Espagnols qui depuis le XVIe siècle vivaient paresseusement des trésors du Nouveau-Monde apportés par leurs galions à la barre de Cadix, et par la puissance des Hollandais, peuple sans agriculture, à qui les vaisseaux tenaient lieu de charrues, et qui mettait parcimonieusement en réserve l'or et l'argent tirés des autres pays.

En outre, de longue date, les nations étaient en lutte pour la possession de la monnaie qui, bien des fois, avait manqué ; depuis longtemps, de constants efforts étaient faits pour fixer le numéraire nomade dont les pérégrinations ressemblaient au vol fantasque d'une troupe d'oiseaux de passage ; à force de le rechercher comme instrument d'échange, à force de se dire que sans une quantité suffisante de monnaie, il n'est pas d'industrie ni de commerce florissants, une question purement monétaire se transforma, dans l'esprit de la masse, en une théorie de l'enrichissement des nations par l'abondance du numéraire.

Avec l'évolution des idées se produisit une évolution correspondante dans la politique économique des Etats. Cette politique s'était constituée empiriquement dans les siècles précédents par la juxtaposition de pièces disparates. Procurer des ressources au fisc, empêcher la sortie du numéraire, protéger l'industrie nationale, assurer la subsistance du peuple, elle avait obéi tour à tour à ces idées diverses, sans essayer de construire un système homogène. Peu à peu, l'harmonie va s'introduire et les efforts, tantôt inconsciemment et tantôt consciemment, converger vers un but unique. Voici le tableau schématique (car elle comporte des variantes et pour ainsi dire des dosages divers suivant les lieux et les époques) de la politique mercantiliste.

§ 2. — Procédés bullionistes.

L'on conserva et l'on perfectionna les vieux procédés, autrefois employés sous l'empire de préoccupations purement monétaires (1), et qui s'en prenaient directement aux métaux précieux eux-mêmes. Défense était faite à quiconque, sous des peines sévères et souvent sous peine de mort, d'exporter l'or et l'argent ou seulement la monnaie nationale ; ou bien défense était faite aux marchands étrangers qui venaient vendre leurs marchandises dans le pays d'emporter la monnaie ; leurs retours devaient s'effectuer en marchandises (on donne parfois à ce système le nom de *balance des contrats*). Ce n'était pas assez, dans un pays dépourvu de mines de métaux précieux, d'emprisonner ces derniers quand on les tenait ; il fallait les attirer en leur faisant en quelque sorte, comme aux individus qui apportaient des industries nouvelles, une situation plus belle qu'à l'étranger. Il y avait à l'époque, nous l'avons vu, des monnaies internationales, dont quelques-unes venues de loin, qui voyageaient de pays en pays. Il s'agissait de les engager à fixer leur séjour dans l'Etat en leur donnant un pouvoir d'achat supérieur à celui qu'elles avaient ailleurs. Supposons qu'un écu valant une livre 15 sous achète un mètre de drap en France et en Hollande ; l'on décidera que l'écu achètera désormais en France un mètre et demi, c'est-à-dire qu'il aura cours pour 2 livres 12 sous (2). Les étrangers, pensait-on, apporteront leur argent en France puisqu'il y jouira d'une force libératoire plus grande ; de leur plein gré, les marchands étrangers, au lieu d'emmener l'argent reçu, le laisseront dans le pays et préféreront emporter des marchandises. Quant aux nationaux, ils se garderont bien d'envoyer leurs écus au dehors,

(1) V. notamment le document cité par Shaw, *Hist. de la monnaie*, trad. fr., p. 38. Dans une enquête faite en Angleterre, en 1381, sur les causes de la rareté du numéraire, des officiers de Monnaie venant témoigner devant les Lords demandent non seulement l'application stricte des statuts prohibant l'exportation des métaux précieux mais encore l'adoption du système de la *balance des contrats* et exposent le système de la *balance du commerce*.

(2) La livre se subdivisait en 20 sous.

car ils y perdraient 50 0/0. Il y avait aussi en circulation des pièces de nationalités diverses, mais copiées les unes sur les autres. On attribuait aux pièces étrangères, dans les tarifs d'équivalence, un cours légal supérieur à celui des pièces nationales similaires : on se disait que les étrangères afflueraient et que les nationales demeureraient.

Mais l'on s'aperçut bientôt que toutes ces inventions étaient insuffisantes. La prohibition d'exporter les métaux précieux ou les monnaies devait être inefficace, car il est facile de l'éluder et les nécessités du commerce ou simplement l'intérêt des changeurs devaient l'emporter sur la menace des peines même les plus graves. Le *surhaussement* des monnaies manquait son but parce qu'il amenait inévitablement une hausse correspondante des prix et parce que les pièces surévaluées expulsaient les autres. La surévaluation des pièces étrangères par rapport aux pièces nationales analogues amenait de même l'exode de ces dernières. Enfin toutes ces mesures suscitaient des représailles de la part des autres Etats. Sans abandonner l'usage de ces moyens (1) l'on s'efforça de trouver autre chose. Il était impossible de supprimer l'effet en laissant subsister la cause. Or, la cause du flux et du reflux des métaux précieux réside dans les mouvements du commerce extérieur. Ce sont ces derniers qu'il fallait essayer de régler en vue du résultat cherché.

Un pays dépourvu de mines d'or et d'argent, comme la France, doit pour faire venir chez lui les métaux précieux vendre le plus possible et, pour les garder, acheter le moins possible aux autres pays. Mais que doit-il exporter ? Des ouvrages manufacturés plutôt que des denrées agricoles, car, à poids ou à volumes égaux, ils renferment une valeur plus grande et par suite ramènent plus d'or ou d'argent. L'industrie doit donc être encouragée de préférence à l'agriculture. Les moyens employés pour atteindre ce but peuvent être classés en deux catégories : 1° les prohibitions et droits protecteurs ; 2 les privilèges et la réglementation.

(1) En France, en 1682, Colbert en était encore à renouveler la prohibition d'exporter l'or et l'argent, et ces mesures ne tombèrent en désuétude qu'au XVIIIe siècle.

§ 3. — Prohibitions et droits protecteurs.

Ici encore, point n'était besoin d'inventer un appareil nouveau ; il suffisait d'agencer harmoniquement les rouages de l'ancien mécanisme douanier. L'on prohibera ou bien l'on taxera de droits prohibitifs ou protecteurs les produits manufacturés étrangers, car leur importation fait sortir l'argent du royaume (surtout s'il s'agit d'objets de luxe), et leur concurrence empêche l'essor de l'industrie nationale. Par contre, les droits de sortie sur les produis nationaux seront abaissés ou mieux supprimés ; ou même l'on accordera des primes à l'exportation. Pour que l'industrie manufacturière nationale puisse se rendre maîtresse des marchés étrangers il faut, en outre, qu'elle réduise le plus possible son coût de production ; or, deux éléments importants entrent dans ce coût de production : le prix des matières premières et les salaires. L'on prohibera ou l'on frappera de taxes très lourdes la sortie des matières premières nationales pour que la raréfaction n'en produise pas le renchérissement ; et inversement, on permettra l'entrée en franchise ou moyennant des droits faibles des matières premières étrangères, surtout de celles que le sol national ne fournit pas. Pour que le taux du salaire soit faible, il faut que l'ouvrier puisse vivre à bon marché ; c'est l'un des axiomes de l'époque que le taux du salaire se règle sur le prix des substances et notamment du blé ; l'on prohibera l'exportation des céréales pour qu'elles se vendent au plus bas prix possible (1).

La politique coloniale sera dirigée dans le même sens. La colonie est faite pour enrichir la métropole, pour l'aider à thésauriser, en conséquence pour lui fournir des matières premières à bon marché et lui acheter des objets manufacturés à des prix de monopole. Il lui sera donc défendu d'avoir des manufactures qui fassent concurrence à celles de la mère-patrie, elle ne pourra

(1) Accessoirement, la politique mercantiliste comporte l'assistance par le travail industriel obligatoire (dans des ateliers de charité) : on contraint ainsi les hommes valides, paresseux et vagabonds, à concourir à l'enrichissement général.

vendre ses matières premières et ses denrées qu'à la mère-patrie : c'est là ce qu'on a appelé le *pacte* (!) *colonial*.

Enfin, l'idéal pour une nation est d'effectuer ses transports maritimes sur ses propres vaisseaux et avec ses propres équipages ; elle doit même avoir l'ambition d'effectuer les transports maritimes des autres nations ; car le fret que l'on paie est une cause de sortie, et le fret que l'on touche une cause de rentrée de numéraire. Pour protéger la marine marchande nationale, on frappera de surtaxes les vaisseaux étrangers, à leur entrée dans les ports ; on réservera à la marine marchande nationale certains monopoles : monopole du cabotage, monopole de la navigation entre les colonies et la mère-patrie (*intercourse coloniale*). Pour empêcher une autre nation de devenir l'entrepreneur universel des transports maritimes, on défendra aux marchandises étrangères non importées sous pavillon national d'entrer sur d'autres navires que ceux du pays d'origine. Pour empêcher un autre pays de devenir l'entrepôt des marchandises qui sont l'objet du trafic international, défense sera faite aux vaisseaux nationaux d'embarquer ces marchandises dans d'autres ports que ceux du pays de production. C'est là le contenu des *actes de navigation*.

Nous négligeons les mesures administratives vexatoires qui, sous des prétextes divers, avaient en réalité pour objet de décourager les marchands ou armateurs étrangers.

§ 4. — Privilèges et réglementation.

Pour assurer la floraison d'une plante délicate, il ne suffit pas de la protéger par un abri contre les atteintes extérieures ; il faut encore lui procurer la nourriture, dresser ses ramures dans un certain sens et, au besoin, élaguer les frondaisons et excroissances sans valeur. Il en est de même de l'industrie. Le roi accordera aux directeurs de manufactures des privilèges de diverses sortes : des exemptions de taxes, des prêts ou des subventions en argent non remboursables, des distinctions honorifiques, la collation de la noblesse, et surtout des monopoles pour un temps plus ou moins long, tantôt s'étendant au royaume entier et tantôt limités à une certaine région. Ces faveurs sont accordées non seulement aux nationaux, mais encore aux étrangers chefs d'industrie ou ouvriers qui apportent des industries nouvelles ; par contre, des peines sévères menacent les nationaux qui iraient porter à l'étranger leurs talents et leurs secrets de fabrication.

Pour que l'industrie puisse lutter victorieusement contre la concurrence étrangère, il est nécessaire que la bonne qualité de ses produits lui assure au dehors une haute réputation. Le souverain y veillera en la réglementant. La réglementation est la contre-partie du privilège, le prix auquel le roi accorde ses faveurs. Il lui imposera certains procédés techniques ; il lui prescrira l'emploi de certaines matières premières ; il l'obligera à ne produire que certains types. Il la soumettra à une étroite surveillance administrative. Il y aura une *police* des métiers.

Les mêmes moyens seront employés pour la conquête du commerce colonial et la colonisation. Le roi suscitera la création de puissantes compagnies ; il souscrira des actions et obligera les hauts fonctionnaires à suivre son exemple. Il investira ces compagnies de monopoles, dispensera leurs marchandises des droits d'entrée et de sortie, il ira même jusqu'à leur déléguer sa souveraineté ; il leur donnera le droit d'entretenir une armée, de faire la guerre et de conclure des traités ; il leur conférera la propriété et seigneurie des territoires occupés avec droit de haute, moyenne et basse justice (1). En retour, il pourra

(1) Ce système était, à l'époque, nécessaire, à cause des dépenses énormes que nécessitaient les travaux préliminaires de la colonisation (le fisc obéré ne pouvait s'en charger) ; à cause des risques considérables que présentaient ces sortes d'entreprises (par suite de la très longue durée des voyages, de l'absence d'informations, etc.) ; à cause de l'insécurité des mers (l'on avait à redouter la piraterie des barbares et aussi celle de nations civilisées) ; à cause enfin des dangers non moindres qui étaient à redouter sur les terres à coloniser non seulement de la part des indigènes, mais encore de la part de compagnies étrangères élevant des prétentions rivales : le roi, par suite des guerres continentales incessantes, ou par suite de la faiblesse de sa marine militaire, ne pouvait protéger que très rarement ses navires marchands et ses nationaux. Le système des compagnies privilégiées de colonisation est encore pratiqué par certains Etats ; il a été question de le ressusciter en France.

leur imposer certaines obligations, par exemple celle de transporter, loger et nourrir à leurs frais pendant une période donnée un certain nombre d'individus qui, espère-t-il, feront souche et provigneront une Nouvelle-France, une Nouvelle-Angleterre, etc. (nous avons déjà vu comment ce régime est complété par le *pacte colonial*).

Enfin, pour assurer aux ouvriers le blé à bon marché et par suite à l'industrie de faibles salaires, il y aura une *police des grains*. Elle a pour but de prévenir les manœuvres des accapareurs ; tout marchand de blé est suspect. Défense est faite de constituer des sociétés pour la vente des grains ; défense à tout individu de se livrer à ce trafic sans une autorisation administrative ; défense aux cultivateurs de vendre leurs récoltes en vert ou sur pied, de vendre leurs grains ailleurs qu'au marché, de les garder en trop grande quantité dans leurs greniers (nous avons déjà dit que l'exportation en est interdite) (1). On établit des greniers publics qui vendent aux cours ordinaires, même en cas de récolte déficitaire. Il ne faut pas que d'autres plantes fassent concurrence au blé qui pourrait devenir trop rare. Des édits détermineront en quelles régions et en quelle quantité les vignes, par exemple, pourront être plantées. Parfois, le prix du blé et le maximum des salaires seront fixés d'autorité.

Mais le développement de l'industrie et du commerce présente un grave danger : le progrès du luxe. Le luxe est surtout funeste lorsqu'il amène la consommation ou l'usage de produits étrangers ; il ouvre alors une large fissure par où les métaux précieux s'échappent en masse. Il est encore nuisible, bien qu'à un degré moindre, lorsqu'il s'alimente à l'intérieur ; car il réduit l'exportation, diminue les rentrées d'or et d'argent. On le réprimera par des *Edits somptuaires* ; la politique mercantiliste commande l'austérité des mœurs ; pour s'enrichir, il faut non seulement travailler mais épargner.

Il ne faut pas croire d'ailleurs que, dans l'application, cette politique fut toujours inspirée par l'idée unique d'accumuler les

(1) L'exportation des blés fut ainsi prohibée en France tantôt par le roi, tantôt par les autorités locales malgré la volonté du roi.

métaux précieux. Le but fiscal ne fut jamais perdu de vue ; en France, par exemple, le roi créait sans cesse des milliers d'officiers soi-disant chargés de veiller à la bonne fabrication des marchandises ; ce n'était là qu'un prétexte ; en réalité, il voulait uniquement se procurer des ressources en vendant ces charges. — La police des grains ne visait pas seulement l'abaissement des salaires ; elle avait aussi un but *annonaire*, elle avait la prétention de prévenir les famines. — En publiant des Edits somptuaires, le Souverain ne se proposait pas seulement d'empêcher la sortie du numéraire ou de favoriser sa rentrée ; il était aussi guidé par une idée morale (le luxe était considéré comme une cause de dégénérescence pour la race), et par une idée de hiérarchie sociale : la noblesse se croyait atteinte dans ses prérogatives en voyant les bourgeois, leurs femmes et leurs filles étaler le même luxe que les plus grands seigneurs et les plus hautes princesses. — Enfin, pour peu que l'on cherche à pénétrer la pensée des hommes d'Etat, dans la formule toujours répétée pour justifier les prohibitions, les droits protecteurs, les privilèges, etc., à savoir qu'il faut attirer et garder les métaux précieux, apparaît comme enveloppée l'idée qui, au XIXe siècle, fera le fond du système de List : celle de la mise en valeur de toutes les forces productives nationales encore inexploitées.

SECTION II. — COMMENT LA POLITIQUE MERCANTILISTE FUT APPLIQUÉE EN FRANCE (1).

Nous croyons qu'il est utile de montrer rapidement comment la politique que nous venons de décrire fut appliquée en France. Toutefois, nous ne parlerons ni de la police des grains, ni des ordonnances prohibant l'exportation des métaux précieux ou des

(1) V. Gouraud, *Hist. de la politique commerciale de la France*, etc. 1854 ; Clément (Pierre), *Hist. du système protecteur en France*, etc. 1854 ; Farnam, *Die innere französische gewerbe politik von Colbert bis Turgot*, 1878 ; Von Brandt, *Beiträge zur geschichte des französischen handelspolitik von Colbert bis zur gegenvart*, 1896. V. en outre, *infrà*, la bibliographie spéciale sur l'œuvre économique de Colbert.

monnaies (cette partie de la législation mercantiliste n'a guère varié), ni des innombrables Edits somptuaires rendus par nos rois : ils sont intéressants uniquement en ce qu'ils nous montrent les transformations du luxe et ses irrésistibles progrès. Nous exposerons seulement ce qui est relatif aux prohibitions et aux tarifs douaniers protecteurs, aux privilèges et aux industries suscitées par le pouvoir royal, enfin aux règlements de fabrique.

La politique mercantiliste plonge ses racines jusque dans le moyen âge ; nous ne remonterons pas au delà du règne de Louis XI qui marque le point de départ d'une ère économique nouvelle (1). Cette brève histoire sera divisée en trois périodes : époque antérieure à Colbert ; — époque du ministère de Colbert ; — époque postérieure à la mort de Colbert jusque vers 1760. Dans la première de ces périodes, la politique mercantiliste, encore tâtonnante et confuse au début, tend de plus en plus à se préciser, surtout sous le règne de Henri IV ; sous Colbert, elle aboutit à un ensemble d'institutions concordantes et harmoniquement agencées ; dans la troisième, le système s'exagère, et son infinie complexité annonce que son déclin est proche.

§ 1. — Période antérieure à Colbert.

Prohibitions et droits protecteurs. — Sans avoir la prétention de faire une énumération complète, nous citerons les actes suivants qui présentent, *à des degrés divers*, un caractère protectionniste :

En 1464, Louis XI prohibe les épiceries, draps de soie et autres marchandises du Levant non transportées sur des « gallées de France » ; en 1481, cette mesure est rapportée ; la prohibition est remplacée par des droits de douane (2).

Edit de 1496, excluant les draps du Roussillon (qui appartenait

(1) V. Sée, *Louis XI et les villes*, 1891, liv. V, *Louis XI et la prospérité matérielle des villes*.

(2) Sée, *Louis XI et les villes*, p. 337-338. — D'autre part, Louis XI en 1470, tenta de pratiquer le libre échange avec l'Angleterre.

alors à l'Espagne), du Languedoc, de la Provence, du Dauphiné et du Lyonnais (1).

Edit de 1517, prohibant les draps d'or et d'argent et les soieries de toutes provenances (2).

Ordonnance de 1538, prohibant l'importation des lainages d'Espagne et du Roussillon (3).

Ordonnances du 22 octobre 1539, confirmant les taxes sur les draps d'or, d'argent et de soie, et les épices, antérieures au règne de François Ier (4).

Ordonnance de 1540, réorganisant la douane de Lyon (5).

Ordonnance de 1549, établissant de nouveaux droits d'entrée (6).

Edit de 1564, assujettissant aux droits de la douane de Lyon toutes marchandises venant d'Italie (7).

Edit de 1566, assujettissant aux mêmes taxes les soies et soieries provenant d'Avignon, les soieries fabriquées à Genève et celles qui sont importées d'Espagne (8).

Ordonnance de 1567, interdisant d'exporter les laines (9).

Edit de 1572 : « Avons ordonné et ordonnons qu'il ne sera dorénavant loisible à aucuns de nos dits sujets et étrangers, sous quelque cause ou prétexte que ce soit, transporter hors nosdits royaumes et pays aucunes laines, lins, chanvres et fillaces. Défendons aussi très expressément toute entrée en cettuy notre dit royaume de tous draps, toiles, passements et canetelles d'or ou d'argent, ensemble tous veloux, satins, damas, taffetas, camelots, toiles et toutes sortes d'estoffes rayées ou y ayant or et argent et pareillement de tous harnois de chevaux, ceintures,

(1) Spont, *Semblançay*, p. 40.
(2) Isambert, XII, p. 103.
(3) *Id.*, XII, p. 552.
(4) Isambert, XII p. 6 3.
(5) Isambert, XII, p. 692. — V. aussi Forbonnais, *Rech. et consid.*, édit. Liège, 1758, I, p. 138.
(6) Fontanon, II, p. 404 et suiv.
(7) *Code du Roy Henry III*, 1615, liv. XIV, tit. V, p. 467 et suiv.
(8) *Ibid.*
(9) Isambert, XIV, p. 220 ; Fontanon, I, p. 805.

épées ou dagues, estrieux ou éperons dorés, argentés ou gravés.. Davantage défendons l'entrée en notre dit royaume et pays de toutes sortes de tapisseries étrangères, de quelque étoffe et façons qu'elles soient... » Dans chaque province, l'on devait procéder, deux fois par an, à un inventaire des blés, vins, sels, huiles, pastels, safran, résine, térébenthine, papier, cordages, fer, quincailleries, bœufs, moutons, pourceaux, mules et mulets ; l'exportation de ces marchandises et animaux ne devait être autorisée qu'après constatation de leur abondance (1).

Ordonnance de 1577, prohibant l'exportation des laines, lins, chanvres et filasses ; l'importation de « tous draps, toiles, passements et canetelles d'or ou d'argent ; ensemble tous velours, satins, damas, taffetas, camelots, toilles et toutes autres sortes d'estoffes rayez ou y ayant or ou argent » (2).

En 1581, réappréciation du tarif de 1540 ; établissement de droits d'entrée sur un certain nombre d'objets manufacturés non frappés jusqu'alors : cuirs, étoffes, merceries, armes ; et aussi sur des matières premières telles que le chanvre, le coton, la laine, les peaux ainsi que sur des denrées alimentaires : vins, huiles, comestibles, etc. Le tarif de 1581 est tout à fait remarquable en ce qu'il marque la formation définitive du système protectionniste tel qu'on le concevait sous l'empire de l'idée mercantiliste ; tandis que les taxes sur les denrées alimentaires ne dépassent pas 3 0/0, celles qui frappent les tissus de laine et de soie sont supérieures à 16 0/0, celles qui frappent les toiles atteignent 33 0/0, etc. Ce tarif fut complété en 1582 (3).

Edit de 1585, relatif à la douane de Lyon (4).

Edit de 1599, prohibant l'exportation des « laines, lins, chanvres, filets de laine ou de lin, vieux drappeaux et papier à faire cartes » ; l'importation des tapisseries et des étoffes étrangères, principalement des draps de soie, d'or et d'argent (5) ; autorisant

(1) Isambert, XIV, p. 241 et suiv.
(2) Isambert, XIV, p. 341 ; Fontanon, I, p. 823.
(3) Fontanon, II, p. 386 et suiv.
(4) Forbonnais, *Rech. et consid.*, édit. Liège, 1758, p. 140.
(5) La prohibition fut ensuite restreinte aux seules étoffes d'or et d'argent.

tous Français et étrangers à importer « toutes sortes et qualités de soye, fleurets, bourres, estraies, petenuches, laines et toutes matières à faire ouvrages » (1).

En 1601, rupture des relations commerciales avec l'Espagne ; elles furent rétablies par le traité du 13 octobre 1604 (2).

Arrêt du Conseil du 10 mars 1605 prohibant la sortie des chiffons et l'entrée du papier dans tout le royaume (3).

En 1627, ordonnance dite Code Michau, qui ne fut jamais appliquée, à cause de la résistance du Parlement qui en retarda indéfiniment la promulgation ; un certain nombre d'articles étaient relatifs à la politique économique. L'ordonnance prohibait la vente et l'usage « des draps, estames, serges, carisez et autres de manufacture étrangère » ; elle déclarait que les marchandises étrangères seraient frappées à l'entrée des mêmes taxes qui seraient établies par les autres nations sur les produits français ; elle réservait aux navires nationaux le cabotage et l'exportation de toutes marchandises françaises, le sel excepté (4).

En 1629 création d'un droit d'ancrage spécial sur les navires étrangers (5).

En 1644, établissement de surtaxes d'entrée, dans l'étendue des cinq grosses fermes et du convoi de Bordeaux.

Arrêts du conseil des 15, 31 mars et 20 juin 1659, renouvelant le droit de 30 sous par tonneau sur les marchandises importées sous pavillon étranger (6).

Privilèges et créations royales. — Il ne sera pas ici question des privilèges collectifs des corps de métier, auxquels les individus participaient soit par la réception à la maîtrise, soit par l'achat de lettres de maîtrise ; nous parlerons seulement des monopoles et des faveurs diverses accordés à des établissements ou à des sociétés créés ou encouragés par le roi.

(1) Isambert, XV, p. 212 ; Fontanon, I, p. 1046.
(2) V. Fagniez, *Econ. soc. de la France sous Henri IV*, p. 262 et suiv.
(3) Fagniez, *op. cit.*, p. 160, note 3.
(4) Isambert, XVI, p. 328 et suiv.
(5) Pigeonneau, *Hist. du comm.*, II, p. 414.
(6) V. Clément, *Histoire de Colbert*, t. I, p. 295.

De Louis XI à Henri III, on connaît huit manufactures privilégiées (1). Tels furent la fabrique de soieries établie à Lyon par Louis XI en 1466, puis transplantée à Tours en 1470 (2) ; la manufacture de velours et autres étoffes de soie, d'or et d'argent restaurée à Lyon par François Ier en 1536; l'atelier de tapisserie créé par le même roi à Fontainebleau en 1530 ; sous Henri II (1551), la verrerie royale de Saint-Germain-en-Laye (3) et l'atelier de tapisserie de haute-lice installé à Paris à l'hôpital de la Trinité ; sous Charles IX, la manufacture de draps de soie et la manufacture de tapis établies à Orléans par Catherine de Médicis (4).

L'on a relevé quarante établissements du même genre sous Henri IV (5) ; c'est à cette époque que le système se précise et prend sa physionomie définitive. Nous citerons à titre d'exemple le traité conclu par ce roi avec Sainctot, en 1603, pour l'installation d'une fabrique de soieries à Paris. Sainctot et ses associés obtenaient le titre de commensaux, la noblesse et, pendant douze ans, le monopole de la fabrication de l'or et de l'argent filés dans tout le royaume et celui de la fabrication des étoffes de soie à Paris. Leurs ouvriers étaient soustraits au droit d'aubaine, et après douze ans de travail dans l'établissement il leur était permis de s'établir sans avoir ni chef-d'œuvre à accomplir ni lettres de maîtrise à acheter. Le roi faisait don à la société d'une somme de 30.000 livres et lui prêtait, sans intérêts, 150.000 livres remboursables au bout de douze années (6).

Henri IV passa des traités du même genre avec Turato pour la fabrication de l'or filé, façon de Milan (1603) ; avec Etienne Parent pour la fabrication des satins de Bruges et des damas ; avec Scipion de Rozan pour la fabrication des cuirs dorés, façon d'Espagne (1604) ; avec Jean Wolf et Etienne Lambert pour

(1) V. Levasseur, *Hist. des cl. ouv.*, t. II, p. 175.
(2) V. Sée, *Louis XI et les villes*, p. 307 et suiv.
(3) Isambert, XIII, p. 184.
(4) V. Levasseur, *op. cit.*, t. II, p. 32 et suiv.
(5) Levasseur, *op. cit.*, t. II, p. 175.
(6) Isambert, XV, p. 283 et suiv.

la fabrication des toiles fines, façon de Hollande (1606) ; avec Noël Parent pour la fabrication des crêpes de Bologne et toutes sortes de soieries ; avec Marc Comans et François de la Planche pour l'installation aux Gobelins d'un atelier de tapisseries de basse-lice (1607), avec Guillaume Albert pour la fabrication des maroquins (1608), etc. (1).

La même politique continua d'être suivie, mais avec moins de constance, sous Louis XIII et sous Louis XIV avant le ministère de Colbert. Richelieu créa, en 1627, l'atelier de la Savonnerie pour « la fabrique et manufacture de toutes sortes de tapis, autres ameublements et ouvrages du Levant en or, argent, soye, laine » ; en 1640, il crée l'Imprimerie Royale (2). Mazarin confirme les privilèges de la Savonnerie en 1644 et ceux des Gobelins en 1651 ; en 1656, il confère un privilège et les autres faveurs habituelles à Cadeau, à ses associés et à ses ouvriers pour l'établissement à Sedan d'une manufacture royale de draps fins (3) noirs et en couleurs, façon de Hollande, etc.

La Royauté exerça son autorité plus directement encore sur les industries extractives. Elle s'attribua la propriété des mines, et en concéda seulement l'exploitation moyennant une redevance du dixième et en se réservant un droit de contrôle. Louis XI avait institué un maître général gouverneur des mines, chargé de rechercher les gisements (4). Sous Henri II et François II, une société unique avait été investie du privilège de la recherche et de l'exploitation des mines. Sully, qui fit preuve pour cette industrie d'un intérêt véritablement passionné, ordonna de nouvelles recherches et en 1601 institua une commission de contrôle et de direction des mines. Celle-ci fut ensuite réorganisée en 1610 (5).

(1) V. Fagniez, *Econ. soc. de la France sous Henri IV*, p. 118 et suiv.

(2) Sur l'œuvre économique de Richelieu, v. Caillet, *De l'adm. en France sous le ministère de Richelieu*, 1856 ; d'Avenel, *Richelieu et la monarchie absolue*, 1884-1887.

(3) Levasseur, *Hist. des cl. ouv.*, t. II, p. 200.

(4) Clément, *Hist. de Colbert*, 3e édit., t. II, p. 152.

(5) V. Fagniez, *Econ. soc. de la France sous Henri IV*, p. 31 et suiv. ; Isambert, XV, p. 253 et suiv.

Nous avons dit que les mêmes principes furent appliqués au commerce colonial. Louis XI avait tenté de constituer une Compagnie du Levant ; Henri IV et Richelieu firent tous leurs efforts pour développer la colonisation ; vingt-deux compagnies de commerce (1) furent autorisées pendant les deux règnes de Henri IV et de Louis XIII ; sous Louis XIV, l'on en connaît cinq autres antérieures à Colbert (2).

Réglementation. — Les règlements industriels édictés par la Royauté furent les uns locaux, les autres applicables à une branche d'industrie déterminée dans toute l'étendue du royaume. Ils s'étaient imposés et aux industries ayant des attaches officielles, et aux industries libres, et aux industries organisées en corps de métier. En ce qui concerne ces derniers, ils se superposaient à leurs statuts.

De longue date, d'ailleurs, les statuts des corporations n'étaient plus une œuvre libre et spontanée. Aux XIIe et XIIIe siècles, le roi exigeait seulement qu'ils fussent soumis à sa sanction ; mais au XIVe, il commence à les remanier d'office ; au XVe, surtout sous Louis XI, l'autonomie des corporations se trouve à peu près détruite. Dès lors, à plusieurs reprises (3), la Royauté devenue maîtresse de ces associations hierarchisées et disciplinées tente, mais sans succès, de les généraliser dans le double but de diminuer leur exclusivisme et de centraliser plus étroitement dans ses mains la direction économique du pays.

La réglementation royale a donc une origine assez lointaine. Pour l'époque antérieure à Colbert, nous citerons seulement les règlements relatifs aux industries textiles édictés par Louis XI en 1461, par Charles VIII en 1490, par Louis XII en 1508, par Henri II en 1554, par Charles IX en 1560, 1567 et 1571 ; par

(1) V. Bonassieux, *Les grandes compagnies de commerce*, 1892 ; Chaillez-Bert, *Les compagnies de colonisation sous l'ancien régime*, 1898.

(2) Levasseur, *Hist. des cl. ouv.*, t. II, p. 196, note 1, et p. 280, note 2.

(3) Edits de 1581 et de 1597 ; Isambert, XIV, p. 509 ; XV, p. 125 et suiv. ; Fontanon, I, 1091 et 1101.

Henri III en 1582 et en 1584 (1) ; par Henri IV en 1605 (2) ; par Louis XIII en 1625 (3), etc.

En 1601, Henri IV, à l'instigation de Laffemas, institua une commission de dix-sept membres, dans le but de soumettre le commerce et l'industrie du royaume à une réglementation uniforme. Ce conseil tint 176 séances du 20 juillet 1602 au 26 octobre 1604 (4) ; il ne put remplir qu'une bien faible partie du vaste programme qui lui était proposé.

Pour veiller à l'exécution de cette législation industrielle il y avait d'abord les jurés des corporations. Mais le roi avait institué des officiers placés sous son autorité directe, contrôleurs, visiteurs etc. ; nous avons déjà dit qu'il en érigea une foule qui étaient inutiles, uniquement pour faire argent de leurs charges. — Les intendants créés par Richelieu avaient également en cettte matière un pouvoir général de surveillance.

§ 2. — Ministère de Colbert (1661-1683).

Colbert (5) introduisit dans la législation mercantiliste ce bel ordonnancement, cette rectitude de lignes et cette unité de principe qui sont les caractéristiques de l'*esprit classique*. Aussi donne-t-on parfois à cette législation le nom de Colbertisme, bien que Colbert n'en ait pas été l'inventeur.

(1) V. Martin, *La grande industrie sous le règne de Louis XIV* ; Isambert, X, p. 441 ; XI, p. 187 et suiv., p. 530 ; XIV, p. 97 et p. 232 ; *Code du Roi Henri III*, liv. X, t. XXI et XXII, p. 293 et suiv.

(2) Fagniez, *Ec. soc. de la France sous Henri IV*, p. 125, extrait des *Archives Nationales*.

(3) Martin, *La gr. ind. sous le règne de Louis XIV*.

(4) V. les comptes rendus de ce conseil publiés par Champollion-Figeac dans les *Documents hist. inédits tirés des collections manuscrites de la Biblioth. Nat.*, etc., t. IV, 1848, 2e partie, p. 1 et suiv.

(5) V. sur Colbert : P. Clément, *Hist. du Syst. protecteur*, 1854 ; Joubleau, *Etudes sur Colbert*, 1856 ; G. Clément, *Lettres, Instructions et Mémoires de Colbert*, 1868 ; *Hist. de Colbert et de son administration*, 3e édit., 1892 ; Neymarck, *Colbert et son temps*, 1877 ; de Mazan, *Les Doct. économiques de Colbert*, Thèse Droit, Aix, 1900 ; Cohn, *Colbert* etc., dans la *Zeitschrift f. d. ges. staatwiss.*, 1869-1870 (xxv et xxvi, p. 369-434, 390-454) ; Hecht, *Colbert's politische und volkswirtschaftliche grundanschauungen*, 1898 ; Sargent, *The economic policy of Colbert*, 1899.

Prohibitions et tarifs protecteurs (1). — Il renonça, à peu près, aux prohibitions ; il n'en usa qu'à l'égard des dentelles et des crêpes étrangers et des soies d'Avignon. Il se servit surtout des tarifs douaniers, définitivement dégagés de l'esprit fiscal, comme d'un instrument de direction économique. Il les remania une première fois en 1664 ; un certain nombre d'articles subirent une hausse notable. Le tarif de 1667 vint renforcer encore cette barrière protectrice de l'industrie nationale. Il comprenait environ 700 droits de sortie, en général très modérés, et 900 droits d'entrée surélevés de nouveau ; pour nombre d'articles, ces derniers furent portés au double ; pour certains la hausse fut plus forte encore (2).

Cette politique énergique causa une vive irritation en Hollande et fut en partie cause de la guerre de 1672. La Hollande, qui se crut menacée dans son commerce, songeait à des mesures de représailles quand un arrêt du Conseil du roi, en date du 7 janvier 1671, vint mettre le comble à la mesure : défense était faite de charger des eaux-de-vie en France sur les bâtiments hollandais ; l'entrée des harengs était en outre frappée d'une surtaxe. Le grand ministre rêvait de ruiner la marine hollandaise ; à défaut de bâtiments français, il préférait favoriser la navigation dans nos ports des vaisseaux hambourgeois, danois ou suédois. Le gouvernement des Pays-Bas répondit d'abord par une élévation de son tarif sur nos eaux-de-vie et nos merceries, puis par une prohibition absolue de nos eaux-de-vie et de nos vins. C'est alors que la guerre éclata.

Elle se termina par le traité de Nimègue en 1678. La France dut renoncer au tarif de 1667. L'article 7 stipulait que « la liberté réciproque du commerce des deux pays ne pourrait être défendue, limitée ou restreinte par aucun privilège, octroi ou aucune

(1) Colbert est nettement mercantiliste : « Les manufactures, dit-il, produiraient des retours d'argent, ce qui est le seul but du commerce et le seul moyen d'augmenter la grandeur et la puissance de cet Etat » (*Lettres, Instruct. et Mém.*, t. II, partie I, Introduction, p. 168). On peut trouver dans ce même recueil plus d'une déclaration semblable.

(2) V. des extraits des tarifs de 1664 et de 1667 dans Clément, *Hist. du syst. protecteur*, Pièces justificatives, n° 2, p. 258 et suiv.

concession particulière » et même qu'il ne serait loisible « à l'un ou à l'autre de concéder ou de faire à leurs sujets des immunités, bénéfices, dons gratuits ou autres avantages ». Colbert ne se consola jamais de cet échec.

Dans un cas particulier, pour les draps du Languedoc à destination du Levant, il recourut au système des primes à l'exportation. Ces primes étaient d'abord à la charge du Trésor royal; par la suite, elles furent acquittées par les Etats du Languedoc.

Enfin, il accorda des primes à la construction et à l'armement des navires, et renouvela l'acte de navigation de Louis XI en édictant que toute marchandise du Levant serait frappée d'une surtaxe de 20 0/0 si elle était importée sur un navire étranger, ou même si, importée sur un vaisseau français, elle avait été chargée dans un pays autre que le pays d'origine (1).

Privilèges. — Créations royales. — Colbert reprit et développa le système des contrats portant octroi de privilèges suivant le type adopté par Henri IV. Citons, à titre d'exemples, les traités passés en 1664 avec Hinard pour la création de la manufacture de tapis de Beauvais (2), et avec Claude Réverend pour l'établissement d'une manufacture de porcelaines à Saint-Cloud; en 1665 avec Van Robais pour l'installation à Abbeville d'une fabrique de draps fins; avec Dunoyer pour la création d'une manufacture de glaces à Reuilly; avec la Société du Point de France pour l'introduction en France de l'industrie des dentelles italiennes; en 1665 et en 1666 avec différentes personnes pour la création d'usines de savon; en 1666 avec Bezuel et La Coudre pour la fabrication des serges à Aumale; en 1667 avec Delahaye pour la fabrication des peaux de chamois à Corbeil; en 1668 avec Antoine Champion, pour la fabrication du fer-blanc à Beaumont, dans la forêt de Conches.

A cette époque, la hiérarchie des manufactures privilégiées est définitivement constituée. On en distingue de trois sortes:

(1) « La prospérité de la marine marchande, disait-il, est le meilleur critérium de la prospérité du commerce extérieur » (*Lettres, Inst. et Mém.*, t. VI, p. 260).

(2) Isambert, XVIII, p. 39 (Extrait).

1° les manufactures royales qui sont la propriété du roi, comme les Gobelins, la Savonnerie, l'Imprimerie Royale ; 2° les manufactures qui appartiennent à des particuliers, mais qui ont le droit de prendre le titre de manufactures royales et de faire figurer les armes du roi sur leurs marques et sur l'écusson qui surmonte la porte de leur établissement ; 3° les manufactures simplement privilégiées qui n'ont droit ni à ce titre, ni à ces armes.

Colbert créa 113 manufactures royales, et l'on estime qu'il dépensa 1 million de livres — non compris le budget des Gobelins — en subventions et encouragements à l'industrie (1).

Ce n'est pas seulement au développement des industries manufacturières qu'il consacra ses efforts ; il continua la politique de Sully à l'égard des industries extractives. En 1670, il prend en régie une mine de mercure découverte dans l'intendance de Caen ; en 1672, il se fait nommer « Grand-Maître, surintendant et réformateur général des mines et minières » ; il constitue une compagnie privilégiée pour l'exploitation des mines du Languedoc ; en 1682, il concède un privilège au sieur de Liscouet de Coëtmen pour l'exploitation de mines de plomb et d'étain en Bretagne ; en 1683, il accorde à Girin le privilège de l'exploitation des mines du Dauphiné pendant vingt ans.

L'on connaît, en outre, treize compagnies privilégiées de commerce et de colonisation créées ou reconstituées sous son ministère (2). Nous citerons celles des Indes Occidentales, du Levant, des Indes Orientales, et du Nord, qui formaient pour ainsi dire quatre armées chargées de la conquête de chacune des grandes branches du trafic extérieur. Là encore, il éprouva bien des désillusions.

Dans un mémoire destiné aux directeurs de la Compagnie des Indes occidentales, il leur imposa les règles du *Pacte colonial ;* toute relation avec les nations étrangères était interdite à la colonie ; la Compagnie ne pouvait importer dans les îles que des

(1) Levasseur, *Hist. des cl. ouv.*, t. II, p. 239 et 273, texte et note 2.
(2) Levasseur, *op. cit.*, t. II, p. 280, note 2.

marchandises françaises ; et même le ministre avait d'abord édicté que les transactions ne pourraient se faire que sous la forme du troc, sans intervention de monnaie, suivant un tarif imposé, et seulement dans les magasins de la Compagnie. L'année suivante, il se ravisa et autorisa la vente de gré à gré.

Colbert prit soin, dans le Pacte colonial, de réserver le monopole de l'intercourse coloniale aux vaisseaux nationaux.

Réglementation. — Les règlements (1) forment la partie la plus considérable de son œuvre économique. A partir de 1654, il en publia environ 150 (2) sur la draperie, les soieries, la teinture, la bonneterie, la papeterie, les toiles, etc. Son Instruction du 18 mai 1671, « pour la teinture des laines de toutes couleurs et pour la culture des drogues et ingrédiens qu'on y emploie », ne contenait pas moins de 317 articles. Chaptal a dit d'elle que c'était « le meilleur traité de teinture qui fût alors connu ».

Un arrêt du 24 décembre 1670 portait que « les étoffes manufacturées en France qui seraient défectueuses et non conformes aux règlements seraient exposées sur un poteau de la hauteur de 9 pieds, avec un écriteau contenant les nom et surnom du marchand ou de l'ouvrier trouvé en faute ; qu'après avoir été ainsi exposées pendant quarante-huit heures ces marchandises seraient coupées, déchirées, brûlées ou confisquées suivant ce qui en aurait été ordonné ; qu'en cas de récidive le marchand ou l'ouvrier seraient blâmés en pleine assemblée de corps, outre l'exposition de leurs marchandises ; et enfin, qu'à la troisième fois ils seraient mis et attachés audit carcan pendant deux heures avec des échantillons des marchandises sur eux confisquées » (3). Malgré ces sanctions énergiques, de vives résistances se produisirent contre les règlements ; et le ministre dut sans cesse prescrire aux intendants de tenir la main à leur exécution.

(1) « Les règlements, écrivait Colbert, sont essentiels ; car le principal pour un royaume aussi florissant est que les draps soient toujours d'égale bonté, longueur et largeur » (*Lettres, Instr. et Mém.*, t. II, p. 2), etc.

(2) Levasseur, *Hist. des cl. ouvr.*, t. II, p. 215.

(3) Levasseur, *Hist. des cl. ouvr.*, t. II, p. 234.

Il tenta, lui aussi, par une ordonnance du 13 mars 1673 (1), de généraliser le système des corporations, afin d'embrigader toutes les industries dans les cadres officiels ; il n'y réussit point. Le nombre des corps de métiers s'accrut ; mais jusqu'à la fin de l'ancien régime, il y eut de nombreuses localités où les métiers étaient exercés sans jurandes ni statuts ; et là où existaient des jurandes leurs statuts n'avaient pas toujours été, tant s'en faut, confirmés par lettres patentes. A Poitiers, en 1708, sur 65 métiers, 35 seulement étaient *jurés* (2).

Le Conseil de commerce fut rétabli en 1664. Il fut d'abord chargé de la rédaction des règlements ; mais il perdit cette fonction en 1677. Colbert introduisit, en outre, la hiérarchie dans le corps des agents chargés de veiller à l'exécution des règlements. Au-dessus des jurés, dont il précisa les fonctions par un édit de 1669, et des agents royaux, aulneurs, visiteurs, etc., il créa des inspecteurs ou commis des manufactures qui furent eux mêmes subordonnés à des inspecteurs généraux (Edit du 13 août 1669).

§ 3. — De 1683 à 1760.

Prohibitions. — Droits protecteurs. — Les successeurs de Colbert exagérèrent son système. Ils déclarèrent une véritable guerre économique à l'Angleterre (3). En 1687, le tarif douanier fut renouvelé ; notamment les droits d'entrée sur les étoffes de laine furent augmentés. L'Angleterre, directement visée, répondit en 1696 en frappant *à perpétuité* tous les produits français de taxes d'importation de 25 0/0 plus élevées que celles grevant les marchandises similaires des autres pays. Le gouvernement français riposta par un arrêt du Conseil du 6 septembre 1701 qui prohibait les marchandises anglaises suivantes : bas et toutes sortes d'ouvrages de bonneterie ; draps de toute espèce, ratines, bayettes, barails, serges, frises, molletons, camelots, moires,

(1) Isambert, XIX, p. 91.
(2) Boissonade, *Essai sur l'organisation du travail en Poitou*, t. II, p. 6-7.
(3) Il faut d'ailleurs reconnaître que, de longue date, l'Angleterre nous appliquait un régime très restrictif et souvent vexatoire.

taffetas, peluches et autres étoffes de pure laine, de pure soie, de poil, ou mêlées de laine, de soie, poil, fil ou coton ; chapeaux ; couvertures de laine ; cuirs tannés, corroyés ou apprêtés ; gants ; coutellerie ; quincaillerie ; serrurerie ; boutons, rubans de soie, de laine ou de fil ; articles d'horlogerie ; vins de liqueurs ; étain ouvré ou non ouvré ; plomb ; merceries ; drogueries ; épiceries. En ce qui concerne les marchandises permises, les droits d'entrée étaient élevés sur un certain nombre d'entre elles ; en outre, les marchands anglais ne pouvaient importer que des marchandises anglaises, lorsqu'ils se servaient de navires tiers ou de navires même anglais commandés par des capitaines non anglais ou appartenant à des négociants non anglais ; outre les droits d'entrée et de sortie, ils devaient acquitter un droit de tonnage de 3 livres 10 sous (au lieu du droit ordinaire de 50 sous) ; enfin, les négociants et maîtres de navires anglais et les individus opérant pour le compte des négociants anglais étaient astreints à recourir, pour leurs transactions, à l'intermédiaire d'un courtier français (1). — En 1703, l'Angleterre porta un nouveau coup au commerce français par le traité de Methuen conclu avec le Portugal ; elle s'engagea à frapper les vins portugais de droits trois fois moindres que ceux établis sur les vins français, afin de faire cesser l'importation de ces derniers dans la Grande-Bretagne. Avant d'arriver à Londres, une pièce de vin de Champagne avait à payer, non compris les frais de transport et d'assurance, 475 francs ; et une pièce de vin de Bourgogne 750 francs, quelle que fût la valeur du vin. Le traité d'Utrecht de 1713 n'améliora guère les relations économiques de ces deux pays. Il fut stipulé que les citoyens de l'un et de l'autre Etat pourraient circuler et commercer librement, que les surtaxes de pavillon seraient supprimées, etc. ; mais, par suite des résistances de l'opinion publique en Angleterre, les prohibitions ne furent levées de part ni d'autre.

Les Hollandais obtinrent de la France un meilleur traitement ;

(1) V. Clément, *Hist. du syst. protecteur*, pièces justificatives, p. 283-284.

le traité de Ryswick, en 1697, leur concéda un tarif intermédiaire entre celui de 1664 et celui de 1667.

C'est également à cette époque que prit naissance la question des toiles peintes qui fit tant de bruit. Ces tissus furent d'abord frappés de surtaxes d'entrée en 1686, puis complètement prohibés, et dès lors il ne se passa guère d'année sans que le Conseil d'Etat légiférât à leur égard.

Privilèges. — Créations royales. — L'on continua d'octroyer des privilèges ; jamais les créations de manufactures royales ne furent aussi nombreuses ; l'on en connaît 243 pourvues de brevets de 1683 à 1753. « La faveur, dit M. Levasseur, a eu une large part dans ces concessions..... On voit de grands seigneurs et des courtisans qui ont l'oreille des ministres s'associer avec des inventeurs ou des entrepreneurs et obtenir plus facilement que ces derniers des brevets de manufactures. Tantôt ils mettent de l'argent dans l'affaire, tantôt ils apportent seulement leur influence et ils prennent leur part dans les bénéfices » (1). L'on continua également d'accorder des subventions et de consentir des prêts à ces sortes d'établissements ; une caisse fut créée spécialement pour cet objet en 1727. Enfin l'on continua de créer des compagnies privilégiées de commerce et de colonisation.

Réglementation. — Les règlements se multiplièrent et devinrent de plus en plus minutieux. Sous Louis XV, il en fut confectionné plusieurs centaines. Le règlement de 1732 pour les manufactures de draps, ratines, serges et autres étoffes fabriquées dans le Dauphiné, se composait de 265 articles ; le règlement pour les étoffes de laine ou métiers de laine, soie et fil de Lyon en avait 208 ; le règlement de 1744 pour les fabriques de Lyon contenait 14 titres et 183 articles, etc. Il devenait de plus en plus difficile de ne pas se perdre dans cette inextricable forêt (2).

Le Conseil du commerce supprimé depuis la mort de Colbert, fut rétabli en 1700, aboli de nouveau en 1722, puis restauré en

(1) Levasseur, *Hist. des cl. ouvr.*, t. II, p. 490-491.
(2) Levasseur, *Hist. des cl. ouvr.*, t. II, p. 498, notes 2 et 3.

1730. Mais il ne se réunissait que très rarement ; les affaires étaient expédiées par le Bureau du commerce créé en 1722. L'on institua en outre, au contrôle général, un directeur du commerce, président du Conseil et du Bureau du commerce, et chargé de la police générale de l'industrie. Le cadre des agents de contrôle fut complété par les intendants du commerce créés sous le ministère de Desmarets ; le nombre des inspecteurs fut accru ; outre les inspecteurs généraux et les inspecteurs des manufactures, l'on vit naître des inspecteurs affectés spécialement à certaines industries, des inspecteurs ambulants, des sous-inspecteurs et des « élèves des manufactures » (ou inspecteurs surnuméraires) (1).

§ 4. — La Politique mercantiliste à l'étranger.

La politique que nous venons de décrire n'a pas été spéciale à la France. Elle a été, dans ses traits généraux, celle de tous les grands Etats d'Europe (2) ; celle de l'Angleterre, surtout à partir du règne de la reine Elisabeth (le gouvernement anglais l'appliqua plus rigoureusement à la France qu'à tout autre pays) ; celle de l'Espagne, principalement à partir de Charles-Quint ; celle de l'Allemagne et surtout du Grand Frédéric. En Autriche, le système mercantiliste inauguré par Léopold Ier dans la seconde moitié du XVIIe siècle ne fut systématiquement appliqué que sous Charles VI. Pierre le Grand l'introduisit en Russie (3).

(1) Levasseur, *op. cit.*, t. II, p. 474 et suiv.

(2) V. Schanz, *Englische Handelspolitik gegen Ende des Mittelalters*, 1881 ; Ehrenberg, *Hamburg und England in Zeitalter der Königin Elisabeth*, 1896 ; Schmoller, *Die englische handelspolitik des* XVII *und* XVIII *Iahrhunderts*, dans *Iahrb. f. gesetzgeb. Werv. und Volkswirthsch.*, 1899. *Umrisse und Untersuchungen zur Verfassungs, Verwaltungs und Wirtschaftsgeschichte des Preussichen Staats im* XVII *und* XVIII *Iahrhund.*, 1898; Ansiaux, *Hist. économ. de l'Espagne au* XVIe *et au* XVIIe *siècles*, dans la *Revue d'Econ. polit.*, 1893 (p. 509 et suiv., 1025 et suiv.) ; Goury de Roslau, *Essai sur l'hist. écon. de l'Espagne*, s. d. ; Ch. Weiss, *Des causes de la décadence de l'ind. et du comm. en Espagne*, etc. Thèse Lettres, Strasbourg, 1838-1839 ; Inama-Sternegg, *Deutsche Wirtschaftsgeschichte*, 1879 et suiv. ; Schulze-Gævernitz, *Eine Studie zum osteuropäischen Merkantilismus*, dans *Archiv f. soc. gesetzgeb.*, 1895.

(3) V. Possoschkow, *Pauvreté et richesse*, 1724 ; Brückner, *J. Possoschkow*, etc., 1878.

La Hollande qui s'était faite la voiturière maritime de l'Europe pratiqua, au contraire, une politique très libérale. Ses tarifs d'entrée et de sortie étaient très modérés ; pourtant des traces de mercantilisme se révèlent dans son système fiscal. Les produits manufacturés venus de l'étranger étaient plus lourdement frappés que les produits nationaux ; les matières premières payaient moins à l'entrée qu'à la sortie, et plusieurs jouissaient à l'entrée, mais non à la sortie, d'une franchise complète. L'huile de baleine devait acquitter un droit de 10 0/0 quand elle était apportée par les vaisseaux étrangers ; mais sous pavillon national elle entrait en franchise ; le même traitement était appliqué aux harengs. Les épiceries arrivant sur les navires de la Compagnie hollandaise des Indes Occidentales étaient exemptes de toute taxe (1), au lieu que les poivres étrangers étaient grevés d'un droit d'entrée de 10 0/0, etc.

SECTION III. — La théorie. — Analyse de la littérature mercantiliste.

Nous distinguerons le pur mercantilisme et le mercantilisme dégradé.

Nous appelons mercantilistes purs les écrivains qui se montrent préoccupés d'attirer et de conserver par des moyens artificiels les métaux précieux, parce qu'ils les considèrent comme la richesse suprême d'une nation.

Par mercantilisme dégradé, nous entendons les systèmes qui tendent au même but, mais répondent imparfaitement à la définition précédente, soit que leurs auteurs n'aient plus la même foi dans l'action exercée par les procédés législatifs sur les phénomènes économiques, soit qu'ils n'aient plus la même conception de la nature économique des métaux précieux. Il ne sera question dans ce chapitre que du mercantilisme pur.

(1) V. Ustariz, *Théorie et pratique du commerce*, trad. fr., Forbonnais, 1753, I, p. 105-106 et II, p. 183. — C'est la politique que conseillait Jean de Witt (Pierre de la Court) dans ses *Mémoires*, Ire partie, ch. XIII (trad. fr., Ratisbonne, 1709, p. 56 et suiv.).

La théorie mercantiliste n'est, pas plus que la politique mercantiliste, un système parfaitement homogène construit comme une géométrie où tous les théorèmes s'enchaînent, logiquement déduits d'une proposition unique considérée comme un axiome. C'est ce que nous allons pouvoir constater en analysant la notion mercantiliste de richesse nationale, et la politique économique déduite de cette notion.

§ 1. — La notion mercantiliste de richesse nationale.

Les écrivains mercantilistes n'ont pas sur la nature de la richesse nationale des idées absolument nettes. La plupart (ainsi Montchrétien, Locke, Petty, Cantillon) répètent un certain nombre d'arguments classiques qui tendent à faire considérer l'or et l'argent comme la richesse par excellence. Ces arguments sont les suivants :

Les denrées et marchandises sont périssables, et elles ne se troquent pas comme l'on veut, à toute minute et avec le premier venu ; les métaux précieux, au contraire, durent indéfiniment et ils sont immédiatement et universellement échangeables. L'argent, par suite, c'est pour l'homme la puissance, l'instrument de domination sur les choses et sur les autres hommes. Or, ce qui est vrai pour un individu, pour une famille, peut-il être faux pour un Etat ? La nation n'est-elle pas une famille dont le roi est le chef (1) ? Le roi, en outre, a besoin d'argent pour faire la guerre, pour payer et entretenir ses troupes à l'étranger ; sans argent, sans trésor constitué en temps de paix, point de sécurité extérieure.

Mais il n'est pas difficile de relever chez les mêmes écrivains des contradictions. « Ce n'est point l'abondance d'or et d'argent, dit Montchrétien, la quantité de perles et de diamants qui font les Etats riches et opulents ; c'est l'accommodement des choses

(1) Locke, par exemple, déclare « qu'entre une ferme et un royaume il n'y a sur ce point de différence que du plus grand au plus petit » ; qu' « il en est d'un royaume comme d'une famille » (*Considerations on the consequences of the lowering of Interest, etc.*, à la suite de Mac-Culloch, *Principles of Pol. Econ.*, 1872, p. 232 et p. 269.

nécessaires à la vie et propres à la vie. Quand tant de pistolles ne rempliraient nos coffres, qu'importerait si, comme à nos pères, ces choses coûtaient peu, les ayant toujours en égale abondance? »... ... De vray, nous sommes devenus plus abondans d'or et d'argent que n'estoient nos pères, mais non pas plus aisés ni plus riches » (1). Mais en un autre endroit il écrit : « Il faut de l'argent, et n'en ayant point, il faut en avoir des étrangers. Soyez curieux d'en faire rechercher (il s'adresse au roi), et vous trouverez qu'il en sort plus de vos pays que l'on n'y en apporte. C'est voirement par une grande et inexcusable négligence, car vos sujets ont assez d'industrie au bout des doigts pour attirer, au contraire, chez eux l'or et l'argent des autres contrées si le bon ordre règne une fois en cet Estat » (2). Et ailleurs : « On peut dire à présent que nous ne vivons pas tant par le commerce des élémens que par l'or et l'argent ; ce sont deux grands et fidèles amis. Ils suppléent aux nécessitez de tous hommes » (3).

Les idées de Locke sur ce point sont tout aussi confuses. « L'or et l'argent, dit-il, sont de peu d'utilité ; mais ils nous mettent en état de nous procurer toutes les commodités de la vie ; c'est pourquoi *la richesse consiste dans l'abondance de ces métaux*.... La richesse, ajoute-t-il, ne consiste pas à avoir plus d'or et d'argent en quantité absolue, mais à en avoir proportionnellement plus que le reste du monde ou que nos voisins ; de manière que nous puissions nous procurer une quantité de choses nécessaires à la vie plus grande que celle qui est à la portée des Etats et royaumes voisins qui, participant en proportion moindre à l'or et à l'argent du monde, manquent des moyens qui donnent l'abondance et la puissance et ainsi sont plus pauvres » (4). Ces propositions sont contradictoires dans

(1) Montchrétien, *Traicté de l'Econ. polit.*, édit. Funck-Brentano, p. 241.
(2) *Ibid.*, p. 246-247.
(3) *Ibid.*, p. 141-142.
(4) Locke, *Considerations on the consequences of the lowering of Interest* (à la suite de Mac-Culloch, *Principles of Politic. Ec.*, édit. 1872, p. 226-227).

leurs termes ; si la richesse nationale consiste dans l'abondance de choses propres à satisfaire nos besoins, elle ne peut consister en même temps dans l'abondance de numéraire ; ou nous acquérons ces choses, alors nous augmentons nos jouissances, mais nous nous appauvrissons de monnaie ; ou nous conservons notre argent comme un trésor sacré, alors nous augmentons notre provision de monnaie, mais nous nous privons de certaines jouissances que nous pourrions nous procurer. Il faut absolument choisir entre l'une ou l'autre conception.

Le même auteur déclare encore qu'il faut à un pays *une certaine quantité de monnaie* pour les besoins de son commerce : si donc, peut-on lui demander, le stock monétaire est suffisant pour assurer le fonctionnement du mécanisme des échanges, ne sera-t-il pas pour le moins inutile de thésauriser indéfiniment (1) ?

Des antinomies analogues se rencontrent dans Mun. Cet auteur proclame qu'une balance du commerce extérieur se liquidant par un solde créditeur en argent est le seul moyen pour une nation de s'enrichir (si l'on excepte les dons qu'elle pourrait recevoir et le pillage d'autres Etats) (2) ; son livre est consacré uniquement à l'exposition des moyens propres à produire des excédents de rentrée d'or et d'argent, et pourtant l'on y trouve ces lignes : « On ne peut pas dire que la monnaie soit l'âme du commerce de sorte que celui-ci ne puisse subsister sans celle-là ; car nous savons qu'il y a eu un grand trafic qui se pratiquait sous forme d'échange ou de troc à une époque où il n'y avait que peu de monnaie dans le monde. » Il donne pour titre à cet ouvrage : *De la constitution d'un trésor en Angleterre par le commerce extérieur* ; et cependant il y écrit qu'il est aussi ridicule pour une nation que pour un individu de thésauriser, que l'argent doit être réengagé dans le commerce, que trop d'argent nuit, la surabondance de numéraire produisant la hausse des prix et, par suite, la diminution de la consommation (3).

(1) Cette quantité, ajoute l'auteur, est plus ou moins grande suivant que la circulation de la monnaie est plus ou moins rapide (*op. cit.*, p. 234).

(2) Mun, *England's Treasure by forraign Trade*, ch. II.

(3) Mun, *England's Treasure*, ch. IV, § 3, édit. Macmillan, p. 22-24.

Petty n'est pas non plus toujours d'accord avec lui-même. Voici, résumée dans l'un de ses ouvrages, la pure théorie mercantiliste : « Le principal et dernier résultat du commerce est de produire non la richesse en général, mais spécialement l'abondance d'or, d'argent et de bijoux ; or, ceux-ci ne sont pas périssables et de valeur variable comme les autres marchandises ; mais ils constituent une richesse en tous temps et en tous lieux, au lieu que le vin, le blé, les volailles, la viande, etc., ne sont des richesses que *hic et nunc* ; par suite, les industries et les commerces qui sont de nature à approvisionner le pays d'or, d'argent et de bijoux sont ceux qui lui procurent le plus de profit » (1). Mais comment concilier ce passage avec les suivants ? « La conservation ou l'amoindrissement du stock monétaire n'a pas autant d'importance qu'on se l'imagine souvent. Car, en beaucoup d'endroits en Irlande et même en Angleterre, le stock monétaire de la nation ne forme que le 1/10 des dépenses annuelles ; ainsi on estime que l'Irlande ne possède que 400.000 £ d'espèces, alors qu'elle dépense environ 4 millions par an. C'est donc une très mauvaise politique de doubler l'encaisse de la nation en détruisant la moitié de sa richesse, ou d'accroître son encaisse autrement qu'en accroissant la richesse *simul et semel*.

« Quand une nation possède 1/10 de plus en espèces, se peut-il même que sa richesse s'accroisse de 1/10 ? Il peut y avoir excès aussi bien que disette de monnaie.... Il existe, il est vrai, un remède à cet excès de métaux précieux, et il est d'un emploi facile : il consiste à convertir le superflu en objets de luxe, en vaisselle d'or et d'argent... » (2).

Voici, tout au début de l'ouvrage de Cantillon, une définition très correcte de la richesse : « La richesse. en elle-même n'est autre chose que la nourriture, les commodités et les agrémens de

(1) Petty, *Political Arithmetic*, ch. IV, § 3, édit. Hull, I, p. 260. — Cf. ch. II, p. 269.

(2) Petty, *Political Anatomy of Ireland*, ch. XI, édit. Hull, I, p. 192-193. — Cf. *Quantulumcumque concerning money*, questions 25-27, même édit., II, p. 446.

la vie » (1). Elle n'empêche pas l'auteur d'affirmer qu'un Etat est d'autant plus riche que le travail est employé à produire des choses plus durables. « Il le sera surtout, ajoute-t-il, si l'on emploie ces habitants (ceux qui travaillent) à tirer du sein de la terre de l'or et de l'argent qui sont des métaux non seulement durables, mais, pour ainsi dire, permanens, que le feu même ne saurait consumer, qui sont généralement reçus comme la mesure des valeurs et qu'on peut éternellement échanger pour tout ce qui est nécessaire dans la vie : et si ces habitants travaillent à attirer l'or et l'argent dans l'Etat en échange des manufactures et des ouvrages qu'ils y font et qui sont envoyés dans les païs étrangers, leur travail sera également utile, et améliorera réellement l'Etat.

« Car le point qui semble déterminer la grandeur comparative des Etats est le corps de réserve qu'ils ont, au delà de la consommation annuelle, comme les magasins de drap, de linge, de blés, etc., pour servir dans les années stériles, en cas de besoin ou de guerre. Et d'autant que l'or et l'argent peuvent toujours acheter tout cela des ennemis même de l'Etat, le vrai corps de réserve d'un Etat est l'or et l'argent, dont la plus grande ou la plus petite quantité actuelle détermine la grandeur comparative des royaumes et des Etats » (2).

(1) Cantillon, *Essai sur la nature du commerce en général*, liv. I, ch. I, édit. 1755, p. 1-2.

(2) Cantillon, *op. cit.*, I. ch. XVI, édit. 1755, p. 117-119. — Cf. II, ch. V, p. 210 ; II, ch. VIII, p. 249. Comme il fallait s'y attendre, on a essayé de lever cette antinomie par le procédé casuistique. M. Legrand (*Richard Cantillon*, Thèse Droit, Paris, 1900) croit pouvoir concilier ces passages en disant que dans le premier l'auteur parle de la richesse *en elle-même* et dans le second de la richesse *comparative*. Toujours est-il que si la richesse en elle-même consiste dans la possession de choses propres à satisfaire nos besoins et nos désirs, parmi les divers pays comparés, celui-là devra être déclaré le plus riche où la consommation de ces choses est la plus forte. Or, Cantillon n'a pas soutenu cette idée (que son ouvrage dément), qu'une quantité d'argent plus grande dans un Etat y révèle *l'existence* d'une plus grande quantité de produits consommables : c'est d'or et d'argent et non de denrées périssables que doit être constituée la réserve d'une nation, et on doit épargner le plus possible sur la consommation pour la grossir.

Ce sont, croyons-nous, les plus éminents parmi les mercantilistes que nous avons cités. Au fond, leur doctrine sur la nature des richesses est un amalgame, en proportions inégales, de trois idées hétérogènes : 1° l'or et l'argent sont la plus excellente des richesses ; 2° la richesse consiste dans les choses propres à satisfaire nos besoins et nos désirs ; 3° la monnaie n'est qu'un instrument, mais c'est un instrument tout-puissant pour produire ou se procurer la richesse. C'est sur ce dernier principe, nébuleux encore chez eux, que Law fondera son système. Ces trois idées sont englobées dans cette maxime que l'or et l'argent font la richesse et la puissance des Etats. Celle-ci est, en quelque sorte, le cri de guerre des mercantilistes comme le fameux *laissez faire*, *laissez passer* sera celui de l'école physiocratique.

C'est sur elles qu'ils basent leur politique économique. Mais, étant donné l'incertitude de leur conception de la richesse, il ne faut pas s'attendre à trouver chez eux une parfaite unité dans la justification théorique de leur système.

§ 2. — La politique économique des mercantilistes. Principes fondamentaux.

Le principe fondamental est qu'un Etat doit combiner ses efforts de manière à attirer et à retenir chez lui les métaux précieux, par conséquent vendre le plus possible à l'étranger et lui acheter le moins possible, d'objets manufacturés surtout. Les théoriciens crurent pouvoir, ici encore, transporter dans le domaine de l'économie nationale certains principes dont l'exactitude, en matière d'économie domestique, devait leur apparaître, dans le milieu où ils vivaient, avec un saisissant relief : un particulier s'enrichit quand il vend et s'appauvrit quand il achète ; dans une transaction entre individus, l'un perd ce que l'autre gagne (1) ; pourquoi en serait-il autrement, dans les rapports entre nations ?

Ce sont là, en quelque sorte, les inscriptions gravées en lettres très apparentes sur la façade de l'édifice ; dans l'ombre,

(1) V. Montaigne, *Essais*, liv. I, ch. XXI (édit. 1652, p. 59) : « Le profit de l'un est dommage de l'autre. »

on entrevoit cette autre maxime, dont l'application devait concourir à donner le même aspect à l'aménagement intérieur, que l'Etat doit assurer le développement de toutes les forces productives du pays. Parmi ces dernières, les industries manufacturières occupent le premier rang ; l'agriculture, dont l'importance est grande, ne doit pas être sacrifiée de parti-pris ; mais en cas de conflit, les intérêts des premières passeront avant ceux de la seconde. L'industrie manufacturière est de toutes les formes de l'activité économique celle qui fait vivre le plus grand nombre d'individus sur le plus petit espace ; or, la densité de la population est considérée comme une cause de force militaire et aussi de force économique ; au point de vue économique elle est à la fois effet et cause d'une grande productivité. Petty, notamment, traite la population comme une richesse ; il imagine même une méthode pour l'évaluer en argent (1). Il montre comment l'accroissement de la population fait hausser la rente du sol (ce qui à ses yeux est un bien) parce qu'il nécessite une culture plus intensive, et parce que, les mœurs devenant plus raffinées, le niveau de la vie s'élève, les individus se montrent plus exigeants et augmentent leurs dépenses (2). Il remarque, en outre, que la densité de la population amène une plus grande spécialisation dans les professions (3) et une plus grande division des tâches dans les manufactures (4) ; or, la division du travail en accroît la productivité : l'exécution en est plus parfaite et moins coûteuse (5).

(1) Voici quel est son mode de calcul. Des dépenses annuelles totales du pays, il faut déduire les revenus de la terre et les revenus de la propriété mobilière, et multiplier le reste, qui doit être considéré comme le produit du travail humain, par 20. Le revenu du travail doit être, en effet, capitalisé au même taux (5 0/0) que le revenu de la terre ; car un peuple est perpétuel comme la terre. L'auteur trouve ainsi que la valeur moyenne de l'Anglais est, à son époque, de 50 £ (*Political Arithmetick*, ch. I (édit. Hull, I, p. 267).

(2) Petty, *Polit. Arithmet.*, ch. IV (Hull, I, p. 289-290).

(3) Petty, *Polit. Arithmet.*, ch. I (Hull, I, p. 255-256).

(4) Petty, *Another Essay in Polit. Arithm. concerning the growth of the City of London* (Hull, II, p. 473).

(5) Petty, *Ibid.* et *Polit. Arithmet.*, ch. I (Hull, I, p. 260). L'auteur re-

Ces deux idées différentes, accumulation des métaux précieux et développement des forces productives, sont les conséquences de la dualité de conception de la richesse chez les mercantilistes.

Tous n'ont pas préconisé les mêmes procédés. L'on peut, croyons-nous, les classer de la manière suivante : 1° bullionistes ; 2° industrialistes ; 3° on peut même citer un écrivain bullioniste-agrarien qui est, il est vrai, un narrateur, un autobiographe, plus qu'un théoricien, le ministre de Henri IV, Sully ; 4° les adeptes de l'Ecole de la Balance du commerce.

§ 3. — Les bullionistes.

Les bullionistes défendent les prohibitions d'exporter les métaux précieux en lingots ou en monnaie et le système dit de la *Balance des contrats* (simple variété du précédent) (1). Tels sont, en Angleterre, Armstrong au XVIe siècle et Milles au XVIIe ; en Italie, Marc-Antoine de Santis, Biblia, Lunetti, Bocchi (2), Zuccolo au XVIIe ; en Espagne, Ortiz à la fin du XVIe. Certains proposent un procédé qui ne fut guère appliqué, croyons-nous (3), la fixation arbitraire du cours du change extérieur par l'Etat. Tels sont les Italiens Marc-Antoine de Santis et Lunetti (déjà cités), et le Hollandais Malynes (dont les ouvrages ont paru en anglais de 1601 à 1623). Ce dernier est le grand apôtre du système. Il demande que le prix de la lettre de change soit invariablement fixé au pair : ainsi les nationaux débiteurs de l'étranger se garderaient d'exporter des espèces, car l'envoi d'une lettre de

connaît pourtant qu'il faut tenir compte non seulement du nombre mais de la qualité des habitants (*Polit. Arithmet.*, ch. I, Hull, I, p. 249-250). Il n'en est pas moins vrai qu'à égalité dans la qualité, une nation qui compte 8 millions d'habitants est plus que deux fois aussi riche que celle qui n'en compte que quatre (*Treatise of Taxes*, ch. III, § 12, Hull, I, p. 34).

(1) Sur ces deux procédés, v. *suprà*, p. 273-274.

(2) Bocchi approuve la prohibition d'exporter les métaux précieux, mais ne croit pas à son efficacité ; il préfère des droits très élevés frappant leur exportation.

(3) L'expérience en fut tentée à Naples, en 1607, sur les conseils de de Santis, mais abandonnée au bout de quelques mois.

change leur serait toujours un moyen moins coûteux d'effectuer leurs paiements au dehors. Si le cours du change est constamment défavorable, c'est, croit-il, parce que le trafic des lettres de change est accaparé par un petit nombre d'individus qui abusent de leur monopole pour faire payer très cher leur intervention. Leur commerce est un chancre qui ronge la richesse de l'Angleterre ; il leur permet de s'enrichir sans risques et sans travail en exploitant le travail d'autrui ; il est cause que l'argent sort du royaume ; il prive le Souverain de ses revenus en diminuant le rendement des impôts ; les cambistes trahissent même leur patrie à l'occasion, car ils vendent leurs services aux enchères, et ils sont toujours avec les Souverains riches contre leurs ennemis pauvres, quels qu'ils soient. Que l'Etat s'empare donc de ce commerce monopolisé, et qu'ainsi cet instrument de ruine contribue désormais à l'utilité générale. On croirait entendre un socialiste moderne dénonçant avec indignation certaines « féodalités financières ».

Seulement, en considérant la raréfaction du numéraire comme la conséquence d'un change défavorable, l'auteur prend la cause pour l'effet ; et c'est une singulière illusion de croire à l'efficacité d'une loi obligeant l'Etat à vendre les lettres de change immuablement au pair : tantôt la marchandise lui ferait défaut parce qu'il l'achèterait trop bon marché (1) ; et tantôt il n'en trouverait pas le placement parce qu'il en exigerait un prix trop élevé. Malgré toutes les prohibitions, le commerce clandestin aurait vite fait d'éliminer le commerce officiel. Les erreurs des bullionistes ont été réfutées par d'autres mercantilistes, et notamment d'une façon magistrale par le théoricien de la Balance du commerce Mun.

§ 4. — Sully.

Sully est bullioniste. Il raconte avec complaisance comment il réussit à faire saisir une somme de 48.000 écus (144.000 livres) que l'on transportait hors du royaume (2) ; il se félicite, en

(1) A moins qu'il ne se décide à acheter à un prix supérieur à son tarif de vente.

(2) Sully, *Economies royales*, année 1601 ; dans l'édition de l'abbé de l'Ecluse (parue sous le titre de *Mémoires*), 1767, t. IV, p. 11.

outre, d'avoir ordonné le surhaussement des monnaies, pour en empêcher la sortie (1).

Il est en même temps agrarien. « Le pastourage et le labourage, dit-il, sont les deux mamelles dont la France est alimentée, ses vraies mines et trésors du Pérou » (2). C'est que, pour attirer les métaux précieux dans le royaume, il compte avant tout sur l'exportation des denrées agricoles. Pourtant il admet aussi l'industrie des draps et des toiles : l'exportation de ces marchandises peut concourir au même but.

Mais, grand ennemi du luxe, il se montre hostile aux industries nouvelles, et notamment à l'industrie de la soie que le roi, sur les conseils de Laffemas, s'efforce d'acclimater en France. Il prévoit, en effet, qu'elles alimenteront la consommation nationale plus que l'exportation. Si on lui objecte que les objets de luxe devront être tirés des pays étrangers, ce qui produira la fuite du numéraire, il répond que l'on doit s'en passer complètement et que, par de rigoureux Edits somptuaires, l'on en réprimera l'usage (3).

Ce qu'il veut, c'est donc le maintien de l'état économique actuel. Et il justifie ses tendances conservatrices en disant que c'est là un état voulu par Dieu. La Providence a donné aux diverses nations des aptitudes économiques différentes : « Votre Majesté doit mettre en considération qu'autant qu'il y a de divers climats, régions et contrées, autant, semble-t-il, que Dieu les aye voulu diversement faire abonder en certaines *proprietez*, *commoditez*, denrées, matières, arts et mestiers spéciaux et particuliers qui ne sont point communs ou, pour le moins, de telle bonté aux autres lieux, afin que par le trafic de ces choses (dont les uns ont abondance et les autres disette) la fréquentation, conversation et société humaine soit entretenue entre les nations, tant éloignées pussent-elles estre les unes des autres » (4).

Nous retrouvons là le principe de la division internationale du

(1) Sully, *Econ. roy.*, même édit., t. IV, p. 184.
(2) *Ibid.*, année 1598, petite collect. Guillaumin, p. 96.
(3) *Ibid.*, année 1603, petite collect. Guillaumin, p. 101-102.
(4) *Ibid.*, année 1603, petite collect. Guillaumin, p. 100.

travail engendrant la solidarité économique entre Etats (1). L'auteur se montre logique en se déclarant favorable au développement du commerce extérieur et en faisant preuve d'un certain libéralisme à son égard : il est hostile aux taxes qui peuvent l'entraver (2), il regrette l'établissement de droits d'ancrage et de tonnage sur les vaisseaux étrangers, malgré que les navires français en supportent d'analogues dans les ports d'autres pays (3). Mais il est clair que des Edits somptuaires doivent avoir pour corollaire la prohibition d'importer les marchandises dont l'usage est interdit..

§ 5. — Les Industrialistes.

Nous entendons par industrialistes ceux qui, sans dénigrer l'agriculture (4), voient dans l'exportation des objets ouvrés, et par suite dans le développement de l'industrie manufacturière nationale, le grand moyen de faire affluer l'or et l'argent (5). Nous rangerons dans cette catégorie, les Anglais W. Stafford (XVIe siècle) et Raleigh (XVIIe siècle) ; les Italiens Botero (XVIe siècle), Antonio Serra et de Luca (XVIIe siècle) ; les Français Bodin (6) (XVIe siècle), Laffemas, Montchrétien (XVIIe siècle), etc.

(1) C'est la seconde fois que nous rencontrons ce principe chez un mercantiliste. Mais, à la différence de Bodin, Sully est logique avec lui-même.

(2) Sully, *op. cit.*, année 1603, édit. abbé de l'Ecluse, 1767, t. V, p. 61.

(3) *Ibid.*, année 1603, édit. de l'Ecluse, 1767, t. V, p. 50.

(4) V. l'éloge que Montchrétien fait de l'agriculture dans son *Traicté de l'Econ. polit.*, liv. I (édit. Funck-Brentano, p. 41-42).

(5) Montchrétien, *op. cit.*, liv. I (édit. Funck-Brentano, p. 99) : « Ne plus ni moins que tous animaux qui ont sang ont cœur, tous pays qui ont richesse ont industrie. L'industrie y tenant tel lieu doit être donc leur premier vivant et leur dernier mourant. »

(6) Bodin dans sa *République* se montre partisan de la politique mercantiliste ; mais il ne déclare pas nettement que son but soit de faire abonder l'or et l'argent ; il se sert du terme vague de *profit*. Voici le passage : « ..... Desquelles (denrées, sel, vin, blé) le sage prince ne doit permettre la traite, que son peuple n'en soit fourni et soulagé, et les finances accreues ; ce qu'on ne peut faire sans hausser l'imposition foraine..... Il est donc expédient de hausser pareillement l'imposition foraine à l'estranger des choses desquelles il ne se peut passer et, par ce moyen, accroistre les finances et soulager les sujets. Et quant

C'est Antonio Serra (et son ouvrage est important à ce titre) qui le premier a montré avec netteté la supériorité de l'industrie sur l'agriculture pour faire abonder l'or et l'argent dans un pays dépourvu de mines (1). C'est que la production agricole est limitée : l'intensité de la culture ne peut dépasser un certain point (c'est à peu près *la loi du rendement proportionnellement décroissant en agriculture* dont les successeurs d'Adam Smith ont tiré un si grand parti) ; le sort de la récolte dépend de hasards météorologiques contre lesquels le cultivateur ne peut rien ; l'agriculteur ne peut pas vendre ses denrées comme il veut et quand il veut, car elles se détériorent, il ne peut donc pas les garder indéfiniment. Il n'en est pas de même dans l'industrie : le manufacturier peut accroître à volonté sa fabrication ; ses bénéfices sont illimités ; il peut restreindre ses risques ; il peut régler aisément l'écoulement de ses marchandises, car elles se conservent. Bref, l'homme est tout-puissant dans l'industrie qui est sa création, mais non dans l'agriculture qui exige la collaboration de la nature ; il peut augmenter à sa guise l'excédent de la production industrielle sur la consommation, mais non l'excédent de la production agricole ; il possède deux mines artificielles de métaux précieux, l'industrie et l'agriculture, la fécondité de la première est dans sa dépendance, mais non la fécondité de la seconde (2).

Serra est anti-bullioniste (il engagea sur ce point une polémique avec son compatriote de Santis). Il n'est pas certain qu'il

aux matières qu'on apporte des pays étrangers, il est besoin de rabaisser l'impost et le hausser aux ouvrages de main et ne permettre qu'il en soit apporté de pays estranger, ny souffrir qu'on emporte des denrées crues comme fer, cuivre, acier, lame, fil, soye crue et autres matières semblables, afin que le subject gaigne le profit de l'ouvrage et le prince l'imposition foraine » (*Les six livres de la République*, liv. VI, ch. II, édit. 1577, p. 632).

(1) Il y a chez le même auteur une ébauche de la théorie de la Balance du commerce ; mais c'est l'industrialisme qui domine dans son ouvrage.

(2) Antonio Serra, *Breve trattato delle cause che possono far abbondare li regni d'oro e d'argento dove non sono miniere*, 1613, I, ch. II et suiv., dans *Scrittori class. ital. d'Econ. polit.*. Parte antica, t. I, p. 21 et suiv.

soit protectionniste (1). S'il ne l'est pas, il y a là une exception rare, car la plupart des mercantilistes industrialistes, sinon tous, défendent cette législation économique faite de prohibitions, de tarifs douaniers protecteurs, de privilèges et de réglementations intérieures dont nous avons tracé plus haut le tableau (il en est ainsi de tous ceux que nous avons cités sauf Serra).

C'est principalement chez les écrivains appartenant à cette variété du mercantilisme qu'émerge la théorie suivant laquelle une nation, par le développement et le groupement des forces productives, doit se suffire à elle-même. A ce point de vue, Montchrétien surtout est à retenir. Le panégyrique traditionnel de l'or et de l'argent se retrouve dans son ouvrage; mais, somme toute, il n'y tient que peu de place Par contre, l'on rencontre fréquemment des déclarations de ce genre: « Qui peut faire soy-mesme doit-il faire par autruy ? Est-ce un bon mesnager qui met la main à la bourse pour achepter ce qu'il peut cueillir de son propre fonds; qui, pour faire valloir la terre d'autruy laisse la sienne en friche; qui, ayant des bras, ne les peut trouver pour travailler et s'en rapporte à son voisin ? » (2). — « En admettre et recevoir d'étrangère (il s'agit de quincaillerie) c'est oster la vie à plusieurs millions de vos subjects dont cette industrie est l'héritage et ce travail le fonds de leur revenu » (3). « Chacun doit faire valoir sa propre terre; chaque pays doit nourrir et entretenir ses hommes » (4). « Le royaume qui peut soy-mesme fournir à ses propres necessitez est toujours plus riche, plus fort, plus redoutable » (5). A l'appui des mesures protectrices qu'i sollicite en faveur de la métallurgie, il fait

(1) Il demande seulement, en termes vagues, l'intervention de l'Etat en faveur des industries qu'il est possible d'acclimater dans le royaume de Naples et déclare qu'il n'exposera son système de politique que si son chef le lui commande (V. *op. cit.*, III, ch. VI et suiv., dans *Scritt. class. it. d'Econ. polit.*, Parte Antica, t. I. p. 161 et suiv.).

(2) Montchrétien, *Traicté de l'Econ. polit.*, liv. I, édit. Funck-Brentano, p. 50.

(3) Montchrétien, *op. cit.*, liv. I, édit. Funck-Brentano, p. 51.

(4) *Ibid.*, p. 113.

(5) *Ibid.*, liv. II, p. 131.

valoir l'intérêt militaire ; il importe à la sécurité de l'Etat que le roi ne dépende pas de l'industrie étrangère pour l'armement de ses troupes (1). Il y a donc dans Montchrétien l'ébauche des doctrines de List. L'auteur insiste pour que le travail national soit réservé aux nationaux ; la mise en valeur des ressources du pays leur appartient, suivant lui, de droit naturel ; l'étranger qui vient trafiquer ou travailler dans le pays (à moins qu'il n'apporte une industrie nouvelle) est un usurpateur (2).

§ 6. — Les commercialistes ou l'école de la Balance du commerce.

Le principe essentiel de cette école est le suivant. Pour que l'or et l'argent affluent, il faut que l'établissement du compte global des transactions intervenues entre l'Etat et les nations étrangères fasse apparaître un excédent des créances sur les dettes, et notamment de la valeur totale des exportations sur celle des importations. Il faut que la Balance du commerce soit favorable, c'est-à-dire se liquide par un solde créditeur. Si cette condition se trouve réalisée, les métaux précieux arriveront nécessairement ; et ils ne peuvent arriver qu'à cette condition ; les procédés bullionistes sont inefficaces quand la Balance du commerce est défavorable, et inutiles dans le cas contraire. Ce système est donc hostile au bullionisme.

Il diffère également du mercantilisme industrialiste par ses visées et par sa politique relativement plus libérale. 1° Il s'agit avant tout de vendre plus que l'on achète ; il n'est pas nécessaire de ne pas acheter du tout ; cela n'est même pas possible. Pour

(1) *Ibid.*, liv. I, p. 58.

(2) *Ibid.*, liv. I, p. 65 et 73. — Montchrétien parle de « la superbe naturelle et l'orgueil qu'ils (les étrangers) prennent de s'engraisser de notre maigresse et de nous voir, à faute de profit que, comme harpies, ils nous ravissent de la main, si tristes, si hâves, si rompus et délabrez ». Ce sont, dit-il encore, « des sangsues qui s'attachent à ce grand corps, tirent son meilleur sang et s'en gorgent, puis quittent la peau et se dépriment. Ce sont des poux affamez qui en succent le suc et s'en nourrissent jusques au crever, mais qu'ils quitteraient s'ils estoit mort » (liv. II, p. 152 et 161-162).

vendre il faut acheter ; l'on tâchera que les achats portent principalement sur des matières premières que le pays ne produit pas ; ce sera là une affaire d'habileté diplomatique, mais il ne faut pas que l'accès du territoire soit complètement fermé aux marchandises étrangères ; des concessions sont nécessaires, le mécanisme douanier doit présenter une certaine souplesse ; 2° spécialement dans les relations avec un Etat donné, il se peut que la Balance du commerce soit défavorable et que pourtant le trafic avec ce pays soit très avantageux ; il en sera ainsi si les marchandises importées sont destinées à être réexportées, et revendues avec bénéfices à d'autres nations ; il convient donc de ne pas observer les mêmes règles de conduite avec tous les Etats ; 3° comme l'essentiel est de vendre plus qu'on n'achète, le commerce extérieur a plus d'importance encore que l'industrie ; celle-ci n'est intéressante qu'en tant qu'elle alimente le commerce d'exportation ; or, la prospérité des manufactures nationales lui est sans doute de la plus grande utilité ; elle ne lui est cependant pas rigoureusement indispensable ; la Hollande en est une preuve éclatante. L'industrie n'est pas le but, elle n'est que le moyen. Elle est dans la dépendance du commerce et non le commerce dans sa dépendance. Par suite, le protectionnisme industriel et le système réglementaire ne se présentent plus avec le même caractère de nécessité. Ce sont des pièces accessoires. Des représentants notables de l'école en parlent à peine ou même en critiquent certaines parties. Par contre, les Actes de navigation, protecteurs de la marine marchande nationale, sont hautement loués.

La théorie de la Balance du commerce a été surtout propagée par les écrivains anglais. C'est une fille du haut négoce, née à une époque où l'Angleterre commençait à disputer le premier rang à la Hollande dans le commerce international. Elle trouva son expression théorique la plus parfaite chez Mun, riche marchand trafiquant avec l'étranger ; elle fut renouvelée par Child, armateur adonné lui aussi au commerce d'exportation, et par Cantillon, grand banquier d'origine irlandaise établi à Paris et possédant sept maisons dans les principaux pays d'Europe.

A) *Mun*. — L'idée générale qui domine le livre de Mun est que dans un pays le mouvement d'entrée et de sortie du numéraire dépend de l'état de la Balance du commerce. C'est là une loi irréfragable « *a necessity beyond all resistance* », dont les résultats ne peuvent être modifiés, ni par les pratiques des cambistes, ni par les transports de numéraire effectués par les marchands pour commercer au dehors (1), et contre laquelle sont impuissantes toutes les mesures bullionistes. Sur vingt et un chapitres que contient l'ouvrage, onze (2) sont consacrés à la réfutation des diverses doctrines du bullionisme ; le cadre de ce Précis ne nous permet pas de nous arrêter à cette partie critique. Nous analyserons seulement les développements que l'auteur consacre aux deux questions positives suivantes : 1° comment établir la Balance du commerce ; quels articles doivent figurer à l'actif et au passif du compte ? 2° par quels moyens obtenir que la Balance du commerce soit favorable et amène des rentrées d'or et d'argent ?

1° Comment calculer la Balance du commerce ? En premier lieu, doivent figurer à l'actif les exportations, et au passif les importations. Les registres des douanes nous permettent de nous documenter sur ce point. Cependant ils n'indiquent que les quantités importées ou exportées. Il faut évaluer ces quantités. Pour les marchandises exportées l'on ajoutera au coût de production, si elles naviguent sous pavillon national, 25 0/0 représentant le fret, le prix de l'assurance et le profit du commerçant, car ce sont là autant de créances au profit des nationaux ; si elles naviguent sous pavillon étranger, le profit du commerçant seulement, car les autres sommes seront payées à des étrangers. — S'il s'agit de marchandises importées, l'on prendra comme base le prix de vente dans le pays importateur dont on déduira 25 0/0, et le montant des droits de douane et d'accise, si elles ont été amenées par des vaisseaux de la marine nationale, et seulement les droits de douane et d'accise, quand

(1) Mun, *England's Treasure by forraign Trade*, ch. II et ch. XXI.
(2) Chapitres IV-XIV.

elles ont été introduites par des navires étrangers. En outre, il faudra tenir compte des fraudes (il arrive souvent que des marchandises de grande valeur ne soient pas déclarées à l'entrée), et des pertes qui surviennent au cours de la navigation (la valeur de ces dernières devra, suivant les cas, être déduite du total des exportations ou ajoutée au montant des importations). Dans le compte devront, en outre, figurer, au passif, le montant des dépenses faites au dehors par le Souverain pour soutenir une guerre étrangère, les présents faits aux ambassadeurs ou à d'autres étrangers, les gains réalisés dans le pays par des étrangers ; à l'actif, les dépenses faites dans le pays par des étrangers, les gains réalisés à l'étranger par des nationaux. Mun dit même qu'il faut tenir compte (au passif) des sommes tirées du pays et emportées au dehors par les prêtres et les jésuites ; mais il ajoute qu'elles sont probablement compensées (à l'actif) par les dépenses faites par certaines puissances étrangères pour entretenir en Angleterre une police secrète et des espions (1). L'on voit donc que par Balance du commerce Mun entend, en réalité, la *Balance générale des comptes*, des créances et des dettes de toute nature. En cela, sa doctrine échappe à une partie des critiques que Bastiat et d'autres ont adressées à la théorie. Il est inexact de dire, comme le fait par exemple M. Leroy-Beaulieu, que « les anciens auteurs ne considéraient, comme sources de dettes et de créances d'une nation vis-à-vis d'une autre, que le commerce international, à savoir les importations qui constituaient des dettes, et les exportations qui constituaient des créances » (2).

2° Par quels moyens obtenir une balance du commerce favorable ? Mun indique surtout les suivants : développer la production des denrées et matières premières qu'il appelle *la richesse naturelle* (3), mais plus encore des objets manufacturés qu'il

(1) Mun, *op. cit.*, ch. xx.

(2) Leroy-Beaulieu, *Traité théorique et pratique d'Economie politique*, 2e édit., 1896, t. IV, p. 175.

(3) Mun, *England's Treasure*, ch. III. L'auteur conseille à l'Angleterre de s'adonner moins exclusivement à l'industrie du drap et un peu plus à l'agriculture ; il est dangereux, en effet, pour un Etat d'être dans

appelle *la richesse artificielle;* s'abstenir d'un luxe exagéré ; n'exporter que le superflu des matières premières nationales ; consommer le moins possible de marchandises étrangères ; développer la marine marchande; développer l'industrie de la pêche qui fournit des matelots et un excellent fret de sortie à la marine marchande ; faire du pays comme l'entrepôt, le centre du trafic international de l'Europe (1). L'auteur fait-il appel à l'intervention du Souverain pour réaliser ces desiderata ? Il condamne les prohibitions d'importer certaines marchandises ; il demande que les navires et les marchands étrangers soient librement admis (2); il demande, en outre, que l'exportation des marchandises fabriquées dans le pays soit permise à tout individu et exemptée de toutes taxes alors même que ces marchandises auraient été confectionnées avec des matières premières étrangères (3). D'autre part, il ne repousse pas les droits de douane ; mais les conçoit-il avec un caractère purement fiscal ou comme un instrument de protection ? Il déclare qu'ils doivent être modérés sur les marchandises importées pour être ensuite réexportées (4) ; on peut en induire que le tarif doit frapper plus lourdement les marchandises destinées à la consommation ; ces taxes différentielles impliquent que le système douanier n'est pas un simple appareil fiscal, mais qu'il a la prétention d'être un régulateur économique. « La consommation des marchandises étrangères dans le royaume, ajoute-t-il, peut être plus lourdement grevée [que la consommation des marchandises nationales] ; cela tournera au profit du royaume dans la Balance du commerce et par ce moyen permettra au roi d'économiser un trésor plus considérable sur ses revenus annuels » (5). Il s'agit, semble-t-il, d'impôts de con-

la dépendance de l'étranger pour son approvisionnement en denrées alimentaires ; en cas de guerre les vivres peuvent lui être coupés. L'auteur craint du mercantilisme ce que certains craignent aujourd'hui du libre-échangisme. V. ch. XIX.

(1) Sur tous ces points, v. ch. III, XV, XIX.

(2) Ch. XV.

(3) Ch. III.

(4) Ch. III.

(5) Ch. III, § 11, édit. Macmillan, 1895, p. 16.

sommation et non de droits d'entrée ; mais, ici encore, il y a des traces de protectionnisme. Ce sont, d'ailleurs, les seules ; sur tous les autres points (tarifs douaniers protecteurs, prohibitions d'exporter les matières premières, Edits somptuaires, encouragements au moyen de primes, de subventions et de privilèges, réglementations), l'auteur garde le silence.

Mun est partisan d'un taux élevé de l'intérêt : c'est là pour lui un signe et une cause de prospérité commerciale : « Le commerce et l'intérêt, dit-il, s'élèvent et tombent ensemble, *rise and fall together* » (1).

Ajoutons enfin que ses idées sur l'impôt dérivent, en partie, de sa théorie de la Balance du commerce. L'impôt idéal est celui qui frappant tous les citoyens sans distinction et voté par les représentants de la nation se répercute principalement sur les riches : car il oblige ces derniers dont les revenus se trouvent réduits à travailler pour vivre, à s'adonner à l'industrie ou au commerce, à concourir à l'enrichissement de l'Etat.

Sur le produit de l'impôt, le Souverain doit prélever annuellement certaines sommes pour se constituer un trésor de guerre. Et même dans les petits Etats, riches mais politiquement et militairement faibles et entourés de voisins redoutables, ce trésor doit être considérable et, pour le constituer, le gouvernement doit recourir à des contributions extraordinaires levées en temps de paix, car en cas de guerre les ressources feraient défaut. Il en est autrement pour les grands Etats qui, disposant d'abondantes réserves de vivres et de munitions, peuvent facilement prendre l'offensive, sont difficilement envahissables et ont des alliés puissants : chez ces derniers, il suffit au prince de se constituer un trésor au moyen des recettes ordinaires. Il doit alors observer les deux règles suivantes : en premier lieu,

(1) V. ch. xv. — L'auteur démontre, en outre, l'utilité du prêt à intérêt. D'une part, le prêt à intérêt est utile à ceux qui ne peuvent faire valoir eux-mêmes leurs capitaux, aux veuves, orphelins, vieillards, etc. ; d'autre part, il est comme le correctif de l'inégalité des richesses ; grâce à lui, l'argent va aux mains de ceux qui sont pauvres, mais qui ont pour eux la jeunesse, l'habileté, en un mot l'aptitude à lui donner son maximum de productivité.

le montant du prélèvement ne doit pas être supérieur au montant du solde créditeur de la Balance du commerce, ou sinon le prince appauvrirait son royaume ; en outre, ce solde créditeur ne doit même pas être affecté en entier au trésor de guerre ; le prince doit en consacrer une partie à des œuvres d'utilité générale telles que l'augmentation de l'outillage militaire, l'établissement de greniers à blé pour le cas de disette, la création d'une Banque d'Etat (1).

B) *Child* (2). — Nous étudierons chez cet auteur les deux mêmes questions que chez Mun.

1° *Comment connaître l'état de la Balance du commerce* (3) ? — Child expose la méthode de Mun ; sans la condamner, il déclare que l'application en est très difficile, qu'avec ce mode d'estimation les erreurs sont à peu près inévitables. On ne peut donc s'en contenter. Il en indique d'autres ; on peut se baser sur le cours du change, mais c'est là encore un moyen insuffisant, car le cours du change n'est établi qu'avec un petit nombre de places ; en outre, il peut être affecté par des causes accidentelles, complètement étrangères au mouvement du commerce extérieur, la guerre par exemple. On a encore proposé, dit l'auteur, de rechercher si la quantité de monnaie et de lingots d'or ou d'argent existant dans le pays augmente ou diminue ; mais il est impossible de dresser cette statistique avec exactitude. Le meilleur moyen, à son avis, de savoir si la Balance du commerce est favorable ou défavorable consiste à voir si la marine marchande croît ou décroît : « Car, dit-il, si notre navigation et le nombre de nos vaisseaux marchands diminuent, quelque profit particulier que nos négocians puissent faire, la nation perd indubitablement ; et, au contraire, si notre navigation et le nombre de nos vaisseaux augmentent, quelque minces que soient les profits des particuliers, c'est une preuve infaillible que l'Etat en général gagne » (4). L'auteur se contente de cette affirmation ;

(1) Ch. XVI XVIII.

(2) D'après la traduction française de Vincent de Gournay, *Traités sur le commerce*, etc., 1755.

(3) *Traités sur le commerce*, p. 211 et suiv.

(4) *Op. cit.*, p. 226.

il est difficile de savoir par quelles raisons il entend la justifier, car l'on conçoit que le fret payé à des étrangers soit inférieur aux gains réalisés par les exportateurs nationaux et inversement. A coup sûr, cette méthode ne réalise pas un progrès sur celle de Mun.

2° *Par quels moyens obtenir une balance du commerce favorable?* — Child est anti-bullioniste ; en outre, il s'attaque aux corporations, il demande l'abolition de certaines institutions essentielles à ce régime (1) : limitation du nombre des apprentis, restrictions rendant difficile l'accès à la maîtrise, interdiction de cumuler deux métiers, défense d'entrer dans une communauté si l'on n'est bourgeois du lieu. Il est en outre hostile à la réglementation de la fabrication (2) ; encore la maintient-il pour certaines étoffes destinées à l'exportation « dont le roi et le Parlement jugeraient à propos d'établir des dépôts ou magasins », et qui devraient être marquées de sceaux publics attestant leur qualité (3). Enfin, il combat les mesures destinées à protéger le travail national contre l'immigration étrangère ; il veut que la naturalisation soit largement octroyée, même aux Juifs (4).

Mais à cela se borne le libéralisme de Child. De la politique mercantiliste, il approuve toutes les autres parties : droits d'entrée protecteurs ou même prohibitions d'importer certaines marchandises ; prohibitions de la sortie de certaines matières premières telles que la laine ; pacte colonial ; Acte de navigation (il n'avait pas encore été rendu à l'époque où Mun écrivait) ; privilèges et autres « encouragements extraordinaires » à cer-

(1) *Ibid.*, p. 33-34 ; p. 206-207, et, sous la rubrique *Augmenter les mains dans le commerce,* p. 234.

(2) *Ibid.*, p. 205 et suiv. « Je soutiens formellement, dit-il, qu'aucun ou très peu de nos règlements actuellement en vigueur, quoique le recueil que nous en avons soit déjà très gros, ne tend pas plus au progrès de nos manufactures qu'aucun écrit que j'aye vu sortir de dessous la presse. Tout le monde sait que le droit attribué aux aulneurs est tout à fait indifférent à la qualité et à la perfection de la marchandise ; qu'il lui est plutôt à charge et préjudiciable... »

(3) *Ibid.*, p. 208.

(4) La question de la naturalisation des Juifs était alors à l'ordre du jour en Angleterre (*Ibid.*, p. 196 et suiv.).

taines industries ou à certaines branches du commerce ; impôts somptuaires. Il demande seulement que, dans les relations internationales, cette politique soit appliquée avec une habile courtoisie ; il ne faut pas irriter l'étranger qui fermerait l'accès de ses marchés (1). Notamment, « si nous voulons engager les autres nations à commercer avec nous, il faut que nous recevions d'elles les fruits et denrées de leur pays, tout comme nous leur envoyons les nôtres » (2). Pour un mercantiliste, c'est là une concession de peu d'importance. D'ailleurs, si la douceur ne réussit pas, on usera de violence ; on recourra même à la force des armes. Nous devons, dit-il, nous constituer une puissante marine de guerre « tant pour nous défendre que pour attaquer, toutes les fois que l'honneur de la nation l'exigera et que l'on nous en aura donné une juste occasion. Par là, nous acquerrons une réputation de sagesse, et nous nous ferons respecter des autres nations ; nous serons conséquemment en état de *les obliger à nous admettre à commercer non seulement librement avec elles, mais avec les conditions les plus favorables pour nous, et à nous traiter partout comme une nation que l'on considère* » (3). L'âme anglaise se montre ici à nu ; l'on ne peut s'empêcher d'admirer la claire intuition que l'auteur eut de l'avenir de son pays.

Mais, chez notre auteur, la politique protectionniste n'occupe pas la première place ; elle cède le pas à un autre procédé : l'abaissement artificiel, par voie législative, du taux de l'intérêt. C'est là, dit-il, « le grand, l'unique moyen, l'*Unum Ma-*

(1) Child, *op. cit.* (traduct. fr.), p. 235 et suiv. Ces mesures sont proposées sous les deux rubriques suivantes : *augmenter notre fonds capital dans le commerce ; faire en sorte qu'il soit de l'intérêt des autres nations de commercer avec nous.* — Sur l'Acte de navigation, v. p. 161 et suiv.: « C'est, dit-il, une des plus prudentes et des plus excellentes lois qui ayent jamais été faites en Angleterre, et sans elle nous ne serions jamais parvenus à avoir la moitié des vaisseaux, du commerce, de la navigation et des matelots que nous possédons à présent. » Il voudrait même qu'il fût encore renforcé dans certaines de ses parties.

(2) *Ibid.*, p. 242.

(3) *Ibid.*, p. 239-240.

gnum » (1). Plus que tout autre, il est propre à rendre favorable la Balance du commerce. C'est principalement à un faible taux de l'intérêt que la Hollande doit sa prodigieuse prospérité (2), et l'Angleterre n'aura rien fait tant qu'elle ne sera pas arrivée à obtenir le même résultat chez elle. Avec un faible taux de l'intérêt les autres mesures sont utiles ; avec un taux élevé, elles sont insuffisantes.

L'abaissement du taux de l'intérêt amène la hausse de la valeur des terres, des fermages et rentes foncières, et donne l'essor au commerce extérieur; car alors agriculteurs et négociants empruntent à bon compte les capitaux nécessaires au développement de leurs entreprises ; et, d'autre part, comme les placements à intérêts fixes ne procurent que de maigres revenus force est aux capitalistes de chercher pour leur argent des emplois plus rémunérateurs dans les entreprises agricoles ou commerciales : le commerçant est obligé de rester plus longtemps à la tête de sa maison avant de pouvoir se retirer ; et ses enfants, ne pouvant vivre en oisifs de la fortune acquise par lui, doivent reprendre l'établissement ; élevés dans le commerce, ils y apportent plus de connaissances ; l'œuvre du père ne disparaît pas avec lui. — L'abaissement du taux de l'intérêt multiplie, en outre, les artisans et « les ouvriers domestiques », fournit du travail aux pauvres, produit un accroissement de la population : ces heureux résultats sont les conséquences du développement du commerce et de l'agriculture ; la prospérité de l'industrie dépend surtout de la prospérité du commerce. Enfin, suivant l'auteur, l'abaissement du taux de l'intérêt porte une nation à l'économie ; c'est une sorte de loi somptuaire ; comme il faut plus d'argent pour vivre en rentier, l'on épargne davantage (3).

(1) *Ibid.*, p. 239. — Child reprend ici une idée déjà émise par Culpeper. Ces deux auteurs rencontrèrent un contradicteur en la personne de Manley, une polémique s'engagea entre eux trois.

(2) *Ibid.*, p. 39.

(3) *Ibid.*, p. 82 et suiv. — On retrouve la même théorie dans un Mémoire français lu au Conseil du roi et rapporté dans Forbonnais, *Recherches et consid.* (édit. Liège, 1758, t. V, p. 154 et suiv.). L'auteur de ce Mémoire demande la réduction du taux de l'intérêt et, à l'appui

C'est cette théorie de la réduction du taux de l'intérêt qui constitue l'originalité de Child (1). L'auteur a prévu l'objection décisive que l'on peut faire à son système. L'abaissement du taux de l'intérêt est la conséquence et non la cause de la prospérité économique d'un pays : dès lors, la loi sera impuissante à produire ce résultat ; s'il suffisait d'une loi réduisant le taux de l'intérêt pour qu'un Etat soit riche, tous les Etats le seraient à peu de frais. A cet argument, l'auteur se contente de faire cette réponse manifestement insuffisante : « Je conviendrai que beaucoup de richesses occasionneront, dans quelque royaume que ce soit, une diminution d'intérêt ; cela n'empêche cependant pas que la fixation de l'intérêt par une loi à un bas prix ne puisse être une cause de richesse.... Il n'est point absurde de dire que la même chose peut être en même temps cause dans certaines circonstances et effet dans d'autres.. Une personne respectable a dit en dernier lieu en Parlement à l'occasion de cette même question : l'œuf est la cause de la poule et la poule est la cause de l'œuf » (2). Child prétend, en outre (car chez lui les raisons de fait accompagnent toujours les arguments théoriques), que certains pays comme l'Italie, la Hollande, l'Angleterre elle-même, d'abord pauvres, se sont enrichis à la suite de lois semblables (3).

de cette proposition, invoque une partie des arguments exposés par Child.

(1) Child demande encore (*op. cit.*, p. 178 et suiv.) que la clause à ordre soit permise dans les billets contenant une reconnaissance de dette, comme elle l'est déjà dans les lettres de change ; le billet à ordre devrait même être obligatoire pour tout achat à crédit d'une valeur supérieure à 10 £. Il demande aussi la réforme de l'assistance publique ; il expose en détail un plan qu'il a imaginé (V. *op. cit.*, p. 127 et suiv.).

(2) *Op. cit.*, p. 105-106.

(3) L'auteur a prévu quelques autres objections de moindre importance. Les prêteurs ne retireront-ils pas leur argent ? Non, s'ils ne trouvent pas un placement meilleur ; en outre, le mal ne serait pas grand, car le débiteur est toujours l'esclave du prêteur. La valeur des terres et, en général, les prix des choses ne hausseront-ils pas ? Et dès lors comment vivront les pauvres ? Ils trouveront plus d'emplois, gagneront plus d'argent. Le roi trouvera-t-il à emprunter au taux nouveau ? Oui,

Le système de Child n'obtint qu'un succès médiocre dans la littérature mercantiliste. Locke prit la plume pour le combattre (1); il fut également rejeté par Cantillon, par Petty, par Steuart, etc. En général, les mercantilistes considèrent un faible taux de l'intérêt comme bienfaisant; mais ils ne croient pas qu'on puisse réaliser cet idéal par une loi (2).

C) *Cantillon.* — Bien que mercantiliste, Cantillon est un précurseur des Physiocrates; il donne de la Balance du commerce une formule qui fait présager l'avènement d'un système économique où l'agriculture occupera la première place.

Recherchant les facteurs qui concourent à la production d'une richesse échangeable, il en trouve deux qui se combinent en proportions variables: une certaine quantité de terre (celle-ci fournit la matière première), et une certaine quantité de travail (3). Pour que le commerce extérieur soit avantageux à la nation, i faut que les objets importés contiennent le plus possible et les objets exportés le moins possible de « produits de terre » (4). A

si la réduction n'est pas excessive, il en profitera comme les autres. Les veuves et orphelins dont les fonds sont placés à intérêts n'en souffriront-ils pas? L'intérêt général doit l'emporter sur les intérêts particuliers.

(1) Voici quelle est l'opinion de Locke. Le taux de l'intérêt ne peut être réglé par une loi; la loi sera impuissante. Si d'ailleurs elle réussissait à abaisser le taux de l'intérêt, elle ne produirait que de funestes conséquences (notamment la fuite du numéraire); un faible taux de l'intérêt n'est bienfaisant que s'il est l'effet du consentement universel. L'auteur admet cependant que la loi peut, en prenant pour base le taux courant, fixer un taux d'intérêt légal ou judiciaire, et décréter un taux maximum pour protéger les emprunteurs contre les extorsions des usuriers (V. *Considerations on the Consequences of the lowering of Interest, passim*).

(2) Le système de Child fut cependant accepté par l'anti-mercantiliste anglais Barbon (*Discourse on trade*, ch. v, p. 78 et suiv.) et par le français Clicquot-Blervache, négociant à Reims, grand ennemi des corporations, des privilèges et des règlements. V. *Dissertation sur les effets que produit le taux de l'intérêt*, 1755. — Cette dissertation fut couronnée en 1755, par l'Académie d'Amiens.

(3) Cantillon, *Essai sur la nature du comm. en général*, 1re partie, ch. I, édit. 1755, p. 1-2. De là dérive sa théorie de la « valeur intrinsèque » (ou coût de production); *Ibid.*, 1re partie, ch. x, p. 33 et suiv.

(4) *Ibid.*, I, ch. xv, p. 111; III, ch. I, p. 297 et suiv. — Le commerce

celui qui veut se renseigner sur l'état de la Balance du commerce il est donc nécessaire de décomposer les objets importés ou exportés en « produits de terre » et quantités de travail ; et la balance sera favorable si elle fait apparaître un excédent de « produits de terre » à l'importation.

C'est que plus de « produits de terre » entretient plus d'individus. L'homme vit de la matière et non de l'effort dépensé pour la transformer ; à quantité égale de matière, plus de travail procure une vie plus raffinée, mais non plus de subsistances : quatorze années de travail incorporé à une livre de lin, pour en faire des dentelles, ne serviront qu'à la satisfaction momentanée de la fantaisie d'une seule personne (1).

Or, une population nombreuse est une cause de force et de prospérité. Ce surplus de population, entretenu par les produits de terre de l'étranger et occupé à des ouvrages où il entre beaucoup de travail par rapport à la matière, produit plus de valeurs qu'il n'en consomme (2) ; l'étranger qui achète ces objets ne pourra acquitter sa dette exclusivement en produits de terre ; il devra payer la différence en or et en argent, et nous savons que

avec l'étranger est avantageux dans les hypothèses suivantes : 1° « lors qu'un Etat échange un petit produit de terre contre un plus grand... » ; 2° « lorsque l'Etat échange son travail contre le produit de terre de l'étranger » ; 3° « lorsqu'un Etat échange son produit conjointement avec son travail contre un plus grand produit de l'étranger conjointement avec un travail égal ou plus grand... » 4° il est encore avantageux lorsque l'on exporte les denrées agricoles surabondantes, à la condition essentielle que les retours s'effectuent en or et en argent et non en objets manufacturés. Le commerce est funeste lorsque l'Etat échange des produits de terre contre du travail, lorsque, par exemple, pour payer 150 livres de dentelles importées de Bruxelles et représentant le produit d'un quart d'arpent de terres de Brabant, il faut exporter en vins de Champagne le produit de 4.170 arpents et demi de terres françaises « sans compter le produit de deux mille arpents de prairies et de terres pour avoir le foin et l'avoine que consomment les chevaux de transport ».

(1) *Ibid.*, I, ch. xv, p. 86 et suiv.

(2) Sur ce point il y a un désaccord complet entre Cantillon et les Physiocrates.

ces métaux sont, par excellence, « le corps de réserve » des Etats (1).

Cette argumentation subtile n'apporte à la théorie de la Balance du commerce qu'une modification de forme, et non une transformation quant au fond, car elle aboutit toujours à la même conclusion : importer le moins possible et exporter le plus possible de produits manufacturés.

Cependant, il est deux particularités qu'il importe de noter chez cet auteur. 1° Les mercantilistes, d'ordinaire, considèrent surtout la population comme une cause de richesse ; Cantillon la considère à la fois comme une cause et comme un effet, mais surtout (ainsi que le feront après lui les Physiocrates), comme un effet de l'état économique du pays, du développement des subsistances (2). 2° La plupart des mercantilistes présentent l'abondance d'or et d'argent comme étant l'effet — l'effet souhaité — d'une Balance du commerce favorable ; ce phénomène est, lui aussi, présenté par Cantillon à la fois comme un effet et comme une cause. Il est le résultat (et nous savons comment) d'une Balance du commerce favorable ; mais, d'autre part, il contribue, *tant qu'il dure,* à rendre cette balance plus favorable encore, car il produit la hausse des prix : la nation qui possède plus de métaux précieux que ses voisines vend relativement cher et achète relativement à bon marché. Donc, ou bien elle échange des quantités de travail contre d'autres quantités de travail plus grandes : alors elle vit mieux, avec plus de bien-être ou de luxe, mais sans s'appauvrir ; ou bien elle échange un petit produit de terre contre un autre plus grand : alors, nous l'avons vu, elle s'enrichit et se fortifie réellement (3). Seulement, cet état de choses ne peut se maintenir éternellement ; c'est un point que nous retrouverons en parlant de la dynamique mercantiliste de Cantillon.

(1) *Ibid.*, I, ch. XVI, p. 113 et suiv.

(2) *Ibid.*, I, ch. XV : « Les hommes se multiplient comme des souris dans une grange, s'ils ont le moïen de subsister sans limitation... » (p. 110).

(3) *Ibid.*, III, ch. I, p. 298 et p. 307 ; II, ch. VIII, p. 249.

Il n'entrait pas dans le plan de l'auteur d'exposer la politique économique qui découle de sa théorie. Il parle seulement, en termes vagues, de « discréditer les manufactures étrangères (1) », d'encourager les manufactures nationales et l'exportation d'objets manufacturés (2) ; de plus, il approuve nettement l'une des clauses de l'Acte de navigation (3). Ajoutons qu'il est anti-bullioniste (4) et qu'il rejette également la réduction artificielle du taux de l'intérêt (5).

La formule que Cantillon a donnée de la Balance du commerce se retrouve chez le caméraliste autrichien Sonnenfels. Celui-ci distingue entre la « Balance numérique » et la « Balance des profits ». La première est favorable si elle se liquide par un solde créditeur en argent ; la seconde, s'il résulte de son examen que le commerce extérieur fait vivre, par l'industrie, un grand nombre d'hommes (6). Comme dans la doctrine de Cantillon, il faut donc rechercher la nature des objets importés ou exportés ; seulement, au lieu que Cantillon demande un excédent d'importation de « produits de terre », Sonnenfels veut un excédent d'exportations de quantités de travail. Il y a donc chez ces deux auteurs identité de principes.

L'on pourrait croire, au premier abord, que la formule de Sonnenfels nous achemine vers la conception moderne de la Balance du commerce ; en réalité, il n'en est rien. Sonnenfels demeure mercantiliste comme Cantillon. Pour éclairer sa pensée, il prend l'exemple suivant. Que l'Autriche importe du Portugal pour 2 millions 1/2 de diamants et y envoie pour 2 millions de toiles, elle aura contre elle la Balance numérique, mais elle aura en sa faveur la Balance des profits : la production de toiles valant 2 millions occupe plus d'individus que la production de diamants valant 2 millions 1/2. Mais il faut remarquer que,

(1) *Ibid.*, I, ch. xvi, p. 120-121.
(2) *Ibid.*, III, ch. i, p. 309.
(3) *Ibid.*, III, ch. i, p. 319-320.
(4) *Ibid.*, III, ch. iii, p. 353-354.
(5) *Ibid.*, II, ch. x, p. 292 et suiv.
(6) Sonnenfels, *Politischen Abhandlungen*, II, p. 329 et suiv.

dans cette hypothèse, l'Autriche reçoit 2 millions 1/2 et donne seulement 1/2 million de « choses durables » ; les diamants, dans la doctrine mercantiliste, sont toujours assimilés aux métaux précieux (1).

En outre, quand l'auteur indique les divers degrés de profits qu'un pays retire de son commerce extérieur, il place au premier rang, comme étant la plus favorable, l'hypothèse dans laquelle la nation exporte des produits manufacturés contre de l'argent comptant. Viennent ensuite, par ordre décroissant, l'exportation de produits manufacturés contre des matières premières ; — l'exportation de produits manufacturés contre d'autres produits manufacturés ; — l'exportation de matières premières contre d'autres matières premières ; — et en dernier lieu l'exportation de matières premières contre des produits manufacturés.

Enfin, Sonnenfels dit très nettement dans certains passages que le gain de l'importateur constitue une perte pour le pays auquel il vend ses marchandises ; qu'une nation gagne toujours à exporter et perd toujours à importer des produits manufacturés (2). Chez Sonnenfels comme chez Cantillon, il n'y a de changement que dans la formule, non dans le fond des idées. Chez d'autres auteurs, nous l'allons voir, le système s'écarta plus fortement du principe primitif.

Parmi les diverses variétés du mercantilisme, la théorie anglaise de la Balance du commerce est, à coup sûr, celle qui obtient le plus grand succès et fournit la plus abondante littérature. Aux noms déjà cités nous pouvons ajouter ceux de Tem-

(1) La pensée de Sonnenfels nous paraît être uniquement que le *chiffre* de la balance peut être parfois trompeur parce qu'il est toujours évalué en monnaie, alors qu'il y a des choses précieuses autres que l'or et l'argent dont il est avantageux d'avoir un excédent à l'importation parce qu'elles jouent le même rôle économique que ces métaux.

(2) Sonnenfels déclare également qu'un pays ne peut pas avoir la prétention de tout produire ; qu'il doit, dans le choix des industries auxquelles il veut s'adonner, tenir compte des talents spéciaux de ses habitants, des matières premières que son sol lui offre ; mais une telle affirmation n'a rien de contraire au mercantilisme et n'indique qu'un mercantilisme éclairé.

ple, Fortrey, Coke, Pollexfen, Locke, etc., au XVIIe siècle ; King, Gee, etc., au XVIIIe. Au XVIIIe siècle, cette doctrine fut importée sur le continent en France, en Italie, en Espagne, en Allemagne ; nous la retrouvons presque à l'état pur dans Necker (1), et c'est sous cette forme que le mercantilisme a survécu. Mais avec le temps et au contact d'autres principes il s'altéra.

Nous allons étudier rapidement les diverses dégradations qu'il subit au cours des XVIIe et XVIIIe siècles, avant son rajeunissement au XIXe par l'Ecole de l'Economie politique nationale.

(1) Necker, *Administration des Finances*, t. II, ch. III (édit. 1784, p. 116 et suiv.), et t. III, ch. X (édit. 1784, p. 77 et suiv.).

CHAPITRE V

LES DÉGRADATIONS DU MERCANTILISME.

§ 1. — La Balance du commerce sans protectionnisme ni réglementation industrielle.

Nous avons dit que le protectionnisme et la réglementation ne sont pas des conséquences rigoureusement nécessaires de la théorie de la Balance du commerce (1) ; et déjà nous avons vu Child répudier le régime des privilèges et de la police des métiers, pour lui substituer, il est vrai, la réglementation sous une autre forme : l'abaissement du taux de l'intérêt. Mais d'autres, tels que Petty et Davenant, tout en restant mercantilistes, sont allés beaucoup plus loin et chez eux le système subit une première déviation.

Petty est partisan de la frugalité nationale (2) et de l'accumulation des métaux précieux par une Balance du commerce favorable (3). Aussi n'est-ce pas sans un certain étonnement que l'on voit ce mercantiliste invoquer les *lois naturelles* pour combattre non seulement les procédés bullionistes et la réduction artificielle du taux de l'intérêt (4), mais encore le système prohibitif ou protecteur et le système réglementaire. « Il est vain et inutile, dit-il, d'édicter des lois positives contraires aux lois naturel-

(1) V. *suprà*, p. 232.

(2) Petty, *Treatise of Taxes*, ch. xv, § 12 (Hull, I, p. 94-95). — V. cependant un correctif à cette théorie dans *Political Anatomy of Ireland*, ch. xii (Hull, I, p. 192).

(3) Petty, *Political Arithmetick*, ch. i (Hull, I, p. 260) ; *Treatise of Taxes*, ch. vi, § 17, n° 1 (Hull, I, p. 59) ; *Verbum Sapienti*, ch. x, §§ 3 et 4 (Hull, I, p. 119), etc.

(4) Petty, *Quantulumcumque concerning money*, question 22 (Hull, II, p. 445), questions 28 et 32 (Hull, II, p. 446 et 447-448) ; *Treatise of Taxes*, ch. v, § 1 et 3 (Hull, I, p. 47-48).

les » (1). « C'est vouloir résister à la nature, dit-il encore (à propos de la prohibition d'exporter les laines décrétée en Angleterre); c'est vouloir arrêter les vents et les mers. C'est vouloir persuader à l'eau de s'élever au-dessus de sa source. Un médecin avisé ne drogue pas ses malades à l'excès, il s'efforce de connaître leur constitution et de s'y conformer plutôt que de la violenter par des remèdes. Ainsi doit-on faire en Politique et en Economique, car *Naturam expellas furca licet, usque recurrit* » (2).

Aux droits de douane spécialement, il adresse les critiques suivantes : ils sont nuisibles à l'industrie nationale lorsqu'ils grèvent l'entrée de produits inachevés ; la perception en est toujours coûteuse, car elle nécessite une multitude d'agents ; malgré cela les fraudes sont nombreuses, c'est un médiocre instrument fiscal, ils ne peuvent fournir qu'une faible partie des ressources dont l'Etat a besoin. La Hollande doit, en partie, sa prospérité à ce que, chez elle, les taxes d'entrée et de sortie sont généralement faibles et ne constituent, le plus souvent, que de simples droits de statistique (3). L'auteur propose soit de remplacer les droits de douane par des droits de tonnage sur les navires, à l'entrée et à la sortie des ports, soit de les transformer en primes d'une assurance maritime dont l'Etat prendrait la charge (4), soit enfin de les réduire à de simples droits de statistique destinés uniquement à permettre au gouvernement de se renseigner sur l'état de la Balance du commerce extérieur (5).

(1) *Treatise of Taxes*, ch. v, § 3 (Hull, I, p. 48).

(2) Petty, *Treatise of Taxes*, ch. vi, § 17, n°s 3, 4 et 5 (Hull, I, p. 60). — Cf. *Quantulumcumque concerning money*, question 22 (Hull, II, p. 445). A propos des lois prohibant l'exportation des métaux précieux : « De telles prohibitions sont sans doute contraires aux lois de la nature... ». Préface de *Political Arithmetick* (Hull, I, p. 243) : « Trop de choses ont été réglementées par des lois, que la nature, la tradition et le consentement général devaient seuls gouverner... »

(3) Petty, *Political Arithmetick*, ch. ii (Hull, I, p. 271).

(4) Petty, *Treatise of Taxes*, ch. vi (Hull, I, p. 54 et suiv.).

(5) Petty, *Verbum Sapienti*, ch. vii, § 1 (Hull, I, p. 115). Petty déclare sans doute que tant que les droits de douane ne seront pas supprimés, ils doivent frapper surtout l'importation des produits manufacturés et être modérés sur l'entrée des matières premières et la sortie des mar-

Petty sollicite cependant l'intervention de l'Etat sous les formes suivantes : 1° lois somptuaires (1) ; 2° limitation légale du taux des salaires. Le législateur doit réduire le salaire au minimum strictement indispensable pour vivre, afin de contraindre les ouvriers au travail par la faim. Dès que le salaire dépasse ce niveau, les ouvriers n'étant plus obligés de travailler tous les jours pour gagner la subsistance quotidienne, abandonnent leur ouvrage et se livrent à la débauche (2). Bien que sorti des classes populaires (il était fils d'un pauvre ouvrier drapier), Petty, en parvenu oublieux de ses origines (ses revenus s'élevaient à 15.000 £ par an), qualifie les ouvriers de « vile partie de l'humanité » et de « brutes ». — 3° Enfin l'auteur demande, dans le même but, des magasins de blé publics. Ceux-ci ne sont pas destinés, comme d'ordinaire dans la littérature mercantiliste, à produire le bon marché, mais au contraire à produire le renchérissement de cette denrée. Contrairement à l'opinion généralement admise à son époque, l'auteur soutient que le bas prix du blé amène une hausse proportionnelle des salaires ; en cas pareil, en effet, les ouvriers ne veulent plus travailler, « car ils sont si débauchés qu'ils travaillent uniquement pour manger ou plutôt pour boire ». Par suite, dans les années où la récolte est extraordinairement abondante, pour empêcher le blé de se déprécier, il convient de le raréfier artificiellement au moyen de réserves immobilisées dans les dépôts publics (3).

Davenant est un disciple de Petty. Il est l'auteur d'un *Essai sur les meilleures méthodes à suivre pour rendre favorable la Balance du commerce*. La lecture de cet ouvrage cause quelque surprise. On s'attend à un exposé complet de la politique mercantiliste, et l'on ne trouve, outre beaucoup de statistique, que l'indication des moyens suivants : encouragements au mariage

chandises nationales ; c'est à ces conditions qu'ils seront le moins nuisibles possible, mais ils seront quand même nuisibles ; ce n'est là qu'un pis-aller en attendant leur abolition.

(1) Petty, *Treatise of Taxes*, ch. VI (Hull, I, p. 54 et suiv.).

(2) Petty, *Treatise of Taxes*, ch. V, § 15 ; ch. VI, § 4 ; ch. XIV, § 11 (Hull, I, p. 52, 55, 87).

(3) Petty, *Political Arithmetick*, ch. II (Hull, I, p. 274-275).

et à la prolification (octroi de privilèges et d'exemptions de taxes aux pères de familles nombreuses, exclusion des célibataires de certaines fonctions et de certaines dignités) ; une population nombreuse est, en effet, une cause de richesse et de force ; — l'assistance par le travail (1) pour procurer le moyen de vivre aux pauvres valides en les faisant concourir à l'œuvre commune de la production ; — la réduction au minimum des impôts indirects de consommation, car ils élèvent les frais de production ; — l'abstention des emprunts publics, car ils font hausser le taux de l'intérêt ; — l'interdiction à l'Irlande d'exporter des tissus de laine et d'établir chez elle des manufactures de lin, afin qu'elle ne fasse pas à l'Angleterre une concurrence ruineuse ; — le maintien de la liberté civile et politique, car « liberté et richesse vont de pair » ; — enfin, l'auteur insiste longuement sur ce point qu'un pays ne peut accroître sa richesse et sa puissance que par la fidélité aux devoirs civiques chez les particuliers, l'honnêteté et la sagesse chez les gouvernants. Dans toute cette politique, il n'y a de mercantilistes que les mesures relatives à l'Irlande (2).

(1) Davenant a son plan de réforme de l'assistance publique, tout comme Child.

(2) Davenant reste pourtant mercantiliste : « Autant, dit-il, une nation économise sur ses marchandises importées, soit qu'elle les mette en réserve, soit qu'elle s'en serve pour accroître son stock d'or et d'argent ou pour se constituer un trésor analogue ou pour acquérir des richesses durables, autant, pour le moins, gagne-t-elle par son commerce extérieur, sans parler de tous les autres avantages qu'elle retire de sa navigation » (*Essay upon the probable methods*, etc., 1699, p. 151). Voici, d'autre part, en quels termes il parle de la Balance du commerce : « Si nous connaissions la véritable Balance du commerce et si nous savions profiter de ses renseignements pour régler notre législation et notre manière de vivre, notre pays en retirerait autant de richesse qu'il est nécessaire pour donner à une nation la sécurité et le bonheur. C'est peut-être une entreprise au-dessus des forces humaines que de chercher à établir une balance exacte entre l'Angleterre et chacune des places diverses avec lesquelles elle est en relations, mais il n'est pas sûr qu'un examen aussi méticuleux soit de quelque utilité. Un état général du commerce extérieur, dressé après une sérieuse enquête, avec réflexion et habileté, et portant en lui-même la preuve que ses données ne s'éloignent pas beaucoup de la vérité, serait d'un grand secours pour les hommes d'Etat et les ministres et un guide précieux pour les grandes

§ 2. — Le mercantilisme combiné avec la doctrine de Law et l'agrarianisme de Boisguilbert ou le Mélonisme.

Le mercantilisme s'adultéra bien plus encore quand il eut à subir l'invasion d'autres doctrines. Ainsi, chez Mélon, la théorie de la Balance du commerce se combine avec les principes de Law (1) et l'agrarianisme de Boisguilbert. Voici à quel système l'auteur aboutit.

Les hommes d'Etat doivent s'efforcer de rendre favorable la Balance du commerce afin d'attirer les métaux précieux. *Ce n'est pas que ceux-ci soient véritablement une richesse : la monnaie n'est qu'un instrument.* Mais, lorsqu'elle circule activement dans toutes les parties de l'organisme social, c'est un instrument tout-puissant pour la création de la richesse ; en outre, l'abondance suffisante de la monnaie est un principe de justice dans les échanges : quand la monnaie est trop rare, les détenteurs d'or et d'argent abusent de leur monopole vis-à-vis des détenteurs de marchandises (2). Pourtant, ajoute Mélon, il n'en faut qu'une certaine quantité ; la surabondance en est plus nuisible encore que la disette : « si l'argent devenait commun comme les pierres ou même comme le fer, il ne pourrait plus être commune mesure des denrées, parce qu'il serait donné sans mesure » (3). Cette conception du rôle de la monnaie dérive de Law (4). Mais, bien qu'il reconnaisse l'importance du crédit qui stimule la circulation du numéraire, Mélon a surtout en vue la monnaie métallique dont Law fut, au contraire, un adversaire implacable.

Quelle politique convient-il de suivre pour obtenir le résultat cherché ? « La liberté, déclare Mélon, est ce qu'il y a de plus essentiel dans le commerce... » Mais « la liberté, dans un gou-

assemblées délibérantes » (*Discourse on the Publick Revenues and Trade*, 1698, p. 331).

(1) Mélon avait été caissier, et c'est un disciple très éclectique de Law, beaucoup plus mercantiliste que son maître. Il est l'auteur d'un *Essai politique sur le commerce*, 1734.

(2) *Essai politique sur le commerce*, ch. XXII.

(3) *Essai politique*, ch. XXIV (G. p. 820).

(4) V. *infrà*.

vernement ne consiste pas dans une licence à chacun de faire ce qu'il juge à propos, mais seulement de faire ce qui n'est pas contraire au bien général » (1) ... Colbert avait tenu le même langage. « Selon la liberté générale du commerce, dit-il encore, tout transport réciproque devrait être permis ; mais les nations y ont mis entre elles des restrictions, presque toujours par des intérêts passagers ou mal entendus. Peut-être qu'en permettant tout indistinctement, ce qu'une nation perdrait d'un côté, elle le gagnerait de l'autre ; du moins y aurait-il un avantage général, c'est la destruction des fraudes qui occupent pernicieusement tant d'hommes pour et contre. Mais, pour cela, il faudrait que toute l'Europe y concourût par des vues générales, difficiles à concilier avec les petits intérêts dont la plupart des hommes sont occupés » (2). Mélon, tout en proclamant le principe de la liberté économique, est en définitive ramené à la politique restrictive du mercantilisme qu'il justifie en invoquant l'intérêt social : *Salus populi suprema lex esto*. Ici encore il se sépare de son maître.

Il demande même la prohibition absolue d'exporter les matières premières et, sauf des exceptions dans certains cas particuliers, de l'importation des produits manufacturés (3). Il estime qu'une « police éclairée » devrait veiller à la répartition des tâches suivant l'âge et le sexe (4) ; enfin il va jusqu'à poser la question de savoir s'il ne serait pas de l'intérêt de l'Etat de rétablir l'esclavage chez les nations civilisées, en le tempérant, il est vrai, par certaines lois protectrices de l'esclave (5).

D'autre part, il voudrait moins de rigueur dans le régime des corporations (6). En outre, suivant lui, c'est l'agriculture et non

(1) *Essai polit.*, ch. XI (G. p. 756). Aussi l'*Acte de navigation*, dit-il, « n'a rien de contraire à la liberté selon sa véritable définition « (*Ibid.*, G. p. 757).

(2) *Essai polit.*, ch. X (G. p. 749-750).

(3) *Essai polit.*, ch. X.

(4) *Ibid.*, ch. VIII.

(5) *Ibid.*, ch. V. Nous avons déjà dit que Mélon admet le *surhaussement* de la valeur des monnaies dans l'intérêt du prince (V. ch. XII-XVIII). Ajoutons ici qu'il demande des encouragements au mariage sous forme de secours aux pères de nombreuses familles.

(6) *Ibid.*, ch. VIII. Mélon s'inspire ici de Child qu'il cite au ch. XXII.

l'industrie ou le commerce qui doit occuper le premier rang dans les préoccupations des gouvernants. C'est ici qu'apparaît l'influence de Boisguilbert. « L'agriculture, dit-il, doit être chez nous le premier objet du commerce. Elle ne peut être négligée sans des pertes irréparables » (1). C'est que l'industrie et le commerce dépendent de l'agriculture (2). Dans l'intérêt de cette dernière il demande la liberté entière du commerce intérieur des grains, et il pense que la liberté d'exporter le blé devrait être la règle et l'état normal ; cette liberté serait seulement révocable quand le blé atteindrait des prix excessifs (3). Ajoutons qu'il se montre encore libéral à l'égard du luxe qu'il s'est efforcé de réhabiliter en combattant les Edits somptuaires (4).

Le Mélonisme (sauf quelques détails et notamment la doctrine de l'esclavage), fut adopté en France par Dutot (5), Voltaire (6) et Forbonnais (7). Il se propagea surtout en Italie ; c'est sous cette forme que la théorie de la Balance du commerce fut importée dans ce pays au XVIIIe siècle, et c'est à cette école qu'appartiennent la plupart et les plus notables des mercantilistes italiens, Broggia, Belloni, Genovesi, Verri ; ces deux derniers sont

(1) *Ibid.*, ch. XXIV (G. p. 817).
(2) *Ibid.* (G. p. 816).
(3) *Ibid.*, ch. II. Il déclare, à propos de l'exportation des grains, que « dans l'alternative entre la liberté et la protection, il serait bien moins nuisible d'ôter la protection que la liberté » (*Ibid.*, G. p. 716-717).
(4) *Ibid.*, ch. IX.
(5) Dutot avait été caissier de la Compagnie des Indes au temps du *système* de Law. Il a écrit (d'abord sous forme de lettres) des *Réflexions politiques sur les finances et le commerce* (1738). Cet auteur critique la théorie du *surhaussement* de la valeur des monnaies énoncée par Mélon.
(6) V. surtout *Observations sur MM. Jean Law, Mélon et Dutot*, etc., (1738) ; *Lettre à M. T... sur l'ouvrage de M. Mélon et sur celui de M. Dutot*, 1768 ; l'*Homme aux quarante écus*, 1767. — Sur les doctrines de Mélon, Dutot, Voltaire, v. Espinas, *La troisième phase et la dissolution du mercantilisme* (extrait de la *Rev. internat. de Sociologie*, 1902). M. Espinas associe Law à ces trois auteurs ; nous dirons bientôt pourquoi nous croyons devoir le séparer des mercantilistes. La même observation s'applique à l'ouvrage de M. Dionnet, *Le néo-mercantilisme*, etc. (Thèse Fac. Dr., Paris, 1900-1901).
(7) Sur Forbonnais, v. *infrà*.

toutefois plus libéraux que Mélon (1). A cette énumération nous pouvons joindre d'autres économistes de moindre importance : Muratori, Costantini, Ricci, Pereira, Carli, Sergio, Strongoli, Todeschi, Paolini, Venturi, Vergani.

En outre, chez certains écrivains italiens, le Mélonisme s'adjoignit un élément nouveau qui, d'ailleurs, ne répugnait pas à ses principes : le protectionnisme agricole. Celui-ci fut préconisé sous deux formes : droits protecteurs à l'importation du blé, système déjà proposé par Galiani (2) ; primes à l'importation, système pratiqué en Angleterre depuis 1688 et loué par le Français Herbert (3) dans un ouvrage qui eut une certaine vogue dans la péninsule. A cette école appartiennent Bandini (dont l'ouvrage est antérieur à celui d'Herbert), Fortunato, Marchesini ; elle est représentée en Angleterre par Steuart (4) (XVIIIe siècle).

En Espagne, Ustariz (5) (XVIIIe siècle) soutint un système ana-

(1) Verri est ennemi des prohibitions, auxquelles il préfère les droits de douane pour obtenir le résultat cherché (*Réflexions sur l'Ec. polit.*, §§ 8 et 24, trad. fr., Lausanne, 1773, p. 56 et suiv., 308 et suiv.). En outre, Verri est imbu des idées de la philosophie française du XVIIIe siècle sur l'égalité des fortunes.

(2) Dans ses *Dialogues sur le commerce des blés*.

(3) Herbert, *Essai sur la police générale des grains*, 1757. « Si l'on ne craignait d'effaroucher bien des esprits, dit cet auteur, on n'hésiterait pas à dire que la liberté entière du commerce des grains serait le plus grand bien que l'on pût faire au royaume » (p. 186). A titre de transaction, il conseille une échelle mobile de droits de sortie, en attendant que l'on arrive au système anglais des primes à l'exportation.

(4) Dans l'ouvrage très diffus et parmi les théories trop souvent flottantes de cet auteur, l'on retrouve la doctrine de Mélon. La population tient une grande place dans son système. Après avoir dit que « l'agriculture est la base de la multiplication » (*Recherches sur l'Econ. Polit.*, trad. fr., t. I, p. 45), il déclare pourtant que « la multiplication est la cause efficiente de l'agriculture » sauf dans les sociétés primitives (*op. cit.*, t. I, p. 207). L'accroissement de la population, la prospérité de l'agriculture et de l'industrie dépendent de l'état de la Balance du commerce et d'une active circulation de la monnaie (*op. cit.*, l. II, ch. XXIX ; liv. III, *passim*). Il est plus favorable aux corporations que Mélon et plus hostile au luxe. — Sur son protectionnisme agricole, v. liv. II, ch. XV.

(5) Ustariz, *Théorie et pratique du commerce et de la marine* (1724),

logue ; cependant il insista principalement sur le protectionnisme industrialiste.

Enfin quelques mercantilistes de la dernière heure, tels que Beccaria, Rochetta, Laonice (pseudonyme de Corona) poussèrent l'éclectisme jusqu'à faire des emprunts même aux Physiócrates. Fondre les principes physiocratiques dans un système mercantiliste n'était pas une tâche aisée ; Laonice notamment, n'aboutit qu'à un mélange incohérent.

Notons, pour terminer, que bon nombre des derniers mercantilistes reconnaissent qu'une même politique économique ne convient pas également à toutes les nations ; que la conduite des gouvernements doit varier avec la situation géographique, la nature du sol, le climat, etc., des divers pays.

Enserrés dans les limites forcément étroites de ce Précis, nous ne pouvons insister sur les nuances qui, chez les différents auteurs, diversifient certaines théories accessoires sur la population, l'intérêt, le luxe, le commerce des grains. En ce qui concerne ces deux dernières questions, ce qui a été dit à propos de la pratique mercantiliste (1) s'applique également à la doctrine : les théories du luxe et du commerce des grains ne reposent pas sur le principe unique de l'accumulation des métaux précieux ; l'on invoque, en outre, en faveur des Edits somptuaires, des idées d'ordre moral et politique ; en faveur des res-

trad. libre de Forbonnais (1753) sur la 2e édit. (1742) : « Lorsque l'argent circule en abondance par le commerce, la consommation des denrées est plus grande, les ventes se répètent, les payements sont plus prompts, plus assurés, les terres se cultivent avec plus de soin. La santé du corps politique ressemble à celle du corps humain ; lorsque le sang circule bien il répand la vigueur et la force dans tous les membres » (trad. fr., 2e partie, p. 140). — Sur son protectionnisme agricole, v. ch. XCII (trad. II, p. 79 et suiv.). Il existe une étroite parenté d'idées entre Ustariz et Ulloa (auteur d'un ouvrage sur le *Rétablissement du commerce et des manufactures d'Espagne* (1740), traduit par Plumart de Dangeul (1753). — Ulloa adopte la formule de la Balance du commerce en la combinant avec la doctrine industrialiste. Mais il ne dit pas par quelles raisons il entend justifier son désir d'attirer les métaux précieux. Il n'y a pas trace non plus chez lui de protectionnisme agricole. On peut se demander si l'on doit le classer parmi les purs mercantilistes.

(1) V. *suprà*, p. 200.

trictions au commerce des grains l'intérêt supérieur de l'alimentation du peuple. Celle-ci est considérée comme une fonction essentielle de l'Etat, comme l'une des branches de l'administration. Il y eut toute une série d'auteurs qui traitèrent la question du commerce de grains exclusivement à ce point de vue politique. Ils forment ce que l'on peut appeler l'*école annonaire*.

L'*école annonaire* fut surtout florissante en Italie et en Allemagne. Nous citerons, pour l'Italie, Casali et di Moraes au XVIe siècle ; Segni et Tapia di Belmonte au XVIIe ; Campilli, Villano, Coppola, Aleandri au XVIIIe ; pour l'Allemagne, les caméralistes Obrecht, Bornitz, Klock, Besold, Becher (XVIIe siècle), etc.

Avec le temps, l'*annonarisme* se fit de moins en moins rigoureux. Il semble, d'ailleurs, que l'idée de la liberté du commerce intérieur des grains rencontra moins de résistances que le principe de la liberté d'exportation.

CHAPITRE VI

DE L'ANTINOMIE ENTRE LA THÉORIE QUANTITATIVE DES PRIX ET LA THÉORIE DE L'ENRICHISSEMENT DES NATIONS PAR L'ACCUMULATION DES MÉTAUX PRÉCIEUX. — APPRÉCIATION DU MERCANTILISME.

Nous avons vu que deux grandes théories furent élaborées dans la période que nous étudions actuellement : la théorie quantitative des prix et la théorie de l'enrichissement des nations par l'accumulation des métaux précieux. Les adeptes de la seconde admettent presque unanimement la première, sans discussion. Pourtant, n'y a-t-il pas antinomie entre l'une et l'autre ? N'est-il pas contradictoire de chercher à augmenter sans cesse la masse des métaux précieux par une Balance du commerce favorable, si l'on admet que leur abondance doit amener une hausse constante des prix dont le résultat nécessaire sera d'entraver les exportations, sans compter qu'elle ne peut se produire sans causer des souffrances et des perturbations ?

Peu d'écrivains paraissent avoir aperçu ce problème. Au XVIIIe siècle seulement, quelques-uns ont tenté de le résoudre.

§ 1. — Théories statiques.

Galiani, suivant qui, d'ailleurs, le gouvernement ne doit pas, toujours et en tous pays, prendre pour principe directeur de sa conduite économique l'accumulation des métaux précieux (1), déclare inévitables les variations de prix causées par des variations en sens inverse de la valeur de la monnaie ; une commune

(1) Galiani, qui traite de la Monnaie, n'a pas formulé une véritable théorie du commerce extérieur.

mesure des valeurs invariable est une chimère. Sans doute, peut-on dire ; mais s'il y a là un mal nécessaire encore doit-on s'abstenir de l'aggraver par des moyens artificiels. Mais, pour Galiani, la hausse des prix, loin d'être un mal, est au contraire un indice sûr de prospérité. A l'en croire, elle ne peut nuire à personne ; tout renchérit en même temps et dans les mêmes proportions ; les rapports de valeurs demeurent donc les mêmes (1). C'est là une affirmation purement gratuite et démentie par les faits (2) ; un temps très long est souvent nécessaire pour que la hausse se généralise d'une manière uniforme. D'ailleurs, à supposer même que l'équilibre se rétablisse instantanément, les individus qui se trouvent créanciers et point débiteurs en vertu de contrats antérieurs à l'époque de la hausse n'en seraient pas moins lésés. Fût-on disposé à les sacrifier d'un cœur léger, il resterait encore que la hausse des prix place un pays dans des conditions d'infériorité au point de vue de la concurrence internationale.

La doctrine de Law permettait de sortir du cercle vicieux. La monnaie, d'après lui, possède la vertu de stimuler, par la circulation, l'activité économique (3) ; dès lors, l'excédent de numéraire fourni par le solde créditeur d'une Balance du commerce favorable doit être immédiatement absorbé par les demandes de l'agriculture, de l'industrie et du commerce que surexcite une abondance plus grande de monnaie ; entraîné dans le torrent de la circulation, il ne produira pas une hausse des prix. L'accroissement du stock monétaire tend sans doute à produire cette hausse ; mais c'est là une tendance théorique qui, à la condition que la monnaie circule, se trouve annihilée par l'augmentation proportionnelle du besoin des échanges due, elle aussi, au nouvel afflux de monnaie.

Cette conséquence n'est pas indiquée par Law, qui jette par dessus bord la théorie de la Balance du commerce. Elle est assez

(1) V. Galiani, *Della Moneta*, liv. II, ch. II (*Scrittori classici italiani di Ec. polit.*, Parte Mod., t. III, p. 154 et suiv.).
(2) V. *suprà*, liv. III, ch. I, p. 125 et suiv.
(3) V. *infrà*, liv. III, ch. IX.

vaguement formulée en ces termes par Mélon : « La quantité d'or et d'argent portée en Europe depuis la découverte de l'Amérique aurait été capable de faire le même effet (c'est-à-dire de faire hausser les prix)..... si la prodigieuse augmentation du commerce n'avait augmenté le besoin du gage des échanges proportionnellement à la quantité de pays devenus commerçants... » (1). Mais c'est la solution très nettement adoptée par Verri. Cet auteur fait une distinction. « Si une nation, dit-il, acquiert ces trésors tranquillement, sans travail, comme par des mines abondantes, ou par l'effet de l'opinion qui force les autres peuples à lui porter leur argent comme un tribut,..... ces trésors, bien loin d'amener l'industrie de la nation ne font que l'endormir et plonger les hommes dans une profonde léthargie. Lorsque les trésors entrent dans un Etat par cette voye, ils tombent entre les mains d'un petit nombre qui regorgent de richesses, s'abandonnent aux excès du luxe, dédaignant les productions qu'ils font venir des étrangers.... » (2). Dans cet état de stagnation où, à l'intérieur du pays, les marchandises et la monnaie sont comme immobilisées, dans cet état morbide de l'appareil circulatoire national, l'abondance de métaux précieux fera renchérir toutes choses (3). Verri est donc d'un avis tout opposé à celui de Galiani ; pour lui la hausse des prix est bien un symptôme de décadence. Mais il en ira tout autrement si l'abondance de monnaie est due à la prospérité de l'industrie et à l'état favorable de la Balance du commerce. Alors « on verra s'accélérer la circulation intérieure ; s'inventer de nouvelles commodités pour la vie et de nouvelles aisances ; les arts et les manufactures se perfectionner ; inventer de nouvelles méthodes pour opérer plus facilement et mieux dans les unes et dans les autres et pour exécuter les ouvrages avec plus de promptitude ; tout respirera la culture des talens, l'aisance et la vie » (4).....

(1) Mélon, *Essai polit.*, ch. XVII (G. 1843, p. 773).
(2) Verri, *Réflexions sur l'Economie politique*, § XIII (trad. fr., 1773, p. 113-114).
(3) *Ibid.* (tr. fr., p. 115).
(4) *Ibid.* (tr. fr., p. 112-113).

Alors, les prix ne hausseront pas ; au contraire, les progrès de l'industrie les feront diminuer : « et voilà comment l'augmentation de l'argent qui par soi-même devrait faire renchérir toutes les marchandises, en fait baisser au contraire le prix,.... lorsque cette abondance d'argent est le fruit de l'industrie générale ; et cela parce que le mouvement intérieur et le nombre des achats et des ventes continuelles l'augmente d'autant plus que la marchandise universelle (1) se répand et se subdivise davantage sans que sa valeur se hausse au-dessus de son juste niveau » (2).

La distinction que fait l'auteur entre les deux moyens d'acquérir les métaux précieux, l'exploitation des mines et le commerce extérieur, nous paraît, au point de vue de la hausse des prix, tout à fait arbitraire. En outre, l'idée que la monnaie jouit du privilège de se créer à elle-même une demande est singulièrement exagérée. L'abondance du numéraire est bien plus l'effet que la cause de l'activité économique. Pourtant, la doctrine de Verri n'est pas entièrement fausse. La surexcitation de la production et la multiplication des échanges intérieurs sont deux phénomènes nécessairement concomitants,et le second paralyse, dans une certaine mesure, la tendance à la hausse des prix que produit l'augmentation de la quantité de monnaie.

Un autre écrivain italien, Filangieri, semble, au contraire, considérer la hausse des prix comme inévitable si le numéraire devient plus abondant par suite d'une politique protectionniste. Aussi se borne-t-il à dire qu'il faudra parer à cet inconvénient, quand il se produira, en s'efforçant de maintenir strictement en équilibre les deux plateaux de la Balance du commerce : importations et exportations. L'on devra, par exemple, temporairement au moins, consacrer l'excédent de numéraire à l'achat d'objets de luxe à l'étranger ; la pratique du « luxe passif » fonctionnerait en quelque sorte comme une soupape de sûreté (3).

Assurément, l'emploi de ce procédé n'est pas facile ; car il

(1) Par « marchandise universelle » Verri entend la monnaie.

(2) *Réflex. sur l'Ec. polit.*, § XVII (tr. fr., p. 145-146).

(3) Filangieri, *Scienza della legislazione* (1780), liv. II, ch. XVI et XXXVIII.

exige que l'on connaisse exactement le montant du numéraire surabondant. En outre, cette théorie contient presque une condamnation du mercantilisme (1) : singulier mercantilisme, que celui qui conseille le luxe, pour faire fuir une partie des métaux précieux ! L'auteur ne confesse-t-il pas par là qu'il est chimérique de rêver une Balance du commerce favorable, que les oscillations des prix résultant du mouvement des métaux précieux produisent nécessairement, entre les importations et les exportations, un état d'équilibre, qu'aucune politique humaine ne peut rompre ?

§ 2. — La dynamique mercantiliste de Cantillon.

Bien avant Filangieri, Cantillon avait essayé de chercher une issue par la même voie. Mais celui-ci put demeurer mercantiliste en faisant observer, avec juste raison, que ni l'adaptation des prix nominaux à la quantité de monnaie ni, par suite, l'état d'équilibre entre les importations et les exportations, ne se réalisent instantanément, sans résistances, comme l'égalisation de niveau d'un liquide dans deux vases communiquants. La Balance du commerce tend vers l'équilibre sans jamais pouvoir l'atteindre. Lorsqu'elle se trouve être favorable, l'afflux des métaux précieux, *tant qu'il dure*, tend à la rendre plus favorable encore; mais ce mouvement ascensionnel ne peut se prolonger perpétuellement ; *peu à peu*, les prix haussent ; de plus en plus, les exportations se ralentissent et une oscillation en sens inverse va fatalement se produire. Seulement, si la nation a un « bon fond », et si ses hommes d'État savent intervenir au moment voulu et avec adresse, la Balance, au bout d'un certain temps, redeviendra favorable, et ce va-et-vient se continuera indéfini-

(1) D'ailleurs Filangieri n'admet le Colbertisme que pour les pays qui, situés au milieu des terres, environnés de montagnes, et dépourvus de voies navigables, ne peuvent pas transporter au dehors leurs denrées agricoles ni leurs produits manufacturés. C'est dans cette hypothèse que se pose pour lui la question qui nous occupe. On peut dire qu'en principe l'auteur est libre-échangiste, car cette hypothèse est assez exceptionnelle.

ment tant que l'organisme social conservera sa vigueur (1). La hausse nominale des prix ne cause que des rétrogradations passagères qui n'empêchent pas l'opulence de faire un nouveau pas en avant à chaque marée montante. Le progrès économique ne peut être continu ; une nation, même forte, poursuit sa destinée en passant par des alternatives de prospérité et de décadence. « Lorsqu'un Etat est parvenu au plus haut point de la richesse », il ne manquera pas de retomber dans la pauvreté par le cours ordinaire des choses.... Voilà à peu près le cercle que pourra faire un Etat considérable qui a du fond et des habitants industrieux. Un habile ministre est toujours en état de lui faire recommencer ce cercle » (2).

Le Mercantilisme a donc eu, avec Cantillon, sa théorie *dynamique*. C'est là, croyons-nous, la première tentative qui ait été faite pour formuler les lois du mouvement de l'organisme économique, pour expliquer la naissance des crises et leur périodicité. Sur ce point, Cantillon a été suivi par l'Italien Beccaria (3).

Si l'on veut bien admettre qu'il y a une part de vérité dans l'idée de Verri, et si l'on entend la théorie quantitative des prix comme nous l'avons fait précédemment, en s'efforçant de tenir compte des facteurs divers qui interviennent dans la formation du prix nominal, nous pouvons dire que nous possédons désormais les éléments d'une théorie du commerce international fondée sur la loi des valeurs internationales. Nous aurons l'occasion de reparler de cette question à propos de l'Ecole classique.

(1) Cantillon, *Essai sur la nature du comm. en général*, IIe partie, ch. VIII, édit. 1755, p. 239 et suiv.

(2) Cantillon, *op. cit.*, II, VIII, p. 244 et 257. — L'auteur suggère que « le prince ou la législature devrait retirer de l'argent, le garder pour des cas imprévus et tâcher de retarder la circulation par toutes les voies, hors celles de la contrainte et de la mauvaise foi, afin de prévenir la trop grande cherté des ouvrages et d'empêcher les inconvénients du luxe (*Ibid.*, p. 245).

(3) Beccaria, *Elementi di Econ. pubblica*, parte IV, ch. IV, §§ 27 et 28 (Dans *Scritt. class. ital, di Econ. polit.*, Parte Moderna, t. XII, p 86 et suiv.).

§ 3. — Appréciation du Mercantilisme.

Quel jugement convient-il de porter sur le Mercantilisme? La théorie mercantiliste est un mélange d'idées fausses et d'idées vraies. Les purs mercantilistes (1) considèrent les métaux précieux non pas sans doute comme l'unique richesse, mais du moins comme la richesse supérieure. Or, cette idée n'est pas défendable. La monnaie est une richesse car elle répond à un besoin, celui de l'échange qui s'impose avec une impérieuse nécessité dans les sociétés fondées sur la division du travail. Mais, en tant que monnaie, elle n'est pas une richesse consommable ; elle n'est qu'un instrument destiné à rendre les transactions plus faciles ; elle est un moyen et non une fin ; par suite, elle ne peut être la richesse suprême.

Il faut d'ailleurs rappeler, à la décharge des mercantilistes, que leur conception de la richesse n'est pas une, et qu'ils entendent également par richesse nationale la masse de choses propres à satisfaire aux besoins des individus. Mais ils croient à une sorte de transsubstantiation par suite de laquelle les métaux précieux contiendraient réellement, *à un état supérieur*, *l'essence* de toute richesse consommable. Or la monnaie est seulement un équivalent, universel sans doute, mais un simple équivalent ; et, d'ailleurs, la richesse virtuelle ne saurait être considérée comme étant supérieure à la richesse en action.

Par suite, dans leur politique, les Mercantilistes se montrent trop préoccupés d'attirer et d'accumuler les métaux précieux ; en conseillant aux nations la thésaurisation et la frugalité, ils oublient trop que, selon le joli mot de La Fontaine :

> L'usage seulement fait la possession,

et comme à l'avare que le fabuliste met en scène on peut leur dire :

> Puisque vous ne touchez jamais à cet argent,
> Mettez une pierre à la place,
> Elle vous vaudra tout autant.

(1) Nous ne parlons pas maintenant du principe de Mélon que nous retrouverons chez Law à qui il l'a emprunté.

Il est vrai que, par suite de leur incertitude sur la notion de richesse, ils supposent tantôt que l'argent doit être thésaurisé, tantôt, et moins fréquemment, qu'il doit être employé.

Ce qui seulement est vrai, c'est que la monnaie est une richesse d'une grande importance sociale. Les adversaires des Mercantilistes ont commis, à notre avis, une exagération en sens inverse en affirmant qu'il est indifférent pour un Etat de posséder peu ou beaucoup de monnaie. L'expérience a plus d'une fois prouvé qu'un pays peut être troublé par des contractions monétaires. Pour une masse d'échanges donnée, et dans un état du crédit donné, il faut une quantité déterminée de monnaie. En vain l'on invoque la théorie quantitative des prix ; en vain l'on allègue que, si la monnaie devient plus rare, sa puissance d'acquisition plus grande supplée à sa quantité devenue moindre, et que la baisse des prix ramène vite les métaux précieux par la voie du commerce extérieur. Il faut tenir compte des frottements qui se produisent dans le mécanisme ; l'adaptation des prix à la quantité de monnaie et l'adaptation du commerce extérieur aux prix ne sont pas des phénomènes instantanés ; la crise peut être longue ; jusqu'à ce que l'équilibre se rétablisse, il y aura des souffrances humaines, des déperditions de forces et de capitaux que l'on ne peut envisager avec indifférence. Ce n'est pas sans raison qu'aujourd'hui encore l'on voit les hommes d'Etat, les financiers et les grands établissements de crédit s'inquiéter du mouvement des métaux précieux et surveiller attentivement les cours du change.

Les Mercantilistes n'ont pas eu non plus entièrement tort de se préoccuper de la constitution d'un trésor de guerre. A l'heure actuelle encore l'Allemagne a le sien, et chez nous le gouvernement compte sur l'encaisse de la Banque de France. Pour les premiers frais de l'entrée en campagne, il faut de grosses sommes immédiatement disponibles ; les trésors de guerre étaient nécessaires surtout à une époque où les emprunts publics n'offraient pas les mêmes ressources qu'aujourd'hui ; les transports d'espèces expédiées aux armées devaient être aussi plus fréquents en un temps où les relations de change étaient moins développées ; d'ailleurs l'argent était toujours nécessaire pour l'achat des papiers de change. Enfin, il ne faut pas oublier que la guerre était alors l'état normal des nations.

Nous avons dit, en outre, qu'à l'idée d'accumulation des métaux précieux se trouve alliée, en des proportions diverses suivant les auteurs, celle du développement des forces productives de la nation. Cette dernière a survécu. Si l'on veut bien la garder seule et faire abstraction de l'autre, comment apprécierons-nous les procédés de la politique mercantiliste ?

Il est impossible de demander grâce pour le bullionisme (qui ne peut viser qu'à la conservation des métaux précieux) ; — ni pour la réduction artificielle du taux de l'intérêt : à supposer même qu'un faible taux de l'intérêt soit toujours un signe et une cause de prospérité (1), c'est là un phénomène que la loi est impuissante à produire (2). Au surplus, les plus éclairés des Mercantilistes ont fait eux-mêmes bonne justice de ces pratiques.— Nous ne prétendrons pas non plus sauver du naufrage le système réglementaire ; la réglementation légale nuit à l'esprit d'invention sans réussir toujours à assurer la victoire de l'industrie nationale contre la concurrence étrangère (3) ; — ni le système de la police des grains : il ne peut que ruiner l'agriculture et engendrer la disette (4) ; — ni les privilèges : ils

(1) Les Mercantilistes et les Physiocrates adoptent cette proposition sans restrictions ; Adam Smith et, en général, les économistes modernes ne l'admettent qu'avec des distinctions. Child soutient qu'un faible taux de l'intérêt excite l'épargne parce qu'il faut plus d'argent pour vivre en rentier ; on peut tout aussi bien soutenir qu'il la décourage parce que nombre d'individus ne peuvent avoir l'espoir d'atteindre le but.

(2) V. *suprà*, p. 241.

(3) La réglementation avait également pour objet et parfois pour prétexte de protéger les consommateurs nationaux contre la fraude ; aujourd'hui l'on recourt plutôt, pour atteindre ce but, aux moyens répressifs. La réglementation industrielle est cependant réapparue à l'époque moderne, elle fait chaque jour de nouveaux progrès ; mais elle est aujourd'hui conçue dans l'intérêt de l'hygiène et de la sécurité des ouvriers.

(4) Nous reconnaissons cependant qu'autrefois, dans un pays dépourvu comme la France d'une marine de guerre suffisamment puissante, la

peuvent se défendre lorsqu'il s'agit de récompenser la création d'industries nouvelles, mais le régime moderne des brevets d'invention nous paraît bien préférable ; — ni enfin les lois somptuaires : dangereuses pour le progrès, car, très souvent, ce qui est luxe aujourd'hui sera demain chose banale, elles sont, en outre, inefficaces : une expérience séculaire l'a surabondamment prouvé.

La seule institution mercantiliste qui puisse encore prétendre à la vie est le protectionnisme, c'est-à-dire l'intervention de l'Etat pour placer la production nationale dans des conditions d'égalité vis-à-vis de ses rivales étrangères. C'est par ce lien de parenté surtout que l'Ecole actuelle de l'Economie politique nationale se rattache à l'Ecole mercantiliste.

Le protectionnisme des mercantilistes fut essentiellement un protectionnisme industriel ; au besoin, ils sacrifiaient l'agriculture à l'industrie manufacturière, quand ils estimaient qu'il y avait entre elles contradiction d'intérêts. La première question qui se pose à nous est donc celle de savoir s'ils ont eu raison de viser surtout et avant tout au développement des manufactures. Un éminent historien des doctrines économiques, M. Ingram, déclare que « si la pensée de l'époque, au lieu d'être poussée par les circonstances contemporaines, avait pu être guidée par les prévisions sociologiques, elle se serait engagée avec ardeur dans le sentier qu'elle a choisi empiriquement. L'organisation de l'industrie agricole, ajoute-t-il, ne pouvait à cette période faire des progrès sensibles, car la direction de ses opérations était encore entre les mains de la classe féodale, qui ne pouvait, en général, s'approprier réellement des habitudes de la vie industrielle, ou se mettre suffisamment en harmonie avec les travailleurs de ses domaines. L'industrie des villes dut précéder celle des campagnes, et cette dernière ne devait se développer que par l'action indirecte de la première. Il est clair que ce ne fut que dans la vie du prolétariat ouvrier dont les travaux sont forcément les plus continus et

prohibition d'exporter les grains pouvait avoir l'état de guerre pour excuse.

les plus sociaux, qu'on put appliquer plus tard pour la première fois une discipline systématique qui devait s'étendre ensuite aux populations rurales » (1). Nous ne croyons pas que l'exactitude de cette thèse puisse être rigoureusement démontrée; et la thèse contraire soutenue par Adam Smith (2) ne s'impose pas davantage à notre raison. Quand il s'agit de faits sociaux d'une étendue aussi grande et d'une durée aussi longue que le Mercantilisme, nous sommes bien obligés de reconnaître que ce qui a été devait être ; mais quelque facile que soit l'explication après coup de la direction prise par l'évolution, dans l'affirmation que cette évolution était nécessaire, il n'y a qu'un acte de foi, un acte de foi obligatoire parce qu'il est commandé par la force brutale des faits. En tout cas, cette politique presqu'exclusivement industrielle ne pouvait se perpétuer : l'heure de l'agriculture devait venir, car l'on ne conçoit pas de progrès industriel durable sans un développement parallèle de l'agriculture.

D'ailleurs, que l'épanouissement de l'industrie manufacturière dût ou non précéder celui de l'agriculture, les Mercantilistes ont eu raison de croire à l'avenir industriel de leur pays ; la France, par exemple, a eu raison de ne pas suivre les avis de Sully, de ne pas croire qu'un décret providentiel l'eût prédestinée à être de tout temps exclusivement productrice de denrées agricoles, de toiles et de draps communs ; aujourd'hui, l'on voudrait, au contraire, nous persuader qu'elle a été créée pour fabriquer les objets de luxe, fournir à l'univers les bijoux, les articles de mode, etc.

Le but poursuivi a été atteint. Nous l'avons déjà constaté pour la France (3) et l'on n'ignore pas qu'il en fut de même pour

(1) Ingram, *Hist. de l'Econ. Polit.*, trad. fr., 1893, p. 59.

(2) Adam Smith, *Recherches sur la nature et les causes de la Richesse des Nations*, liv. III. — D'après lui, l'agriculture doit, dans le cours naturel des choses, se développer préalablement à l'industrie manufacturière. Mais, après la chute de l'Empire romain, les institutions imprimèrent à l'évolution « une marche rétrograde et contraire à l'ordre naturel ». Mirabeau avait soutenu la même thèse dans l'*Ami des Hommes*.

(3) V. *suprà*, liv. III, ch. I, p. 101 et *infrà* l'Appendice placé à la suite du liv. III.

l'Angleterre. Malgré qu'elle ait suivi la même conduite (1), l'Espagne ne s'est pas relevée de sa décadence ; mais une arme ne peut suppléer à l'énergie du combattant. Seulement l'industrie anglaise et l'industrie française se sont-elles développées grâce au protectionnisme ? Les contemporains l'ont cru (2). Le Hollandais Jean de Witt (Pierre Delacourt), par exemple, s'exprime ainsi à l'égard de la France : « L'on sait qu'elle ne subsistait autrefois que par l'agriculture, et, par conséquent, on ne lui pouvait nuire par la guerre de mer ; mais depuis le règne de Henri IV et dans la suite, on a mis de si gros droits sur les entrées de toutes les manufactures étrangères et les manufactures de soyes, laines, toiles et toutes sortes d'autres métiers y sont tellement augmentés que les Français livrent à présent plus d'étoffes et d'ouvrages que les étrangers n'en sauraient consommer » (3). Est-ce là une erreur ? *Propter hoc* ou simplement *cum hoc* ? ne faut-il pas plutôt dire que le progrès industriel s'est accompli *malgré* le protectionnisme ? Tel est le véritable problème.

L'observation des faits ne suffit pas à le résoudre. La théorie seule peut nous fournir une conviction. Mais en ce qui concerne cette théorie, nous ne pouvons que renvoyer aux Traités généraux d'économie politique. Nous pouvons d'autant moins entrer dans le détail de cette question, encore aujourd'hui si ardemment débattue, que nous la rencontrerons de nouveau plus tard. Nous dirons seulement qu'à notre avis, si le libre-échange international doit être adopté comme idéal et même comme règle normale, le protectionnisme, exception faite des prohibitions qui doivent

(1) Au XVIIIe siècle, deux écrivains espagnols, Ustariz et Ulloa, se plaignent, il est vrai, que la législation mercantiliste soit presque tombée en désuétude chez eux. Elle y fut, en outre, contrariée et déformée par une fiscalité exagérée.

(2) A l'époque moderne, l'étude des faits a conduit à la même conclusion les plus éminents de ceux qui, en Angleterre, se sont spécialement consacrés à l'histoire économique de leur pays : Cunningham et Rogers.

(3) Jean de Witt, *Mémoires*, IIe partie, ch. IV (Trad. fr., 3e édit., Ratisbonne, 1709, p. 186).

être condamnées, peut être commandé à un pays donné et à une époque donnée soit par la nécessité de sauvegarder son indépendance, soit par l'intérêt qu'il peut avoir à favoriser l'éclosion de certaines industries naissantes que l'on espère appelées à une brillante destinée, ou à préserver certaines industries anciennes menacées par des modifications, qu'on peut ne pas croire éternelles, survenues dans les conditions de la concurrence internationale ; nous pensons que les sacrifices immédiats que le pays s'impose en ces cas ne sont pas stériles. Nous estimons donc que le protectionnisme mercantiliste, bien que le principe en ait été souvent exagéré ou mal appliqué dans la pratique, a été une nécessité de l'époque. Mais toute institution protectionniste est forcément éphémère.

CHAPITRE VII

LA RÉACTION ANTI-MERCANTILISTE.

SECTION I. — LES CAUSES DE LA RÉACTION.

La réaction contre le Mercantilisme commence au moment même (XVIIe-XVIIIe siècles) où ce système économique atteint son apogée. Il est aisé d'en discerner les causes ; elles se peuvent toutes ramener à cette considération que les institutions survivent souvent à leur raison d'être ; alors les inconvénients qui leur sont forcément inhérents demeurent seuls et deviennent de plus en plus intolérables. Il nous suffit donc maintenant de montrer le revers de la médaille.

La politique mercantiliste créait des antagonismes d'intérêts entre les diverses classes de la nation. Elle suscitait des conflits entre les privilégiés eux-mêmes. Les monopoles se heurtaient aux monopoles ; il n'était pas un privilégié qui ne se plaignît d'empiétements sur le domaine qui lui était réservé ; de là des querelles interminables. En France, les tailleurs furent en contestation avec les fripiers pendant plus de trois siècles ; au XVIIIe siècle, le litige n'était pas encore tranché, car l'on ne parvenait pas à trouver un critérium sûr pour discerner un habit neuf d'un habit vieux. Les oyers-rôtisseurs de Paris plaidèrent de 1509 à 1578 contre les poulaillers, puis de 1579 à 1628 contre les cuisiniers (1). « Les charcutiers et les boulangers, dit M. Levasseur à qui nous empruntons ces exemples, plaidaient contre les cabaretiers qui vendaient du lard et du pain à leurs pratiques. Les orfèvres de Paris plaidaient contre les merciers, les lapidaires, les horlogers, les graveurs, les fondeurs, les fourbisseurs

(1) V. Levasseur, *Hist. des cl. ouvr.*, t. II, p. 102 et suiv.

et provoquaient de 1604 à 1687 quarante-cinq sentences du Châtelet. Les merciers qui vendaient toute espèce de marchandises, se trouvant en rapport avec un grand nombre de métiers, avaient plus de querelles encore que les autres ; de 1600 à 1650 on trouve dans un seul recueil soixante-douze règlements qui délimitent leurs droits et ceux des diverses corporations. Les plus humbles métiers n'étaient pas à l'abri des jalousies et des poursuites. Les petits ramoneurs savoyards vendaient dans les rues quelques verroteries et un peu de quincaillerie : quatre ou cinq corporations leur intentèrent des procès à ce sujet et les auraient privés de leur modeste industrie si le roi ne les eût pas pris sous sa protection immédiate » (1).

Plus d'une fois aussi, la petite industrie, organisée ou non en corps de métiers, protesta ou se révolta contre les établissements nouveaux que le roi installait à côté et au-dessus d'elle en les comblant de ses faveurs. Quand Colbert introduisit la fabrication de la dentelle italienne à Reims et à Aurillac, les dentellières à l'ancienne mode se livrèrent à des charivaris et cherchèrent à empêcher le travail des ouvrières embrigadées par le ministre. A Alençon, ce furent de véritables émeutes féminines (2) ; l'agent de la Compagnie du Point de France chargée de propager l'industrie nouvelle faillit être tué.

La politique mercantiliste mettait de même en opposition les hauts négociants dont le seul désir était d'importer et d'exporter le plus possible, au mieux de leurs intérêts, et les manufacturiers qui, toujours inquiétés par la concurrence étrangère, réclamaient sans cesse de nouvelles restrictions à la liberté du commerce international. A mesure que grandit l'influence de la classe marchande, ses réclamations durent être plus écoutées. C'est d'elle, nous l'avons vu, que sortit la théorie déjà plus libérale de la Balance du commerce ; c'est d'elle également que sont sortis les premiers manifestes libre-échangistes.

Dès 1598, nous voyons aux prises deux grandes villes, Tours

(1) Levasseur, *op. cit.*, t. II, p. 413.
(2) V. Levasseur, *op. cit.*, t. II, p. 248 et p. 250 et suiv.

et Lyon, à propos d'un projet de prohibition des soieries étrangères. La première, centre de la fabrication des draps d'or, d'argent et de soie, réclame cette mesure, et elle est soutenue dans la lutte par Laffemas ; la seconde, centre du commerce de ces mêmes étoffes la combat (1) ; toutes deux envoient des députés au roi pour soutenir leurs intérêts.

En 1601, lorsque Laffemas consulte les corporations parisiennes sur ses projets de réforme, les merciers protestent contre les édits qui prohibent l'importation de certains produits manufacturés (2)

En 1654, les six corps marchands de Paris demandent, dans des remontrances au roi, la liberté du commerce, et ils trouvent, pour la défense de ce principe, des arguments que les modernes partisans du libre-échange ne pourraient renier (3).

Ces arguments furent de nouveau invoqués, à l'appui de la même thèse, devant le Conseil général du commerce en 1701. Outre quatre conseillers d'Etat et deux maîtres des requêtes, le Conseil comprenait douze délégués des grandes villes manufacturières ou commerçantes : Paris (qui en avait envoyé deux), Lyon, Marseille, Bordeaux, Lille, Rouen, Dunkerque, Nantes, La Rochelle, Saint-Malo, Bayonne. Chacun de ces délégués présenta un Mémoire. Neuf de ces documents nous sont parvenus (4) ; le délégué de Rouen, représentant les fabricants de

(1) La prohibition fut édictée mais guère observée, paraît-il. — V. Fagniez, *Ec. soc. de la France sous Henri IV*, p. 105. note 4 ; et Hauser, *La liberté du commerce et la liberté du travail sous Henri IV*, dans *Rev. histor.*, t. LXXX, II, p. 257 et suiv. (novembre-décembre 1902), et *Revue bourguignonne*, publiée par l'Université de Dijon, t. XIII, p. 1 et suiv. (mars 1903).

(2) Laffemas a publié les avis des corporations consultées à la suite de son livre *La commission, édit et partie des mémoires de l'Ordre et establissement général des manufactures en ce royaume*, 1601.

(3) V. les *Remontrances au Roi par les six corps de marchands de la Ville de Paris sur le fait du commerce*, etc. dans Forbonnais, *Rech. et Consid.*, t. II, p. 128 et suiv. édit., Liège 1758.

(4) Ils sont conservés en manuscrits à la Biliothèque Nationale ; de Boislile les a publiés *in extenso* dans la *Correspond. des contrôleurs généraux*, t. II, Appendices, p. 482 et suiv. On en trouve des extraits dans Clément, *Hist. du syst. protecteur*, pièces justificatives, n° 7,

draps et de toile de Normandie, se prononce sans aucune restriction pour la politique mercantiliste ; les autres, représentant les intérêts du haut négoce, réclament la liberté ou tout au moins une liberté plus grande. « La liberté est l'âme et l'élément du commerce », dit le délégué de Nantes. « La liberté est le premier mobile du commerce », dit le député de la Rochelle. « Il faut revenir de la maxime de M. Colbert qui prétendait que la France pouvait se passer de tout le monde », dit le député de Lyon, etc.

Le mercantilisme créait un antagonisme non moins accentué entre la classe industrielle et commerçante et la classe agricole ; dans l'intérêt des manufactures, il visait à l'avilissement du prix du blé. Son triomphe avait été celui de la haute bourgeoisie fabricante ou marchande ; mais celle-ci peu à peu avait acquis la terre, et voici qu'au XVIIIe siècle elle tient sur l'agriculture le même langage que la noblesse campagnarde. Goudar se plaint amèrement des excès de l'industrialisme : « Une espèce de maladie, dit-il, gagna ceux qui gouvernaient l'Etat. Tout fut établissement de fabriques... La plupart de nos ménagers furent changés en artisans... Cette manie s'est toujours accrue depuis. Tous nos ministres d'aujourd'hui parlent manufactures : c'est à présent le langage à la mode... Cependant ces hommes d'Etat, ces combinateurs de la puissance de la Monarchie, traversent eux-mêmes de vastes pays incultes, ou mal mis en valeur ; et il ne leur vient jamais dans l'esprit que ce désordre prend sa source dans cette grande affluence d'arts superflus qui dépeuplent les campagnes de laboureurs... Plusieurs millions de sujets sont employés à faire valoir nos arts, tandis que nos champs n'ont pas assez de laboureurs. Toutes nos villes regorgent d'étoffes du produit de nos manufactures. Bientôt nous n'aurons plus de pain, nous n'aurons que des habits. On a beau vanter le système des arts : lorsqu'il ne sera pas fondé sur une agriculture florissante, il sera toujours lui-même la première cause de la ruine

p. 285 et suiv. ; dans Dareste de la Chavanne, *Hist. de l'Admin. en France*, t. II, pièces justific. ; et dans Martin, *La grande industrie en France sous le règne de Louis XIV*, Appendice III, p. 374 et suiv.

des Etats » (1).— « L'agriculture, dit de même le marquis de Mirabeau, est encore à l'état d'enfance. Les premiers hommes de chaque société l'ont tous honorée ; les seconds se sont, pour ainsi dire, hâtés de la négliger. La fable du chien qui laisse le corps pour l'ombre a toujours dépeint l'humanité en général ; eh ! quel art mérita jamais d'être étudié et perfectionné avec plus de soin ? » (2).

Le consommateur était, lui aussi, en conflit incessant avec le fabricant ; c'est lui qui faisait les frais des privilèges car le monopole engendre la cherté ou il n'a aucune raison d'être ; on le contrariait, en outre, dans ses goûts. Un jour, un tailleur imagine de confectionner des boutons avec des morceaux d'étoffe pris à la pièce dont il avait fait l'habit ; cette innovation plaît au public, les nouveaux boutons obtiennent la préférence. Mais le privilège des passementiers-boutonniers se trouve menacé. Le Conseil du Roi est, en outre, informé « du préjudice que cause dans le royaume l'usage qui s'est introduit de porter des boutons de la même étoffe des habits au lieu qu'auparavant ils étaient de soie, ce qui en faisait une grande consommation particulièrement dans la province du Languedoc » ; une déclaration du 25 septembre 1694 interdit cette nouvelle mode (3).

Une autre fois, le Conseil du Roi est informé que « l'usage s'est introduit et il se fait commerce depuis quelque temps d'une sorte de boutons dont les moules sont couverts d'une étoffe de crin faite au métier, en forme de ruban tissu..., ce qui étant également contraire au bien et à l'avantage des manufactures de

(1) *Les intérêts de la France mal entendus*, etc., t. I, p. 26-30, 1757.

(2) Mirabeau. *L'Ami des hommes*, édit. Avignon, t. I, p. 83, 1756.

(3) V. Levasseur, *Hist. des Cl. ouvr.*, t. II, p. 412. — V. en outre, p. 431-432 du même ouvrage, une sentence du lieutenant de police de Paris condamnant à 20 livres d'amende un fripier chez qui l'on avait saisi « un juste-au-corps, une culotte de drap gris brun tout neufs, garnis de boutons du même drap et un juste-au-corps et veste de drap rougeâtre vieux..... et une culotte de ratine couleur de pain d'épices vieille, le tout garni de boutons de mesme étoffe... » Le magistrat, pour cette fois, avait voulu se montrer indulgent. Des particuliers furent condamnés à 200 livres d'amende pour avoir porté des boutons de cette sorte ; en 1709, l'amende fut portée à 500 livres.

soye et autres matières servant à la fabrication des boutons et préjudiciable aux maistres passementiers-boutonniers auxquels, suivant les statuts et règlements de leur communauté, il n'est permis d'en faire qu'à la main et à l'aiguille » : les boutons au métier furent également frappés d'interdit (1).

La liberté des chapeaux n'existait pas non plus. La Compagnie des Indes avait en France le monopole de la vente du poil de castor ; les chapeaux de castor pur coûtaient par suite très cher. On inventa les demi-castors, mélangés de poils de castor et de poils d'autres animaux. La puissante Compagnie obtint, à plusieurs reprises au cours du XVIIe siècle, la proscription des demi-castors ; des amendes énormes furent édictées contre les contrevenants ; le demi-castor n'en conserva pas moins sa vogue. De guerre lasse, la Compagnie consentit à une transaction : elle toléra le mélange de poils de castor et de poils de lapin, mais elle interdit rigoureusement le poil de lièvre (2).

Plus fameux encore a été, dans l'histoire de cette lutte entre la mode et le privilège, l'épisode des « toiles peintes » (3). On appelait de ce nom les indiennes, tissus de coton portant des impressions de fleurs. Les premières avaient été importées des Indes ; puis, des imitations en furent fabriquées en Hollande et en Angleterre. Ces étoffes obtinrent en France, au XVIIIe siècle, un succès énorme. En 1709, on les prohiba pour protéger les tissus nationaux ; on en interdit même la fabrication en France pour protéger les étoffes de laine et de soie. Pendant un demi-siècle, le Conseil du Roi ne cessa de rendre arrêts sur arrêts, sans pouvoir arrêter la contrebande. Il y eut une question des toiles peintes, et elle souleva d'ardentes polémiques auxquelles prirent part certains membres du groupe physiocratique. Les femmes furent plus fortes que l'administration. Les robes d'indienne furent de plus en plus portées, et les plus grandes dames de la cour se firent elles-mêmes fraudeuses pour s'en parer. Le 12 juillet 1715, la célèbre marquise de Nesle parut dans le jardin

(1) V. Levasseur, *op. cit.*, t. II, p. 432-433.
(2) V. Levasseur, *Hist. des cl. ouvr.*, t. II, p. 410 et suiv.
(3) V. Levasseur, *op. cit.*, t. II, p. 580 et suiv.

des Tuileries « avec une robe de chambre brodée de fleurs de soie et façon des Indes sur toile du même pays ». L'administration s'en émut ; le lieutenant de police se rendit à l'hôtel de Nesle et le marquis dut s'engager à interdire désormais cette toilette à sa femme (1).

C'est pourtant l'intérêt du consommateur que l'on alléguait pour solliciter le renforcement des privilèges ou de nouveaux règlements : ne fallait-il pas le protéger contre la fraude ? Gêné parfois dans ses fantaisies et obligé de subir des prix élevés, n'était-il pas, du moins, assuré de la bonne qualité des marchandises qu'il achetait ? Pas toujours ; la surveillance était exercée par les jurés des corporations et par des agents royaux. Quant aux jurés, ou bien leur intérêt leur conseillait l'indulgence, ou bien, en certains cas, la jalousie motivait leurs rigueurs. « On ne saurait, dit l'inspecteur du commerce du Dauphiné, compter sur ce que font les gardes-jurés ; car rarement voyons-nous qu'ils fassent en notre absence aucune saisie d'étoffes défectueuses quoiqu'il y en ait un grand nombre » (2). Un ancien intendant du commerce, Roland de la Platière, écrit dans l'*Encyclopédie :* « Les jurés sont des espèces de tyrans dans le corps du commerce qui n'emploient leur autorité qu'à tourmenter leurs confrères, à satisfaire leurs vices particuliers, à favoriser leurs parents, leurs amis, à assujettir les uns à toutes les gênes dont il s'exemptent eux-mêmes » (3). Quant aux agents royaux, ils étaient souvent incompétents ; leurs charges étaient vendues ; pour les acquérir il était donc seulement nécessaire de pouvoir y mettre le prix. En outre, pourvu qu'ils touchassent leurs droits, la qualité des produits les laissait assez indifférents. « Il est notoire, dit au début du XVIIe siècle le jurisconsulte Loyseau, que ceux qui ont ces offices sont ordinairement gens incapables de faire

(1) V. G. Martin, *La Grande Industrie en France sous le règne de Louis XIV*, p. 290-291 (D'après de Boislile, *Corresp. des contr. génér.*, t. III, n° 1714).

(2) Levasseur, *Hist. des cl. ouvr.*, t. II, p. 476, note 2 (Extrait des Archives nationales).

(3) V. *Encyclop. méthod.*, V° *Arts et Manufactures*, IIe Supplément, n° 39.

la visitation et controlle des marchandises (1), qui aussi ne regardent pas quelle elle est pourveu qu'ils soient payez de leur droit ; et s'ils l'examinent c'est afin d'exiger un plus grand droit qu'il ne leur est attribué pour y apposer leur sceau. Ce qui est néanmoins cause de tromper le peuple qui voyant en une marchandise la marque d'approbation publique, ne fait difficulté de l'acheter pour bonne » (2). En 1724, « il fut officiellement constaté, dit M. Schelle dans sa *Monographie sur Vincent de Gournay*, que les drapiers marquaient eux-mêmes leurs draps avec les timbres des contrôleurs. Gournay constata des faits analogues ».

Le régime se retournait contre ceux mêmes qu'il avait pour but de protéger. La réglementation était la contre-partie du privilège, et elle se faisait sans cesse plus étroite et plus minutieuse. Enserrés dans les prescriptions d'un Code toujours grossi qui leur imposait l'emploi de certaines matières premières, de certains procédés techniques, l'adoption de certains types, etc., etc., les producteurs ne pouvaient suivre ni leurs propres inspirations ni le goût changeant du public ; l'esprit d'invention était étouffé, les hommes d'initiative se sentaient oppressés par la routine. L'application des règlements n'était pas non plus sans entraîner des frais et des pertes de temps. Toutes les pièces d'étoffe devaient être visitées et marquées ; or, elles ne l'étaient pas à domicile ; les fabricants devaient transporter leurs pièces à la *Halle* municipale ou à un bureau de contrôle qui pouvait être éloigné du lieu de leur résidence. Enfin le moindre manquement exposait le délinquant à des peines disproportionnées ou humiliantes : amendes énormes, confiscation, destruction, exposition au pilori de la marchandise défectueuse, mise en interdit de la fabrique, etc. Et si, comme nous l'avons vu, les officiers royaux manquaient parfois à leur devoir, en d'autres circonstances ils

(1) De fait, c'était un ancien fourrier de la grande écurie du roi qui, sous Henri IV, était contrôleur des cuirs à Poitiers (V. Fagniez, *Ec. soc. de la Fr. sous Henri IV*, p. 86).

(2) Loyseau, *Du Droict des offices*, liv. II, ch. IV, §§ 73 et 74 (édit. Paris, 1620, p. 264).

faisaient preuve d'un zèle intempestif. « Les exemples fourmillent de ces sortes de méprises de leur part, dit un auteur du XVIIIe siècle, Clicquot-Blervache. En voici un entre le grand nombre de ceux que nous pourrions citer. On fabriquait autrefois à Arconsat, village du Forest, situé à deux lieues de Thiers, des ciseaux de fer que les marchands de Marseille vendaient au Levant, en Barbarie et en Espagne. Les inspecteurs qui veillaient sur cette fabrique ont trouvé mauvais qu'on achetât des ciseaux sans trempe, n'imaginant pas qu'on en pût faire usage. Ils en arrêtèrent la fabrication, comme contraire aux règlemens. On a découvert long-tems après que ces ciseaux de fer servaient à moucher les chandelles en Barbarie et ailleurs (1). Mais il n'était plus tems : la fabrique d'Arconsat était tombée, et en conséquence plusieurs villages des environs furent ruinés et dépeuplés » (2).

La réglementation constituait, en outre, une trop précieuse ressource pour la fiscalité royale ; c'était comme une mine inépuisable d'impôts. Il fallait une armée d'officiers pour veiller à l'exécution des règlements et, comme le roi faisait argent de leurs charges, il en créait, dans les moments de détresse financière, beaucoup plus encore qu'il n'était besoin. Au XVIIIe siècle, en France, l'état-major de cette armée comprenait le Conseil et le Bureau du commerce, les intendants du commerce et les inspecteurs des manufactures ; puis, à des dègrés inférieurs venaient les jurés des corporations et une multitude innombrable de contrôleurs, aulneurs, visiteurs, jaugeurs, mesureurs, essayeurs, etc., sans cesse aux aguets, épiant les moindres mouvements des marchandises, toujours prêts à s'en emparer pour y apposer des plombs, cachets, etc., que naturellement il fallait payer. Rien que sur les halles et marchés de Paris il y avait plus de 2.000 officiers de ce genre (3) ; à lui seul, le commerce des

(1) Un règlement du 24 décembre 1743 prescrivait la trempe des ciseaux ; les inspecteurs avaient obéi aveuglément à leur consigne.

(2) Clicquot-Blervache, *Considérations sur le commerce et en particulier sur les compagnies, sociétés et maîtrises*, p. 95-96, Amsterdam, 1758.

(3) V. Levasseur, *Hist. des cl. ouvr.*, t. II, p. 357.

vins en avait près de 900 à entretenir (1). L'on vit ainsi surgir les charges les plus extraordinaires : des contrôleurs de perruques, des compteurs de foin, des contrôleurs-visiteurs de suif, des contrôleurs-courtiers de volailles, des contrôleurs-essayeurs de beurres et de fromages, des jurés-hongrieurs, des inspecteurs des veaux, des inspecteurs-visiteurs-langueyeurs de porcs et pourceaux, etc. (2). « La plupart de ces officiers, dit Forbonnais, étaient autant de tyrans érigés pour mettre le commerce à contribution, gêner sa liberté, décourager les artisans, les marchands, et anéantir la consommation » (3). Ce n'est pas que l'industrie et le commerce fussent, en général, trop taxés : la plus forte partie des contributions publiques était supportée par la terre ; mais cette forme d'impôt était gênante, vexatoire, et par suite odieuse ; les officiers royaux étaient parfois injuriés ou chassés à coups de bâton (4). Le contrôle des cuirs causa des émeutes à Lyon, à Troyes, à Caen, au Mans, etc., en 1596 (5), à Rouen en 1634 ; dans cette dernière ville, le contrôle des draps et des teintures amena un nouveau soulèvement en 1639 (6). Sans doute, la réglementation n'était que le prétexte de cette fiscalité malencontreuse ; il n'en est pas moins vrai que celle-ci devait discréditer celle-là dans l'opinion publique. Le Mercantilisme en était arrivé à créer des conflits aigus entre les fabricants et l'administration.

Il avivait également la haine entre nations. Les prohibitions et tarifs protecteurs suscitaient des représailles. En France, ils avaient amené la rupture des relations commerciales avec l'Espagne de 1601 à 1604 ; avec la Hollande de 1671 à 1678 ; avec

(1) V. Levasseur, *op. cit.*, t. II, p. 374, note 1, et *Recherches hist. sur le syst. de Law*, p. 6, note 2.

(2) V. dans Levasseur, *Hist. des Cl. ouvr.*, t. II, p. 362, note 1, une liste qui, dit l'auteur, « n'est probablement pas tout à fait complète » des offices relatifs au commerce et à l'industrie créés de 1689 à 1715.

(3) Forbonnais, *Recherches et Consid.*, édit., Liège 1758, t. I, p. 309

(4) V. Levasseur, *Hist des cl. ouvr.*, t. II, p. 476, note 2 ; G. Martin *La Gr. Ind. en France sous le règne de Louis XIV*, p. 327.

(5) Fagniez, *Ec. soc. de la France sous Henri IV*, p. 87.

(6) V. Levasseur, *Hist. des cl. ouvr.*, t. II, p. 191.

l'Angleterre, en 1701 ; le tarif de 1667 avait même été l'une des causes de la guerre de Hollande en 1672 (1).

Enfin, on s'était rendu compte que l'insuffisance de l'agriculture nationale, due à un industrialisme trop exclusif, peut être un danger en cas de guerre. En France, certaines expéditions militaires, au cours desquelles nos armes avaient été victorieuses, durent être abandonnées et terminées par des traités peu avantageux, à cause de la disette à l'intérieur. « Le songe de la ruine de la Hollande, commencé sous le règne de Louis XIV, allait être vérifié, dit Goudar, dans nos guerres sous celui de Louis XV. Nos généraux n'avaient qu'un pas à faire pour arriver aux portes d'Amsterdam. Cette industrieuse nation, habile dans le commerce, mais qui touche toujours au moment de sa ruine dans la guerre, n'avait d'autre ressource que de s'embarquer pour les Nouveaux-Mondes, qui sont à sa disposition ; lorsque la disette des grains, ou pour mieux dire la famine, qui menaçait plusieurs de nos provinces, arrêta nos armes victorieuses, au plus fort de nos conquêtes » (2). « Qu'on lise l'histoire de nos traités de paix depuis soixante ans, dit-il encore : on trouvera que la crainte de la famine les a presque tous dictés » (3).

Tels furent les inconvénients qui apparurent lorsque le mercantilisme, comme un arbre qui se dessèche, eut produit à peu près tout ce qu'il pouvait produire de bon. Un nouveau courant d'idées devait se former dans le sens de la liberté ou, tout au moins, d'une liberté plus grande, et d'un retour à l'agriculture trop oubliée.

SECTION II. — Les nouveaux principes directeurs.

L'on ne peut pas dire que la réaction antimercantiliste ait fait surgir des idées entièrement nouvelles ; mais elle éleva au rang

(1) V. Clément, *Hist. du Syst. protecteur.*

(2) Goudar, *Les intérêts de la France mal entendus*, 1757, t. I, p. 14.

(3) *Op. cit.*, t. I, p. 22, note. — Ce danger était déjà redouté du mercantiliste Mun.

de *principes fondamentaux et directeurs* des idées autrefois primées et paralysées par d'autres entièrement différentes.

§ 1. — **La notion de richesse.**

Négation de la suprématie des métaux précieux. — La notion de richesse s'épura et s'unifia. L'on rejeta l'idée de la précellence des métaux précieux pour s'en tenir *exclusivement* à cette définition donnée par Boisguilbert : « La richesse n'est autre chose que le pouvoir de se procurer l'entretien commode de la vie tant pour le nécessaire que pour le superflu » (1). — « L'argent n'est point un bien de lui-même, dit-il encore, et la quantité ne fait rien pourvu qu'il y en ait assez pour soutenir les prix..... (2). Ce n'est ni l'étendue d'un pays que l'on possède, ni la quantité de l'or et de l'argent que la corruption du cœur a érigées en idoles qui font absolument un homme riche et opulent ; elles n'en forment qu'un misérable..... Il s'en faut de beaucoup qu'il suffise pour être riche de posséder un grand domaine et une très grande quantité de métaux précieux quand l'un n'est pas cultivé et l'autre ne se peut échanger contre les besoins immédiats de la vie comme la nourriture et les vêtements desquels personne ne saurait se passer. Ce sont donc eux *seuls* qu'il faut appeler richesses » (3). North s'exprime de la même manière (4) et rappelle, à ce propos, la fable du roi Midas. Le même principe est répété par Law (5) et par tous les adversaires du mercantilisme. Nous avons vu, d'autre part, comment un disciple de Law, en introduisant cette conception de la richesse dans la théorie mercan-

(1) Boisguilbert, *Le détail de la France*, G. 1843, p. 210.
(2) Boisguilbert, *op. cit.*, G. 1843, p. 209.
(3) Boisguilbert, *Dissertat. sur la nat. des richesses*, G. 1843, p. 394-395.
(4) North, *A Discourse concerning the new money lighter*, p. 35-49.
(5) V. notamment, *Lettres sur le nouveau syst. des finances*, Lettre III (G. 1843, p. 673) : « Il n'y a de richesses réelles parmi les hommes que les denrées et les marchandises..... L'or, l'argent..... ce ne sont là que des richesses représentatives ou des signes de transmission des richesses réelles. »

tiliste, créa le système auquel nous avons donné le nom de Mélonisme (1).

Mais on alla parfois plus loin. Non seulement on détrôna l'or et l'argent, mais on prétendit les reléguer à un rang très inférieur, A en croire certains auteurs, il serait vain de s'inquiéter de la quantité de monnaie possédée par un Etat ; un pays aurait toujours autant de monnaie qu'il lui en faut. D'après North, sous un régime de liberté, la circulation monétaire s'adapte toujours spontanément aux nécessités des échanges (2). Hume déclare de même que l'argent est toujours à son niveau, si l'on n'obstrue pas artificiellement les canaux de la circulation internationale ; qu'en cas de disette ou de surabondance de numéraire l'équilibre se rétablit automatiquement, par la baisse des prix qui favorise les exportations et décourage les importations, ou par la hausse qui produit les effets contraires (3). Nous avons déjà dit qu'à notre avis il y a là une exagération (4) : elle eut pour cause le besoin de réagir contre le système mercantiliste de l'accumulation des métaux précieux.

C'est de la même manière que s'expliquent les malédictions proférées contre l'or et l'argent par Boisguilbert qui est surtout

(1) V. *suprà*, p. 252 et suiv. « Il est peut-être nécessaire, dit Mélon, de détruire ici l'erreur de ceux qui croient que les pays abondants en mines d'or et d'argent sont les plus riches... La force d'un pays vient de sa plus grande quantité de denrées de première nécessité. L'or et l'argent qui n'en sont que le gage n'y suppléent qu'autant que ces denrées abondent » (*Essai polit.*, ch. I, G. 1843, p. 711-712).

(2) North, *Discourses on Trade*, préface. « Un peuple, dit-il, ne peut pas manquer de monnaie pour suffire aux besoins du trafic ordinaire, et il ne peut pas en avoir plus qu'il n'en a besoin. »

(3) Hume, *Essai sur la Balance du Commerce*. Cependant Hume, qui n'a pas le mérite d'être toujours logique avec lui-même, corrige parfois, en d'autres endroits, ce qu'il y a de trop absolu dans ces affirmations (V. son Essai *sur la Circulation monétaire* (notamment petite collect. Guillaumin, p. 23 et suiv.). L'auteur, faisant une distinction très subtile, soutient que ce qui importe c'est non la *quantité absolue*, mais le *mouvement* d'augmentation ou de diminution de la monnaie. Mais, si ce mouvement peut produire des perturbations funestes, peut-on dire que l'argent est toujours « à son niveau » ?

(4) V. *suprà*, p. 265.

un pamphlétaire : « Il y avait peu de fausses divinités dans l'antiquité, dit-il, auxquelles on sacrifiât généralement toutes choses ; on immolait aux unes des bêtes, aux autres des fruits et des liqueurs et, dans le plus grand aveuglement, la vie de quelques malheureux. Mais l'argent en use bien plus tyranniquement : on brûle continuellement à son autel, non toutes ces denrées dont il est en quelque manière rebuté, mais il lui faut des immeubles ; si l'on veut capter sa bienveillance, encore faut-il que ce soient les plus spacieux, les plus grandes terres ; les dignités autrefois du plus grand prix et même les contrées entières ne lui sont pas trop bonnes ; ou plutôt ne font qu'aiguiser son appétit ; et pour les victimes d'hommes, jamais les fléaux, dans leur plus forte union et leur plus grande colère ne détruisirent un si grand nombre d'hommes que cette idole d'argent s'en fait immoler » (1). On sait que, pour secouer la tyrannie de ce Moloch sanguinaire, pour le réduire au rôle de « très humble valet du commerce » qui est le sien, l'auteur proposa de lui donner comme concurrente la monnaie de papier (2), idée que Law tenta de réaliser. L'écho de ces imprécations retentit encore, mais adouci, dans l'*Ami des hommes* du fougueux marquis de Mirabeau (3).

§ 2. — Les sources de la richesse.

Prépondérance attribuée à l'agriculture. — Le mercantiliste Petty avait écrit que « le travail est le père et le principe actif

(1) Boisguilbert, *Dissertat. sur la nat. des richesses*, ch. v (G. 1843, p. 414).
(2) V. *suprà*, liv. III, ch. III, p. 180.
(3) V. Mirabeau, *L'ami des hommes*, édit. Avignon 1756, t. II, p. 32 et suiv. Il est visible que l'auteur en veut à la fortune mobilière d'avoir désagrégé le régime féodal. L'on sait que *L'Ami des Hommes* fut écrit par Mirabeau antérieument à sa conversion à la Physiocratie et, d'ailleurs, antérieurement à la constitution de cette doctrine. — Sur Mirabeau préphysiocrate, v. l'excellente monographie de M. Brocard, *Les doct. économiques et sociales du marquis de Mirabeau dans l'Ami des hommes*, Paris, Giard, 1902. — Cf. Ripert, *Le Marquis de Mirabeau*, etc. (Thèse Fac. Droit de Paris, 1re partie, p. 57 et suiv., 1900-1901).

de la richesse comme la terre en est la mère » (1). « La terre, dit un autre mercantiliste, Cantillon, est la source ou la matière d'où l'on tire la richesse ; le travail de l'homme est la forme qui le produit » (2). Hume tient à peu près le même langage (3). Ces formules (dans lesquelles le capital se trouve encore oublié) allaient réhabiliter l'agriculture considérée comme facteur de la richesse nationale.

Mais il y a plus, et voici que l'on commence à faire de celle-ci le facteur primordial qui gouverne les autres : « Tous les biens de la France, dit Boisguilbert, étant divisés en deux espèces, en biens-fonds et en biens de revenu d'industrie, *cette dernière* qui renferme trois fois plus de monde, *hausse ou baisse à proportion de la première*. En sorte que la croissance des fruits de la terre fait travailler les avocats, les médecins, les spectacles et les moindres artisans, de quelque art qu'ils puissent être, de manière qu'on voit très peu de ces sortes de gens dans les pays stériles, au lieu qu'ils abondent dans les autres » (4). Herbert déclare que « l'agriculture est la base la plus solide des nécessités, des commodités, de la richesse et de la puissance. La négliger, c'est laisser affaiblir un Etat » (5).

« La véritable puissance d'un Etat, dit Goudar, est celle qui a pour base l'agriculture : 1° parce qu'elle est au-dessus de tous les accidents étrangers ; 2° parce que c'est une *puissance créatrice*, qui fortifie les nerfs des Etats, en augmentant continuellement ses richesses ; 3° parce que tout y est réel ; 4° parce que ses productions sont indépendantes des préjugés, des goûts, des caprices et des bizarreries des nations..... Sans l'agriculture

(1) Petty, *Treatise of Taxes*, ch. x, § 10 (édit. Hull, I, p. 68).

(2) Cantillon, *Essai sur la nat. du comm.*, ch. I (c'est par cette phrase que débute l'ouvrage). — Cf. Mirabeau, *L'Ami des hommes* (édit. 1756, t. I, p. 197) : « La terre est la matière et le travail est la forme ».

(3) Hume, *Essai sur l'intérêt*. « La terre produit tout ce qui est nécessaire à l'homme, mais l'art et l'industrie doivent se joindre à la nature pour qu'il puisse faire usage de toutes ses productions » (G. 1847, p. 52-53).

(4) Boisguilbert, *Le détail de la France*, ch. II (G. 1843, p. 173).

(5) Herbert, *Essai sur l'agriculture*, à la suite de son *Essai sur la police générale des grains*, 1757, p. 304.

toute-puissance est précaire..... Elle seule peut donner l'empire de la terre et de la mer à la nation qui l'établit pour le premier principe de son administration générale..... On a beau vanter le système des arts : lorsqu'il ne sera pas fondé sur une agriculture florissante, il sera toujours lui-même la première cause de la ruine des Etats. *Le manufacturier ne fait que subdiviser les matières ; le laboureur en crée toujours de nouvelles* » (1). — L'*Ami des hommes* enfin démontre longuement et répète à satiété que « l'agriculture est le premier des arts » (2), celui dont tous les autres dépendent. Il compare l'Etat à un arbre ; les racines sont l'agriculture, le tronc est la population, les branches sont l'industrie ; les feuilles sont le commerce proprement dit. C'est une grossière erreur que d'« arroser l'arbre par les feuilles » et non par les racines (3) ; l'industrie agricole doit être développée préalablement à l'industrie manufacturière et au commerce ; la prospérité de la première produit nécessairement et peut seule produire la prospérité des deux autres (4). L'auteur ajoute même que « *l'agriculture est, par excellence, l'art qui peut se passer de tous les autres, tandis que les autres ne sauraient se passer de lui* (5).... *La production de la matière première est d'une nécessité indispensable ; l'art d'ouvrer n'est que d'une nécessité d'habitude et seconde* (6).

(1) *Les intérêts de la France mal entendus*, 1757, t. I, p. 7-8 ; p. 9 ; p. 10 ; p. 30-31.

(2) Mirabeau, *L'Ami des hommes*, t. I, ch. III (édit. 1756. Avignon, t. I, p. 75 et suiv.).

(3) *Op. cit.*, t. II, p. 17 et suiv.

(4) *Op. cit.*, t. II, p. 20 et suiv.

(5) Mirabeau, *L'Ami des hommes*, I, ch. III (édit. 1756, t. I, p. 83). L'auteur se contredit d'ailleurs en un autre endroit (I, ch. VIII, édit. 1756, t. I, p. 394) : « Les arts méchaniques..... sont tellement liés à tout le reste que sans eux il serait impossible que la société subsistât. »

(6) Mirabeau, *op. cit.*, I, ch. VI (édit. 1756, t. I, p. 229-230). — Cf. Clicquot-Blervache, *Considérat. sur le commerce*, 1758, p. 5. « La classe des colons est la roue motrice qui doit faire mouvoir toute la machine du commerce. » Rappelons ici que cette réhabilitation de l'agriculture fait également partie de la doctrine de Mélon (V. *suprà*, liv. III, ch. V, p. 254).

§ 3. — Prépondérance économique et sociale attribuée aux propriétaires fonciers.

Dans la théorie mercantiliste, l'on considérait, en général, le grand industriel ou le grand négociant comme constituant ce que Le Play dénomma, plus tard les « autorités sociales ». Un mercantiliste, Cantillon, rompit avec la tradition et attribua ce rôle aux propriétaires fonciers. D'après cet auteur, le propriétaire foncier est « l'acteur principal » dont le caractère détermine la marche de la production, de la circulation et de la consommation des richesses. Le revenu national, issu de la terre, se divise en trois parts : l'une forme la rente du propriétaire, l'autre est dépensée à la ville par le fermier, la troisième est consommée sur place à la campagne. Seule la rente du propriétaire foncier constitue un véritable revenu ; les deux autres fractions sont des salaires payés par le propriétaire. « On peut établir, dit-il, que, excepté le prince et les propriétaires de terre, tous les habitans d'un Etat sont dépendans ; qu'ils peuvent se subdiviser en deux classes, savoir en entrepreneurs et en gens à gages ; et que les entrepreneurs sont comme à gages incertains, et tous les autres à gages certains » (1). Les goûts et les habitudes du propriétaire déterminent en quel sens les producteurs dirigent leurs efforts, car le propriétaire est le demandeur principal ; il est, en outre, l'arbitre de la mode, le régulateur de la consommation nationale, car les autres classes discutent sa manière de vivre. Pour les mêmes raisons ses goûts et ses habitudes déterminent les fluctuations des prix sur le marché. Pour les mêmes raisons enfin, de ses goûts et de ses habitudes dépend le mouvement de la population ; la population, en effet, dépend des subsistances ; elle augmente donc quand le propriétaire emploie les produits de la terre à la subsistance des habitants ; elle diminue quand le propriétaire emploie les produits de la terre à l'acquisition d'objets de luxe ; elle diminue surtout « lorsque les seigneurs et propriétaires tirent des manufactures étrangères

(1) Cantillon, *Essai sur la nat. du comm.*, I, ch. XIII (édit. 1755, p. 71).

leurs draps, leurs soieries, leurs dentelles, etc., et s'ils les paient en envoyant chez l'étranger le produit des denrées de l'Etat (1), ils diminuent par là extraordinairement la subsistanee des habitants ». Cette nouvelle conception de l'organisation économique se retrouve chez l'antimercantiliste Mirabeau qui, sur ce point, suit Cantillon. « Tous les ordres et hommes d'un Etat, dit-il, subsistent aux dépens des propriétaires des terres ; c'est un principe reçu » (2). Il cite, en outre, et s'approprie la phrase suivante du livre de Cantillon, qu'il qualifie « un ouvrage hors de pair : « Le nombre des habitants dans un Etat dépend des moyens de subsister, et comme les moyens de subsistance dépendent de l'application et usage qu'on fait des terres, et que ces usages dépendent principalement des volontés, goûts et façons de vivre des propriétaires des terres, il est clair que la multipli cation ou décroissement des peuples dépendent d'eux » (3).

§ 4. — Existence de lois naturelles inéluctables.

L'idée que les phénomènes économiques sont régis par des lois naturelles, que l'on ne peut violer sans dommages, se trouve déjà, nous l'avons vu, chez le mercantiliste Petty. Elle fut reprise par les antimercantilistes. Boisguilbert l'affirme avec une vigoureuse éloquence : « La nature, dit-il, loin d'obéir à l'autorité des hommes, s'y montre toujours rebelle et ne manque jamais de punir l'outrage qu'on lui fait » (4). En Angleterre, Tucker déclare également qu'il est aussi vain de vouloir régler les mouvements du commerce qu'il le serait de vouloir prescrire des

(1) Cantillon, *Essai sur la nat. du comm.*, I, ch. XV (édit. 1755, p. 98). — V. sur tous ces points les ch. XII-XV de la 1re part. (édit. 1755, p. 55 et suiv.).

(2) Mirabeau, *L'Ami des hommes*, I, ch. VI, p. 206.

(3) *Op. cit.*, I, ch. VII (p. 237). Extrait de Cantillon, *Essai sur la nat. du comm.*, I, ch. XV (édit. 1755, p. 107-108). — Cf. Plumart de Dangeul : « A l'égard des propriétaires des terres et des laboureurs, on observerait que ce premier emploi des hommes étant le fondement de tous les autres, cette classe mérite les plus grandes attentions à y étendre les progrès du travail et de la population » (*Remarques sur les avantages et les désavantages de la France et de la Grande-Bretagne*, 1754, p. 290).

(4) Boisguilbert, *Traité des grains*, ch. VIII (G. 1843, p. 387).

lois physiques à la nature (1) ; dans la seconde moitié du XVIIIe siècle, la grande autorité de Montesquieu la fit définitivement pénétrer dans la science (2). Nous allons passer en revue les plus importantes de ces lois naturelles.

5. — La solidarité économique entre États fondée sur la diversité des sols, des climats, etc., et, par suite, sur la division internationale du travail.

« Le monde entier sous le rapport du commerce est, dit l'Anglais North, comme une nation ou un peuple où les nations sont comme des personnes..... La perte du commerce avec une nation n'est pas seulement cette perte même considérée isolément ; c'est une partie correspondante du commerce universel qui périt avec elle, car tout est combiné dans ce grand ensemble » (3). « La nature, dit Boisguilbert, aime également tous les hommes et les veut pareillement sans distinction faire subsister. Or, comme dans cette manne de grains elle n'est pas toujours aussi libérale dans une contrée qu'elle l'est dans une autre, et qu'elle les donne à profusion dans un pays et même dans un royaume pendant qu'elle en prive un autre presque tout à fait, elle entend que par un secours mutuel il s'en fasse une compensation pour l'utilité réciproque ; et que par un mélange de ces deux extrémités de cherté extraordinaire ou d'avilissement des grains, il en résulte un tout qui forme l'opulence publique, qui n'est autre chose que le maintien de *cet équilibre si essentiel*..... C'est sur quoi elle ne connaît ni différents Etats, ni divers souverains, ne s'embarrassant pas non plus s'ils sont amis ou ennemis, ni s'ils se font la guerre pourvu qu'ils ne la lui déclarent pas » (4). — Dupin, dans ses *Œconomiques*, déclare que c'est une erreur de croire qu'une nation peut se suffire à elle-même ; qu'elle est d'autant plus intéressée à être entourée de voisins riches que son sol est plus

(1) *Elements of Commerce*, p. 79.
(2) V. Montesquieu, *Esprit des Lois*, liv. I, ch. Ier.
(3) North, *Discourses on Trade*, préface.
(4) Boisguilbert, *Dissertat. sur la nat. des richesses*, ch. v (G. 1843, p. 410).

fertile et son industrie plus développée (1). « La nature, dit de même Hume, en donnant aux diverses nations un génie, un climat et un sol qui ne sont pas les mêmes, a garanti la perpétuité de leurs échanges et de leur commerce réciproque aussi longtemps qu'elles demeureront industrieuses et civilisées » (2). Et cet écrivain montre qu'il est avantageux pour une nation d'être entourée d'Etats riches et prospères ; ses produits, en effet, trouveront chez ses voisins de larges débouchés ; et si l'une de ses industries vient à être ruinée par la concurrence étrangère, elle portera son activité sur un autre objet. « On ne doit pas craindre de voir s'épuiser la série des objets sur lesquels peut s'exercer l'industrie humaine.» Et Hume conclut ainsi : « J'ose donc avouer que, non seulement comme homme, mais encore comme sujet britannique, je fais des vœux pour que le commerce de l'Allemagne, de l'Espagne, de l'Italie et de la France *elle-même* soit florissant » (3). Les mêmes idées sont exprimées par Tucker (4) et par Mirabeau : « Nous avons intérêt, dit ce dernier, à ce que nos voisins éclairés sur tous les ressorts de la saine politique portent chez eux l'agriculture, l'industrie et les bonnes loix au plus haut point où elles peuvent aller..... La Providence veille à l'équilibre des nations » (5).

§ 6. — La solidarité économique entre les diverses classes d'une même nation, fondée sur la division sociale du travail.

Reprenant une vieille comparaison, Boisguilbert montre qu'il y a harmonie d'intérêts entre les diverses branches de l'activité économique. « Cette harmonie, d'une nécessité si indispensable

(1) Dupin, *Œconomiques*, 1745, p. 115.

(2) Hume, *Essai sur la jalousie commerciale* (trad. fr. ; petite coll. Guillaumin, p. 96).

(3) Hume, *Essai sur la jalousie commerciale* (trad. fr. ; petite coll. Guill. p. 100).

(4) Tucker, *Reflexions on the expediency of opening the Tradeto Turkey*, 1754.

(5) Mirabeau, *L'Ami des hommes*, l. III, ch. I (édit. 1756. Avignon, t. III, pp. 10 et 31).

entre deux hommes [qui procèdent à un échange] est de la même obligation entre plus de deux cents professions qui composent aujourd'hui le maintien de la France. Le bien et le mal qui arrivent à toutes en particulier est solidaire à toutes les autres, comme la moindre indisposition survenue à l'un des membres du corps humain attaque bientôt tous les autres, et fait par suite périr le sujet, si on n'y met ordre incontinent » (1). Notamment, c'est folie, même de la part de ceux qui ne cultivent pas la terre, que de souhaiter l'avilissement du prix du blé pour avoir le pain à un extrême bon marché. Si le prix du blé n'est pas suffisamment rémunérateur, les moins bonnes terres ne seront pas mises en culture, et l'on devra s'attendre à la famine ; de plus, si l'agriculture, qui est l'industrie fondamentale, est réduite à un état misérable, toutes les autres industries langui-ront également ; car cultivateurs et propriétaires fonciers devront restreindre leur consommation. « Un comédien se réjouit, ainsi que tous les autres, c'est-à-dire tous les métiers, d'avoir, par une grâce spéciale du ciel, à ce qu'il croit, le pain à très grand marché, et que pour un sou il en recouvre autant qu'il en peut consommer en toute sa journée ; s'il lui en fallait pour deux sous, il ne serait pas dans cette joie. Mais il ne voit pas, le malheureux qu'il est, ainsi que l'on a dit, qu'il se creuse son tombeau et que le facteur ou le propriétaire de fonds n'étant plus payé de ses frais et de ses appointements par son fermier, avec qui il ne forme qu'un intérêt, est obligé de se retrancher,et que commençant par le superflu le comédien se trouve à la tête et cessera par là de gagner un écu par jour parce qu'il a voulu et s'est réjoui de gagner un sou sur son pain » (2). Tucker démontre, en sens inverse, que le propriétaire foncier est intéressé à la prospérité du commerce et des manufactures (3). « Qu'on se

(1) Boisguilbert, *Factum de la France,* ch. v (G.1843, p. 285).

(2) Boisguilbert, *Dissert. sur la nat. des Rich.*, ch. IV (G. 1843, p. 406).

(3) Tucker, *Reflexions on the naturalisation of Foreign Protestants*, 1755, trad. fr., par Turgot sous le titre de *questions importantes sur le commerce*, 1755, sect. XI, p. 103-104. — Cf. Hume, *Essai sur le com-*

souvienne, dit Mirabeau, qu'ainsi qu'une famille ne peut prospérer seule sans le concours des autres familles dont elle est environnée, de même une bourgade, une ville... perdront toujours à vouloir réaliser la chimère de la prospérité exclusive » (1).

§ 7. — Harmonie entre l'intérêt individuel et l'intérêt général.

Le principe de la concordance entre l'intérêt individuel et l'intérêt social, sur lequel Adam Smith fondera plus tard toute sa philosophie économique, semble n'être pas encore accepté par Hume (2). Mais il apparaît dans Boisguilbert. Celui-ci nous fait voir, assez obscurément pourtant, comment l'individu travaille au bonheur commun, tout en ne voulant faire que sa propre affaire ; comment le prix du marché, né du conflit d'intérêts égoïstes, est le régulateur qui produit l'équilibre entre l'offre et la demande et par suite l'opulence publique. C'est là, dit-il, « l'unique principe de la richesse, *quoique très inconnu aux personnes qui n'ont que de la spéculation* » (3). Ce principe est admis, bien qu'avec certaines exceptions, par Tucker (4). On trouve enfin des traces de la même idée dans Mirabeau. Partout où vous verrez les campagnes riantes et prospères, « comptez, dit-il..., que chaque individu s'intéresse, sans même le savoir, au bien public » (5). Et encore : « Je défie qu'on me montre une seule loi qui, en faisant le bonheur de la société, sacrifie à l'intérêt général l'avantage personnel de quelque particulier » (6).

merce (G. 1847, p. 20) : « Lorsque les cultivateurs de quelque pays que ce soit, sont pauvres, tout le reste de la nation doit s'en ressentir et être également dans la pauvreté, soit dans les monarchies, soit dans les républiques. »

(1) Mirabeau, *L'Ami des hommes*, III, ch. I (éd. 1756, t. III, p. 27).
(2) V. Hume, *Essai sur le commerce* (G. 1847, p. 10-11).
(3) Boisguilbert, *Dissert. sur la nat. des richesses* (G. 1843, p. 410).
(4) Tucker, *Elements of commerce*, p. 73-74-91-92.
(5) Mirabeau, *L'Ami des hommes*, I, ch. VII (édit. 1756, p. 286).
(6) Mirabeau, *op. cit.*, III, ch. V (édit. 1756, p. 214).

§ 8. — La liberté économique.

Puisque de la solidarité d'intérêts résulte l'harmonie dans les rapports entre nations, entre diverses classes d'une même nation, enfin entre l'individu et l'Etat, il s'ensuit que le législateur doit s'abstenir de troubler cet équilibre naturel et providentiel en favorisant les intérêts des uns au détriment des intérêts des autres. « La nature, dit Boisguilbert, ne respire que la liberté... (1) Il n'est pas question d'agir, il est nécessaire seulement de cesser d'agir avec une très grande violence que l'on fait à la nature qui tend toujours à la liberté et à la perfection » (2). En Angleterre, Tucker regarde la liberté économique comme « un droit naturel » (3).

Enfin, voici que certains écrivains font l'apologie de la libre concurrence que l'on considérait autrefois comme funeste,et que pendant tant de siècles l'on s'était efforcé de restreindre par toutes sortes de moyens. « L'émulation, dit Hume, est...ce qu'il y a de plus propre à entretenir la vie industrielle au sein de toutes les nations rivales » (4). Tucker est plus précis encore : « Qu'est-ce que le bien public ? dit-il ; n'est-il pas, pour la plus grande partie l'effet *naturel* de l'émulation entre les membres de la même société ? et que deviendraient l'industrie, la tempérance, la frugalité et le désir d'exceller dans son art, si l'émulation n'existait pas ? Lequel vaut mieux pour le public, ou des associations entre nos manufacturiers et nos marchands, ou d'une grande concurrence entre eux ? Laquelle de ces deux choses tend le plus fortement à hausser le prix de nos exportations et à diminuer nos richesses ?..... (5) L'émulation n'est-elle pas un des ressorts les plus puissants sur les hommes ? » (6).

(1) Boisguilbert, *Traité des grains*, ch. IX (G. 1843, p. 388).
(2) Boisguilbert, *Dissertat. sur la nat. des rich.*, ch. VI (G. 1843, p. 419).
(3) Tucker, *Elements of commerce*, p. 124-155.
(4) Hume, *Essai sur la jalousie commerciale* (G. 1847, p. 101).
(5) Tucker, *Questions importantes sur le commerce*, section XVI, § 3 et 4 (trad. fr., 1755, p. 119-120).
(6) Tucker, *op. cit.*, section XXI, § 2 (trad. fr., 1755, p. 135). — L'au-

SECTION III. — Conséquences pratiques de ces principes.

De ces principes l'on devait nécessairement conclure à l'adoption d'une politique économique entièrement différente de celle qui avait été suivie jusque-là.

De vigoureuses attaques sont dirigées contre les corporations, les compagnies privilégiées, les monopoles individuels, et contre les règlements dont on demande la suppression. Les protagonistes de cette campagne furent : en Angleterre, Tucker, (1) Decker (2), North (3) ; en France, Plumart de Dangeul, (4) Mirabeau (5), et surtout le négociant rémois Cliquot-Blervache (6).

teur est cependant encore partisan de la réglementation des manufactures.

(1) Tucker, *op. cit.*, sections XIV et XV (trad. fr., 1755, p. 113 et suiv.).

(2) Decker, *An essay on the decline of the foreign Trade*, 1744 (trad. fr. 1757, I, p. 163 et suiv.)

(3) North, *Discourses on Trade*, 1691.

(4) Plumart de Dangeul, *Remarques sur les avantages et désavant. de la France et de la Grande-Bretagne*, 1754, p. 206 et suiv.

(5) Mirabeau, *L'Ami des hommes*, III, ch. v (édit. 1756, t. III, p. 236). L'auteur n'insiste pas, d'ailleurs, sur cette question, dont la discussion, dit-il, exigerait des volumes.

(6) Cliquot-Blervache, *Considér. sur le commerce et en particulier sur les Compagnies, Sociétés et Maîtrises*, Amsterdam, 1758. L'Académie d'Amiens avait mis au concours la question des corps de métiers. Le Mémoire de Clicquot-Blervache, que l'auteur publia sous le titre ci-dessus indiqué, y remporta le prix. La Ire Partie contient la critique du système des corporations (limitation du nombre des apprentis, durée de l'apprentissage, faveurs accordées aux fils de maîtres, frais de réception, règlements). L'auteur s'y inspire de Child. La IIe Partie contient un plan où sont exposés les moyens d'arriver à rembourser leurs dettes et à les transformer en associations analogues à nos syndicats modernes. Elles seraient dépourvues de privilèges exclusifs, ouvertes à tous les gens de métier nationaux ou étrangers ; elles ne seraient soumises à aucun règlement concernant la fabrication, etc. Les corporations furent également atttaquées par les Anglais Child (V. *suprà*, p. 238), Coke, etc., et par le Hollandais Pierre Delacourt. Elles le furent enfin, mais dans un tout autre esprit, par les caméralistes autrichiens Becher, Hörnigck, Schrœder, et par Seckendorff. Ces derniers n'avaient d'autre but que de faire passer les corps de métiers sous l'autorité de l'Etat. Tel est également le vœu formulé par le Français Goudar qui signale

Ce dernier est l'auteur d'une monographie qui constitue le réquisitoire le plus complet qui eût encore été dressé contre ces institutions.

De plus, une véritable croisade fut entreprise en France en faveur de la liberté du commerce intérieur et extérieur des grains. Parmi les combattants il faut citer Boisguilbert (1), Dupin (2), Herbert (3), Goudar (4), Plumart de Dangeul (5) et Mirabeau (6).

Sur la question du libre-échange international, il y eut plus d'hésitation. Boisguilbert lui-même, l'ardent apôtre de la liberté, demeure protectionniste, d'un protectionnisme très modéré il est vrai. Parlant des taxes mises à l'importation, il écrit qu' « il les faut conserver en l'état qu'elles sont,.... pour les sommes seulement dont il ne revient rien au roi, *mais qui rebutent les étrangers* » (7). De même, l'Anglais Barbon critique la théorie de Mun sur la Balance de commerce, et s'élève contre les prohibitions ; mais il admet des droits protecteurs en certains cas (8). Hume, qui a si hautement proclamé le principe de l'interdépendance économique des nations, est cependant partisan de droits d'entrée sur les toiles allemandes pour protéger les manufac-

« le défaut qui se trouve dans notre administration, de ne pas faire entrer les Maîtrises des Arts dans le sistème des Règlemens politiques » (*Les intérêts de la France mal entendus*, t. III, p. 282 et suiv.).

(1) Boisguilbert, *Traité de la nature, culture, commerce et intérêts des grains* et *Dissertation sur la nature des richesses*.

(2) Dupin, *Mémoires sur les blés*, 1748. — Cet auteur demande que le trafic intérieur des grains soit permis à tous, sauf certaines formalités à accomplir, que l'exportation en soit libre quand le prix du blé est inférieur à 12 livres ; quant à l'importation, il propose une *échelle mobile* de droits de douane.

(3) Herbert, *Essai sur la police générale des grains*, 1757.—V. *suprà*, p. 255, note 3.

(4) *Les intérêts de la France mal entendus*, t. II, p. 354 et suiv. 1756,

(5) *Remarques sur les avantages et les désavantages de la France et de la Grande-Bretagne*, p. 100 et suiv. 1754, — L'auteur se montre même très favorable au système anglais des primes à l'exportation du blé.

(6) Mirabeau, *L'Ami des hommes*, III, ch. II (édit. 1756, t. III, p. 49 et suiv.). — La liberté du commerce des grains est également admise en principe par Mélon (V. *suprà*, p. 254).

(7) Boisguilbert, *Factum de la France*, ch. X (G. 843, p. 329).

(8) Barbon, *Discourse on Trade*, ch. IV (p. 71 et suiv.).

tures anglaises, et sur les eaux-de-vie de vin pour protéger le rhum des colonies britanniques (1).

Pourtant, il y eut des libre-échangistes dès le XVIIe siècle : en France, Emeric de Lacroix (2) ; en Espagne, Struzzi (3) et Dormer (4) ; en Angleterre, North (5). Au XVIIIe siècle, il faut citer en Angleterre Decker (6) et, en France, Mirabeau : « Loin de vouloir fermer l'entrée de votre pays à vos voisins, cherchez à la leur ouvrir de toutes parts ; ouvrez les gorges et défilés, assurez les chemins, abbatez les rochers ; ne souffrez pas qu'on mette en usage dans vos villes frontières ces précautions minutieuses, utiles contre de méprisables espions, offensantes ou du moins fatigantes pour un honnête citoyen, indignes enfin d'une nation également puissante, généreuse et civilisée ; que votre pays, en un mot, soit ouvert aux étrangers comme votre capitale l'est aux habitants de vos provinces...... Bientôt,........ vous verrez fructifier vos provinces ; et la barbarie, la seule chose que la prospérité ait à redouter, s'éloignant de proche en proche, vous la verrez se confiner chez les Samoyennes. Vous aurez l'avantage de voir disparaître chez vos voisins et chez vous, cette politique barbare et imaginaire qui n'a d'objet que d'envahir, de détruire, de partager le bien d'autrui,de disposer des peuples comme d'un troupeau de bœufs (7). »

(1) Hume, *Essai sur la Balance du commerce* (G. 1847, p. 97).

(2) Emeric Cruce (de Lacroix), *Le Nouveau Cynée*, 1623. Seulement Emeric de Lacroix commence par établir la paix universelle, au moyen d'une cour d'arbitrage international.

(3) Struzzi, *Dialogo sobre el commercio*, etc., 1624.

(4) Dormer, *Discursos historicos politicos*, etc., 1684.— On trouve également au XVIIe siècle un Italien libre-échangiste : Lunetti. Mais il est en même temps bullioniste et partisan de la politique annonaire. — Sur Emeric de Lacroix, Struzzi et Dormer, v. Cossa, *Saggi di Economia politica*, 1878.

(5) *Discourses on Trade*, 1691.

(6) Decker, *Essai sur les causes du déclin du commerce étranger de la Grande-Bretagne*, trad. fr., 1757, I, p. 54 et suiv. (critique des droits de douane), et p. 330 et suiv. (critique des primes à l'exportation des grains).

(7) Mirabeau, L'*Ami des hommes*, III, ch. III (édit. 1756, t. III, p. 114 et 116).— Cf. t. III, p. 6 : « Tous les hommes gagneraient,tant étrangers

Avec ces principes généraux, il était possible de constituer une science économique. Mais, jusqu'aux physiocrates, ce ne furent encore que des systèmes fragmentaires qui prirent naissance : des systèmes fiscaux, et le système déjà plus compréhensif de Law.

que citoyens, à se traiter en frères »; t. III, p.255 : « Le projet de fraternité entre les peuples commerçants, loin d'être idéal et imaginaire, est le seul qui puisse remettre la cupidité à sa place. » Mirabeau considère l'Acte de navigation anglais comme une « folie »,une « injure faite au genre humain » (t. III,p. 259, et 260), etc. C'est à tort, à notre avis, que M. Brocard (*Les Doctr. écon. et soc. du marq. de Mirab.*, p. 186 et suiv.) conteste le libéralisme pratique de cet auteur, en se fondant sur les passages suivants. Dans la IIIe Partie, ch. v, Mirabeau met en scène un prince réformateur. « Certain, dit-il, d'avoir poussé chez lui l'industrie au point que celle de l'étranger ne lui damera jamais le pion, dès qu'elle aura le désavantage des frais de transport, il lèvera toutes les défenses et prohibitions, etc. » On ne peut, croyons-nous, trouver dans ces mots la preuve que, dans la pensée de Mirabeau, le protectionnisme soit un moyen de développer l'industrie nécessairement préalable au libre-échange. L'auteur, dans cette partie de son livre, indique seulement par quelles voies l'on pourrait sortir de la politique pratiquée à son époque ; ce n'est pas qu'il approuve cette politique même dans le passé ; il ne cesse de répéter qu'à son avis l'on a fait fausse route. Le moyen de pousser l'industrie au plus haut point possible, nous le connaissons ; ce n'est pas le protectionnisme ; il consiste à « arroser l'arbre par les racines », c'est-à-dire à développer l'agriculture, notamment en supprimant la police des grains, c'est par là que le réformateur doit commencer. Mirabeau dit encore (II, ch. I) que l'Espagne, au lieu de vivre paresseusement du produit de ses mines en achetant aux autres nations ce dont elle avait besoin, eût mieux fait de « fermer tous ses ports » pour se contraindre à vivre de son fonds. Il s'agit ici non de protection mais de rigueur ; il s'agit de forcer les citoyens au travail, surtout au travail agricole, par la faim. Cette mesure extrême ressemble à celle du général qui, dans une expédition outre-mer, brûle ses vaisseaux pour placer ses soldats dans l'alternative de vaincre ou de mourir. Enfin Mirabeau admet (III, ch. v) qu'une guerre commerciale au moyen de prohibitions ou de tarifs prohibitifs peut être un moyen légitime de contraindre une autre nation au libre-échange. Adam Smith l'admit de même. Il est évident que ce n'est pas une pensée protectionniste qui inspire ici notre auteur. Tout au plus, en résulte-t-il que, suivant lui, le libre-échange unilatéral n'est pas toujours la meilleure politique à suivre à l'égard de certaines nations. C'est la seule restriction — si toutefois c'en est une — que nous puissions faire à son libéralisme.

CHAPITRE VIII

LES SYSTÈMES FISCAUX.

§ 1. — La réforme fiscale et la réaction antimercantiliste.

Il semble, au premier abord, que la question de la réforme fiscale soit indépendante de la réaction antimercantiliste, et de fait, parmi les critiques des régimes fiscaux en vigueur, nous trouvons des mercantilistes comme Petty (1), Vauban (2), Ustariz, Ulloa, et des antimercantilistes comme Boisguilbert (3) et Decker. Cependant, deux points d'attache évidents reliaient le système d'impôts existant à la politique mercantiliste : c'étaient les droits de douane et les offices intéressant l'industrie et le commerce. Il en était, en outre, d'autres plus cachés. La plus forte partie des charges publiques retombait sur la terre. Regardait-on cette répartition comme injuste ? Il fallait, en ce cas, dégrever le sol, et frapper les revenus industriels et commer-

(1) Petty, *Treatise of Taxes and contributions* ; — *Verbum sapienti* ; — *Political arithmetick*, *passim*. Il se plaint de l'improportionnalité des impôts en général et de ce qu'ils grèvent surtout la terre, critique la capitation, l'abus des offices, le système des fermes, etc.

(2) Vauban, dans sa *Dîme Royale* (1re partie, p. 49), G. 1843, affirme très nettement que la richesse ne consiste pas dans la possession des métaux précieux. Mais, dans un Mémoire publié après sa mort, l'on trouve cette déclaration mercantiliste : « Le commerce étranger ne doit guère être permis que pour les marchandises nécessaires à la vie... Il doit être défendu quand, pour les marchandises qui ne regardent que le luxe et les modes, il sort plus d'argent du royaume qu'il n'y en apporte ; mais celui qui peut nous apporter de nouvel argent ne saurait être recherché avec trop de soin » (*Oysivetés*, édit. Corréard, 1843, p. 83.

(3) La critique du régime fiscal avait été inaugurée dès la fin du xvie siècle par Froumenteau, *Le Secret des finances de France*, 1581. (V. notamment *Preuves*, p. 381 et suiv.).

ciaux d'impôts tout à la fois plus élevés et moins vexatoires que ceux pratiqués jusqu'alors. Estimait-on, comme Locke, Asgill, Vanderlint (1), que tout impôt, quel que soit son objet, se répercute en fin de compte sur la terre ? Alors, on devait être amené logiquement à proposer un impôt foncier unique et direct. De toutes manières, il fallait procéder à une refonte complète de l'appareil financier. Or, la législation fiscale, vieille de plusieurs siècles, avait jeté de trop profondes racines pour qu'elle pût être arrachée sans amener le dépérissement de l'organisme économique sur lequel elle avait poussé. On s'en convaincra mieux, du reste, par la suite.

Dans ce mouvement d'idées, les théories de Boisguilbert (2) et de Vauban (3) sont surtout à signaler. Il convient cependant d'indiquer rapidement quelle avait été, avant eux, l'évolution des doctrines financières.

§ 2. — Les doctrines financières, antérieurement à Boisguilbert et à Vauban.

A l'origine, les revenus du domaine royal et les profits des industries ou trafics exercés par le roi étaient considérés comme les ressources ordinaires et normales du Souverain (4). Volon-

(1) Locke, *Consequences of the lowering of Interest*... (édit. MacCulloch, à la suite de ses *Principles of Polit. Econ.*, 1872, p. 256 et suiv.). L'auteur en donne cette raison que le laboureur et l'artisan, réduits au strict nécessaire, sont trop pauvres pour pouvoir supporter l'impôt sans disparaître, et que la position du marchand est trop forte pour qu'il ne rejette pas sur ses acheteurs les taxes dont on voudrait le frapper. S'il faut en croire Hume, cette opinion était communément admise, au moins en Angleterre (V. Hume, *Essai sur les impôts*, p. 65, G. 1847). Asgill (*Several assertions*, etc., p. 20-21, 1696) l'avait adoptée, ainsi que Vanderlint (*Money answers all things*, p. 12-16, 1734). V. sur ce point Ricca Salerno, *Storia delle dottrine finanziarie in Italia*, 2e édit., p. 179 et suiv.

(2) Boisguilbert, *Le détail de la France*, 1696 ; *Le factum de la France*, 1707.

(3) Vauban, *Projet de Capitation*, 1695, publié pour la première fois dans *Oysivetés* (édit. Corréard, I, p. 159 et suiv.), 1843 ; *La Disme royale*, parue au commencement de 1707. Certains passages de ce dernier ouvrage sont textuellement empruntés au *Détail* de Boisguilbert.

(4) C'est qu'il en était ainsi en fait. Aussi le domaine tient-il le premier

tiers aussi, l'on acceptait les taxes que l'on pensait devoir être supportées par les étrangers, comme les droits grevant les importations et les exportations (nous avons vu, d'ailleurs, comment on leur imprima un caractère protectionniste). Quant aux impôts levés sur les nationaux, on les regardait comme des sources de recettes subsidiaires ; on estimait qu'ils ne devraient être établis que pour faire face à des dépenses extraordinaires, en cas de guerre par exemple. Telle était notamment, au XVIe siècle, la conception de Bodin (1). Par la suite, les besoins de l'Etat s'étant accrus, les revenus du domaine apparurent comme insuffisants ; on fut convaincu de la nécessité de l'impôt, et on lui fit une place plus large dans l'ensemble des recettes du Souverain. Cette tendance se manifeste, par exemple, chez l'Italien Botero (2) qui cependant s'inspire, en général, de Bodin. Les monopoles fiscaux furent, d'autre part, fréquemment critiqués (3).

Pour démontrer la légitimité de l'impôt, on alléguait qu'il est le prix nécessaire de la protection accordée aux particuliers par le Souverain (4). La plupart des auteurs traitant de cette ques-

rang et la plus large place dans les ouvrages des praticiens tels que Froumenteau, Hennequin, Sébastien Hardy (XVIe siècle). « Il n'y a donc que deux espèces de finances, dit Vincent Gelée, annotateur du *Guidon général des Finances* de Sébastien Hardy, à sçavoir les finances ordinaires et extraordinaires. Les ordinaires sont les deniers provenans du domaine... et les domaines extraordinaires sont les aides, tailles, gabelles et autres impositions qui sont mises sur le peuple pour les affaires de la guerre » (*Le Nouveau et dernier Guidon general des finances*, p. 12, 1633).

(1) Suivant Bodin, l'Etat a sept sources de recettes : le domaine, les conquêtes sur l'ennemi, les dons des amis, les tributs des alliés, le trafic, les impôts sur les marchandises importées ou exportées, les impôts sur les sujets (V. *Les six Livres de la République*, liv. VI, ch. II (édit, 1577, p. 617 et suiv.).Au XVIIe siècle, Emeric de Lacroix demande encore que le roi se procure des ressources par le trafic et en plaçant de l'argent à intérêt (*Le Nouveau Cynée*, 1623, p. 172-173). Cette tendance est encore plus accentuée chez l'Allemand Obrecht (1547-1612).

(2) Botero, *Della Ragion di Stato*, liv. VIII (Venise 1589, p. 184 et suiv.).

(3) Notamment par les Allemands Bornitz, Besold, Seckendorff, qui tous appartiennent au XVIIe siècle.

(4) V. Bodin, *République*, VI, ch. II (édit. 1577, p. 633).

tion proclamaient les deux principes de l'égalité de tous devant le fisc, et de la proportionnalité de l'impôt aux facultés des contribuables (1). Au XVIIe siècle, la grande autorité de Hobbes fit dévier la règle de la proportionnalité. Suivant lui, chacun doit contribuer aux dépenses publiques non dans la mesure de ce qu'il possède, mais dans la mesure du profit qu'il retire de l'Etat. Ce principe, très contestable et à peu près unanimement rejeté aujourd'hui, l'amenait à déclarer que l'impôt doit être proportionnel non pas à la richesse, mais à la consommation du contribuable ; il estimait, en effet, que l'usage que chacun fait de sa fortune donne la mesure dans laquelle il participe à la protection du Souverain (2). De ces idées généralement acceptées l'on tirait certaines conséquences relativement à l'assiette de l'impôt.

L'on se demandait si les impôts doivent être personnels (comme la taille personnelle, les capitations, etc.), ou réels (c'est-à-dire établis sur les biens), et l'on se prononçait en faveur des impôts réels. Bodin leur attribuait cette supériorité qu'ils pèsent nécessairement sur tous, qu'ils ne laissent place à aucun privilège (3). Ce même auteur voulait qu'ils fussent établis de

(1) V. par exemple Bodin, *ibid.* (édit. 1577, p. 639). Petty (*Treatise of Taxes*, ch. XV, I, p. 91, édit. Hull, 1899) accepte les idées de Hobles, mais il justifie autrement le principe de la proportionnalité (*op. cit.*, ch. II, § 26, édit. Hull, I, p. 26). A son avis, les revenus doivent subir une réduction proportionnelle, afin qu'après le prélèvement de l'impôt l'échelle des fortunes demeure inchangée ; par ce moyen, dit-il, on ne diminue la richesse de personne, car un individu donné n'est riche ou pauvre que comparativement à ce que les autres possèdent. Dans un autre ouvrage, il expose comment ce principe pourrait être appliqué pratiquement (*Verbum sapienti*, ch. IV, édit. Hull, p. 111-112). — On trouve chez les Italiens Palmieri (1405-1475) et Guicciardini (1483-1540) des réfutations de la théorie de l'impôt *progressif* qui montrent que cette doctrine était déjà soutenue à leur époque, et que déjà elle invoquait le principe de l'*égalité des sacrifices*.

(2) Hobbes, *De Cive*, ch. XIII, § 11 (*Opera philosophica*, Amsterdam, 1668, *Pars* V, p. 95).

(3) Bodin, *République*, liv. VI, ch. II (édit. 1577, p. 639). Scipion de Gramont (*Le Denier Royal*, p. 199 et suiv. 1620,) et Emeric de Lacroix *Le nouveau Cynée*, p. 169 1623,) demandent également la transformation des tailles personnelles et des capitations en impôts réels. Le principe de la réalité fut presque universellement accepté.

préférence sur les objets de luxe (1) ; Botero était d'avis que l'on frappât les *biens stables* (terres, maisons), non les choses mobilières (2).

Ainsi, dès le XVIe siècle, se dessinent les linéaments d'une controverse qui donna lieu à une abondante littérature, principalement en Allemagne au XVIIe siècle (3), et en Angleterre au XVIIIe. Cette question si vivement débattue était celle de savoir si la préférence doit être accordée aux impôts directs ou aux impôts indirects. En faveur des impôts directs, on alléguait qu'ils sont d'une perception moins coûteuse que les impôts indirects ; qu'ils n'entraînent pas les mêmes vexations, les mêmes gênes pour l'industrie et le commerce ; qu'ils n'élèvent pas les prix des marchandises. En faveur des impôts indirects l'on faisait valoir qu'ils sont d'un recouvrement facile : confondus, en effet, dans le prix des marchandises, ils sont payés inconsciemment, et par suite sans résistance par les consommateurs ; l'on ajoutait qu'ils sont proportionnels à la consommation et, en conséquence, aux services que l'Etat rend à chacun ; que tous les paient, sans distinction de personnes, parce que tous consomment. Si l'on néglige cette considération que l'impôt indirect est proportionnel à la consommation, on trouve là l'esquisse du parallèle, aujourd'hui classique, entre les deux espèces d'impôts. Enfin, ajoutaient quelques auteurs, il est à peu près impossible que la taxation directe soit faite avec équité. Ou bien le Souverain s'en remet à la déclaration de l'assujetti : alors il s'expose à des fraudes, même s'il exige que la déclaration soit faite sous serment ; ou bien la taxation est faite d'autorité par les agents du fisc : en ce cas, les contribuables sont livrés à l'arbitraire du pouvoir. Au contraire, la répartition des impôts indirects se fait d'elle-même, sans difficulté ; ce sont les contribuables qui se chargent volontairement de cette tâche, en consommant. Ce reproche adressé à l'impôt di-

(1) Bodin, *République*, liv. VI, ch. II (édit. 1577, p. 640).

(2) Botero, *Della Ragion di Stato*, liv. VII (édit. Venise, 1589, p. 185).

(3) V. Inama-Sternegg, *Der Accisenstreit deutscher Finanztheoretiker im 17 und 18 Iahrhundert*, dans *Zeitsch. f. d. ges. Staatswis*, XXI, p. 516 et suiv., 1865.

rect n'est cependant exact que s'il s'agit d'un impôt personnel, comme l'impôt sur le revenu. Ce fut la doctrine favorable aux impôts indirects qui l'emporta pendant longtemps (1).

Mais en même temps on demandait qu'on les modérât, qu'on les proportionnât aux facultés contributives de la nation (2). Sur ce point, les plaintes furent particulièrement vives en Espagne : les abus de la fiscalité exagérée qui sévissait dans ce pays furent généralement considérés comme l'une des principales causes de sa décadence (3).

Enfin, de toutes parts l'on réclamait la simplification des systèmes fiscaux inextricablement compliqués à raison de l'infinie multiplicité des impôts et de leur diversité suivant les différentes régions d'un même Etat. Certains auteurs allaient jusqu'à proposer de les réduire tous à un seul. Pour les uns, partisans

(1) Parmi les partisans des impôts indirects nous citerons : en Allemagne, Besold, Seckendorff, Tenzel ; en Angleterre, Hobbes, Mun, Child, Petty, Temple, Cradocke ; en Hollande, Jean de Witt (Pierre de la Court) ; parmi les partisans des impôts directs : les Anglais Locke, Asgill et Vanderlint ; les Allemands Klock et von Happe ; les Espagnols Alcazar de Ariaza, Centani et Davila (Bautista). Tous ces auteurs appartiennent au XVIIe siècle. L'Anglais Davenant, après s'être montré favorable aux impôts indirects dans son *Essay on Ways and means of supplying the War* (1695), fit preuve d'hostilité à leur égard dans son *Essay upon the probable methods...* paru en 1699 (V. sect. IV, p. 134 et suiv.).

(2) Bodin (*République*, liv. VI, ch. II, p. 636 édit. 1577,) appliquant ici la théorie quantitative des prix, fit cependant observer qu'il fallait tenir compte de la dépréciation des métaux précieux, et que celle-ci amène nécessairement une hausse *nominale* de la somme totale des impôts payés par les sujets ; l'augmentation des impôts n'est *réelle* que si elle est supérieure à la diminution du pouvoir d'acquisition de la monnaie. Se fondant sur le même principe, Scipion de Gramont soutient « que la France est un des royaumes les moins foulés qui soit en tout le monde et que le Roy ne charge point son peuple si desmesurément que l'on crie » (*Le Denier Roial*, p. 199 1613,). Il déclare que, malgré les apparences, la France est moins grevée d'impôts que sous les rois précédents. On trouve, en outre, dans son livre, un parallèle entre la charge des impôts en France et chez les peuples anciens et dans les Etats actuels de l'Europe.

(3) Nous citerons en ce sens : Zevallos (1623), Barbon y Castaneda (1628) Alcazar de Arriaza (1646), Bustamente (1650), Bautista Davila (1651), Alvarez Osorio (1686).

des taxes indirectes, cet impôt unique devait être une accise générale : telle était l'opinion de l'Anglais Cradocke (1659) (1) et de l'Allemand Tenzel (1685) (2). Les théories de Locke et d'Asgill, dont nous avons déjà parlé, conduisaient logiquement à édicter un impôt unique sur la terre, et tel était le système nettement soutenu en Espagne par Centani (1671) (3). Un autre Espagnol, Alcazar de Ariaza (1646) (4), proposait comme impôt unique une taxe de 2 0/0 sur les salaires et sur les revenus des maisons, hôtelleries, moulins, bacs, terres de labour, jardins, salines, pâturages, cultures de vignes et d'oliviers, métiers et charges publiques. Enfin, Bautista Davila (1651) (5), Espagnol lui aussi, préconisait une capitation générale et progressive.

Boisguilbert et Vauban continuèrent la lutte pour les idées de justice et d'unité fiscales. Mais ils dépassent de beaucoup les auteurs que nous avons cités jusqu'ici, et par l'ampleur de leurs doctrines et par le talent avec lequel ils les ont défendues. En outre, leurs ouvrages marquent le commencement d'une réaction contre le principe de l'impôt indirect qui avait jusqu'alors triomphé.

§ 3. — Causes de la misère en France, d'après Boisguilbert et Vauban.

Tous deux constatent l'effrayante misère qui sévit en France à la fin du règne de Louis XIV. « Par toutes les recherches que j'ai pu faire, dit Vauban, depuis plusieurs années que je m'y applique, j'ai fort bien remarqué que dans ces derniers temps, près de la dixième partie du peuple est réduite à la mendicité et mendie effectivement ; que des neuf autres parties il y en a cinq

(1) Cradocke, *An Expedient for regulating the Customes and Excise*, 1659.

(2) Teutophilo (pseudonyme de Tenzel), *Entdekte goldgrube in der Accise*, 1685.

(3) Centani, *Tierras*, etc., 1671.

(4) Alcazar de Arriaza, *Nueva Declaracion de un medio universal para extinguir los tributos*, 1646.

(5) Davila (P. Bautista), *Resumen de los medios practicos para el general alivio de la monarquia*, 1651.

qui ne sont pas en état de faire l'aumône à celle-là, parce qu'eux-mêmes sont réduits, à très peu de choses près, à cette malheureuse condition ; que des quatre autres parties qui restent, trois sont fort malaisées, et embarrassées de dettes et de procès ; et que, dans la dixième où je mets tous les gens d'épée, de robe, ecclésiastiques et laïques, toute la noblesse distinguée, et les gens en charge militaire et civile, les bons marchands, les bourgeois rentés les plus accommodés, on ne peut pas compter sur cent mille familles ; et je ne croirais pas mentir quand je dirais qu'il n'y en a pas dix mille, petites ou grandes, qu'on puisse dire être fort à leur aise ; et qui en ôterait les gens d'affaires, leurs alliés et adhérents couverts et découverts, et ceux que le Roi soutient par ses bienfaits, quelques marchands, etc., je m'assure que le reste serait en petit nombre » (1).

Boisguilbert et Vauban sont également d'accord pour attribuer cette profonde et navrante misère au mauvais système d'impositions.

§ 4. — Le système fiscal de la France, à l'époque de Boisguilbert et de Vauban.

A l'époque où ils écrivaient, les principales sources de recettes du Trésor royal en France étaient les suivantes :

1° *La Taille.* — La taille était réelle dans certaines provinces et personnelle dans d'autres. La taille réelle était un impôt foncier pur et simple. La taille personnelle frappait à la fois la propriété immobilière et la propriété mobilière. En tant que taxe immobilière, elle se divisait en taille d'exploitation assise sur les fonds productifs de revenus (terres, usines), et en taille d'occupation grevant les maisons habitées par les assujettis et leurs annexes. La partie mobilière de la taille personnelle était établie sur les facultés présumées du contribuable. Le mode de détermination du montant de la taille, qui était un impôt de répartition, et son mode de perception variaient, en outre, suivant qu'il s'agissait de pays d'Etats ou de pays d'élections.

(1) Vauban, *Dîme Royale*, préface (G. 1843, p. 34-35).

2° *La capitation.* — Cet impôt avait été créé en 1695, supprimé en 1698, puis rétabli en 1701. Les sujets du royaume, répartis en vingt-deux classes suivant leur qualité ou profession, devaient payer une cote fixe dont l'importance variait avec chaque classe (1).

3° *Les aides.* — Les aides étaient des taxes grevant les objets de consommation autres que le tabac et le sel, et surtout les boissons. Elles n'existaient, d'ailleurs, pas dans toutes les provinces.

4° *Les douanes intérieures ou extérieures.* — Nous en avons déjà parlé (2).

5° *Les affaires extraordinaires.* — On groupait sous ce nom toute une série de ressources, extraordinaires par leur nature, mais constamment exploitées par le roi : ventes d'offices, d'augmentations de gages (3), de lettres de maîtrise, créations de rentes sur l'Hôtel-de-Ville, de tontines, altérations des monnaies, etc.

6° *La gabelle.* — La gabelle était l'impôt sur le sel ; elle variait avec les circonscriptions.

7° *Les droits domaniaux.* — Ceux-ci comprenaient : un certain nombre de droits de mutation ; les droits d'aubaine et de bâtardise (en vertu desquels le roi succédait aux étrangers et aux bâtards) ; les droits de contrôle et d'insinuation (équivalents à nos droits d'enregistrement et de transcription) ; le papier timbré, etc.

(1) La première classe était constituée par le Dauphin seul qui payait 2.000 livres ; la seconde payait 1.500 livres, la troisième 1.000 livres ; la cote diminuait ainsi jusqu'à la vingt-deuxième classe qui payait 20 sous. — La capitation fut transformée en 1705 ; elle ne demeura fixe que pour les plus hautes classes ; pour les autres, elle devint un simple supplément à la taille (quelque chose comme nos centimes additionnels). Mais les écrits de Vauban et de Boisguilbert furent écrits antérieurement à cette réforme.

(2) V. *suprà*, liv. III, ch. I, p. 113 et suiv., ch. IV, p. 196 et suiv.

(3) Il s'agit d'augmentations de gages attribuées à des offices existants ; mais l'augmentation de gages pouvait être achetée par un autre que le titulaire de l'office.

8° *Le monopole de la vente du tabac, etc.* — A l'exception de la taille et de la capitation, tous ces impôts étaient affermés.

§ 5. — Les critiques adressées au régime fiscal par Boisguilbert et Vauban.

Tel est le système fiscal contre lequel Boisguilbert et Vauban dirigent leurs attaques. Ils le critiquent au point de vue de l'assiette, au point de vue de la répartition, au point de vue du mode de recouvrement des impôts.

1° *Au point de vue de l'assiette.* — Les aides, les douanes, les offices purement fiscaux sont de mauvais impôts ; ils entravent la production et le commerce ; ils sont, en outre, trop élevés. La gabelle a le tort de grever lourdement une denrée de première nécessité ; le taux en est tout au moins exagéré.

2° *Au point de vue de la répartition.* — La taille et la capitation principalement sont réparties avec iniquité.

La taille réelle est établie d'après une estimation presque toujours fausse du revenu des terres. Et pour ce qui est de la taille personnelle, le mal est bien plus grand encore : la partie mobilière en est perçue d'après des présomptions qui sont menteuses ; le contribuable cache sa richesse, craignant d'être dénoncé par ses voisins comme plus riche qu'il n'est en réalité ; le laboureur n'ose pas acheter de bétail et par suite ses terres dépérissent ; il n'ose même pas se nourrir ou se vêtir comme il le pourrait : « Il n'y a qu'un ordinaire de pain et d'eau, dit Boisguilbert, qui puisse faire vivre un homme en sûreté de n'être pas la victime de son voisin s'il lui voyait acheter un morceau de viande ou un habit neuf ; s'il a de l'argent par hasard, qu'il le tienne caché, parce que, pour peu qu'on en ait le vent, c'est un homme perdu » (1).

(1) Boisguilbert, *Factum de la France*, ch. v, G. 1843, p. 282-283. Vauban, dans sa *Dîme Royale*, et Rousseau, dans ses *Confessions*, rapportent les mêmes faits. — Dans son *Projet de capitation*, en 1695, Vauban écrit que « la taille est tombée dans un tel état de corruption que les anges du ciel ne pourraient pas venir à bout de la corriger ni empêcher que les pauvres n'y soient toujours opprimés sans une assistance particulière de Dieu ».

La capitation est un impôt absurde ; elle soumet à une contribution fixe tous les individus exerçant une certaine profession ou ayant un certain rang, comme si la profession dénotait un même revenu fixe chez tous les individus qui l'exercent. « Il est du même ridicule, dit Boisguilbert, d'avoir établi qu'un avocat et un marchand ou un seigneur de paroisse et un officier paieront la même somme qu'il le serait de régler que tous les boiteux contribueraient pour la même somme et que tous ceux qui marcheraient droit en fourniraient une autre » (1).

En outre, la législation fiscale est pleine de privilèges octroyés aux classes les plus fortunées de la nation (2). Outre les privilèges de droit, il y a encore les privilèges de fait, obtenus par l'intrigue. Finalement, la plus forte partie des impôts est supportée par les moins aisés ; c'est l'écrasement du pauvre par le riche.

3° *Au point de vue du mode de recouvrement.* — La perception des droits d'aides et de douane est vexatoire ; elle oblige le contribuable à des formalités innombrables ; elle l'expose à des rigueurs exagérées. La perception de la taille est vexatoire pour les agents de recouvrement eux-mêmes, parce que leur liberté répond de la rentrée de l'impôt. « Une infinité de collecteurs de taille, dit Boisguilbert, font plus de séjour dans les geôles que dans leurs maisons mêmes » (3). Enfin la perception des impôts est beaucoup trop coûteuse, à cause de la trop grande multipli-

(1) Boisguilbert, *Factum de la France,* ch. XI, G. 1843, p. 335.

(2) Les biens nobles et ecclésiastiques étaient exempts de la taille d'occupation ; dans sa partie mobilière, la taille personnelle ne grevait ni la noblesse, ni le clergé, ni la haute bourgeoisie ; les gentilshommes étaient exempts de la taille d'exploitation pour toute quantité de terre pouvant être cultivée avec quatre charrues, les bourgeois de Paris en étaient dispensés jusqu'à concurrence d'une charrue ; le clergé, la noblesse et la magistrature étaient soustraits à la gabelle, etc. — V. la liste des individus exempts de la taille dans le ch. IX de la *Dîme Royale*.

(3) Boisguilbert, *Factum de la France*, ch. V, G. 1843, p. 283-284. — De nombreuses lettres de Colbert signalent le même fait. Une entre autres, datée du 7 juin 1679 et adressée à l'intendant de Tours, constate que dans cette ville 54 collecteurs sont en prison (V. Clément, *Hist. de Colbert*, 3e édit., 1892, t. I, p. 182).

cité des agents de recouvrement. Et même le système des fermes donne lieu à des concussions. Vauban ose dénoncer les traitants, ces « sangsues d'Etat dont le nombre serait suffisant pour remplir les galères, mais qui, après mille friponneries punissables, marchent la tête haute dans Paris, parés des dépouilles de leurs concitoyens, avec autant d'orgueil que s'ils avaient sauvé l'Etat » (1). De l'imperfection du mécanisme de recouvrement et des malversations commises par certains agents il résulte qu'une faible partie seulement des sommes payées par les contribuables tombe dans les caisses du roi.

§ 6. — Plans de réorganisation des finances françaises.

Boisguilbert et Vauban ne sont pas seulement des critiques. Ils indiquent les principes rationnels suivant lesquels le système fiscal devrait être reconstruit. Ces principes sont : la proportionnalité de l'impôt aux facultés des contribuables ; — l'égalité de tous devant l'impôt, la suppression des privilèges ; — la simplification d'un régime horriblement compliqué (2), l'amélioration des modes de recouvrement.

Nos deux auteurs ont, en outre, proposé l'application de ces principes chacun dans deux systèmes successifs. Boisguilbert en développe un dans son *Détail de la France* et un autre dans son *Factum*. Le premier comporte la réforme de la taille qui serait rendue proportionnelle et pèserait sur tous sans exception (3), l'abolition complète des aides, des douanes provinciales, des droits à l'entrée et à la sortie des grandes villes. Le déficit provenant de ces suppressions serait comblé en partie par la taille et

(1) Vauban, *Dîme Royale*, ch. XI, G. 1843, p. 150.

(2) La législation des traites (douanes intérieures et extérieures) passait pour le chef-d'œuvre du genre : elle « est tellement embrouillée, dit Necker, qu'à peine un ou deux hommes par génération viennent-ils à bout d'en posséder complètement la science » (*Administrat. des finances*, édit. 1784, t. II, p. 173-174).

(3) Les particuliers devraient déclarer au greffe de leur élection les biens qu'ils font valoir comme propriétaires ou comme fermiers et en fournir l'évaluation, avec, à l'appui, des copies de baux. Les marguilliers devraient remettre un état des individus de leur paroisse vivant d'un travail manuel.

en partie par un impôt sur les cheminées. L'auteur considère le nombre de cheminées existant dans une maison comme un indice de fortune. « Qui dit un homme dit un homme mangeant et buvant ; plus un homme est riche et plus il a de suite ; plus il a de suite, plus il habite une grande maison ; plus une maison est grande, plus elle a de cheminées » (1).

Le second système exposé par Boisguilbert comporte : une réforme de la taille (un peu différente de la précédente) (2) ; la réduction (et non plus la suppression) des aides et des douanes intérieures ; la suppression des droits de sortie et des affaires extraordinaires. Le déficit serait couvert, non plus au moyen d'un impôt sur les cheminées, mais au moyen d'une capitation payable en argent, égale au 1/10 du revenu foncier ou industriel (3).

Dès 1695, Vauban avait élaboré un plan de réforme fiscale, suivant lequel la taille et les douanes intérieures étaient abolies, l'impôt sur le sel réduit, le revenu des postes diminué, les autres sources de recettes maintenues en l'état. L'auteur proposait, en outre, une capitation extraordinaire à percevoir en temps de guerre seulement. Fixe pour quelques catégories de personnes, elle devait être, en principe, proportionnelle au revenu des biens-fonds, des établissements industriels, ou encore au nombre des animaux possédés, ou encore aux gages touchés par les assujettis. Vauban évaluait le rendement probable de cet impôt à 60 millions de livres.

Dans une lettre adressée le 28 janvier 1698 au contrôleur général des finances, il écrivait, parlant de sa capitation : « Je ne

(1) L'impôt sur les cheminées a existé en divers pays et notamment en Angleterre.

(2) Boisguilbert admet cette fois, pour la répartition de l'impôt le système de la taxation d'office.

(3) Le *Factum* parut postérieurement à la *Dîme Royale* ; Boisguilbert y critique le système de l'impôt payable en nature de Vauban. Sur la question de savoir comment il serait possible de connaître le revenu des contribuables pour l'établissement de la capitation, Boisguilbert se contente de répondre qu'il y a des baromètres certains « d'opulence » ; seraient-ce encore les cheminées ?

vois qu'une chose qui puisse être meilleure que cela. Ce serait une dîme royale sur toutes les natures de revenus quels qu'ils puissent être ». Dans ce nouveau projet, exposé dans la *Dîme Royale*, il supprime complètement les aides, les douanes provinciales, et les tailles. Le budget est alimenté uniquement par quatre « Fonds ».

Le premier comprend la dîme (égale au 1/10) de tous les produits de la terre, blés, vins, fourrages, etc., payable en nature.

Le second comprend la dîme (qui n'est pas toujours du dixième malgré son nom) du revenu des maisons des villes et gros bourgs, des moulins, pêcheries et étangs, celle des rentes, gages, pensions et appointements, enfin celle des revenus industriels et commerciaux et des salaires. Ce second fonds est toujours payable en argent.

Le troisième est constitué par l'impôt sur le sel dont le taux est diminué et le régime uniformisé dans tout le royaume.

Le quatrième fonds se subdivise lui-même en quatre parties : A) domaines, parties casuelles, droits de franc-fief et d'amortissement, amendes, épaves, confiscations, papier timbré, contrôle des contrats et exploits, postes, produits des coupes dans les forêts royales, etc. ; — B) droits d'entrée et de sortie aux frontières du royaume ; — C) un certain nombre de taxes que Vauban appelle « volontaires » parce qu'elles sont pour les contribuables « la peine de leur luxe, de leur intempérance et de leur vanité ». Elles ont donc un caractère somptuaire ; elles sont établies sur le tabac, les eaux-de-vie, le thé, le café, le chocolat, les dorures des habits et des carrosses. L'auteur propose enfin un impôt sur le vin, la bière et le cidre bus au cabaret ; peut-être cet impôt pourrait-il « contenir un peu les paysans qui les jours de dimanches et de fêtes ne désemplissent pas les cabarets et peut-être obliger les plus sensés à demeurer chez eux » (1).

Boisguilbert et Vauban eurent une commune destinée : le premier tomba en disgrâce ; le second, qui était lieutenant au bailliage de Rouen, fut exilé au fond de l'Auvergne par une lettre

(1) Vauban, *Dîme Royale*, Ire partie (G. 1843, p. 100).

de cachet. Leurs ouvrages furent en outre condamnés à être saisis et mis au pilon, la *Dîme Royale* par un arrêt du Conseil du 14 février, et le *Factum de la France* par un autre arrêt du 14 mars 1707. Grâce à l'entremise de l'intendant La Vrillière, Boisguilbert fut rappelé de son exil au bout de deux mois. Mais Vauban, déjà malade, mourut le 30 mars de la même année, « consumé de douleur, dit Saint-Simon, et d'une affliction que rien ne put adoucir et à laquelle le roi fut insensible jusqu'à ne pas faire semblant qu'il eût perdu un serviteur si utile et si illustre » (1).

L'influence exercée par leurs écrits fut très inégale. Ceux de Boisguilbert tombèrent dans l'oubli, peut-être à cause du style incorrect bien que pittoresque et éloquent de l'auteur; peut-être aussi à cause de la gloire qui entourait le nom illustre du maréchal de Vauban. La *Dîme Royale*, au contraire, louée par les uns, critiquée par les autres, devint célèbre et donna naissance à toute une littérature. Pourtant, nous ne craignons pas d'affirmer que, par l'élévation de sa philosophie, Boisguilbert est un économiste bien supérieur à Vauban ; l'époque actuelle lui a rendu justice.

Le plan que nous nous sommes imposé ne nous permet pas de discuter, dans le détail, les systèmes de ces deux auteurs. Nous ne nous attarderons pas à signaler ce qu'il y a d'incomplet dans leurs projets d'impôt sur le revenu dont ils ne paraissent pas avoir aperçu les difficultés d'application ; ni à montrer ce qu'il y a de faux dans la présomption sur laquelle repose l'impôt sur les cheminées de Boisguilbert (2) ; ni enfin à énumérer les inconvénients et les dangers d'une dîme comme celle de Vauban qui serait payable, en certains cas, en nature (3) et qui, établie sur le produit brut, pourrait être souvent d'un taux supérieur au

(1) V. sur cet épisode, Saint-Simon, *Mémoires*, t. V, p. 285 et suiv.

(2) Après tout, est-il plus irrationnel que notre impôt sur les portes et fenêtres qui, abrogé en principe depuis plusieurs années, subsiste toujours ?

(3) Il n'y avait là, d'ailleurs, qu'une imitation de la dîme ecclésiastique qui existait alors.

rendement net des terres. Nous préférons louer sans réserve Boisguilbert et Vauban de la claire connaissance qu'ils ont eue des grands principes fondamentaux de toute organisation fiscale rationnelle et équitable, et du courage avec lequel ils ont défendu ces idées dont la méconnaissance devait entraîner la monarchie française à sa ruine.

§ 7. — Les doctrines financières, postérieurement à Vauban et à Boisguilbert et antérieurement aux Physiocrates.

Dans la période qui sépare Boisguilbert et Vauban des Physiocrates on ne trouve guère d'idées originales en matière financière.

La controverse sur la question des impôts directs ou indirects à peu près terminée en Allemagne (1) renaît en Angleterre, en 1733, suscitée par un projet d'accise générale soumis au Parlement anglais (2).

Les plans de réorganisation fiscale se multiplient, mais ils ne présentent à peu près rien de nouveau. En France, l'abbé de Saint-Pierre expose, en 1777, un projet de taille proportionnelle ou tarifée ; il s'agit d'un impôt sur les revenus établi d'après les déclarations des contribuables (3), et suivant un tarif qui varie avec chaque espèce de revenu. Certains écrivains, par exemple en France Naveau (1757) (4) et l'auteur anonyme du *Réformateur*

(1) En 1718, un anonyme défendait encore le projet d'accise universelle de Tenzel ; mais l'idée qui tendait alors à prévaloir en Allemagne était que l'accise doit être simplement l'une des principales pièces du système fiscal.

(2) La plupart des écrits que cette question fit naître en Angleterre sont anonymes et leurs auteurs inconnus.

(3) Les déclarations mensongères devaient être punies de certaines peines. On tenta, sans succès, l'essai de ce système dans quelques généralités.

(4) Dans le *Financier citoyen* (1757), Naveau propose de combiner l'impôt sur le revenu avec des taxes sur les consommations.

(1757) (1), en Italie Pascoli (1733) (2) et Broggia (1743) (3), préconisent des systèmes simplifiés mais complexes, dans lesquels les impôts directs et les impôts indirects se combinent et se complètent. D'autres reprennent l'idée d'un impôt unique ; le système de l'impôt foncier unique réapparaît chez l'Anglais Vanderlint (1734) (4) et chez l'Espagnol Ensenada (1751) (5) ; le système de l'impôt unique sur le revenu se retrouve chez l'Italien Bandini (1737) (6) ; l'Anglais Decker (1744) (7) préconise un impôt unique sur les maisons d'habitation, parcs et jardins (8).

Mais ce qu'il importe davantage de signaler c'est, avec l'*Esprit des Lois*, l'entrée en scène de la théorie de l'impôt progressif qui, dans la seconde moitié du XVIIIe siècle, devait obtenir une

(1) Cet ouvrage est quelquefois attribué à Clicquot-Blervache. Le système préconisé par l'auteur comprend : un impôt du vingtième « sur tous les biens-fonds du royaume privilégiés ou non privilégiés » ; le monopole de la vente du sel et celui de la vente du tabac ; des taxes d'importation et d'exportation ; des droits d'entrée à Paris sur le vin, l'eau-de-vie, le cidre, la bière, l'huile, le pain, l'avoine et le bois à bâtir ; les domaines du roi, francs-fiefs et amortissements, amendes, épaves, confiscations, parties casuelles, etc. ; des droits sur les farines ; enfin les droits de contrôle et d'insinuation. — V. dans *Le Réformateur*, 1756, p. 3 et suiv. l'exposé général de ce projet.

(2) Le plan de Pascoli (*Testamento politico*, 1733) comporte des impôts sur les biens-fonds, sur l'argent et sur les gains que l'on réalise par l'exercice d'une profession ; des droits de douane sur les marchandises étrangères (les douanes intérieures sont supprimées) ; enfin quelques taxes de consommation sur les objets de luxe.

(3) Le système de Broggia (*Trattato dei Tributi*, etc., 1743) comprend : un impôt sur les revenus des terres, des bâtiments et des capitaux placés à intérêts, établi d'après les déclarations des contribuables ; des droits sur les marchandises importées et sur celles transportées dans l'intérieur du pays (les taxes d'exportation sont abolies) ; enfin, pour les cas extraordinaires, des impôts de consommation et la capitation.

(4) V. *suprà*, p. 299, note 1.

(5) Ensenada, *Representacion*, etc., 1751.

(6) Bandini, *Discorso economico*, 1737.

(7) Decker, *Serious considerations on the several high duties*, 1744.

(8) Les mêmes critiques continuaient d'être adressées aux régimes fiscaux alors en vigueur. Citons, à titre d'exemples, les Espagnols Ustariz (1724), Ulloa (1772), Zavala y Ausson (1732), Aguado (1746-1750), Lozano (1755) qui persistent à déclarer que la décadence de leur patrie est due, pour une bonne part, à l'exagération des impôts.

si grande vogue en dehors de l'Ecole physiocratique. Montesquieu fait l'éloge du système d'impôt sur le revenu des Athéniens. « La taxe, dit-il (1), était juste quoiqu'elle ne fût point proportionnelle : si elle ne suivait pas la proportion des biens, elle suivait la proportion des besoins. On jugea que chacun avait un *nécessaire physique* égal ; que ce nécessaire physique ne devait point être taxé ; que l'utile venait ensuite, et qu'il devait être taxé, mais moins que le superflu ; que la grandeur de la taxe sur le superflu empêchait le superflu » (2).

(1) Montesquieu, *Esprit des Lois*, liv. XIII, ch. VII (édit. Londres, 1772, t. II, p. 8).

(2) Le système des emprunts publics donna lieu également à un certain nombre d'écrits. En général, ils étaient considérés comme funestes. Notons cependant que Mélon (*Essai politique*, 1734) et Dutot (*Réflexions politiques*, 1740) s'efforcèrent de les réhabiliter en déclarant que l'argent emprunté par le souverain est ensuite redistribué dans le pays. Cette idée fut reprise en 1771 par Isaac Pinto (*Traité de la Circulation et du Crédit*), qui prétendit même démontrer que la Dette publique, tant qu'elle ne dépasse pas un certain chiffre, enrichit la nation. On discuta également les questions de la conversion et de l'amortissement.

CHAPITRE IX

LE SYSTÈME DE LAW (1).

SECTION I. — L'ÉTAT DES FINANCES FRANÇAISES AU DÉBUT DU RÈGNE DE LOUIS XV.

Les sages avis de Boisguilbert et de Vauban ne furent pas écoutés. Pour subvenir aux frais de guerres incessantes et aux prodigalités du roi les contrôleurs des finances françaises au commencement du XVIIIe siècle recoururent plus que jamais aux « affaires extraordinaires ». On continua de créer des offices et des augmentations de gages; les emprunts succédèrent aux emprunts, et ils ne purent être réalisés qu'à des taux très élevés ; force fut au contrôleur général Desmarets d'employer d'autres expédients encore : anticipations sur les revenus des années suivantes, émissions de billets d'Etat (2) de toutes sortes, organisation de loteries, altérations des monnaies. En 1709, on établit un impôt du *dixième* sur les revenus de tous les biens (3). Malgré tout, le déficit allait croissant par suite de moins-values constantes dans le rendement des impôts. A sa mort, Louis XIV, dit M. Levasseur, laissait « une dette de plus de 3 milliards 460 mil-

(1) Sur Law, v. la bibliographie citée *h. v°* aux *Sources* et, sauf les réserves faites précédemment (p. 254, note 6), Espinas, *La troisième phase et la Dissolution du Mercantilisme* (Extrait de la *Rev. intern. de Sociologie*, 1902) ; Dionnet, *Le néo-mercantilisme au* XVIIIe *siècle*, etc., Thèse Fac. Droit, Paris, 1900-1901. — V. aussi les pages saisissantes que Michelet consacre à Law dans son *Histoire de France* (*La Régence*, édit. *ne varietur* Flammarion, t. XIV, ch. VII et suiv., p. 139 et suiv.).

(2) Billets de monnaie, billets des receveurs généraux, billets de la marine, billets d'ustensiles, billets d'assignation, enfin billets de la caisse Legendre.

(3) Cet impôt fut supprimé en 1717, puis rétabli au taux de 1/20 en 1750.

lions ; et pour faire face à tant de difficultés, une épouvantable confusion dans les comptes ; un Trésor qui, au mois de septembre, contenait à peine 800.000 livres et ne devait pas recevoir plus de 4 à 5 millions ; un crédit entièrement ruiné, un peuple écrasé d'impôts nouveaux et incapable de les payer et le triste spectacle d'un pays naguère encore commerçant et riche, aujourd'hui sans culture, sans industrie, presque sans habitants et réduit à une affreuse misère, rendue plus sensible encore par le contraste de l'opulence des traitants qui spéculaient sur sa détresse » (1).

Sous Louis XV, durant le ministère du duc de Noailles, des mesures radicales furent prises ; mais il eût fallu persister pendant bien des années dans cette sagesse fiscale avant d'arriver à une restauration complète des finances publiques. Un homme se présenta comme un sauveur avec un système qu'il disait doué d'une sorte de pouvoir magique et capable, en quelques mois, de libérer l'Etat et de régénérer le pays. Cet homme, c'était Law.

Jean Law était d'origine écossaise ; c'était la seconde fois qu'il venait en France d'où il avait été une première fois expulsé. Après avoir inutilement offert son système au Parlement d'Ecosse, il l'apportait au Régent avec qui il s'était précédemment lié dans les endroits où l'on s'amusait alors à Paris. Ce système, il l'avait construit d'après des idées théoriques très arrêtées et qu'il exposa dans divers écrits.

SECTION II. — Doctrines de Law.

La monnaie, suivant lui, *n'est qu'un instrument, mais c'est un instrument tout-puissant* pour la création de la richesse. D'elle dépendent toutes les branches du commerce intérieur ou extérieur, toutes les branches de l'industrie manufacturière, ainsi

(1) Levasseur, *Rech. histor. sur le Système de Law*, p. 11-12. — Cf. Vuitry, *Les abus du crédit et le désordre financier à la fin du règne de Louis XIV*, dans *Revue des Deux-Mondes*, 15 décembre 1883 et 15 janvier 1884.

que l'agriculture ; suivant que sa circulation est abondante ou restreinte, les producteurs disposent ou non de capitaux abondants pour créer ou développer leurs entreprises ; en outre, suivant que sa circulation est abondante ou restreinte, le taux de l'intérêt est faible ou élevé, et par suite plus ou moins grande est la facilité avec laquelle ces mêmes producteurs peuvent se procurer les capitaux (1). Enfin, suivant que la circulation monétaire est abondante ou restreinte, la population croît ou décroît, parce que les salaires distribués sont plus ou moins nombreux (2).

Comment une nation peut-elle obtenir la multiplication et la diffusion de ce merveilleux outil ? On a expérimenté déjà des moyens divers. On a prohibé l'exportation des monnaies ou des métaux précieux : mesure vaine et nuisible. On a commis une autre erreur quand on a cru, en altérant les monnaies, fabriquer avec une même quantité de métal un plus grand nombre d'instruments d'échange ; la monnaie métallique doit sa puissance de circulation à l'empreinte, signe conventionnel de la garantie de l'Etat qui lui donne cours légal ; mais elle doit son pouvoir d'échange uniquement à la valeur propre du métal dont elle est faite (3). On a tenté encore de réduire le taux de l'intérêt par une loi, mais toute loi de ce genre est fatalement inefficace (4). On a tenté, enfin, par un ensemble de règlements convenablement agencés, de diriger les mouvements du trafic extérieur, de manière que la Balance du commerce se liquide par un solde créditeur d'or ou d'argent. Mais il est difficile d'assurer l'exécution de ces règlements ; y arrivât-on qu'on se heurterait encore à toutes sortes de difficultés ; notamment les efforts d'un Etat peuvent être neutralisés par les efforts d'un autre qui adopte

(1) Law, *Considér. sur le Numéraire,* ch. II (G. 1843, p. 472 et suiv.) et ch. III (G. 1843, p. 498), etc.

(2) Law, *op. cit.*, ch. II (G. 1843, p. 478), etc

(3) Law altéra les monnaies, quand il fut contrôleur général, mais pour les faire disparaître au profit de ses billets.

(4) Law, *op. cit.*, ch. III et IV (G. 1843, p. 489 et suiv.). — Cf. *Mémoire sur l'usage des Monnaies* (dans Forbonnais, *Rech. et Consid.*, édit. Liège, 1758, t. VI, p. 181 et suiv.).

la même politique et use de représailles (1). Law rejette donc et le bullionisme, et le faux-monnayage légal, et la réduction légale du taux de l'intérêt et même, au moins en principe (2), le protectionnisme (3) et le système de la Balance du commerce.

Le seul moyen de multiplier la monnaie est de créer une banque d'Etat ayant pour fonction d'émettre une monnaie de papier. La quantité de celle-ci peut être augmentée à volonté ; « le papier-monnaie peut toujours être en quantité égale avec la demande », car, à la différence de la monnaie métallique, son pouvoir d'acquisition est entièrement indépendant de sa valeur intrinsèque qui est nulle ; elle joue simplement le rôle de valorimètre sans être en même temps un *tertium permutationis*, un équivalent (4). Ce n'est pas, d'ailleurs, la seule supériorité qu'elle présente sur la monnaie métallique. Elle est bien moins coûteuse à fabriquer ou à garder ; elle est plus légère et, en conséquence, d'un transport plus facile ; on n'a pas à redouter que sa valeur varie.

Quand Law exposait ainsi son projet de Banque, il ne découvrait pas encore toute sa pensée. « La Banque, écrivait-il au duc d'Orléans, n'est pas la seule ni la plus grande de mes idées ; je produirai un travail qui surprendra l'Europe par les changements qu'il portera en faveur de la France, changements plus forts que ceux qui ont été produits par la découverte des Indes ou par l'introduction du crédit. Par ce travail, Votre Altesse Royale

(1) Law, *Consid. sur le numéraire*, ch. VI (G. 1843, p. 503-504).

(2) Law admet les primes à l'exportation pour certaines marchandises « qui ne rapportent pas au dehors un profit raisonnable (*op. cit.*, ch. VII, G. 1843, p. 539).

(3) « Pour empêcher ce transport [d'espèces], on peut défendre l'entrée des marchandises desquelles on a moins besoin, ou charger leur entrée de droits pour en diminuer la consommation ; mais comme les Etats peuvent avec raison se plaindre de ces défenses ou impôts et faire de même à l'égard des marchandises de ce pays, le meilleur moyen est d'être plus industrieux ou plus ménager, de faire travailler davantage le peuple ou l'empêcher de tant dépenser » (*Mémoire sur l'usage des Monnaies* (dans Forbonnais, *Rech. et Consid.*, édit. Liège, 1758, t. VI, p. 202).

(4) Law, *Consid. sur le num.*, ch. VII (G. 1843, p. 535 et suiv.).

sera en état de relever le royaume de la triste situation dans laquelle il est réduit et de le rendre plus puissant qu'il n'a encore été, d'établir l'ordre dans les finances, de remettre, entretenir et augmenter l'agriculture, les manufactures et le commerce, d'augmenter les revenus du roi en soulageant les peuples, et de diminuer la dette de l'Etat sans faire tort aux créanciers » (1). Dans la conception de Law, la Banque devait avoir pour complément un autre établissement, étroitement solidarisé avec elle, une puissante compagnie de commerce, de colonisation et de finance ; la Banque devait dispenser le crédit et la Compagnie le soutenir ; le billet émis par la Banque devait tirer sa valeur de l'action de la Compagnie (2). « Ainsi, disait Law, qui est un des ancêtres du socialisme d'Etat, la nation entière devenait un corps de négociants dont la Banque était la caisse et dans lequel, par conséquent, se réunissaient tous les avantages du commerce d'argent et de marchandises... Tous les peuples ont cru de tout temps que le commerce des particuliers mêmes faisait la richesse d'un Etat. Que doit-on penser d'un Etat qui fait le commerce en corps, sans l'interdire néanmoins aux particuliers » (3) ?

Ainsi le mécanisme imaginé par Law pour mettre ses doctrines en pratique se compose de deux rouages : la Banque et la Compagnie. Mais, en outre, pour le faire fonctionner, dans la tentative qu'il lui fut donné de faire en France, il recourut à deux procédés qu'il n'indique pas dans ses écrits : l'agiotage et une guerre sans trêve à la monnaie métallique, et même à toutes matières d'or ou d'argent. C'est ce que nous allons constater en étudiant rapidement l'histoire du *Système*.

(1) Law, 1re *Lettre sur les Banques* (G. 1843, p. 621).

(2) V. Forbonnais, *Rech. et consid.* (édit. Liège, 1758, t. VI, p. 263). Dans le projet présenté au Parlement d'Ecosse le billet devait être hypothéqué sur des fonds de terre (c'est le système des assignats). Dans le projet français, le billet devait être gagé par des opérations commerciales et financières.

(3) Law, IIe *Lettre sur les Banques* (G. 1843, p. 653).

SECTION III. — Le développement du système de Law.

§ 1. — La Banque.

Une première proposition de Banque d'Etat fut rejetée en 1715 ; la Banque fut autorisée, à titre d'établissement privé, en 1716. Law agit en habile homme en présentant tout d'abord son entreprise sous des dehors modestes, pour la faire agréer. La Banque s'interdisait d'emprunter, de faire le commerce par terre et par eau, de pratiquer les assurances maritimes, de se charger par commission des affaires des négociants dans le royaume ou au dehors. Elle devait seulement faire des avances aux commerçants, pratiquer l'escompte, le compte-courant, le virement de comptes et enfin émettre des billets payables au porteur et à vue et dépourvus de cours légal. Aucune proportion entre la circulation et l'encaisse ne lui était imposée.

Ce champ d'opérations restreint ne pouvait suffire aux vastes conceptions d'un Law. La Banque évolua rapidement ; le Régent la prit sous sa protection et en fit une institution d'Etat presque dès le début. Dès 1716, tous les receveurs de deniers royaux reçurent l'ordre de payer à vue les billets émis par elle ; leurs bureaux devinrent donc comme autant d'agences de la maison de Law ; en outre, il leur fut ordonné, puis simplement permis, de faire en billets leurs remises sur Paris. Un édit du 4 décembre 1718 déclara ouvertement que la banque devenait une Banque royale, propriété du roi ; les actionnaires furent remboursés ; les billets obtinrent cours légal.

§ 2. — La Compagnie.

En 1717, Law obtient la création de la Compagnie d'Occident investie du privilège du commerce dans la Louisiane et le Canada (1). En 1718, cette Compagnie achète le privilège de la Compagnie du Sénégal ; en 1719, elle se fait céder ceux de la

(1) Le capital nominal de cette Compagnie était de 100 millions ; mais comme il dut être versé en billets d'Etat qui perdaient 75 0/0, le capital effectif fut de 30 millions environ.

Compagnie des Indes Orientales et de la Compagnie de Chine et prend dès lors le nom de Compagnie des Indes ; la même année elle absorbe la Compagnie d'Afrique et,en 1720,la Compagnie de Saint-Domingue et le commerce des nègres en Guinée. Dès lors, elle est la seule compagnie privilégiée de colonisation existant en France ; l'étendue de son monopole est colossale.

Ses opérations ne se bornèrent pas au trafic colonial. Le 4 septembre 1718 (elle était encore à cette date la Compagnie d'Occident), elle obtient la ferme des tabacs (1) ; le 20 juillet 1719, elle obtient le privilège de la fabrication des monnaies pour neuf ans (2) ; le 27 août 1719, elle obtient les fermes générales (qui comprenaient la plupart des impositions indirectes) (3) ; en septembre de la même année, elle acquiert les droits de contrôle, de franc-fief et d'amortissement, la ferme des salines de Moyenvic, les gabelles de Franche-Comté et d'Alsace (4). Maîtresse de la plupart des impôts, elle tente des réformes dignes d'éloges ; elle supprime les receveurs généraux (5), et s'efforce d'introduire l'unification dans l'administration financière. Elle avance 1.500 millions au roi (6) pour le remboursement de certains offices, des rentes et des billets d'Etat.

§ 3. — Solidarisation de la Banque et de la Compagnie.

C'est en 1720 que les deux grands rouages furent engrenés ; la régie de la Banque fut accordée à la Compagnie dont Law fut nommé inspecteur. L'action fut fixée d'une manière invariable à 9.000 livres ; elle put être convertie en billets, et réciproquement le billet put être converti en actions, au gré du porteur. Cette fois le système était complet.

§ 4. — L'Agiotage.

Pour mettre en mouvement l'énorme machine, Law inventa

(1) Moyennant 4.200.000 livres par an.
(2) Moyennant 50 millions payables en 15 fois.
(3) Moyennant une redevance de 52 millions.
(4) Moyennant une redevance de 1.430.000 livres.
(5) Le remboursement de leurs finances représentait 8.140.000 livres.
(6) Moyennant le faible intérêt de 3 0/0.

les procédés d'agiotage dont on a depuis tant de fois usé et abusé. Les opérations gigantesques de la Compagnie nécessitaient l'accroissement de son capital. Les émissions succédaient aux émissions ; il y en eut sept de 1717 à 1720 ; 624.000 actions furent créées ; 200.000 étaient en circulation. Pour les lancer, il avait fallu exciter l'imagination et les nerfs des capitalistes. Avant tout, il fallait leur créer un marché actif ; un moyen aujourd'hui bien connu consiste pour la Compagnie à vendre et acheter elle-même ses actions. C'est tout d'abord à ce procédé que Law recourut. En mai 1719, les actions de la Compagnie d'Occident, dont le taux nominal était de 500 livres, n'en valaient que 300. Law achète 200 de ces titres au pair, payables dans six mois, et verse immédiatement, comme couverture, la somme de 40.000 livres. Six mois après, en novembre 1719, le cours atteignait 10 à 12.000 livres. Law réalisa un bénéfice de près de deux millions.

Law imagina, en outre, les actions privilégiées. Lors de la seconde émission, pour être admis à souscrire, il fallut être détenteur de quatre actions anciennes que, pour cette raison, l'on appela des *mères* ; lors de la troisième émission, il fallut, pour pouvoir souscrire aux *petites-filles,* justifier de la possession de quatre *mères* et d'une *fille*. Les spéculateurs, éblouis par le mirage grandiose d'opérations toujours plus vastes se jetaient avec avidité sur ces actions privilégiées, souches d'actions nouvelles dont on espérait une plus-value énorme.

Chaque émission, à partir de la seconde, se faisait très au-dessus du pair, parce que le cours des actions antérieures était très supérieur à leur valeur nominale ; mais Law prit le soin de fractionner le paiement du prix d'achat. Pour souscrire une action de 500 livres, par exemple, il suffisait d'un capital initial de 5.000 livres ; le reste n'était payable qu'à des échéances successives. Le spéculateur à la hausse pouvait donc, avec une somme relativement faible, se livrer à une vaste opération, souscrire un grand nombre d'actions qu'il se proposait de revendre avec bénéfices, avant même d'avoir eu à compléter ses versements.

Enfin Law recourut à un procédé plus condamnable que ceux qui précèdent, à celui qui consiste à promettre ou à distribuer des dividendes fictifs. Le 20 juillet 1719, lors de l'émission des *petites-filles*, il s'engagea à payer deux fois par an, à partir de janvier 1720, deux dividendes de 6 0/0 du taux nominal des actions. Or, l'état des affaires de la Compagnie était loin de permettre ce dividende de 12 0/0. Mais Law escomptait l'avenir. A l'assemblée de décembre 1719, il fit décider la distribution, pour 1720, de 200 livres par action, soit 40 0/0 du taux nominal. Ce dividende était fictif pour moitié au moins ; pourtant il représentait à peine 2 0/0 du cours des actions sur le marché ! C'est dire que les manœuvres de Law réussirent au delà de toute espérance; les scènes les plus extraordinaires se produisirent soit rue Vivienne où était établi le siège de la Banque, soit rue Quincampoix où s'était installée la Bourse des actions (1). La fureur de l'agiotage fut telle que les actions atteignirent 18.000 livres le 6 janvier 1720.

§ 5. — Guerre à l'or et à l'argent.

Entre temps, Law avait entrepris une lutte sans merci contre les rivaux de son papier, l'or et l'argent ; cette guerre commença en 1718. Elle revêtit deux formes. Un premier mode d'attaque consistait à attribuer une force libératoire plus grande aux billets qu'à la monnaie métallique ; tantôt le roi augmentait le cours légal des billets : il déclarait, par exemple, qu'une dette de 110 livres tournois pouvait être payée avec un billet de 100 livres ; tantôt il diminuait la force libératoire de la monnaie sans réduire celle du billet ; un billet de 100 livres pouvait par exemple être échangé aux guichets de la Banque contre 16 écus en argent ; mais, par suite d'une diminution imposée à l'écu, il arrivait que, pour acquitter une dette de 100 livres il fallait 20 écus alors qu'un seul billet de 100 livres suffisait. C'était un moyen de faire refluer les espèces vers la Banque et de défendre l'encaisse contre les attaques de porteurs de billets. Le second système consistait

(1) Levasseur, *Rech. histor. sur le Syst. de Law*, p. 129 et suiv. et p. 136 et suiv.

à restreindre le cours légal des espèces à une certaine somme alors que le billet avait un cours légal illimité. Law fit même deux tentatives pour enlever toute force libératoire à la monnaie d'or.

Pour être à même de mieux diriger cette guerre, Law se fit nommer, en 1720, contrôleur général. Il institua alors une véritable Terreur monétaire, il ne recula point devant les mesures les plus violentes et les plus attentatoires à la liberté des citoyens. Ce fut un échec complet : l'or et l'argent l'emportèrent sur lui.

§ 6. — La chute du système.

Tel fut le système. Il échoua. Deux causes déterminèrent sa chute : 1° l'exagération du cours des actions qui était absolument hors de proportion avec les bénéfices de la Compagnie ; 2° l'exagération de l'émission des billets qui était absolument hors de proportion avec l'encaisse métallique de la Banque ; la circulation dépassa trois milliards et, pour faire face à ce passif à vue, la Banque disposait de 21 millions en espèces, 28 millions en lingots, 240 millions d'effets en portefeuille, au total 289 millions (1), soit une proportion inférieure à 1/10. Billets et actions se déprécièrent ; un arrêt du 21 mai 1720 réduisit, par suite, la valeur légale qui leur avait été assignée : ce fut le signal de la débâcle. La panique fut aussi irraisonnée que la spéculation avait été extravagante. Des milliers de personnes se pressaient dans la rue Vivienne, dès deux heures du matin, se ruant à l'assaut des guichets de la Banque. Une nuit, quinze personnes furent étouffées dans la cohue ; leurs cadavres furent promenés dans les rues ; trois d'entre eux furent portés sous les fenêtres du Régent. Le peuple conçut une haine violente contre le Régent et contre Law, car les ouvriers étaient payés en billets que la Banque ne remboursait pas et que personne ne voulait accepter. Une émeute éclata ; Law faillit être tué en se rendant au Palais-Royal où logeait le Régent ; il dut y rester enfermé pendant dix jours. En vain il essaya de résister en édictant des mesures,

(1) Chiffres constatés le 29 mai 1720, lors de la vérification faite par deux intendants de finances accompagnés du prévôt des marchands.

dont quelques-unes étaient mauvaises à cause de leur violence mais dont la plupart étaient habilement combinées ; ces tentatives de sauvetage échouèrent parce que la confiance était à jamais perdue. La Banque fut supprimée ; les billets qui étaient tombés à rien furent dépouillés de leur force libératoire, à partir du 1er novembre 1720 ; les porteurs non remboursés à cette date n'eurent que la ressource de les convertir en actions rentières (titres de rentes) au denier 50 (soit 2 0/0).

Law, dont la liberté et la vie étaient en danger, dut quitter la France le 21 décembre 1720, sur l'invitation du Régent qui lui fit remettre son passeport. Il était arrivé en France avec plus d'un million et demi. Il partit avec 5 millions en billets de nulle valeur et 800 louis qu'il ne se rappelait plus lui être dus par la Monnaie et que celle-ci lui fit tenir. Il lui restait aussi deux bagues dont chacune valait 10.000 écus ; il en donna une à Mme de Prie qui facilita sa fuite en lui procurant une voiture aux armes du duc de Bourbon. Il refusa l'argent que lui offrait le Régent et partit pour la Belgique. Il parcourut ensuite l'Italie, l'Allemagne, l'Angleterre et enfin se fixa à Venise, vivant surtout du jeu et mettant sa dernière bague en gage lorsqu'il perdait. Il mourut à Venise en 1729.

On procéda à partir de 1721 à la liquidation du Système. Cette opération fut confiée à Pâris-Duverney, l'un des frères Pâris, ennemis de Law. Les titres émis par la Compagnie pendant la durée du système furent soumis au *visa* et réduits très arbitrairement : Pâris-Duverney se montra aussi violent et plus odieux que Law. La liquidation fut terminée en 1722. La Compagnie des Indes subsista ; mais elle alla s'affaiblissant de plus en plus. Elle fut supprimée en 1769 : à cette date, elle n'avait plus de raison d'être : la guerre de Sept Ans venait de nous faire perdre la plupart de nos colonies.

Deux questions nous restent à résoudre : quelle place faut-il assigner au Système de Law dans l'histoire des Doctrines économiques ? — Quel jugement doit-on formuler à son égard ?

SECTION IV. — PLACE DU SYSTÈME DE LAW DANS L'HISTOIRE. — APPRÉCIATION.

Suivant nous, le Système de Law fut une manifestation de la réaction anti-mercantiliste. Nous avons vu Law rejeter l'idée que l'or et l'argent soient une richesse. Par lui, l'ancienne formule s'est trouvée inversée ; elle ne tend plus à développer l'industrie et le commerce extérieur pour multiplier le numéraire, mais à multiplier la monnaie pour donner l'essor aux forces productives. Et, pour lui, la monnaie, ce ne sont pas seulement, ce ne sont même pas principalement les espèces d'or et d'argent ; sa monnaie est un papier ; comme Boisguilbert, Law est un ennemi des métaux précieux : aussi fait-il bon marché de la théorie de la Balance du commerce.

En politique, c'est un libéral ; il repousse non seulement les procédés bullionistes et la réduction légale du taux de l'intérêt, mais encore le protectionnisme douanier ; il admet seulement, à titre accessoire, des primes à l'exportation. Contrôleur général, il reste fidèle à ces principes : il réduit les droits d'entrée et de sortie grevant les cuirs, les droits d'entrée sur la houille anglaise, permet la libre importation des soies, le libre commerce des chanvres (dont auparavant l'exportation était prohibée et dont l'importation ne pouvait se faire que sous pavillon national) ; il édicte la liberté et la franchise de la circulation des grains dans l'intérieur du royaume ; enfin, il débarrasse l'industrie et le commerce d'un certain nombre de charges et d'entraves d'ordre fiscal (1). Il ne nous est donc pas permis de voir dans sa doc-

(1) Suppression d'un certain nombre d'offices de mesureurs, aulneurs, etc. ; suppression des droits sur les huiles et les savons ; transformation en droits d'entrée des droits de gros et de détail établis à Paris sur les vins, dont la perception nécessitait des visites domiciliaires ; suppression de certaines taxes sur la navigation et le roulage. La Compagnie des Indes essaya, en outre, de remplacer le monopole de la vente du tabac et celui des peaux de castor, causes de nombreuses gênes pour le public, par un droit perçu à l'importation ; les fraudes, trop nombreuses, l'obligèrent à rétablir le monopole. Il va sans dire que ces réformes ne survécurent pas au Système.

trine un Mercantilisme même dévié ou dégradé comme chez ses disciples — disciples indépendants — Mélon et Dutot.

De quelle manière convient-il d'apprécier l'œuvre du célèbre Ecossais ? Law fut un doctrinaire incapable de profiter des avertissements de l'expérience ; il tenta, au contraire, de contraindre les faits, par la violence, pour les plier à ses idées, aveuglé qu'il fut par une foi invincible dans l'exactitude de ses théories. Or celles-ci étaient entachées d'erreur.

Il se trompa en croyant qu'il suffit de multiplier la monnaie pour accroître la production de la richesse (c'est ce que l'on appelle l'*inflationisme*); l'existence d'une quantité suffisante d'instruments d'échange n'est que l'une des nombreuses conditions du progrès économique, et elle n'en est pas la cause première.

Law pensait aussi que l'instrument des échanges peut être une monnaie dépourvue de toute valeur propre. C'est là, peut-être, une seconde erreur théorique. Nous disons : peut-être, car les économistes modernes en sont encore à se demander si l'on peut concevoir *une mesure idéale de la valeur*. Notre monnaie métallique joue le rôle de *valorimètre* en servant en même temps d'équivalent, de *tertium permutationis*. Elle n'est autre chose qu'un bon attestant la création d'un produit ou la prestation d'un service et permettant de se procurer un autre produit ou un autre service équivalents dans le vaste bazar que constitue le marché universel. Or, ce certificat ne peut-il pas consister dans un simple papier, dans un simple jeton sans valeur (1) ? C'est là le principe qui servit de base à la théorie des Banques d'échange de Proudhon, de Gray, de Jagetzow. C'est également là un principe appliqué dans certaines sociétés coopératives socialistes de consommation (comme le *Vooruit* de Gand et certaines sociétés françaises). Il semble que, en économie pure, ce système n'ait rien d'absurde ; pourtant certains économistes en contestent l'exactitude même théorique, nous ne pouvons insister sur ce point. En tout cas, *pratiquement*, il

(1) L'équivalence entre quantités déterminées de marchandises diverses s'établirait alors, sans l'intervention de la monnaie, comme dans le régime primitif du troc.

est d'une application à peu près impossible. Sans doute il fonctionne dans certaines sociétés coopératives ; mais c'est que celles-ci sont placées dans un milieu où la monnaie métallique existe ; c'est que les prix des marchandises qu'elles achètent et vendent sont fixés en poids d'or et d'argent en dehors d'elles ; leurs jetons ne jouent pas le rôle de valorimètre ; ils ne sont que la constatation d'échanges faits d'après un tarif établi au moyen de la monnaie réelle. Au lieu de croire à la possibilité du papier-monnaie, Law aurait dû s'en tenir au billet de Banque.

Enfin, il faut reprocher à Law certains de ses procédés d'agiotage, comme la promesse et la distribution de dividendes fictifs. Crut-il que, dans son Système, il était possible de donner à ses papiers une valeur arbitraire, indépendante des affaires réalisées par la Compagnie ? Ou bien eut-il le tort d'escompter, au delà de toute mesure, un avenir incertain ? Ou bien enfin, fut-il dominé par les circonstances, se trouva-t-il impuissant à maîtriser le vent de folie qu'il avait déchaîné ? C'est ce qu'il est, croyons-nous, difficile de déterminer.

Malheureusement, ses erreurs théoriques eurent de terribles conséquences pratiques, et elles firent d'autres victimes que lui-même. Elles causèrent la ruine de nombreuses familles. « A Paris, le 16 décembre 1720, on trouva dans une maison, dit M. Levasseur, le mari pendu, sa femme et ses enfants égorgés et, dans la même chambre, six sous en monnaie et 200.000 livres en billets de banque » (1). Les drames de ce genre ne durent pas être rares.

Pourtant, Law fut un spéculateur de génie. Par lui la Banque de France a failli être créée quatre-vingts ans plus tôt. Mais, à coup sûr, là n'est pas la preuve la plus éclatante de sa puissance de conception ; plusieurs banques de ce genre existaient déjà, à cette époque, en Europe. Ce qui fait surtout sa grandeur, c'est qu'il a eu comme l'intuition de l'avenir ; son système a été la première tentative de l'organisation moderne de la fortune mobilière. Fermes, rentes, offices, compagnies de commerce et

(1) Levasseur, *Rech. hist. sur le syst. de Law*, p. 281.

de colonisation, toutes ces entreprises financières qui représentaient alors les principales formes de la fortune mobilière, il les avait concentrées dans une Compagnie unique; aux actions de ce *trust* gigantesque (1) il avait créé un marché, une Bourse; il leur avait en quelque sorte communiqué le mouvement et la vie. Il avait lancé l'idée de crédit et de spéculation dans le monde; il avait secoué l'inertie des capitaux, il les avait tirés de leur routine, en leur découvrant d'immenses horizons nouveaux. Il avait indiqué à l'évolution économique une direction nouvelle. En dématérialisant la fortune mobilière, il avait été l'initiateur du capitalisme moderne. En face de lui, ses ennemis, les frères Pâris, avec leurs trésors, représentaient l'ancienne fortune mobilière, solide et lourde sous sa forme métallique. Law était venu trop tôt. L'agriculture n'avait pas marché du même pas; il fallait l'attendre.

(1) A 9.000 livres (valeur légale), les 200.000 actions en circulation représentaient un capital de 1 milliard 800 millions de livres.

APPENDICE AU LIVRE III

LES TRANSFORMATIONS DU COMMERCE EXTÉRIEUR DE LA FRANCE DEPUIS LE XVIe SIÈCLE JUSQUE VERS 1760.

I. — Principales importations vers le milieu du XVIe siècle, d'après un manuscrit rédigé entre 1551 et 1556 (1).

(Evaluations tantôt en livres et tantôt en nombre.)

MARCHANDISES.	NOMBRE OU VALEUR.	PROVENANCE
Chevaux	140.000	Espagne, Angleterre, Pays-Bas.
Vins, fruits, confitures	140.000 livres . .	Portugal, Espagne.
Salaisons et fromages	130.000 — . . .	Pays-Bas, Angleterre.
Huiles d'olive. . . .	40.000 — . . .	Portugal.
Epices, drogueries, sucre, coton. . . .	1.110.000 — . . .	Portugal, Italie, Levant, Pays-Bas.
Soies	2.000.000 — . . .	Espagne.
Safran	300.000 à 400.000 l.	Espagne.
Alun	320.000 — . . .	Espagne et Portugal.
Cuirs et graisses. . .	200.000 — . . .	Angleterre, Pays-Bas.
Goudrons, couleurs .	60.000 — . . .	Pays-Bas.
Métaux précieux . .	Plus de 6 millions l.	Espagne, Angleterre, Pays-Bas.
Quincaillerie	1.000.000 — . . .	Allemagne, Pays-Bas.
Armures, harnais . .	1.000.000 — . . .	Italie.
Lingerie.	50.000 livres pour les Pays-Bas seulement . . — . . .	Pays-Bas, Italie.
Pierreries, parfums .	1.400.000 — . . .	Pays-Bas, Portugal, Italie.
Soieries, draps de soie, etoffes d'or et d'argent.	12.000.000 — . . .	Italie, Avignon, Pays-Bas.
Laines et lainages. .	760.000 — . . .	Pays-Bas, Angleterre.
Toiles.	300.000 — . . .	Pays-Bas.
Fourrures.	1 million 1/2 — . . .	Allemagne, Pay-Bas, Italie.
Tapisserie.	600.000 — . . .	Pays-Bas.
Bonneterie, cristaux.	200.000 — . . .	Italie.
Etc. (2).		

(1) Ce manuscrit se trouve à la Bibliothèque Nationale en deux exemplaires, fonds français n°s 2085 et 2086. Il a été publié en partie par

(2) La valeur totale des importations serait d'après ce document d'environ 36 millions 1/2 de livres au maximum, dont 14 à 15 millions pour

II. — Exportations de la France vers la même époque ; principalement d'après les Relations des ambassadeurs vénitiens (2).

MARCHANDISES.	DESTINATIONS.
Blé	Espagne, Angleterre, Metz et Strasbourg (3), Suisse.
Vins	Angleterre, Pays-Bas, Metz et Strasbourg, Suisse.
Pastel (4)	Espagne.
Fruits secs	Angleterre, Pays-Bas.
Salaisons	Espagne.
Sel	Pays-Bas, Angleterre.
Draps.	Espagne, Metz et Strasbourg, Levant.
Toile	Espagne, Angleterre, Italie, Levant.
Quincaillerie.	Espagne, Levant.
Papier	Espagne.
Menuiserie	Espagne.

III. — Exportations de la France vers le milieu du XVIIe siècle.

1° D'après des *Remontrances* adressées au roi par les Six

M. Chamberland dans la *Revue de Géographie*, année 1892 (livraisons de septembre, p. 223 et suiv. ; octobre, p. 292 et suiv. ; novembre, p. 371 et suiv.) ; année 1893 (livraisons d'avril, p. 290 et suiv. ; septembre, p. 221 et suiv. ; octobre, p. 290 et suiv.) — M. Chamberland en a de plus extrait le tableau que nous reproduisons. L'auteur de ce manuscrit était « visiteur des ports et passages », c'est-à-dire une sorte d'inspecteur des douanes. M. Chamberland (*Rev. de Géogr.*, t. XXXI, 1892, p. 224) résume en ces termes ses doctrines économiques : « Adversaire des spéculations financières, il condamne toute opération rapportant plus de 5 à 6 0/0 par an. Protectionniste éclectique de nos industries extractives et métallurgiques, il se préoccupe assez peu et beaucoup, au contraire, de l'agriculture et des industries qui en dérivent. Ennemi du luxe et adepte du système mercantile, il veut des lois somptuaires, des lois qui assurent la balance de nos importations et de nos exportations, des lois contre la sortie des monnaies. »

les marchandises de luxe. — V. Chamberland, *Rev. de Géog.*, t. XXXIII (1893), *Appendice*, I, p. 292. Les *Relations des Ambassadeurs Vénitiens* nous apprennent que, dès cette époque, l'importation des objets de luxe était déjà en diminution. — V. Pigeonneau, *Hist. du commerce*, t. II, p. 70.

(2) V. Pigeonneau, *loc. cit.* — V. aussi Bodin, *Réponses aux Paradoxes de M. de Malestroit*, 1568.

(3) Avant l'annexion des Trois-Evêchés, sous Henri II.

(4) Plante donnant une teinture bleue.

Corps des marchands de Paris contre l'élévation des taxes résultant notamment d'une Déclaration de 1651 (1).

Ce document énumère : le blé, les vins, « les toiles, serges et étamines de Reims, celles de Châlons, les futaines de Troyes et de Lyon, les bas de soie et bas de laine, bas d'estame, de fil, de coton et poil de chèvre qui se font au pays de Beauce et Picardie, à Paris, Dourdan et Beauvais ; toutes sortes de marchandises dépendantes de la bonneterie qui se débitent en Espagne, en Italie et jusqu'aux Indes ; toutes sortes de pelleteries et quincailleries, de couteaux et de ciseaux, toutes sortes de merceries comme rubans et dentelles de soie, or et argent tant fin que faux, épingles, aiguilles, gants et une infinité d'autres menues merceries dont le détail serait ennuyeux ; les draps de soie, d'or et d'argent de Lyon et Tours ; les chapeaux qui se font à Paris et à Rouen dont presque tous les peuples de l'Europe, même des Indes occidentales, se servent ».

2° D'après les *Mémoires* de Jean de Witt (2) : exportations en Angleterre et en Hollande :

1) « Une grande quantité de velours et peluches, satins, étoffes d'or et d'argent, taffetas et autres étoffes de soie qui se fabriquent à Tours et à Lyon qui montent à plus de six millions ;

2) « Les rubans, galons de soie, dentelles de soie, boutons, houppes qui se fabriquent à Paris et à Rouen et aux environs, pour la valeur de 2 millions ;

3) « Chapeaux de castor, de vigognes de laine et de poil, qui se font à Paris et à Rouen, pour la valeur de 1.500.000 livres ;

4) « Plumets, ceinturons, éventails, masques, coiffures pour les dames, miroirs, bordures dorées, montres et autres merceries, pour plus de 2 millions ;

(1) Dans Forbonnais, *Recherches et considérations sur les finances de France*, année 1661, octobre, édit. Liège, 1758, t. II, p. 134-135.

(2) *Mémoires* de Jean de Witt, IIe partie, ch. VI, trad. fr., 3e édit. Ratisbonne, 1709, p. 187-188. — L'auteur déclare avoir consulté les *Remontrances* des marchands de Paris. Ce document est reproduit dans *Le Commerce de la Hollande ou tableau du Commerce des Hollandais dans les quatre parties du Monde*, 3 vol. Amsterdam, 1768, t. II, p. 82 et suiv., et par Clément, *Hist. du système protecteur*, Paris, 1854, Pièces justificatives, n° 1, p. 257.

5) « Gants qui se font à Paris, Clermont, Vendôme et Rouen, pour plus de 1.500.000 livres ;

6) « Laines filées qui se filent par toute la Picardie, pour 500.000 livres ;

7) « Papier de toutes les sortes qui se fait en Poitou, Limousin, Auvergne, Champagne et Normandie, pour plus de 2 millions ;

8) « Aiguilles, épingles qui se font à Paris et en Normandie, pour plus de cinq millions ;

9) « Quincaillerie, ouvrages de Nuremberg qui se font en Auvergne, pour plus de 600.000 livres ;

10) « Grosses toiles pour faire des voiles qui se font en Bretagne et en Normandie, pour plus de 5 millions ;

11) « Ameublements, lits, matelas, tapisseries, courtes-pointes, pour la valeur de 9 millions ;

12) « Vins de Gascogne, Nantais, Saintonge et autres places, pour la valeur de 9 millions ;

13) « Eau-de-vie, vinaigre, cidre, pour plus de 2 millions ;

14) « Safran, pastel, savon, miel, amandes, olives, marrons, capres, prunes, brignolles, pour plus de 2 millions ;

15) « Sel, tous les ans plus de 5 à 600 vaisseaux que l'on va prendre à La Rochelle, Marans, Brouage et les Iles d'Oléron et de Ré » (1).

IV. — Importations de la France vers le milieu du XVIIe siècle.

Les *Remontrances* des Six-Corps de marchands ne citent que : les laines fines ; les laines de vigogne importées du Pérou ; les laines de Pologne, d'Autriche, d'Angleterre ; les laines en suint ou agnelins d'Espagne ; les drogues, épiceries, sucres, savons

(1) D'après ce document, la valeur totale des exportations en Angleterre et en Hollande aurait donc été de 45 millions 600.000 livres dont 26.600.000 pour les produits manufacturés, 13 millions pour les denrées et produits de l'agriculture et de la viticulture, 6.000.000 pour le sel (chiffre donné par *Le Commerce de la Hollande*, cité *suprà*, p. 333, note 2). Il ne faut tenir compte des chiffres portés dans les tableaux ci-dessus qu'à titre d'indications générales.

et cuirs (1). Mais un Mémoire rédigé par de la Gomberdière en 1634 énumère en outre les produits manufacturés suivants : draps de soie, toiles d'or et d'argent, serges de Florence et de Rome, importés d'Italie ; buffles, chamois, futaines, boucassins, quincaillerie, importés d'Allemagne ; tapisseries, peintures, toiles, passements, pour 1 million au moins, venant de Flandre ; draps, serges, bas de soie et d'estame, futaines, burats, etc.

V. — Commerce extérieur de la France sous Colbert.

D'après Savary, *Le Parfait Négociant*, ouvrage dont la première édition est de 1675 (2).

PAYS.	EXPORTATIONS DE LA FRANCE.	IMPORTATIONS DE LA FRANCE.
Hollande.	Vins, eaux-de-vie, vinaigre, céréales, huiles, fruits, miel, pastel, safran, draperies, mercerie, quincaillerie, papier, verre, fil.	Draps, camelots, toiles, fils, beurre, fromage, coton, laines, castor, épiceries, sucre, drogues de teinture, métaux, pelleterie, soufre, salpêtre, goudron, armes venues de l'étranger.
Flandres.	Mêmes marchandises que pour la Hollande, et, en outre : velours, satins, rubans, chapeaux, mercerie.	Toiles, basins, tapisseries, dentelles, laines filées.
Angleterre. . . .	Blé, vins, eaux-de-vie, vinaigre, sel, huiles, fruits, toiles, taffetas, étoffes d'or et d'argent, satins, velours, mercerie, pastel, liège, papier, plumes, etc.	Plomb, étain, charbon de terre, beurre, fromage, poissons, cuirs, draps, serges, bas, toiles de soie, moires, rubans, dentelles, etc.
Italie	Blés, vins, toiles, draperies, mercerie, étoffes de soie et d'or, dentelles, guipures, etc.	Soies grèges et soies apprêtées, or filé, satins, velours, damas, étoffes de soie et d'or, dentelles, crêpes, ratines, brocatelles, tapis, cristaux, olives, huiles, confitures, vermicelle.

(1) Forbonnais, *Recherches et Consid. sur les Finances*, édit. Liège, 1758, t. II, p. 135-136.

(2) Nous empruntons ce tableau à M. Levasseur, *Hist. des cl. ouvrières*, t. II, pp. 292 et suiv. — V. Savary, *Le Parfait Négociant*, liv. III, édit. Paris, 1757, p. 234 et suiv., et liv. V (Commerce du Levant), même édition, p. 396 et suiv. Pour le commerce du Levant, en particulier, v. Masson, *Hist. du comm. français dans le Levant au* XVIe *siècle*, liv. III, ch. VII, p. 503 et suiv., et Appendices VI à IX, p. XVI et suiv.

Pays.	Exportations de la France.	Importations par la France.
Espagne.	Toiles, chapeaux de castor, velours et autres étoffes de soie et de laine, dentelles d'or et d'argent fin ou faux, bas, mercerie, quincaillerie, lunettes, miroirs, grelots.	Draps, perles, laines, bois de campêche, indigo, cochenille, cacao, métaux précieux et espèces.
Portugal.	Céréales, légumes, serges, toiles, rubans, fil, mercerie, quincaillerie, cartes, papier, cuirs, habits confectionnés.	Laines, coton, sucre, poivre, cannelle, figues, citrons, oranges, fruits confits, huiles.
Pays du Nord (Danemark, Suède, Villes Hanséatiques) . . .	Vins, eaux-de-vie, papier, fruits, soieries, mercerie, quincaillerie.	Matériaux de construction, peaux, cuirs, laines de Dantzig, acier de Hongrie, plomb, cuivre, goudron.
Moscovie. . . .	Vins, eaux-de-vie, vinaigres, sirops, confitures, fruits, tabacs, papier, toiles, draperie grossière, étoffes de soie et d'or, chapeaux, rubans, castor, mercerie, quincaillerie.	Pelleteries, cuirs, lin, chanvre, huile de poisson, goudron.
Colonies françaises d'Amérique	Viandes salées, farines, vins, eaux-de-vie, étoffes, toiles, meubles, etc.	Sucre, tabac, gingembre, indigo, casse, coton, écailles, cuirs, etc.
Sénégal, Guinée .	Verroteries, corail, pots d'étain, menue mercerie, toiles de coton, taffetas rayé, miroirs, coutellerie, grelots, papier, quelques drapeaux, poudre,	Or en poudre, ambre gris, ivoire, cire, cuirs, gomme, esclaves.
Levant. — Smyrne et Alep . . .	Piastres, draps dits londrines, mi-londrines et londres, bonnets, papier, verdet ou vert-de-gris, indigo, étoffes de soie.	Soies, laines, coton, coton filé, gomme, agaric, maroquin, noix de galle, cire, opium, cuirs, tapis, savon.
Levant. — Constantinople. . . .	Draps, cadis, satins de Florence et velours de Gênes fabriqués à Lyon, quincailleries, bonnets, sucre.	Laines, peaux, cires.
Levant. — Alexandrie.		Produits de l'Arabie et de l'Inde.
Barbarie (Bastion de France) La Calle, Cap Rose, Bône	Argent, draps, soies, mercerie, quincaillerie.	Corail, blés, orges, fèves, millet, cires, cuirs, chevaux barbes.

VI. — Commerce extérieur de la France en 1716.

D'après Arnould, *De la Balance du Commerce* (1792) (1).

	Évaluation en livres	
	Importation	Exportation
Commerce avec l'Europe.		
Bois, métaux, goudrons, graines, (charbons de terre, suif, à l'importation seulement).	5.910.000	1.051.000
Matières : laine, cire, plume, etc. (soie, coton, chanvre, cuir, huiles, à l'importation seulement)	11 788.000	4 118.000
Objets manufacturés : tissus et fils	6.436.000	31.482.000
Autres articles d'industrie, mercerie, quincaillerie, verrerie, etc.	3.828.000	6.535.000
Comestibles	11.678.000	6.474.000
Boissons	938.000	27.108.000
Drogues	2.455.000	587.000
Epiceries	2.320.000	848.000
Bestiaux	2.942.000	1.240.000
Bêtes de somme	250.000	»
Tabacs en feuilles	5.117.000	1.425.000
Marchandises diverses	2.826.000	6.964.000
Or et argent monnayé	13.013.000	»
Noirs (dans les colonies)	1.543.000	»
Marchandises provenant de l'Inde	»	2.651.000
Marchandises provenant des îles d'Amérique	»	15.163.000
Commerce avec l'Asie.		
Inde et Chine	6.368.000	2.852.000
Commerce avec l'Afrique.		
Traite des noirs, Iles de France et Bourbon	500.000	650.000
Colonies en Amérique.		
Colonies françaises et pêches nationales	16.711.000	9.164.000
Totaux	96.623.000	118.338.000

(1) En 1713, il fut créé un bureau pour dresser la statistique du commerce extérieur. Les relevés officiels dressés par cet organe sont conservés aux *Archives Nationales* (F^{12} 242 à 251). C'est d'après eux qu'Arnould composa son livre. Ils ont été aussi utilisés par Bruyard dont le manuscrit (*Arch. Nat.*, F^{12} 1834), a été publié pour la première fois par Lohmann (*Rapports de l'Ac. Royale des Sc. de Berlin*, 1898, séance du 22 décembre) et par un autre statisticien resté inconnu qui, lui non plus, ne livra pas le résultat de ses recherches à l'impression (*Arch. Nat.*, F^{12}, 1834). Le tableau ci-dessus est emprunté à M. Levasseur, *Hist. des Cl. ouv.*, t. II, p. 554, note 1.

TABLE DES MATIÈRES

LIVRE III

Histoire des doctrines économiques depuis le XVIe siècle jusqu'aux Physiocrates (1500-1760 environ).

ACHEVE D'IMPRIMER
SUR LES PRESSES OFFSET
DE L'IMPRIMERIE REDA S.A.,
A CHENE-BOURG (GENEVE), SUISSE.
MARS 1970

www.ingramcontent.com/pod-product-compliance
Ingram Content Group UK Ltd.
Pitfield, Milton Keynes, MK11 3LW, UK
UKHW020102200726
13856UKWH00002B/330